金融危機は避けられないのか

不安定性仮説の現代的展開

青木達彦

日本経済評論社

目次

序章　本書の目的，特徴と構成 …………………………………………… 1

第1章　繰り返される金融危機 ……………………………………………… 33

 1.　金融緩和とバブル形成　33
  (1)　緩慢な景気回復過程　33
  (2)　投資マネーによる景気回復の主導　36
  (3)　量的緩和政策下の利回り狩り　40
  (4)　利回り狩りと経路増幅性　43
 2.　量的緩和政策下の信用市場　46
  (1)　信用スプレッドの低下　46
  (2)　金融当局の懸念　48
  (3)　ハイイールド債のスプレッド拡大と流動性リスク　51
 3.　景気循環と金融循環の乖離　54
  (1)　信用市場のバブル化と脆弱性　54
  (2)　CDO市場はいかにブームを持続させたか　58
  (3)　信認のパラドックスと金融的不均衡　62
  (4)　信用市場のブーム下でのプライシング機能　67
 補論　新金融商品のリスクと不安定性　73
  (1)　トータル・リターン・スワップとスワップション　73
  (2)　オプション取引を契機とした不安定化　76

第2章　金融構造の脆弱性：ミンスキーおよび今次危機 ……………… 79

 1.　銀行ベースから市場ベースの金融システムへ　79
  (1)　金融業におけるポジション形成手段の変化　79
  (2)　金融類型の識別　82

(3)　債務の流動性要素と金融構造の内生的脆弱化　86
　　　(4)　市場性資金の調達と流動性の希薄化　90
　　　(5)　流動性資産のピラミッド的構成を通じた伝染作用　93
　　2.　今次危機における金融構造の脆弱性　95
　　　(1)　短期ホールセール・ファンディングによるポジション形成　95
　　　(2)　虚構の流動性と流動性の希薄化　99
　　　(3)　短期ホールセール・ファンディングと投資家の選択行動　102
　　　(4)　信用市場の相互連関性　107

第3章　階層化された金融システム …………………………………… 115
　　1.　階層的な金融システム　115
　　　(1)　金融システムの二層化と不安定性　115
　　　(2)　金融システムの階層化の2つの契機　120
　　　(3)　二層化されたシステムと最後の貸し手機能　122
　　　(4)　階層化と流動性供給における2つのタイプ　124
　　2.　階層的金融システムと金融規制　128
　　　(1)　周辺的銀行組織の成長：金融会社　128
　　　(2)　階層化システムと規制　130
　　　(3)　「規制」金融機関 vs.「非規制」金融機関　132
　　3.　階層的金融システムの脆弱性　140
　　　(1)　シンの金融システムと階層化された金融システム　140
　　　(2)　「集計的」レバレッジと「個別」レバレッジ　143

第4章　内生的金融不安定性仮説：不確実性下の選択行動 …………… 151
　　1.　内生的不安定化仮説　151
　　　(1)　受容可能な負債構造の主観性　151
　　　(2)　安全性のマージンと不安定化経路　155
　　　(3)　不確実性下の選択行動　158
　　　(4)　慣行的判断に基づく意思決定：モルガン・ルール　160
　　　(5)　信念の崩れと金融危機の顕現　165

2.　資本市場にける流動性喪失のメカニズム　167
　　　(1)　市場型取付け　168
　　　(2)　流動性スパイラル　171
　　　(3)　マージンの決定とプロシクリカリティ　174
　　　(4)　外生的共通化基準のもとでの不安定化　182
　　　(5)　均衡化の調整が働く下での伝染メカニズム　185
　　　(6)　間接的伝染　190
　3.　金融ネットワークの複雑性　192
　　　(1)　間接的なカウンターパーティ・リスク　192
　　　(2)　複雑性からくる外部性　194
　　　(3)　絶対的不確実性下の流動性保蔵　198
　　　(4)　今次危機への適用可能性　201

第5章　アニマル・スピリット，伝染およびデフォルトの集中 …… 207

　1.　危機下の信用スプレッドの拡大と確信の低下　207
　　　(1)　グリーンスパンのアニマル・スピリットと群衆行動　209
　　　(2)　2000年代の住宅バブル　214
　　　(3)　確信の低下と悪循環　216
　　　(4)　今次危機時の信用スプレッドの要因分析　219
　　　(5)　証券化商品のトランシェ別スプレッド決定要因　222
　2.　資本市場中心の金融システムにおける不安定性　224
　　　(1)　証券化を軸とした金融システムにおける安全措置：超過担保　224
　　　(2)　信用リスクのプライシング　228
　　　(3)　証券化商品のリスク特性　231
　　　(4)　デフォルト相関と格付けモデル：ガウシアン・コピュラ　240
　　　(5)　デフォルト強度モデルと条件付き独立性　247
　　　(6)　二重確率的倒産モデルによるカウンターパーティリスクの扱い　252
　　　(7)　二重確率的モデルによる信用リスク計測の説明力の問題　255
　　　(8)　証券化商品の隠されたリスクとその顕現　262
　3.　確信の低下と伝染のチャンネルとの相互作用　266

補論　1ファクター・ガウシアン・コピュラモデル　270

第6章　金融規制改革に向けて …………………………………… 273
　1.　金融危機のポジティブエコノミクス　273
　　(1)　3つの金融パラダイム　273
　　(2)　外部性と不確実性を容れた戦略的行動の集合的失敗　277
　　(3)　時間軸と横断面双方での金融危機の源泉　281
　　(4)　規制裁定取引と真のリスク　288
　　(5)　小括　294
　2.　金融規制改革　297
　　(1)　マクロプルーデンシャル・アプローチ　297
　　(2)　反循環的資本比率規制　302
　　(3)　規制がインセンティブに与える影響　307
　　(4)　相互連関性の下での資本規制　311
　　(5)　流動性規制　315
　　(6)　レバレッジ規制　319
　3.　規制導入後の金融市場の機能：市場流動性に及ぼすインパクト　323
　4.　結語　329
　　(1)　ピグー税と規制の包括化　329
　　(2)　ポスト・グラス＝スティーガル金融規制　334

参考文献　343
あとがき　356
索引　368

序章
本書の目的，特徴と構成

　本書の表題『金融危機は避けられないのか』は，即座に次の2著を連想させるものであろう．1つはH.P. Minskyの *Can It happen again?*（1982）であり，もう1冊はReinhart and Rogoffの *This Time is different*（2009）である．前者は「大恐慌」の再来を問い，金融危機は資本主義に本来的（inherent）で，避けることができないと論じるものであり，後者は1800年代以降，66カ国にもわたる危機を辿る中，危機が，それぞれ相貌を異にしつつも，共通の属性──バブルと負債膨張──をもって繰り返し現れることを述べるものである．

　ミンスキー（1986）『金融不安定性の経済学（*Stabilizing an Unstable Economy*）』には，「資本主義経済が不安定性要因を内在的に生み出す」との主張が随所に現れるが，本書はミンスキーの金融不安定性仮説の枠組みと主張──金融規制論も含む──が，現代経済学の危機分析とも整合性を持つものとして，サブプライム危機を端緒とした今次の2007-09年のグローバル金融危機の分析にも適用可能であることを論じようとする．ミンスキーの著作への関心は2007年のサブプライム危機（モーゲージ担保証券の市場の崩壊）以降，急速に高まったが，（品切れ中であった）*Stabilizing an Unstable Economy* が2008年5月にMcGraw-Hill社から再刊される．Henry Kautmanはその序文において，20年以上前に刊行されたミンスキーの著作は時代を先取りしたもので，その考え（ideas）が今日ほど重要性を増したことはないと指摘する．ミンスキーは「金融市場が投資決定メカニズムの一部を担っているような経済はみな，強い不安定化をもたらす内在的な相互作用（internal destabilizing interactions）を抱えている」（Minsky 1986, 240頁）＊と述べるが，Kaufmanはミンスキーほど「投機的な企業金融の自己強化的動態，劣化する債務の質，そしていまの時

代を特徴づける経済的動揺(volatility)について理解していた人物はほとんどいない」と評する．それではミンスキーの議論の何が，今次の深刻でグローバルな金融危機の分析に当たって適切であり，洞察力を有するものであったかを述べよう．

不安定化の中心的要素：流動性の重畳的減少

　ミンスキーの金融不安定性理解のもっとも中心的な要素は，金融機関にとって（金融資産）投資あるいは資本資産のポジション形成手段が資産サイドから負債サイドへ，しかも（預金取扱銀行におけるリテール預金から非コア債務へのシフトを含み）市場性資金にシフトしたとすることにある．留意されるのはそのとき，ミンスキーが「流動性水準」の低下を併せ考慮していることである．すなわち「一般の事業の資金調達手段として新しいものを出現させるとか，現金資産に代わる新しい代替的運用手段を生み出すとかの制度上の革新は，経済全体の流動性水準を引き下げるであろう」(Minsky 1982, 256頁)．ここには金融業のダイナミズムの発揮がかかわっているのであり，「準備の代替物を創出し，準備吸収を最小化してしまう能力は，利潤最大化を追求する銀行組織の持つ本質的特性である」(Minsky 1986, 305頁)と論じる．そして「貨幣量が変化しなくても，商業銀行のポートフォリオにおいて政府証券が民間債務に代替されるような場合には，経済全体の流動性水準は低下する．さらに，非金融法人が現金に換えて政府証券を保有するとか，あるいは政府証券に代えて政府証券ディーラーの負債を保有する場合にも，流動性水準は低下するといえる」(同上，257頁)．これをミンスキーは「流動性資産のピラミッド的構成」に変化が生じたとして，こうした変化は経済全体にリスクをもたらしうると論じた．なぜなら，「最も中心的な非金融法人が支払い不能に陥ったり，あるいは一時的であっても流動性を欠く状態になると，それは連鎖的な反作用を通じて経済全体の支払い能力や流動性に深刻な影響を及ぼしうる」(Minsky 1982, 257頁)からで，民間債務（市場性債務）にポジション形成を依存するようになった経済において金融機関間で債務が重層化するとき，デフォルトや流動性逼迫の連鎖

---

*　引用ページは訳書のページを示した．なお原書の場合はp.で表記した．

からシステミック・リスクに至りうる．ミンスキーは次のように述べる．「貨幣市場には流通速度の上昇を促す革新なり，流動性を削減するような革新が数多く出現するようになる．その結果，流動性の希薄化が経済の様々な領域で重なり合って表面化する．このような重畳的な流動性減少は，貨幣市場をやがて本質的に不安定なものに転ずる．このとき繁栄にいささかのかげりでも見えれば，それは金融恐慌の引き金にさえなりうる」(同上)．

　以上に提示されたミンスキーの金融不安定性論を，本序章ではその構築素材を一層明らかにすることで，今次危機の分析にも適用可能性を持つものとしてその骨格を提示し，もって本書のメッセージを提示することとしよう．はじめに，「流動資産のピラミッド的構成」を通じて流動性水準の低下を引き起こす変化を，金融機関において市場性債務（あるいは「信用（市場）証券 (credit-market instruments, credit instruments)」）がポジション形成手段の中枢的手段となることとして捉えよう．それは今次危機に即していえば，投資銀行やSIVなどシャドーバンクが短期ホールセール・ファンディングたる機関投資家向けの金融市場においてレポやCP等を通じて資金調達することで，それがMMFや機関投資家にとっての資金運用の場を与え，相互に金融的連関を生じさせることとなる．こうした市場調達資金の利用が意味することは資金調達における「証券化」ということで，銀行準備の制約を超えて資金調達することを可能にする．しかしそれに表裏して，そうした市場性債務によって調達する流動性は，当該債務の価格が下落すればそれだけ流動性の取得を困難にする．すなわち，「証券化は，金融構造のうち，中央銀行が保護を約束する部分の比重を低下させる．(MMFなど) 自らの資産の市場価値を保全することを約束する証券の保有者は，金利が上昇すると保有ポジションを売却してポジションメーキングする必要から，当該証券の価格を急落させることがありうる」(Minsky 1987, p.4)．この点において，銀行準備に基づき供給される流動性は一般的交換手段としての流動性（現金プラス預金通貨）であり，したがって「真の流動性」と言いうるものであるのに対し，市場性債務が供給するそれは，当該債務の価値の下落あるいは「流動性要素」(Minsky 1986, 308頁)の不利な再評価から「虚構の流動性 (fictitious liquidity)」(Levy Economics Institute 2012) に陥ることがある．こうした流動性供給における2つのタイプの識別は，市場性債務を

ポジション形成の中枢的手段とした金融システムが「流動性の希薄化」——銀行準備が，増大する市場性債務に比して少なくなること——によって資産価格の暴落や信用スプレッドの拡幅のリスクをはらむことを視野に置くのである．

資産価格の暴落には，債務の重層性の下，金融連関を介した伝染が関係している．たとえば，担保に供された資産が下落することで保有資産の売却を迫られれば，一層の下落が引き起こされるほか，同類の資産をバランスシートに持つ機関も影響を受けて，資産価格下落の伝染（「金銭的外部性」）が引き起こされる．それは，市場調達資金が保有資産を担保に市場性債務で資金調達されるような場合，資産価格の下落から資金流動性が低下して資金繰り困難に追い込まれるということである．換言すれば，市場調達資金あるいは市場性債務の発行は（担保）資産の価格が安定する，増価する場合にうまく機能するが，その条件が満たされず，例えば資産にはらまれたリスクのプライシングに不確実性が懸念されるや，途端に資金の貸し手が資金を引き揚げるといった流動性リスクがはらまれている．しかしそれは，裏を返せば，市場調達する場合に市場環境を利用して弾力的に資金調達することが可能ということであり，それによってより急速な成長が可能になるということでもある．

金融業のダイナミズムと二層構成のシステム

市場性債務の発行が金融イノベーションの発揮にも関係していることを勘案すると，自己資本をベースにしながらそうした市場調達資金に依存して借入を増やし，自己資本利益率を高め，成長を速めることをより優位に進める金融機関は，規制の緩い金融部門——今次危機においてはシャドーバンキング——であるといえよう．ミンスキー（1986）はこの点で「周辺的」金融組織と「中核的」金融組織を識別したのであり，金融システムを「階層化，二層化」されたものとして捉えようとした．そのときわれわれの問題関心は，そのように階層化された金融システムがいかに固有に金融脆弱性をはらむかである．「中核的」金融組織が短期金融市場に参加する大規模銀行を主として指すのに対し，「周辺的」金融組織は非預金取扱銀行で，REITや金融会社，連邦準備制度非加盟の商業銀行等を含むが，それらは適用される「規制」に強弱があり，したがって市場性債務への依存度にも違いが出てくる．ミンスキーはこうした「階層化」

の根拠を，破綻した金融機関をいかに救済するかという「最後の貸し手機能」がどの組織によって果たされるかに置こうとした．預金取扱銀行でないために市場性債務に依存せざるを得ない金融機関が流動性逼迫や経営困難に陥ったとき，その市場性債務を引き受けることで「最後の貸し手機能（LLR）」の代理役を果たすのは，取引先たる（大手の）商業銀行とならざるを得ない．これに対して商業銀行自体が取付けに遭うようなときには，中央銀行のLLR機能に依存する．このような意味で金融システムは最後の貸し手機能の発揮において「二層化」されている．ここにミンスキーは，債務不履行を免れるよう安全装置が備わっている貨幣システム——銀行の自己資本，中央銀行窓口を通してなされる借り換え金融の確立した方式（中央銀行のLLR機能），預金保険制度——とそれを欠くシステムとを識別し，「二層構成の貨幣システム（two-tier monetary system）を持つことになった」（1982, 121頁）と述べる．

われわれはこうした「階層化された」金融システムを枠組みに，先に述べてきた市場性債務を通じた周辺的機関の急成長，それに並行した金融脆弱性を描こうとしているのであり，ここに金融業のダイナミズムを容れていかに金融が脆弱化するかという問題が提起される．規制下に置かれた金融組織が，自己資本規制下に資本を効率化しようとして，「規制の隙」をついて規制の緩いセクターに（実質上）進出しようとする——資産を移管し，所要資本を減らして実質的にレバレッジを高める（「規制裁定」）——のも金融業がダイナミズムを発揮する現れであろう．そうした理解によれば，規制の格差は利潤獲得のために利用さるべき「差異性」（岩井 1985; 2000）として，あるいはさらに金融イノベーションに訴えてでも創出さるべき「差異性」として理解でき，このことは流動性供給のタイプの相違についてもいえる．すなわち，市場性債務が供給する流動性は銀行準備に基づく流動性供給に対し弾力性を有し，金融イノベーション（新たな資金調達手段）を容れる点において——しかしそれと表裏して「虚構の流動性」に陥ることもある——「差異性」を有している．そうした点から，流動性供給における2つのタイプの識別は，階層化された金融システムの構築素材と言える．

実際，ミンスキーはJ. シュンペーターを師とした学徒として金融業のダイナミズムを強調したのであり，金融イノベーションを駆使して新たな資金調達手

段を創出し，あるいは新たな組織を創設して，規制や金融引き締めに抗しようとするものと考えた（Minsky 1982, 第7章）．ここにミンスキーは，金融機関が制度や規制をも「裁定取引」を通して利潤をあげるための操作対象として扱い（1986, 311頁），規制裁定取引をも金融ダイナミズムの文脈に置いた．そのとき併せて留意されるのは，そうしたダイナミズムを「周辺的」金融組織がより容易に発揮することが，階層化された金融システムを舞台にしてシステミック・リスクが引き起こされることに関係してくるのである．この点においてミンスキーは周辺的金融組織と中核的組織との「つながり」――類似資産をバランスシートに持ち，そこから伝染が起こる場合を含め――，あるいは依存関係に留意し，次のように述べている．「われわれの経済が正常に機能していても，もろくて不安定な金融的結びつきを広げかねないという可能性」（同上, 45, 46頁）があり，「壊滅的な崩壊を引き起こしかねないドミノ効果の可能性が階層的な金融形態のなかに秘められている．流動性の貯水槽の栓を開けて信用供与を可能にする意図の下に新しい証券を考案して金融界に新しい層を積み重ねることは，金融データ自身が語る以上にこのシステムの体質の脆さを増すに違いない」（同上, 102-3頁），と．そしてさらに「当局は銀行のポジション形成が資産管理から負債管理へと展開してゆくことに目をつぶり，REITのような投機的な負債構造を持つ金融機関が爆発的な成長をとげ，銀行がそれに深くかかわることになる事態がどのような意味をもつのか知る由もなかった」（同上, 第3章, 54頁），と．

　以上は，金融業のダイナミズムを発揮した「周辺的」金融組織――今次危機の文脈で言えば「シャドーバンク」――が市場調達資金を通じてレバレッジを高め，もって資産価格の下落に対し脆弱化したが，それは「階層的つながり」を通してシステム全体の危機にも発展させうることを述べたものである．興味深いことは，こうした階層化された構造――シャドーバンクに属するオフバランス組織，SIVやコンデュイットとそのスポンサー銀行――を通しての危機理解が今次の金融危機においても適用可能と考えられることである．すなわち，「商業銀行は，預金保険と最後の貸し手としての中央銀行の存在により大規模な取付けの対象にならないが，他の金融機関では取付けが起こりうる．実際に，多くのそういった金融機関（特に有名なのがベア・スターンズとリーマン・ブ

ラザーズ）に加えて，マネーマーケットやヘッジファンドの領域における多くのファンドが，危機の最中に企業間における取付けに見舞われることになった．そして重要なのは，商業銀行もまた，大規模な取付けを起こしている他の金融機関に対してエクスポージャーがあると受け止められると，企業間信用市場やインターバンク市場で局地的に取付けを起こしうる」（Acharya and Schnabl 2009, 37-8 頁）ということである．

狭い敷地に建つ摩天楼

前掲の，ミンスキーが「もろくて不安定な金融的結びつきを広げかねない」という論点を一層掘り下げるべく，本書では Shin（2010b）による会計的恒等式を用いた枠組みにおいて，「レバレッジ部門」と「非レバレッジ部門」を識別する議論を取り上げて，照応させている．Shin におけるこうした 2 つの部門の識別と関連付けが，先に見たように，ミンスキーが階層化された金融システムにおいて流動性供給の 2 つのタイプを識別し，市場性債務を中枢的なポジション形成手段とすることが「流動性の希薄化」を招くとして金融危機のメカニズムを理解したことに照応すると考えられるのである．Shin においてレバレッジ部門は，「銀行部門が相互に負債を増加させ，債権と債務の絡み合いを広範なものにする」として，われわれが強調する市場性債務によるポジション形成の下に構築される債務の重層性を描写するものであり，これに対し「非レバレッジ部門」は，「ロング・オンリー」の最終的貸し手で，その資金源たる貯蓄は経済の実体的制約を受けて緩慢な動きしかしない．ここに Shin においてミンスキーの言う「流動性の希薄化」の下に進行する信用ブームの危うさが，「狭い敷地に建つ高層建築物」の持つ危うさのイメージによって表されることになっている．

Shin（2010b）は「銀行部門全体のレバレッジは非レバレッジ部門（銀行部門外）から得た資金の割合の増加関数である」という命題を提示し，しかし銀行部門の外部（非レバレッジ部門）から獲得する資金を増やそうとしても，金融システム全体で見た「集計的な」レバレッジは，家計の貯蓄など実体面の制約から短中期的にほとんど固定的であるため緩慢な動きしかできないことを指摘する．そのとき，レバレッジ部門の個々の金融機関は互いに貸借することで

自らが望むだけレバレッジを高くできるが，しかしショックが起きて保有ポートフォリオの原資産が共通して価値を毀損させるといったシステマティック・リスクが顕現するや市場性債務は貸し手からの資金引き揚げに遭い，当該市場性債務の価格は急落しうる——それをミンスキー（1986, 270頁）は市場性債務の「流動性要素」が不利な再評価を受けると述べる——．こうして先にミンスキーで触れたと同様，市場性債務は限られた（貯蓄の裏付けを持つ）非レバレッジ部門の流動性を奪い合うほかないことになる．Shin においても，市場性債務によるポジション形成にはらまれる流動性の「虚構」性が問題になるのであり，しかも先に見たような意味で「流動性の希薄化」の下に起こりうる資産価格の暴落とシステミック・リスクの顕現を論じていると考えられる．Shinが，金融機関同士は互いにいくらでも貸借することでレバレッジを引き上げることができるが，そこにはらまれるリスクをあたかも「狭い敷地に摩天楼を建てる」ことによって表そうとしたのは，以上のような流動性の虚構性に留意したからであろう．

市場性債務が中枢的なポジション形成手段を成すことで債務の重層化が生じてくることを，マグヌソン（2010）は「逆ピラミッド構造」として今次危機に即して次のように描写する．サブプライム・ローンの証券化によって組成された資産担保証券が，「大いなる金融緩和」のもと豊富な流動性により債務の流動性要素が高く評価され，ファンダメンタルズを超えてバブル的な評価を受ける．それを担保に「レバレッジ」を効かせて何倍もの金融取引によって膨張する金融システムが成立する．それは，特定の大きさのサブプライム・ローンを原資産とし，それで組成された証券化商品が信用ブームあるいはバブルの下で高い評価付けがなされ，しかもそれを担保に用いて借入がなされる——投資銀行に対する負債・資産比率は2004年に（それまでの12対1から）30対1まで外部負債依存を高めることができるようになった——もとで成立する構造である．2008年のリーマンショック前のピーク時に1兆4000億ドルにのぼったサブプライム・ローンをもとに，420兆ドルまでバブルが膨れ上がる[1]．こう

---

1) 「ショック」前の2008年時点に米国の銀行業界は約7兆ドルの住宅ローン契約を保持し，その20％（1兆4000億ドル）がサブプライムであった．このサブプライム・ローンを原資産に組成された住宅ローン担保金融商品が10倍（14兆ドル）のバブルに膨張

した構造の下で投資銀行の利鞘獲得モデルは，短期の市場資金を調達して高格付けの資産担保証券を取得する．しかもレバレッジを引き上げて利益率を高めた．しかしそれが脆弱な基盤に立脚するものであることは，債務不履行のリスクの高いサブプライム・ローンをもとに組成された「毒入り」の不良資産を用いて互いが貸借して高層の建造物を積み重ねたところからくる．ある特定個所の債務不履行が連鎖的破綻を引き起こすリスクをはらんでいるのである．そうしたリスクの顕現は，市場性債務が「流動性を求められ」たとき，つまりロールオーバーが必要なとき，貸し手（MMFなど機関投資家）が担保資産に含まれた「毒」に気づいて資金を引き揚げるときに起きる．それは今次金融危機において，「ミンスキー・モーメント（the Minsky moment）」と言われたところのものである．

かくてわれわれは本書において金融不安定性勃発のメカニズムを，ポジション形成が市場性債務に依存する，つまり資金調達における「証券化」の下で，「流動性の希薄化」が生じた下で「逆ピラミッド構造」を枠組みに，カウンターパーティ・リスクが引き起こす「直接的」，「間接的」な伝染現象，つまり「信用コンテージョン」（Lee and Poon 2014）として描こうとする．ここで「逆ピラミッド構造」によって言わんとするのは，ポジション形成を市場性債務に依存することで互いに貸借し合うことによって生み出された債務の重層性が，限られた「真の流動性」に対して「虚構に陥りうる流動性」をはらんでいること，加えてその構造が，不特定のカウンターパーティから及んでくる損失が持つ「複雑性」——Caballero and Simsek（2010）は「ナイト流の不確実性」を生じさせると捉えた——が各機関の選択行動に固有の効果を及ぼすことに留意するからである．そのようなものとしてマグヌソンの「逆ピラミッド構造」のエッセンシャルな側面は，実体的変数に対する「グロス表示」の金融取引の肥大化，複雑化にはらまれる不確実性——それを本書では「ネットワーク効果」としても描く——を論じる枠組みとしてあることである．今次危機勃発前のピーク，2007年において米国における総負債はGDPの5倍（1929年は3倍）に達していた（Levy Economics Institute 2012, p.10）．われわれが注意しよう

したとして，それを投資銀行が担保に外部負債借入を30倍まで行って資産を取得した時，14兆×30＝420兆ドルという計算である．以上，マグヌソン（2010）．

とするのは，金融機関の負債がここ 20 年間で驚異的に（spectacularly）増大してきた——それは銀行中心の金融システムから金融・資本市場中心のそれへのシフトに伴う——ことで，そこには市場調達資金への依存があり，それに伴って金融機関同士の間の相互の貸借によりレバレッジの引き上げ，債務の重層化，証券化による複雑化が生じたということで，こうした金融構造の下で引き起こされる金融危機のメカニズムが明らかにされるべきだということである．

金融システムの複雑性とカウンターパーティ・リスク

以上のような本書の構築に伴う特徴に触れていこう．それはシステミック・リスクとしての金融危機の理解に際して，伝統的な立場，すなわち個々の金融機関がその保有する資産（の原資産）の信用リスクを顕現させ，しかもそれが集中して生じる——それは本書において「エージェンシー・アプローチ」あるいは「構造型モデル」として言及される——とするアプローチと対置されるものとしてあることである．債務が層をなすところから，ある個所の債務不履行が連鎖的破綻を引き起こすとき，信用リスクにおいて，したがってファンダメンタルズにおいて取り立てて問題のない機関でも，直接の取引関係のないカウンターパーティからさえも損失が及んでくることで，流動性の逼迫やデフォルトに巻き込まれることがある．しかも「間接的な」カウンターパーティ・リスクから損失を被ることを恐れるとき，それは次のような「不確実性下の選択行動」をとらせるであろう．他の機関の行動を見てそれに倣うもの（群れ的行動）であったり，あるいは最悪の事態を想定して「恐れ」や「不安」からリスクを免れ，避けようとする行動である．そのときシステム全体に及ぶ効果は，単にポートフォリオの連関を通した「直接的伝染」がもたらす「投売りによる外部性（firesale externality）」で捉えられる規模を超えて，「複雑性から来る外部性（complexity externality）」が固有に生じうる（Caballero and Simsek 2010）．それは複雑な金融ネットワークにあって，どの取引先から損失がもたらされるか予測し得ないという「間接的な」カウンターパーティ・リスクへの懸念からくるものである．これに照応して，危機下の資産価格の暴落，拡幅した信用スプレッドは，「構造型モデル」を枠組みとした説明に代えて，金融システム内の相互連関性，あるいは伝染効果を容れて説明されるものとなる．それはデフ

ォルトが「独立」に，しかも集中して生じるとする立場に対置されるものである．

以上を総じて本書が金融危機のメカニズムについて立脚する立場は，「認知上，および外部性からくる集合的失敗」のパラダイムとして提示されるということで，個々の経営体の個別の信用リスクが顕現する，しかもそれが集中することとして金融危機を理解する「エージェンシー・パラダイム」あるいは「構造型アプローチ」と対置されるのである．

不確実性下の慣行的評価

本書を特徴づける，金融危機メカニズムの構築素材として追加して触れるべきことは「不確実性下の選択行動」について次のような扱いをしたことである．それはケインズの『確率論』に依拠する選択行動として理解されるものであり，特定の命題あるいは信条が設定・保持され，その「確かさ」に基づいて選択行動がとられるとする．しかも不確実性下にファンダメンタル情報が欠如しているとき，ケインズが「慣行的評価」に依存すると述べた（Keynes 1936, 第12章）ことに依拠しようとする．その意味することは「現状の事実がある意味において不釣り合いに，われわれの長期期待の構成の中に入ってくる」（同上, 146頁）ということで，それは「観察された情報やデータ」が用いられることに表れる．たとえば資金貸借に際して，安全性やリスク管理について次のような「慣行的」評価基準がある信条や見通しの「確かさ」を判断するのに用いられる．時価表示のVaRリスク管理により許容可能なエクスポージャーを決めるとか，あるいはミンスキーのいう（時価表示の）「安全性のマージン」を確保する容易さや確かさを通して借入の大きさあるいはバランスシートを調整するということである．不確実性下では「経済の動向に関する見通しが経済のパフォーマンスによって影響を受ける」（Minsky 1986, 260頁）が，慣行的な基準がどれほど充たされたか，あるいはその基準達成の難易度がどのように見通されるかによって，「各経済主体は受容可能な現金支払い契約額を変化させる」（同上）．留意されることは，そうした選択行動——つまりある基準や信条が設定，保持されて，実際のパフォーマンスを受けて，その基準の達成についての「確かさ」が判断される——は，以上で見るように経路を増幅するという「プ

ロシクリカリティ」をはらむものとなるということである．それはファンダメンタル情報が得られる場合に，裁定取引が需給を均衡化するというメカニズムと対置されるものである．

実際ミンスキーは安全性のマージン――債務の履行見込みの確かさ――を貸借基準として，次のような経路増幅的な結果が導かれることを示唆し，もってブーム期にリスクが「内生的」にはらまれることを論じた．「当該経済が一連の成功的な時期を経験すると，将来生起する事柄についての主観的予想は変化し，社会の選好体系に占める危険回避的態度の比重も変化する．その結果，成功的な体験を経た後にはPk(M)関数は上方にシフトする．このようなシフトは普通株式の市場価値を高める」（同上，326頁）．以上に描かれた選択行動が導く経路の特性は，伝統的なSwedishアプローチ（Kregel 1976）におけるそれと対置される．伝統的には，予想と現実との乖離は，ファンダメンタル情報を基に市場において価格が調整されることで需給の均衡化が想定される．

以上に描かれた，基準達成についての「確信」をベースにした選択行動は，ブーム時にリスクに対する認知が低下する，換言すればリスクプレミアムが「低下する」ことに照応し，金融構造が「ヘッジ金融」から「投機的金融」，さらには「ポンツィ金融」へと脆弱化することに照応している．ブーム期にはリスク認知の指標が低下し，景気後退期には上昇するかのような振舞い（Borio and White 2004, pp.17-8）が見られるのであり，Borio（2009）はこうした一方向に導く選択行動に「時間軸上」の金融ディストレスの源を見た．時価表示のバランスシートにおいて，資産価格の上昇が自己資本を増加させると，安全性のマージンで測った債務の履行可能性について「楽観的」になり，債務を増大させバランスシートを一層拡大させてレバレッジを高めることとなる．しかしそれは資産価格変動に対する財務構造を脆弱化させ，時間軸上の危機を醸成することとなっている．

Borio（2009）は金融ディストレスの源を「縦の時間軸」と並び，もう1つの次元でも捉えた．「横のクロスセクショナルな広がり」であり，時価表示の慣行や基準が選択行動に際して用いられることは横軸への広がりを通した不安定化をもたらす．時価表示あるいは観察された情報がいわば「共有知（common knowledge）」であることが，どの経済主体や機関においても共有されて，それ

が行動の基準，その確かさの判断に用いられ，各主体の行動を同方向に共通化しうるからである．ファンダメンタルズに代えて格付けやVaRリスク管理が用いられる場合，大方の人々，機関の行動，反応を同一方向に導き，いわば「群衆行動」を引き起こすとも言えよう．そこに働くシステムの不安定化メカニズムは，例えば2000年6月にロンドンのテムズ川にかかる「ミレニアム・ブリッジ」における「大揺れ」(Shin 2010b, 第1章) において働いたメカニズムから窺うことができる．すなわち，橋桁の揺れがある閾値を超えるとき，歩行者は揺れに対して自らを防御しようとして同一方向への対応をとる，行動が「共通化」される．こうして，目に見える観察値を基準にして——橋桁の揺れに合わせて——人々の行動が「共振化」して揺れを一層大きくし，ポジティブ・フィードバック・メカニズムを作動させるのである．ここから次のような指摘もなされる．「規制，会計，慣行，新技術，セーフティネットなどによって，金融機関のインセンティブが同一方向に歪められるために生じる集団行動に留意する必要がある」(宮内 2015, 362頁)．こうしてわれわれは，システミック・リスクとしての金融危機のメカニズムを「認知上と，外部性からくる集合的失敗の混合系」のパラダイムによって理解するというアプローチに再び導かれるのである．

認知上と外部性からくる集合的失敗

本書の特徴は，危機防止策としての金融規制の展開において次のように表れる．危機のメカニズムを「認知上と，外部性から来る集合的失敗」のパラダイムに求めることで，エージェンシー・パラダイムに立脚する「ミクロ・プルーデンス」を超えて，「マクロ・プルーデンス」に照準を合わせるものとなる．集計的信用ブームや景気循環を抑制する政策メニューは「プロシクリカリティ」対策をとり，それらとして「可変的」自己資本比率規制をはじめ反循環的諸規制が挙げられる．併せて，「外部性」や「不確実性下の限定合理性」を容れた階層化された金融システムにおいて，先に見てきたところの横軸と縦軸の双方において働くポジティブ・フィードバックのメカニズムを抑制することが課題となる．これに対しミクロ・プルーデンスからする「金融規制として資本バッファーを求めるという伝統的な見方は，金融機関の行動が他の金融機関に

与える外部性の重要性について考慮していない」(Shin 2010b) と指摘される．実際，バーゼル銀行規制Ⅰ及びⅡはエージェンシー・パラダイムに立脚するものとして個別機関の健全性を確保すべく，その保有資産の信用リスクを自己資本が上回るようコントロールする（所要資本を求める）ものであったが，その有効性は今次危機において疑問視されるものであった．大手の欧米金融機関では，リーマンショック前の段階で既に，バーゼルⅡの基準で測れば10%を超える自己資本比率を達成しているところばかりであるにもかかわらず，破綻したのである．ここに問われるのは，市場性債務の利用や，規制裁定というダイナミズムを利用して周辺的組織の拡大すること——それにはシステマティック・リスクに対する脆弱性が伴った——自体をいかに抑えるか，ということである．問題の根をここに見ようとすることは，市場性債務や，規制裁定取引を含む金融業のダイナミズムを介して成立した逆ピラミッド構造の成立自体を問題にすることであり，そこに働きうる伝染，連鎖的倒産のメカニズムを抑えることである．それは例えば，CoVaR という概念と計測によって，個別機関がシステミック・リスクに寄与する度合いに応じて所要資本を課すことで，それぞれが引き起こす外部性をコントロールすることが可能となる．あるいはレバレッジ規制や流動性規制は，不確実性下に置かれた短期資金の貸し手（機関投資家）が間接的なカウンターパーティ・リスクへの懸念から資金の引き揚げ行動に走らぬように，流動的な資産と現金を十分に持つように規制することであり，併せて債務は長期債務のように十分安定的であるようなものとすることである．他方，「レバレッジ規制」は自己資本（Tier1資本）を分子，会計上の資産（額面）を分母とした「レバレッジ比率」に下限を設定することによって——換言すれば「レバレッジ」を高めるのを抑えることで——ブームに続く金融サイクルの崩壊局面の被害を小さくしようというものである．

金融規制の構造的アプローチ

本書の金融規制論は以上にとどまらず，いわば「構造的」次元からの改革をも射程に置いている．その意味することは，金融システムの改革にも触れるものだということで，われわれにあっては，階層化された金融システムにはらまれた金融脆弱性に対処しようとすることである．照準を短期ホールセール・フ

ァンディングに定めるなら，先に挙げた「流動性規制」によって現金や流動性の保有を増やし，長期債務による調達を増やすというだけにとどまらず，それを以下に述べるような「ピグー税（Pigovian Tax）」を課してインセンティブに働きかけると同時に，規制を「包括化」することである．ピグー税は短期資金の貸し手が資金引き揚げによって引き起こす金銭的外部性を内部化することを意図するもので，短期債務が有する期限到来により資金を引き揚げるという「オプション」を「便益」として「価格付け」し，税として課すというものである．こうすることで（低い）「私的な」流動性取得コストと（高い）「社会的な」流動性取得コストとを均等化し，もって短期債務の引き起こす金銭的外部性を内部化することができる．

ここで留意されることは，「ピグー税」は規制金融機関に課されるが，それと同時に非規制の，しかし免許を受けた（licensed）あらゆる金融機関について，借入は「規制された機関からのみ」可能とする（De la Torre and Ize 2009b）との提案である．こうすることで，**非規制**金融機関から借り入れられた最終的借り手の借りたどの1ドルについても，**規制された**金融機関を介して貸し付けられたドルに対して課税されるのと同様にピグー税を支払うものとなる．かくて当該ピグー税は「システミックな流動性税」と呼ばれるべきものとなる．こうした「**非規制**」金融機関にも銀行準備をベースとした**流動性供給の制約に服させる**というアプローチは，先に論じてきた市場性債務が提供する流動性がその弾力的な調達に相伴って抱えた「虚構性」からくる脆弱性に対処しうることが期待されるのである．そして併せて留意されることは，こうしたアプローチが，「階層化された金融システム」における規制の強弱をはじめとした，種々の利潤創出にかかわる「差異性」に対して「包括性（comprehensiveness）」をもって対処しようとするものであることである．

ミンスキーの金融システム改革論

われわれは金融規制について，ミンスキー自身が提案した金融システム改革にも触れている．それは，米国において1999年に制定されたグラム・リーチ・ブライリー法につながった金融システムの「近代化」に向けた米国財務省の提案をめぐり，ミンスキーが「ポスト・グラス＝スティーガル」規制改革とし

て提示した議論（1995a, b, c）である．ミンスキーは金融システムの本来的目的を2つ挙げる．1つは「安全で確実な（secure）な支払いシステムの提供」であり，もう1つは，「経済の資本発展を支える金融」である．前者については100%準備を義務付けることで決済システムの安全性を確保するとするものであり，後者については発展のための金融は「リスクをとる」ことを含むから，発展のための金融に伴う損失からいかに切り離されるかを問題にした．このことが，金融システムの機能を子会社ごとに互いに分離するという提案につながったのである（Minsky 1995c, p.8）．子会社ごとに資産と負債を把握できれば，「単純さと透明性」を確保できる．つまり，子会社の1つのタイプは安全で確かな支払い手段を提供し，もう1つは実物資本の発展を金融するのに仲介役を果たし，しかも民間貯蓄の大きさだけの投資がなされる．そしてミンスキーのポスト・グラス＝スティーガル規制においては，資本発展の金融に対して次のような規制が課されている．投資信託組織とするのであり，しかもそうした子会社について「資本」対「資産」の比率が1対1になるよう規制する．つまりレバレッジを効かせることを封じることで，資産価格が上昇し，それを担保にして貸出を増やす，つまり虚構となりうる「流動性」を増加させるという経路が働かないようにしているのである．

　言及さるべきは，ミンスキーにおける上掲の二層のシステムは，ナローバンキング・システムと識別されることである．ミンスキーは支払いシステムを安定化しつつ，かつ銀行信用を積極的に用いて，資本発展の金融を機能させるものにしようとしている．そのためにミンスキーは預金創造を銀行の基本的活動と考え，その固有の活動を「**引き受け機能**（acceptance function）」に求めている．ここに含意されるのは，銀行準備に基づく「真の流動性」供給が資金貸借のベースに置かれると同時に，銀行がその情報生産機能を発揮することが資本発展にあたり固有の機能として位置づけられていることである．金融システム改革においても金融業のダイナミズムとの両立が図られているのである．

各章の構成

　以下，各章の構成を示すが，併せてそれぞれの章において全体にもかかわり，したがって本書の主張にかかわる論点を取り上げることによって各章を補足す

ることとしよう．

量的緩和政策下の過剰マネーと景気回復過程

　第1章では，リーマンショック後の米国経済が辿る景気回復過程をミンスキーの金融不安定性仮説で捉えようとする．その意味するところは安定的な拡大経路にはらまれる金融構造の脆弱化である．それを危機後の景気回復過程に即して見ている．量的緩和政策で過剰流動性が投資マネーとして流入し，安全資産の国債利回りが低下する下で（機関）投資家は高利回りを求めてよりリスクの大きな資産を求めて投資対象をシフトさせる．こうして自動車版サブプライム・ローンを含め証券化商品の復活，ハイイールド債の活況がもたらされている．このことは実体面での景気回復が緩慢であるのに対置され，金融循環がそれから乖離するということである．リスク資産がファンダメンタルズに比して過大な評価を受け，「ファンダメンタルズと価格とのリンクが弱まる」（BIS 2014, p.34）という事態である．高利回り資産を投資対象に選び，よりリスキーな資産へと投資対象をシフトさせる（「利回り狩り」）ことは，資産価格を上昇させて利回りを低下させるが，それは，以下に述べる理解の下，「バブル化」をもたらしうることをわれわれは論じようとする．

　はじめに次の指摘に留意しよう．「低い社債利回りは，単に低いデフォルトの予想確率と低いリスクプレミアム水準を反映するだけでなく，信用を安価に利用可能であることが，困難に陥った借り手をして借入を容易にするという意味で，実際のデフォルト率を抑えることに貢献している」（BIS 2014, p.35）．ここからわれわれが読み取ろうとするのは，過剰な投資マネーが流入し資産の取引価格が上昇すれば，債務の発行条件が有利になり，**発行企業のファンダメンタルズ（信用リスクの増減）いかんにかかわらず**，資金調達をより容易にして（「資金流動性」を高めて）もって債務の不履行率を引き下げることになっていることである．それは換言すれば，デフォルトを低下させる（もってリスクプレミアムを引き下げる）メカニズムは，必ずしも良好なファンダメンタル条件だけに基づくのでなく，高くなった取引価格（観察可能なデータ）——第4章の説明を用いれば「外的環境」の良きを得て——を用いて有利に借入がなされたことによる場合もあるということである．これは先に述べたファンダメンタル情報が得られず，裁定メカニズムが機能しない下で，ファンダメンタル

情報に代えて時価表示の会計基準が用いられる下で進行する経路として整合的に理解できるところである．なぜなら，こうした理解の下では，ある命題や信条について「確信」を高めることが意志決定に役割を果たしており，目下のケースでは資産価格の上昇が同方向へのバランスシート調整を導くというものだからである．そのとき留意されるのは，こうした経路増幅性には不安定化要因――目下の文脈では「バブル化」――がはらまれてくるということである．かくて先の BIS の指摘を Borio の言う「時間軸上の危機醸成」のメカニズムの下に置くことができると考えられる．繰り返せば，「利回り狩り」によりハイイールド社債の価格が上昇することで，もしそうでなければ有利な資金調達ができず倒産したであろう企業が債務を履行しうるようになり，それがリスクプレミアムを低下させ，一層の社債価格の上昇というプロシクリカリティをもたらしている．こうしてわれわれは，利回り狩りの下に進行する経路を，先に示した不確実性下の選択行動によって捉え直すことができるのであり，こうした理解によれば，ファンダメンタル情報に代えて観察可能な情報を用いて，つまり（安全性のマージンを含めて）債務の履行可能性あるいは支払い能力を信用履歴という実績で評価すること――第 4 章で「モルガン・ルール」と呼ばれる貸借基準――によってデフォルト率が低下し，それは一層の借入に通じ，経路は一層過熱化（バブル化）すると論じるのである．

　付記するなら，以上のように解された利回り狩りのもたらす動的経路はミンスキーにおける「ヘッジ金融」から「投機的あるいはポンツィ金融」へのシフトに照応するが，ミンスキーは（先に触れてきた安全性のマージンを用いるのと併せて），不確実性への処理を可能にする「流動性」に対する主観的評価（流動性プレミアム），あるいは債務の「流動性要素」の動きを通した説明も与えている．実際ミンスキーは次章で論じるように，平穏に進む経済を過熱した投資ブームに導くところの「内生的な推進力」が働くと述べるが，それを流動性水準の大きさに関係する利子率パターンによって説明したのであり，「経済が好調に機能している期間では，**流動性の価値は減少し**，したがってより積極的な金融業務が受け入れられるようになる」と述べた．これは BIS（2014）の指摘した，ハイイールド社債の「流動性要素」，つまり取引価格によっていっそう経路が過熱すると理解することに照応している．

金融的不均衡持続のメカニズム

　今次危機からの回復過程が上に見たように「利回り狩り」を介した「バブル化」の過程として捉えられるなら，いつそれが破裂するかも知れない．それは短期資金の貸し手が資金引き揚げに出るということであるが，実際その兆候が2015年以降散見される．それにもかかわらず2017年になってもハイイールド債への資金流入が続いたのであり，そのときいかにしてそうした信用市場のブーム——Borio and White (2004) らは「金融的不釣り合い (financial diequilibrium)」と呼ぶ——が持続しうるのか，そのメカニズムが問われる．それはシティグループのCEO，チャック・プリンスが2007年7月，今次危機が始まる8月9日のBNPパリバ・ショック直前に，高格付け資産担保証券への投資競争が続く当時の状況を表現した言葉，「流動性という音楽がかかっている限り，立ち上がって踊り続けなければならない」[2] をいかなるメカニズムによって理解するかの問題を提起する．そして危機後の米国経済の回復局面についても2009年7月からすでに8年余継続している——換言すれば，バブル症状を「破裂」させず，先送りして信用ブームを持続させている——そのメカニズムをいかに理解できるかが問われよう．ここでわれわれは危機後の米国経済の「堅調さ」自体を対象としたものではないが，今次危機勃発に先立つブーム期の持続性にかかわるメカニズムを取り上げることで，「音楽がかかり続ける」ことを可能にするメカニズムに触れている．1つは今次危機に先立つブーム期に，CDOブームの持続のために，新たな資産（「合成」CDO）を創出することによってでも需給均衡を持続させるところのマーケットメーキング機能が働いたというもので，金融業のダイナミズムの発揮に依拠させるものである．そのとき併せて留意されたのは原資産のモーゲージ証券のデフォルト率上昇を反映してCDSが「上昇」していたならば——つまりCDSが市場本来のプライシング機能を発揮していたならば——，それらから組成された（合成）CDOの価格は低下し，ブームの持続を困難にしたであろうと推察されることである．

　ブームやバブル状態の持続を可能にするもう1つのメカニズムとしてBorio and White (2004) らが論じる「信認のパラドックス (paradox of credibili-

---

2) 『フィナンシャル・タイムズ』紙のインタビュー記事，2007年7月10日付．

ty)」を挙げている．それはインフレ・ターゲティング政策への信頼が形成されることで，低い安定的なインフレーションの確保に成功する下で，資産ブームという金融的不釣り合いの発生に対し賃金や価格の引き上げによる対応が起こりにくく，したがってインフレという形をとることがないため，「不釣り合い」が積み重なるまま量的金融緩和の転換が起きにくいというものである．

補論では，リーマンショック後の量的緩和の持続で低金利とボラティリティの低下がもたらされたが，そうした新たな環境下で新たな利益機会を創出すべく，金融イノベーションに訴えていかなる新金融商品が生み出されたか，そしてそれに伴う新たなリスクがどのようなものであるかを2つの金融商品を取り上げて具体的に見ている．

利鞘獲得モデルの脆弱基盤

第2章では，ミンスキーの金融不安定性仮説における基軸を成す金融構造の脆弱性を，今次危機にも射程を有するものとして照準を合わせている．市場性債務をポジション形成の中枢的手段とすることは，今次危機において短期ホールセール・ファンディングへの依存によって，利潤機会の一層の追求を容易にするとともにそこにはらまれる脆弱性を顕著なものとした．すなわち，短期調達・長期運用による利鞘を稼ぐビジネスモデルは満期変換，流動性変換のリスクを抱え，（個人投資家に対置される）機関投資家特有の選択行動が引き起こす急激な資金の引き揚げは流動性リスクを生じさせた．こうして金融危機は，短期の資金調達に証券化商品が担保に用いられることで，これら商品のリスクのプライシングの複雑性や不透明性が顕現化するとき，機関投資家の資金引き揚げによって勃発する．それは証券化商品の原資産（サブプライム・モーゲージ・ローン）がはらむ信用リスクのようなファンダメンタル情報に基づいて資金引き揚げが判断されるよりは，不確実性下に「群衆行動」――「アニマル・スピリット」――として引き起こされた．このことは次のような解釈を許す．「担保資産がその信用リスクというファンダメンタルズによって評価されることによるよりも，それらの価値の不確実性が増大することが，借り手金融機関の支払い能力についての懸念を引き起こした」（Gorton and Metrick 2012）．このことが自身に固有の（idiosyncratic）リスクの顕現を伴わない資産についても広く資産価格の下落を生じさせる「間接的伝染」を引き起こしたのである．

ここに米連邦準備制度理事会（FRB）のタルーロ理事は次のように述べた．「短期ファンディングに関係するリスクは，企業に特定のもの（firm-specific）であるよりははるかに，マクロ・プルーデンシャルである」（Tarullo 2013），と．第2章では3つの金融類型，「ヘッジ」，「投機的」，「ポンツィ」が識別され，ミンスキーにおいて「頑健な金融構造（robust financial structure）の内部に利潤機会が存在するために，頑健な金融構造から脆弱な金融構造への移行が内生的に生じる」（Minsky 1986, 260頁）と論じられた．これら金融類型は，各々が支配的となる経済におけるそれぞれの流動性水準に関係している．流動性が豊富に存在し，それに賦与される価値が低い場合，ヘッジ金融の選択で済ますなら，低い金利に相応した小さなリスクのプロジェクトの選択で終わるところを，一層リスクをとる——「投機的な金融取り決め」に乗り出す（intrude）——投機的金融が採用されるなら，リスクプレミアムに比し相対的に金利が低い分それだけ多くの投資がなされ，多額の利潤が稼げるのである．ここに平穏に進む経済を過熱した投資ブームへと推進するメカニズムが働く．しかし，流動性水準が豊富で流動性プレミアムが低い下で投機的金融に乗り出し，多額の投資がなされたとしても，流動性プレミアムが急騰する，あるいは債務の流動性要素に不利な再評価（資産価格の急落）が生じるなら，そうした利鞘獲得モデルは存立可能でなくなる．ここに流動性が逼迫し，市場性債務の価格低下で資金調達できなくなった危機時の金融機関の困難を見ることができる．流動性プレミアムの急騰がいかにして生じたかが問われるが，今次危機に即していえば，機関投資家の資金引き揚げによるのであり，それを引き起こしたのは，証券化商品のリスクのプライシングについて懸念を引き起こすこととなったシステマティック・リスクの発現に求めることができよう．以上から，ブームの過熱化，危機の顕現を辿るとき，債務の流動性要素——市場での取引価格——の役割が留意されるのであり，金融・資本市場における流動性の潤沢さ，あるいは喪失（市場での取付け）が不安定性経路においてクリティカルな役割をはたしていることを見ることができる．

　今次危機に即して以上の金融構造の脆弱性——内生的不安定化——についての実証分析としては，ABCP危機勃発（2007年夏）の最初の数週間で約30%のABCPプログラム——同年末でほとんど40%（120プログラム以上）に達

する——が取付けにあったことに留意して，その「取付けのメカニズム」を扱った実証分析を取り上げた．それは，短期ホールセール・ファンディングによる資金調達にさいして用いられる担保資産（CDO）が非流動的で複雑なプライシングを受けるものであったことから，CDO の質について懸念が持たれたとき，投資家は不確実性から引き起こされるリスクを受け容れようとせず（intolerant），損失に巻き込まれることを避けたということである．その行動は，「先行者優位（first mover advantage）」を求めて「われ先に」投資先から資金を引き揚げるというものであったのであり，担保資産の信用リスクについてのファンダメンタル情報に基づくものではなかった．

もう1つの実証分析は，リーマン破綻後の MMF に対する取付けが，ファンドの清算や MMF の各種ファンドのポートフォリオ構成の変化をもたらすことを通して金融資産間，市場間に連鎖を引き起こし，ノンバンク（シャドーバンキング・システム）と銀行間市場に流動性逼迫を引き起こしたことを見たものである．それは市場性債務にポジション形成を依存することがいかなる市場間の連関を引き起こすかの問題関心に沿ったものである．

市場調達債務に支えられた逆ピラミッド構造

第3章は，市場性債務に中枢的なポジション形成手段を求める資本市場中心の金融システムが「流動性の希薄化」の問題をはらむとき，そこに引き起こされる危機のメカニズムを明らかにしようとしている．出発点は「ノンバンク」の金融機関が自らは預金を受け入れず，したがって支払いの（硬貨や通貨の）代替手段たる（預金保険で）保証される負債を自身では提供できないため，「ノンバンク」金融システムの本源的な活動が「互いに貸借し合う」，つまり「他の金融機関の債務を取得するために金融負債を発行する」こと（Levy Economics Institute 2012, p.63）に置かれている．ノンバンク金融機関の提供する流動性は次の2つの特性を持つことが注意される．1つは銀行準備の制約を超えて，市場環境を利用し，例えば資産価格の上昇時に有利に弾力的な資金調達ができ，それだけ早くポジションを拡大できる．ここには，金融引き締めによる金利上昇に抗して，新たな資金調達手段を創出するといった金融イノベーションに訴えることも含まれる．しかし市場調達資金は同時に，当該債務の価格下落によって，その提供すべき流動性が「虚構」に終わってしまうリスクを

はらむのである．しかもそれは，市場性債務の価値の依拠すべき原資産や担保資産のファンダメンタル要因によらずとも，マクロ的共通要因から債務の支払い能力について広く不確実性や懸念が抱かれることからも引き起こされうる．かくて市場性債務にポジション形成を依存した場合，その市場価値の下落から発行企業の流動性逼迫やデフォルトが起こりやすい．しかもそれは，債務が重層化したシステムにあって支払いネットワークを介して金銭的伝染を伴う．こうしてノンバンク金融機関の困難がシステム全体にかかわるリスクを顕現させる状況が生じているのであり，連銀がかつてのように金融政策を貸付操作に適用する利子率を調整することで一元的に対処することでは済まず，それとは別個にプルーデンシャル・ポリシーが，つまり金融市場安定化のための最後の貸し手機能が固有に，独立して求められるようになっている．これをミンスキーは，最後の貸し手機能が「二層化」して求められるようになったと述べる．つまり巨大加盟銀行が「コマーシャル・ペーパー市場」を利用する機関や組織にとって最後の貸し手になる．CP市場の流動性低下で資金調達困難に陥った企業のCPを取引銀行は引き受けざるを得ないのである．これに対し連邦準備制度は加盟銀行，ことに巨大加盟銀行にとって最後の貸し手になる．

　こうした二層化された金融システムにおいてシステミック・リスクが引き起こされるメカニズムは次のようにアプローチされた．二層化を「周辺的」金融組織と「中核的」金融組織によって捉え，後者を大手商業銀行とし，前者を規制から自由なあるいは規制の弱い「ノンバンク」金融機関とする．周辺的金融組織はそうした競争環境を利用して，銀行準備の制約を超えて市場調達資金により弾力的に資金調達し，急速な成長を遂げる．しかしそれはレバレッジを高めることであり，金利の急騰や資産価格の下落に感応的で，金融構造を脆弱化させている．ここでシステムを「二層化」して捉えることの根拠をもう一度問うてみよう．たとえば金融業のダイナミズムは，周辺的組織のみならず中核的組織でも発揮される．それは利潤引き上げのために「差異性」の創出として捉えられるものである．実際ミンスキーにあっても，金融機関は政策や規制をも利潤引き上げのための操作対象とし，規制裁定取引を行うものとして扱われている．こうした規制裁定取引のベースにあるのは規制の強弱にあるであろうから，ミンスキーにおける「周辺的」と「中核的」の二層化を，「非規制」金融

機関と「規制」金融機関から成るものとしてアプローチすることが考えられる．そのとき，規制金融機関でも同様に市場調達の資金を利用しようとし，新たな資金調達手段の追及が差異性の創出として発揮されている．それにもかかわらず，規制金融機関は預金取扱金融機関であることによって，預金保険を含む最後の貸し手機能によって「真の流動性」を提供しうる点において，非預金取扱の「ノンバンク」と識別される．そうであるとき，「階層化」の根拠として，ポジション形成を銀行準備——あるいはその本源的資金源として家計の貯蓄によって捉える——に依存する場合と，市場性債務によって弾力的な資金調達によるものとの識別，つまり流動性供給の2つのタイプの識別に帰着させることが考えられる．

このような整理をする際に，先に触れたように，預金取扱金融機関でも市場性債務の発行による調達が当然になされているから，この点の調整が必要になる．すなわち預金取扱銀行においてもコア負債としてのリテール預金に加え，準備節約のためを含め新機軸によって生み出された短期の市場性資金が調達されているから，「規制金融機関」の調達資金から，この市場調達部分を除き，安定的な預金債務[3]とを識別して，資金調達を二分することが考えられる．こうすることで，ミンスキーの二層化システムを Shin の言う「非レバレッジ部門」と「レバレッジ部門（銀行部門）」に照応させることができるのである．Shin において前者は家計の貯蓄に対応して，（経済成長に応じて供給される）ハイパワード・マネーの動きに照応した銀行準備に裏付けられた信用供与とみなせる．これに対して預金取扱金融機関の負う銀行債務として市場調達された部分は，Shin の言う「銀行部門」つまり「レバレッジ部門」に属し，「銀行部門」内で相互貸借の主体（entity）として市場環境に応じて伸縮的な動きをなす．

こうして第3章では，先に触れた Shin の会計的恒等式を用いて導かれた命題を通して，「銀行部門」内での相互貸借によるレバレッジの引き上げが——緩慢な動きしか示さない実体的貯蓄，しかし真の流動性を与える「非レバレッジ部門」を希薄化することで——はらむ「狭い敷地に建てられたスカイスクレイパー」の危うさを論じたのである．

---

[3] 安定的な本源的資金の範疇に，Shin における「非レバレッジ部門」のように，投資信託や生命保険等を加えたものとすることが考えられる．

慣行的判断に導かれた金融ディストレスの2つの源

　第4章は，不確実性下の選択行動を軸に据えることで，金融不安定性のメカニズムを明らかにしようとしている．ここで「不確実性下の選択行動」とはケインズの『確率論』(1921) に依拠して，不確実性下に（ファンダメンタル情報の欠如に対し）特定の命題・仮説を設定し，その確からしさをもって「合理的」選択行動がとられるとするものである．そのさい，仮説に関する「証拠」との間に存在する論理的関係の強さを測定せねばならないとする．しかもここで，仮説や命題を設定しようとしても，不確実な将来における自己の行動の結果を予想する際に，知識・証拠が得られないという事態が考えられる．ここにケインズは，「変化を期待する特定の理由をもたない限り，現在の事態が無限に持続する」(Keynes 1936, 150頁) として，現状がそのまま変化なく将来に投影されるとの期待構成，つまり「慣行的判断 (conventional judgment)」が採用されると論じた．われわれは慣行的判断として以下に挙げるような「慣行的基準」を想定しようとしたのであり，そうした基準が経済のパフォーマンスを受けてどれほど充たされたか，あるいはその達成の難易度が判断されると考えた．

　こうしてわれわれは不確実性下の選択行動を慣行的基準に依拠せしめようとする．それらとして，債務の履行を保証するだけの流動性の保有を表す「安全性のマージン」，許容可能なエクスポージャーを決定するものとしての VaR によるリスク管理，あるいは銀行家が融資決定に当たって従うとした「J.P. モルガンのルール」——借り手に信用供与しうるかどうか (creditworthiness) の判断を信用履歴に求める——を取り上げた．留意されることは，こうした（時価表示あるいは観察可能なデータによる）慣行的基準（命題・仮説）の「論理的確率」あるいは「推論の重み付け」は，パフォーマンス（証拠）を受けて慣行的基準達成の確実さあるいは達成の難易度を判断させるが，それは経路の向かう方向を一層強める，増幅させる傾向があると考えられることである．例えばミンスキーは安全性のマージンを貸借基準に用いて，次のようにその経路特性を描く．「経済的平穏の時期には，制度上の革新と結びついた成功が，借り手・貸し手をして操業から得られるキャッシュフローの確かさについて**確信を深め**，うまく事が運べばより小さな**安全性のゆとり幅でやって行ける**と確信させ，借

り換えを要するキャッシュフロー（支払い）の契約についても安心していられると思わせる（Minsky 1982, 118頁．太字は引用者）．慣行的に設定された基準以上にある期間持続的に良好な結果を得たとき，次期以降に向けて今度は「基準」自体を引き下げても良いという対応がなされるのであり，ここから安定的経路は過熱化，ブーム化する．

　以上の帰結は，時価表示の自己資本の増大——安全性のマージンに照応する——がポジション形成を増大し，資産価格を上昇させて経路を増幅するということで，一方向に向かう不安定化を表すが，このことは不確実性下に，ファンダメンタル情報に代えて「慣行的基準」を持ってくる——これは「限定」合理性を表している——ことが，不安定性という「パラドキシカル」な結果を引き起こすこととして，そのメカニズムに注意が払われる．それはファンダメンタル情報が得られた場合に，裁定メカニズムが働き，価格調整による需給均衡化が図られる場合と対置される．第4章には，同様のプロシクリカリティの結果を得るケースとして他に，「モルガン・ルール」の採用や，市場性債務としてのレポ取引におけるマージン設定——それはVaRによる許容可能なエクスポージャー決定と連動して——がなされる場合を取り上げている．

　以上で関心とされた「不安定化メカニズム」に関係して，Borio（2009）の2つの金融ディストレスの源が留意される．先に言及したのが「縦軸の次元での金融ディストレス」とすれば，「横軸でのクロスセクショナルな広がり」，つまり伝染メカニズム——不確実性下においてとくに「間接的」なそれ——が併せて取り上げられる．Shin（2009a; 2010b）は今次のグローバル危機の最も初期の事例を英国の貯蓄住宅ローン銀行，ノーザンロックの破綻（2007年）に見る．それはABCPの市場での「取付け」によって，ABCPで資金運用していた機関投資家が損失を被り，たとえばVaRによるリスク管理の観点から，同行に提供していた資金を引き揚げた（貸出削減に出た）ことによると理解されるものである．これは破綻したノーザンロックの側に原因を求める——例えば保有資産の信用リスクの顕現——よりは，負債側，つまり貸し手による資金引き揚げがクリティカルな役割を果たすということである．実際同行は，サブプライム・モーゲージ関連証券への投資をしていなかった．こうした間接的な伝染の場合，機関投資家のリスク管理から貸出削減で資金が引き揚げられたこ

とは，個々の機関（投資家）の合理的選択行動が直接的な取引経路を介さずとも外部性を引き起こしたということであり，一種の「合成の誤謬」が引き起こされていると理解できる（Shin 2010b）．

横断的に広がるネットワークにおいて「横軸の金融ディストレス」が引き起こされるケースは複雑な金融ネットワークにおいて，「ナイト流の不確実性」が固有に「複雑性からくる外部性」を引き起こすこととして Caballero and Simsek（2010）によって論じられた．取引の関係の複雑性が利得上の不確実性を引き起こし，金融機関が取引相手の損失の確率分布を知りえず，自らに及ぶ損失を計算するには余りに「複雑な」状況に置かれている環境である．そのとき，どの取引先からショック（「カウンターパーティ・リスク」）が伝播してくるかがわからないため，大きなショックが起こったとき，深刻な損失発生に巻き込まれることを恐れて，それから回避すべく流動性の保蔵を選好するといった行動がとられる．こうして銀行間市場からの流動性喪失が説明される．

第4章の最後の部分では，危機下（2007-08年）の証券化商品とその関連資産を広く対象として，それらのスプレッドを回帰分析した Gorton and Metrick（2012）を取り上げ，不確実性下の選択行動がいかに理解されるものかを窺おうとした．それはモーゲージ（サブプライム）関連のみならず非サブプライム関連についても双方を担保にしたところのレポ取引に「取付け」が起こったことに留意するもので，次のような結果を得ている．「レポ・スプレッドとレポ・ヘアカットの双方が，危機時に増大するということは，カウンターパーティ・リスクについての懸念か，担保価値についての不確実性かのどちらかに相関している」．

危機下の信用スプレッドの拡幅をめぐって

第5章に先立つ第4章では，ミンスキーの不安定性仮説を不確実性下の選択行動をベースに理解されるものとして，次のような議論が提示された．資本市場が中心の金融システムにあって，市場性債務がポジション形成の中枢的手段となり債務が層をなす複雑な金融ネットワークにあって「負の作用が伝幡する」ことによる伝染——本章では「信用コンテージョン」として提示される——のメカニズムが危機勃発に果たす役割である．ここで留意されたのは，伝染効果は（債権・債務の）金融連関を介した「直接的」な場合のみならず，直

接的な取引関係がない「間接的」な経路を経る場合である．すなわち，証券化商品のリスクのプライシングにおける不透明性，あるいは金融ネットワークの「ナイト流の」複雑性からくるカウンターパーティ・リスクに対する懸念が，デレバレッジを含む取引の収縮や流動性の保蔵において固有の効果を及ぼすということであった．これを受けて第 5 章では，今次危機に即して，実証的な裏付けを得るものとして「信用コンテージョン」としての危機理解を提示することが課題とされた．そのために危機時の資産価格の暴落あるいは信用スプレッドの拡大をいかに，どのような要因によって説明できるかを問題にした．それは金融危機のメカニズムのミクロ的基礎を問題にするということであり，本章では広義の資産担保証券（CDO）の評価モデルあるいは倒産モデルが理論的かつ実証的に取り上げられた．

　第 5 章ではじめに言及されたのが，危機時の資産価格暴落，信用スプレッドの拡大を，資産担保証券の原資産の信用リスクの顕現によって捉える伝統的な「構造型モデル」に依ったのでは「4 分の 1」程度の説明力しか有しないという「信用スプレッドのパズル」である．これに対置さるべく「リスク回避と不確実性が経済活動を決める重要な要素だ」（Greenspan 2013）と解する立場があり，そこでは「アニマル・スピリット」がバブル形成の過程で「群衆行動」として現れることを，2013 年までの 63 年間にわたる S&P500 指数の日次の変動から求めた確率分布で検証している（ibid.）．こうした検証結果と整合的な今次危機下の信用スプレッド——証券化商品のトランシェ別の——に関する要因分析が示され，「リスクに対する態度と流動性を合わせたもの」が有意で，金利など各証券の「デフォルト」に関係するファンダメンタル要因の説明力が弱いとの結果が示される．先に引用した Tarullo（2013）が述べたことはこの文脈とも整合的である．

　以上を受けて証券化商品のリスク特性を得るべくモンテカルロ・シミュレーションが参照されるが，その際に評価モデルとして，個別信用リスクとマクロ共通要因の 2 つの確率変数が説明変数とされる．ここで留意されるのは，マクロ共通要因が，証券化商品のような，多数の担保資産からなるポートフォリオ商品に及ぼす効果——それは多数の担保資産からなるポートフォリオ商品の場合，それらを構成する諸資産にマクロ的・市場的要因が共通に影響することで，

証券化商品間あるいはその発行体（債務者）間の「相関」を高める効果——を位置づけ，もってシステマティック・リスクに対する価格付けが組み込まれていることである．ここから高格付けのトランシェについてシステマティック・リスクに感応的であるとのシミュレーション結果が得られ，同トランシェのスプレッドが大きくなりうることが分かる．実際，システマティック・リスクを横軸に取り，再証券化商品たる ABS-CDO——RMBS メザニンから組成された CDO——のシニア・トランシェの損失率を示すと，ある段階まできわめて小さい損失に止まっていたのに，経済状況の悪化すなわちシステマティック・リスクがある一定値を超えると一気に損失率が急上昇する効果（「クリフ効果」）が生じる．

　この文脈で，格付け機関の確率分布モデルが今次危機における「テールリスク」の発生をなぜ捉えられなかったのか，そこにおいていかなる確率分布モデルが想定されたのかを取り上げた．これについて，証券化商品のプライシングにおいてリスク変量間の相互依存関係（デフォルト相関）の記述に際して金融機関にあって最も多用されたのが「ガウシアン・コピュラあるいは正規コピュラ」であり，それは確率変数を「正規分布」で捉えることで，デフォルト間の相互依存について，各々のデフォルトがそれぞれ独立に生じるという扱いをするものであった．これはデフォルト確率を求める際の「解析的計算可能性」と「デフォルトの集中」の記述との間の相克からきていた．

　デフォルト確率の導出にあたって実務での単純さや取扱いの容易さ（tractability）——「解析的な計算の可能性」——の制約のもとにあるモデルが，危機下のデフォルトの生起あるいは信用スプレッドをどのように，どれほど説明できるかを検討すべく，これを誘導型モデル，とりわけ倒産確率が倒産強度過程によって決まる「デフォルト強度モデル」を用いた実証分析を取り上げた．同強度モデルのうちとくに，「条件付き独立」の仮定（CID, conditionally independent default）を置いた「二重確率的モデル」が参照された．それは，マクロ的共通要因を所与に置いたとき，各々のデフォルトが「独立に」生じるとの想定に立つことを可能にするもので，マクロ的共通要因を条件として一定に置くという扱いをすることで，解析的計算可能性と両立するモデルなのである．結果は CID では十分な連関性，したがって拡大したスプレッドの十分な説明

を与えることができないということで，ここから次のことが導かれた．デフォルトが「ジャンプ」することから引き起こされるリスクプレミアムが「価格付け」されるとすれば，そうしたデフォルト・ジャンプは「条件付きで独立に生じる」というものではなく，「集中」して発生すると考えられねばならないということである．換言すれば，企業のデフォルト強度のプロセスで「共通要因によって条件づけ」た下でも，デフォルトが独立に生起するだけでなく**それらを相関させる要因がある**ということである．そこで提起されるもう1つの実証的課題は，デフォルトを同時に，集中して発生させる，従ってデフォルト相関を高める要因がどのようなものかである．

　この課題に対し，Duffie et al.（2009）は**共通の「観察されない（unobservable）」要因**にデフォルト相関の隠れた源を見出そうとした．それがモデルで見落とされた（omit），あるいは「観察されない（unobservable）」共変量であり，それがひとたび顕現するや借り手たちのデフォルト確率を共通に増加させる——あるいは減少させる——効果をもたらすと考えられた．それはイヴェント予測（event forcasting）についての統計学の文献で「無視された（unobserved）共変量（covariate）」の効果を指す「フレイルティ（frailty）」と呼ぶものに当たると考えられた．

　Duffie et al.（2009）は1998年1月から2002年12月まで5年間にわたる1813社の企業の200以上のデフォルト総数を対象として，個々の企業の倒産予測に際して，観察可能な要因の組が提供する情報に比して，観察されたものではない（unobserved）それがデフォルトリスクの根源（source）になる共通要因があるという実質的（substantial）な証拠を米国の公開企業について見出したと結論付けた．それと同時に，今次金融危機に関係してサブプライム・モーゲージ関連の債務（debt）ポートフォリオ（CDO）——とくに高格付けのトランシェ——の損失が格付け機関の推定した信頼水準を超えて生じたことについて，当該ポートフォリオのデフォルト損失モデルから「フレイルティ要因」が欠落していたことに関係させている．それはサブプライム・ローンの借り手の「信用の質」が格付けモデルにおいて欠落していたからだとするものである．Arinaminpathy et al.（2012）のシミュレーション用に提示された簡潔なモデルは，不確実性下にマクロ的経済環境に関する情報についての「確信（confidence)」の低下が，伝染をもたらす種々の経路との間で相互作用を引き起こすことでシステミック・リスクに至るメカニズムを描写したものであるが，先にファインディングされた「フレイルティ効果」を金融危機のメカニズムの中に組み入れたと考えることができる．なぜなら，彼らのモデルは「確信」――それは観察されたデータで表示されるものとしてある――の役割を位置付けるものであり，その低下が金融ネットワークにおける伝染現象との間で相互に影響を及ぼしあうものとなっている．そのモデルは米国国債の良き代替商品と思われたトリプルAのトランシェ（シニア証券）が損失を被るという「false substitute」であったことに「驚く」ことから，それまで保持された信念が放棄されることで，「確信の低下」を考えているのである．モデルの特徴は，確信の低下が金融ネットワークを通して直接，間接の伝染効果を引き起こし，しかもそれがさらにフィードバックして一層の確信の低下を引き起こすことで危機に至るメカニズムを描いたことにある．

危機のメカニズム理解と規制改革

　第6章のマクロ・プルーデンスに立脚する金融規制改革案の諸側面は本章ですでにその多くが言及されてきた．ここではまだ触れられていない論点をピックアップするにとどめよう．本章では危機後の金融規制を取り上げるに先立ち，階層化された金融システムにおいて金融危機が勃発するメカニズムを分析する理論的枠組み，つまり positive economics を明らかにしようとし，それを「認知上と，外部性から来る集合的失敗」のパラダイムとして提示した．そうした金融危機理解に照応した金融規制改革を論じようとしたのである．

　第1節では金融危機のメカニズムについて，そうしたパラダイムで捉えることがいかに妥当するかを今次危機に即して示している．とくに「不確実性」下の選択行動と外部性（群れ行動）とが一体化されたものとして提示されるケースとして「戦略的外部性」を論じた．そのうえで今次危機のメカニズムの構築素材を挙げ，それらを「第1節第5項」において「小括」として提示した．それは階層化された金融システムにあって，第2章から第5章までを通じて危機のメカニズムの構築素材がいかに組み合わされて今次危機のメカニズムを説明するかを要約したものである．

　第3節では，規制導入が金融市場の機能，とりわけ市場流動性に及ぼすイン

パクトを取り上げている．バーゼルⅢにおけるマクロ・プルーデンスを枠組みにした金融規制の導入が，そしてまたドッド・フランク法のもとでのボルカー・ルールの実施が，金融仲介機関の活動を阻害し，金融仲介機能において意図しなかった悪影響を引き起こしているとする．とりわけマーケットメークの機能が落ちて市場流動性に悪影響が出ているとの指摘がなされてきた．この論点についてその理論的根拠を得るべく，Duffie（2016）に依拠して，「レバレッジ規制」が市場機能にいかなる影響を及ぼすか，そのメカニズムを明らかにしている．その結果は，上掲の指摘を確認するものであるが，同時に，レバレッジ規制がもたらすレポ市場の縮小，市場の歪みに及ぼす影響が，米国と欧州で同様ではないことに併せて注意した．それは資本強化（capitalizaion）を達成する代替的な規制，例えば可変的な反循環的自己資本バッファーが導入されるなら，安全資産の仲介（レポ取引）においてより少ない歪みで済ませられることが期待できることを示唆するものである．

第1章
繰り返される金融危機

1. 金融緩和とバブル形成

(1) 緩慢な景気回復過程

　2007年のサブプライム危機に端を発するグローバル金融危機をReinhart and Rogoff (2009) は1930年代の大恐慌 (the Great Depression)(「第一次大収縮」) 以来最も深刻な金融危機という意味で「第二次大収縮 (the Second Great Contraction)」と呼んだが, 持続的で深刻な経済の落ち込みを伴うものであり, その回復過程が非常に緩やかなものであることを特徴とする[1]. とりわけ雇用の落ち込みは戦後の景気後退のなかでも最も厳しく, その回復には時間を要した. 失業率について言えば, 米国の場合, 金融危機の引き起こす失業率の上昇幅は平均すると約7％上昇し, この水準がほぼ5年続く (同上, 328, 334頁). 産出高についてはピークから平均して9％以上落ち込むが, 低迷が続くのは平均して2年程度である (同上, 訳329頁). これに対し今回は次のようであった. 金融危機で米国は約900万人の雇用を失い, 失業率は2007年の4.6％から2008年の平均で5.8％に上昇し, 2009年10月に10.1％に達した. オバマ政権発足時の09年初め, 就業者数は毎月70万人前後という記録的ペースで減り続

---

[1] 第二次大戦後の米国における11回の景気後退のうち, その開始時点からその終了までの期間は過去10回では半年から1年前後までにとどまったのに対し, 今回は1年半を要した. また雇用水準もこれまでは最長で4年程度で元の水準に戻っていた (日本経済新聞2013年3月9日付, 以下日経と略記). 1人当たりGDPが危機前の水準に戻るまでの期間は, 戦後危機について4.4年である——ただし大恐慌となると事態ははるかに悲惨で, 平均10年である (Reinhart and Rogoff 2009, 第14章).

けたが，2009年夏以降米景気は拡大局面に向かい，2008年から5年を経過した2013年9月になって失業率は5.9%まで下がる．連邦準備制度理事会（FRB）は長期的な完全雇用の水準（5%台前半，5.2〜5.5%）をめどに量的緩和政策の縮小（資産購入の縮小）を打ち出し，2013年12月緩和縮小を決め，異例の危機対応からの出口に向け踏み出した．

　FRBはリーマンショック後の08年12月以降，実質ゼロ金利政策を導入するとともに，量的緩和（米国債，MBSの買取り）政策によって景気回復に取り組んできた．2014年1月から量的緩和の縮小（テーパリング）を開始し，10月29日の米連邦公開市場委員会（FOMC）で，量的金融緩和の第3弾（QE3）に伴う資産（長期国債およびMBS）購入を10月末で終了することが決まった．ただし，FOMC声明は政策金利であるフェデラルファンド（FF）金利を事実上ゼロにする「ゼロ金利政策」については，量的緩和終了後も「相当な期間，維持するのが適切だ」との表現を据え置いた．そしてFRBは2015年12月，7年にわたって続けてきた実質的なゼロ金利政策を解除し，9年半ぶりに利上げに踏み切った[2]．

　今次金融危機からの回復がこのように長く，深い落ち込みを伴うことになった背景には，危機に先立つ過程で住宅市場がバブル化し，その崩壊に伴う過大な負債の調整に時間を要したことがある．2006年に住宅価格の上昇が止まると，家計（借り手）は債務の履行のために取得した資産を手放し，加えて貸し手側は貸付基準を厳しくしたから，住宅投資は抑制される．このことは，大規模緩和と株高を追い風に個人消費と企業の設備投資は底堅いが，住宅投資の回復を鈍くし（1%台），産出高と生産性をして危機前のピークを下回らせた．国際

---

[2] 米経済の回復力が弱く，景気回復がこうして戦後で最も緩やかな回復にとどまる理由は，以下の本文でも言及されるが，米経済が問題を抱えることは，たとえば2014年10月，量的緩和による資産購入の終了が決まった時点においてなされた次のような指摘から窺われる．ティム・アダムズ米元財務次官はインタビュー（日経2014年10月31日）に答えて次のように述べている．米経済の回復力について，2.5%程度の成長ペースは米国が慣れ親しんできた状況と明らかに違う．雇用の伸びが以前よりも鈍く，職探しをあきらめて労働市場から退出する人も多い．米国民の大半がいまだに景気後退局面にあると感じている．経済の供給力と実際の需要を比べても，米国はそのギャップが潜在的なGDPの3%程度と先進国では最大規模にある．物価の先行きは不透明．長期失業やパート高止まりで構造問題は根深いといった問題である．

決済銀行報告書（BIS 2014）は，金融危機が産出高の潜在的水準を永続的に引き下げるとして，長期にわたって失われた産出高を「危機前の趨勢線と新しい趨勢線との差」で測っている．その乖離幅は米国について平均して 7.5〜10% と試算される[3]．このことが今次危機からの回復が歴史的基準から見ても弱く，緩慢であることを説明する．実際，2014 年 11 月段階で見て，GDP 全体で 3.5% の成長が達成されているのに，住宅投資の成長は 1% の成長にとどまっている．

　今次危機の背景となった住宅バブルと家計の負債がいかに顕著なものであったかについて Reinhart and Rogoff（2009）から引いておこう．（GDP デフレーターで実質化したケース＝シラー住宅価格指数を使って）「データが始まる 1891 年以降，規模の点でも期間の点でも，サブ・プライムローン騒動が頂点に達した 2007 年に匹敵する住宅ブームは見当たらない．1996 年から住宅価格がピークを打った 2006 年までの間に，実質価格の累積上昇率は 92% に達した．これは 1890 年〜1996 年の累積上昇率 27% のじつに 3 倍以上である．バブルが絶頂期に達した 2005 年には，実質住宅価格は 1 年間で 12% 以上値上がりしたが，これは同じ年の 1 人当たり実質 GDP の伸び率のおよそ 6 倍である」（同上，307 頁）．併せて留意されるのは，住宅ブーム――5 年間で 100% 以上という住宅価格の途方もない上昇が，それも全国的に起きた――が負債の増大に支えられていたということである．家計部門の貯蓄率が過去最低水準まで落ち込むなか，同部門の負債が GDP に占める比率は増え続けていた．負債比率は，1993 年までは個人所得の 80% 前後でほぼ安定していたが，2003 年には 120% に，2006 年半ばには 130% に近づいている（同上，314 頁）．その結果，「2008 年初めの時点で，アメリカでは住宅ローンの合計が GDP 比約 90% に達していた」（同上，325 頁），あるいは「アメリカの場合家計部門の負債／所得比率は，10 年足らずで 30% も急上昇していた」（同上，324 頁）．ここに「資産価格の上昇を牽引しているのが増え続ける家計の負債である」（同上，314 頁）と指摘される．かくて Reinhart and Rogoff（2009）は「多種多様な危機の共通点は，

　3）「新たな趨勢線」を従来の趨勢線の延長で考える，つまり金融危機が産出高の潜在的水準を永続的に引き下げることを考慮しない場合には，2 つの趨勢線のギャップはより大きくなり，12% と測定される．なお同様の数値は，英国について 18% と資産されている（BIS 2014, p.47）．

債務が過剰に積み上がると，好況期には予想もしなかったシステミック・リスク（金融システムの不安定化リスク）が高まる」（同上，2頁）ことと述べる．Reinhart and Rogoff（2009）は危機における共通性，類似性を負債とバブルの循環に見ているのである．

(2) 投資マネーによる景気回復の主導

　FRBはリーマンショック後，実質上のゼロ金利政策を導入するとともに，08年11月から14年10月にかけて3回にわたり総額4兆ドルの量的緩和（米国債，MBSの買取り）を実施した．こうした量的緩和政策の下で米国経済がいかなる回復過程を辿ったか，あるいはその回復過程がいかに特徴づけられるかは，2009年夏の景気拡大以降，（本章執筆時点の2017年春の段階でも）依然底堅さが指摘される米国経済について，その堅調さにもかかわらずはらまれる金融脆弱性を理解することに関係している．われわれが留意するのは，米住宅市場の回復を主導したのが投資マネーであったことである．それはヘッジファンドが米住宅市場の底入れを視野に，しかもFRBの量的緩和第3弾（QE3による住宅ローン担保証券（MBS）の買い入れ）を受けてMBSへの投資再開に動き始めたということである．ヘッジファンドのこうした動きは超金融緩和による過剰流動性の下でリスクの高い種々の金融債務が投資対象とされ，積み上がる一環としてあり，しかも低金利が持続する下で高利回り商品を求めて「利回り狩り（search for yield）」が大規模に展開される中に位置付けられるものである．

　ここでヘッジファンドの行動の背景に触れるなら，ヘッジファンドはリーマンショック後の量的緩和政策による低金利の持続から最も多く恩恵を受けた――ヘッジファンドは超緩和策の「申し子」とも評された――ことである．危機後の金融規制，とりわけボルカー・ルールやレバレッジ規制は大手金融機関のポジション形成に際して制約を課した――米国では金融機関に自己勘定での投資を禁じるボルカー・ルールが全面適用された――し，資源ブーム時に原油価格を押し上げた年金基金も，原油市場から相次いで退場した．こうした中でヘッジファンドは運用資産を著増させ[4]　相対的に存在感を高めたのであり，ヘッジファンドなど投機筋が相場の主導権を握り，変動幅を大きくしたといえ

る[5]（日経 2015 年 12 月 15 日）．ヘッジファンドは米住宅バブルの崩壊後，長く低迷した住宅価格が，住宅ローン金利の大幅な低下や過剰在庫の減少で 2012 年夏以降，市況が改善し，住宅価格はすでに底入れしたとの見方をとった．加えて，FRB による 2012 年 9 月の QE3 での MBS の買い入れから，量的緩和の長期化と買い入れ拡大を見込み，今後の相場上昇を先回りする形で MBS を買い進めようとした．かくて投資マネーの大量流入で MBS の価格は上昇（利回りは低下），MBS 指数は 2012 年に至る 1 年間で 2.64％ 上昇し，米国債指数の 1.39％ を上回った．

　モーゲージ担保証券がこうして復活し，積み上がる状況は以下のような報道，記事で次のように伝えられる．商業用不動産ローン担保証券（CMBS）は 2013 年に世界での発行額が前年比 9 割増の約 1040 億ドルとなり，07 年以来の高水準を示している（日経 2013 年 12 月 24 日）．銀行ローンを裏づけに返済収入を証券化して投資家に売るローン担保証券（CLO）は 5 割増の約 460 億ドルに達し，07 年以来の水準で，発行も買い付けも米国の金融機関を中心に伸びている（同上）．米格付け会社のクロール・ボンド・レーティングスは証券化される融資案件が続々と出ていると分析し，民間金融機関による CMBS の発行額が 2014 年に 15〜20％ 程度増え，1000 億ドル台に乗るとみている（日経 2014 年 3 月 4 日）．「米格付け会社 S&P によると，金融危機後 2009 年に 11 億ドル（約 1310 億円）に落ち込んだ ABS（資産担保証券）の発行額は，2013 年には 176 億ドル（約 2.1 兆円）にまで回復．2014 年の発行額は 200 億ドルに達する

4）　調査会社のデータに依拠して，2015 年 4 月時点の運用資産額として 2 兆 2017 億ドルのデータが挙げられている（藤戸 2015）．

5）　投機筋が相場を主導することで価格の乱高下を導く例を，例えば原油価格についてみれば次のように説明される．2015 年 12 月 4 日の OPEC 総会を契機にニューヨーク市場の WTI（ウェスト・テキサス・インターミディエート）は下げ足を速めるが，これは投機筋が売り注文を積み上げたことによる．ここで，相場の流れに追随する CTA（商品投資顧問）と呼ばれるヘッジファンドは，産油国の増産に歯止めがかからず産油国同士で激しくシェア争いをして値下げに拍車がかかるとの見立てに立っている．しかもレバレッジ比率規制など金融規制の強化でポジション保有に制約を課されて大手金融機関の自己勘定による「逆張り」投資の存在感が薄れていることが，相場の下げをそれだけ大きくする．こうして積み上がった投機筋の売り注文は買い戻しがなされて，解消されねばならない．しかしその買い戻しが，今度は下げからの急反発を招き，乱高下を導くのである．2015 年 8 月の原油価格の乱高下はその実例である．

と予想され，06年のピークの216億ドルに迫る」(朝日新聞2014年11月30日)．これらは証券化商品の復活を示している．

　証券化商品の復活の一環で併せて留意されるのは，米国における自動車ローンを裏付けに発行される資産担保証券（ABS）の隆盛である．すなわち「アメリカでは住宅市場の回復がやや遅れ気味になっている一方，自動車販売が堅調に推移している．その自動車市場の回復を牽引しているのが，証券化市場の活況であり，自動車ローンを原資産とする資産担保証券の発行が，昨年（2013年：引用者）は金融危機前のピークをうかがう水準まで回復し，2014年も9月末までの実績が昨年通年に匹敵する水準になっている」(長谷川2014)のである．しかも同証券についてとりわけ注意を引くのは，「自動車版」サブプライム・ローンの存在によってである．同資産担保証券は米国において2014年1-6月だけで556億ドル（約5兆6600億円）と前年同期から2割増えたが，信用力が劣るサブプライム層向けの自動車ローンの証券化が市場の急拡大に寄与しているのである．自動車ローンの貸出先において所得や返済能力が相対的に低い「サブプライム層」と呼ばれる利用者が急増しているのであり，販売促進の一環としてサブプライム・ローンの提供を積極化したことの現れである．かくて支払い能力の低いサブプライム層に対する自動車ローンは13年ごろから目立った増加を見せ，自動車ローンが底打ちした10年ごろと比べて約2倍に増加する．自動車ローン全体に占めるサブプライム層の比率は，10年平均の30%から15年10-12月には35%に上昇している（藤原2016）．サブプライムの自動車ローンを基に組成した金融商品は高利回りとなることから，低金利下にあって投資家からの魅力を高める．米国証券業金融市場協会によれば，自動車のサブプライム・ローンに基づく資産担保証券の残高はここ1年で2割増えている（日経2015年05月22日）．その増加率は急であり，自動車版サブプライム・ローンの残高は2014年4-6月期に206億ドルと4年で倍増しており（日経2014年10月23日），過去最高だった2006年の216億ドルを突破する勢いである．

　証券化商品の復活，とりわけ審査基準の緩い自動車ローンが息を吹き返し，それが自動車販売に寄与しているということであるが，その債務の延滞や不履行といったリスクの顕現はいかに推移しているであろうか．2015年春，米金

融大手ウェルズ・ファーゴは，サブプライム層に対する自動車ローンの融資額に上限を設けたが，それはサブプライム層の信用状況に対する懸念の強まりを反映したものである（藤原 2016）．ローンの支払い期間が長期化し，15 年 7-9 月期の新規貸出の平均期間が 67 カ月と過去最高に達したというのである．その背後にあるのは，サブプライム層を中心とする中低所得層（全世帯の約 6 割を占める）の支払い能力が長期的に悪化していることがある．それは中低所得層の実質所得が 08 年の水準を下回ったままであるということ，あるいは返済能力を示す信用スコアが新車購入者の場合，09 年の 736 をピークに 15 年は 710 まで低下したことに現れる（同上）．そのときリスクの顕現は，賃金が伸びない一方で，「金利が上昇」し，利払い負担が確実に増えることでデフォルト（債務不履行）率の上昇として現れる．また，ムーディーズ・インベスターズ・サービスによれば，自動車ローンの 60 日以上の滞納率は 2% 前後に上昇しており，金融危機時の水準に近づいているという（日経 2015 年 5 月 22 日）．

　こうした原資産のリスク顕現はそれらから組成された証券化商品の信用スプレッドの上昇に跳ね返る．「2015 年春さきの金融市場の混乱を受けて自動車ローンを裏付けとする資産担保証券（ABS）のスプレッド（上乗せ金利）は拡大傾向にあり，サブプライム・ローンの金利も上昇圧力を受けている．支払い能力が最も低いサブプライム層に対する 15 年 7-9 月期の自動車ローン金利は，前年同期から比べて 1.2 ポイント増加して 13.9% になった」[6]（藤原，前掲）．

　サブプライム・ローンを原資産とする証券化商品は債務の履行についてそれだけ信用度が低いことから，安全資産の米国債利回りに対して「上乗せスプレッド」が求められる．この点において信用度の低い企業向けの融資，つまり信用力の目安である格付けが「投機的」とされる低い水準にある企業への融資（レバレッジド・ローン）についても，また格付けが「投機的」とされる低い水準にある企業が発行するハイイールド（高利回り）債券についても同様のこ

---

[6]　2014 年段階での CDO（債務担保証券）市場の回復状況について次のような言及（長谷川 2014）がある．徐々に回復しているが，グローバルな発行状況は金融危機前のピークの水準と比べれば，いまだ 5 分の 1 程度である，と．しかし同時に次のことが指摘されている．一部では原資産が判然としない商品が組成され，高利回りに惹かれて原資産の内容を確認しようともせずに投資を行う投資家も散見されるということである．

とがいえる．それらに対しても新規貸出残高の増大あるいは資金の流入が続いているのである．前者については 2014 年には 3000 億ドル（約 30 兆円）を突破し，それ以前の最高だった 2013 年の約 6000 億ドルに続き，高水準で推移している（日経 2014 年 7 月 3 日）．後者についても，ドル建てハイイールド債の残高は 2015 年 5 月時点で約 1 兆 4300 億ドルであり，14 年末から 4% 増えている．なおハイイールド債はエネルギー関連企業が発行額の約 15% を占める．レバレッジド・ローンとハイイールド債双方を合わせた残高は，2015 年 4 月末時点で 2014 年末に比べ約 2% 多い 2 兆 2600 億ドル（約 270 兆円）と過去最高になっている（日経 2015 年 5 月 22 日）．

(3) 量的緩和政策下の利回り狩り

　これら高利回り債への投資が危機からの回復過程で活況を呈しているのはなぜであろうか．これだけ高水準まで積み上げる投資行動をいかに理解できるであろうか．量的な超金融緩和政策によって過剰に流れ出た流動性が，高い利回りでの運用を求めて出回っているのである．そこには量的緩和が長期化することで，通常は景気回復局面で上昇するはずの長期金利が上がりにくくなっているという事情がある．米国の 10 年債利回り（長期金利）は 2014 年時点で 2.5% 前後であり，前年のピークより 0.5 ポイント低くなっている．日本の長期金利は約 0.5% であり，ドイツも 1% 超にとどまっている（日経 2014 年 7 月 29 日）．国債投資では十分な収益が得られず，株式にも高値警戒感が広がる状況では，機関投資家は「代替資産への投資を探っている」のである．

　これに対し，低格付け社債は一般的にダブル B 格以下の債券を指し，債務不履行リスクが高い分だけ，高格付けの債券に比べて高い利回りが求められる．米国企業の発行する低格付け債の平均利回りは 6% 前後で，米長期金利 (2.4%) を大きく上回る．レバレッジド・ローンの金利についても国債の利回りより 4% 程度高いものがある．かくて 2017 年度に入っても低格付け債ファンドに資金流入が続いている．買い手は個人に加え，運用難に悩む年金基金であるが「年金は年 6〜7% の運用利回りを求められ，国債だけでは目標達成が難しい」（日経 2017 年 3 月 4 日）からである．この点で，ハイイールド債は信用格付けが「投機的」とされる企業が発行し，投資リスクが高い分，通常は米

国債より利回りが 10% 程度も高い[7]．ここで証券化商品市場の活況をもたらす要因について付記しておこう．銀行は格付けが低い会社へ融資した後，その債権を売却するケースが多いがそれは，金融危機後の規制強化で，リスク資産の保有のコストが高いからである．他方，規制の緩い投資信託や年金ファンドなどがそうした債権を購入し，最終的な投資家となっているのである（日経 2015 年 5 月 22 日）．この点ではヘッジファンドも同様の規制事情からそうしたローン債権への投資を増やしているといえよう．

　先進国の長期金利は歴史的な低水準が続き，少しでも高い収益の得られる運用先を求めて投資をシフトさせていく行動は「利回り狩り（search for yield）」として捉えられるものである．長引く金融緩和で膨張した投資マネーが，世界中の高利回り商品に順繰りに向かうことを表す．機関投資家は米国の長期債に代わる高利回りを与える「代替資産」に投資すべく，よりリスクの高い資産へ投資をシフトさせる．それら投資先はブラジルやトルコ，インドネシアなど新興国の株式や債券であり，債務問題を抱えたスペインなどの南欧の国債，そして信用力の低い米国の高利回り社債（ハイイールド債），商品（コモディティ），不動産投資信託（REIT）などである．顧客からの利回りに対する要求基準が高く運用難で行き場を求める投資マネーは，はじめに低利回りの先進国の国債から REIT などに投資対象を移す．そうすると REIT の利回りは低下する．2014 年時点において見ると，先進国の REIT の値動きを示す指数は年初から 15% 上昇し，リーマンショック前の 2008 年 4 月の水準近くに達している．日本の REIT の利回りも前年（2013 年）より約 1 ポイント低下してきた．こうした中で指摘されるのは，より高い利回りを志向する投資が過熱化しているのではないか，換言すれば低格付け社債などの価格がファンダメンタルズを超えて高すぎるのではないかという問題である．

　こうした「利回り狩り」は，ミンスキーにおいて「利回り格差」のあるもとで利鞘を確保すべく，借入をしながら高利回りを実現しようとすることとして捉えられる．すなわち「資本主義は，利潤機会を利用し尽くさず残しておくこ

---

[7] ところが投資家の人気が集まった結果，上乗せ金利が徐々に低下し，トムソン・ロイターによると，発行時の米国債との利回り格差は 2014 年 4-6 月に平均年 2.5% 台と，過去最低水準まで縮まった（日経 2014 年 7 月 3 日）．

とを嫌悪するので，利子率格差を利用し尽くす市場手段や慣行が発展する」[8] (Minsky 1986, p.219, 271頁)」．それは自己資本をベースにレバレッジを効かせるものであり，借入利子と運用利回りとの間の「利鞘」を獲得しようとするビジネスモデルとして捉えることができる．

　BIS は，量的金融緩和による低金利環境下でのこうした機関投資家の選択行動を次のように描いている．「機関投資家がグローバルなレベルでの量的金融緩和条件（accommodative monetary conditions）にいかに対応するかというと，より大きなリスクをとることで収益目標（return targets）あるいは年金契約（pension obligations）をかなえよう（meet）ということである．つまり，量的金融緩和条件と投資基準としてのベンチマーク収益が，投資家をして収益（利回り）を求めてより大きなリスクをとり，借入による「梃子」（leverage）を利用するよう促す．かくてリスクを求めて高揚した環境下で，低格付け債が投資家の強い需要に応じて活発に発行される．こうしてハイイールド債券市場はグロスの発行において 2013 年には，危機前の四半期ベースの平均 300 億ドルから 900 億ドルへと急上昇した」（BIS 2014, p.34）．

　以上に描かれた機関投資家の行動は，低金利環境で借り入れ，それを高利回りで運用するというバランスシートの両側にかかわる両建て取引であり，本書において――ミンスキーが金融機関における一般型として強調した――「利鞘獲得の事業戦略モデル」として捉えられる．しかもそのモデルは，次章に取り上げるミンスキーの金融類型を介して次のような脆弱な金融構造をもたらす．量的緩和のもと低金利が持続する下では本来的には「ヘッジ金融」が優位を占める利子率パターンとなるが，そこに「投機的金融」が割り込む（intrude）ことで「二重の利潤機会」を得る．ここには低金利下に巨額の債務――しかもハイイールド債――が累積してくるのであり，金利上昇による資産価格の低下から流動性逼迫や債務不履行に陥り，そこから信用収縮に展開するリスクがはらまれている．

---

　8)「利回り格差」が存在するもとで利鞘を獲得する行動は通常，同一商品が時間，場所において異なる価格付けを受けている下での「裁定取引」と考えられるが，ここでは（金融技術革新による）新たなリスク商品を創出して「利回り格差」を創出することによっても利鞘を獲得するというダイナミックな行動として捉えられる．

(4) 利回り狩りと経路増幅性

　高利回りを得るべくリスクの大きい債務証書に投資が買い向かうことにはらまれるリスクをいかに捉え，そこからさらにシステミック・リスクに展開しうるとするなら，それをいかなるメカニズムによって捉えることができるであろうか．われわれが留意しようとするのは，「利回り狩り」が起こることによって，そうした経済においてファンダメンタルズを超えて過熱化，バブル化が生じていないかどうかである．高利回り債に緩和マネーが押し寄せるなら，それは投資対象商品の価格を上昇させ，利回りを低下させる．それは安全資産の利回りとの間の「スプレッド」を縮小させる．実際以下の図1-1が示すように，ハイイールド債の米国債利回りに対する「上乗せスプレッド」は2008年以降2014年半ばにかけて趨勢的に低下しており，その低下は大幅である．これは08年11月から14年10月にかけて3回にわたり（総額4兆ドルの）量的緩和の実施の効果が表れているといえようが，同時に低格付け社債に対する「利回り狩り」による資金流入の効果が表れたものと考えられる[9]．スプレッドの縮小は，

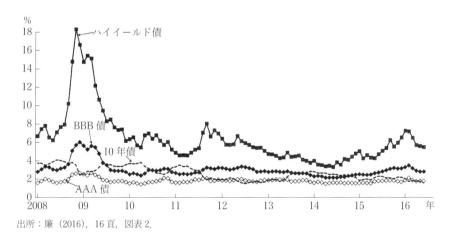

出所：廉（2016），16頁，図表2．

図 1-1　10 年米国債利回りと格付別社債スプレットの推移

---

[9] なお14年半ば以降クレジット・スプレッドが上昇したのは，14年10月に量的緩和が終了し，15年12月には実質的なゼロ金利政策が解除され利上げがなされたこと，それに加えて14年半ば以降原油安によるシェールガス業者の債務不履行が懸念されたことがある．

危険資産に対する「リスクプレミアム」の引き下げを意味する．それがファンダメンタルズを下回るようなら危険資産は過大な評価を受け，「バブル」が存在するといえよう．そこで検討されるべきは，「利回り狩り」のもたらす動的経路がファンダメンタルズからの上方への乖離を引き起こすようなものであるかどうかである．この論点についてわれわれは，よりリスクの高い資産に投資マネーが向かうことで当該資産の価格を高め，利回りを低下させることが次のような効果を持つことに留意する．

BIS（2014）は次のことを指摘する．「低い社債利回りは，単に低いデフォルトの予想確率と低いリスクプレミアム水準を反映するだけでなく，信用を安価に利用可能であることが，困難に陥った借り手をして借入を容易にするという意味で，**実際のデフォルト率を抑える**ことに貢献している」（p.35．太字は引用者）．つまりハイイールド社債価格が「上昇」することは，前期での価格では債務の履行が困難であった企業をして，資金調達をより容易にする（「資金流動性」を高める）から債務の不履行率を低める．このことはそれだけリスクプレミアム[10]を低くするから経路を上方に引き上げる効果があるということである[11]．それが「バブル化」を意味するかどうかは，そうしたプライシングがファンダメンタル情報に基づく経路から上方に乖離するようなものであるかどうかによる．ここでわれわれが指摘しようとするのは，上掲のBIS報告書（2014）からの引用において，上昇した社債価格の引き上げは「利回り狩り」に伴う新投資によって引き起こされるもので，それは必ずしも将来収益のファンダメンタル情報に裏付けられた需要増加によるものとはいえないということである．それよりむしろ，先に触れたように量的緩和に基づく「過剰な流動性」が高利回り商品に向けられることで当該商品の価格上昇（利回りの低下）が引き起こされているのである．そうであれば，それは「資金流動性」の増大につながり，デフォルト率を低下せしめたのは，過剰流動性が流れ込んで単に市場で成立した取引価格——「観察された情報」——が上昇し，そうした上昇する

---

[10] ただしそれは第4章で述べるように，不確実性のある下で「金融市場全体の集計的ボラティリティのリスクの価格」と理解されるもので，その大きさに影響するのはファンダメンタル要因に限定されない．

[11] Shin（2010b）においても類似の議論が「右上がり需要反応」として提示されていることは第4章で触れられる．

価格が債務の履行に有利に利用されることで，次期以降の経路を拡大させる効果を生じさせたことによると考えることができる．それは信用ブームの下で資産価格が上昇し，その上昇する資産価格が，例えばレポ取引における担保資産の価値を高め，マージンの決定に有利に働き，より多くの資金を獲得させることと同様のロジックに立つ．留意されるのは，そこに「景気循環増幅効果（プロシクリカリティ）」が生じていることで，「時価表示」のバランスシートの下で自己資本あるいは VaR を用いたリスク管理によって最大の利潤を得させる許容可能な「負債額」は増大し，景気の動向が同方向に増幅される．つまり信用ブームの下で上昇する資産価格――必ずしもファンダメンタル情報に基づかない，むしろ「慣行価格」としての実際の取引価格，「観察される（observable）」価格――を利用することで，借入額をそれだけ拡大し，一方向への動きが生み出されるということである．こうして一方向へ不安定化する経路は時価表示の会計的慣行から生じるともいえて，次のように述べることができる．「プロシクリカリティは，規制，会計，市場慣行，リスク管理などの制度，慣行によって，金融システムが実体経済と金融との相互作用を通じて，経済の変動（シクリカリティ）を増幅する性質を指している」（宮内 2015, 329 頁）．

　以上に見たところの，利回り狩りがもたらす経路増幅性という形での不安定性は，第 4 章で見るようにミンスキーが「安全性のマージン」によって，つまり債務の履行に関する不確実性に対処すべく自己資本あるいは流動性を（負債に対して）どれほど保有すべきかにかかわる安全措置を基準に用いて，資金貸借を決める場合に伴われる内生的な不安定化経路の理解に照応している．ミンスキーは，安定的な経路が過熱化しブーム化する過程を次のように描写した．「経済的平穏の時期には，制度上の革新と結びついた成功が，借り手・貸し手をして操業から得られるキャッシュフローの確かさについて確信を深め，うまく事が運べばより小さな安全性のゆとり幅でやって行けると確信させ，借り換えを要するキャッシュフロー（支払い）の契約についても安心していられると思わせる（Minsky 1982, p.508, 118 頁）．この引用から，ミンスキーの「内生的」不安定性が，慣行的に設定された安全性のゆとり幅という基準以上にある期間持続的に良好な結果を得たとき，次期以降に向けて今度は「基準」自体を引き下げても良いという対応がとられることから引き起こされていることが窺われ

る．それは「Swedish アプローチ」（Kregel 1976）における需給の乖離が「均衡化」をもたらすのに対置されて，慣行的に設定された基準の達成の容易さが確信を強めることを通し，その結果景気循環を同方向に向かわせる（プロシクリカル）こととしたということである．

2. 量的緩和政策下の信用市場

(1) 信用スプレッドの低下

　前節までの議論からわれわれは，今次金融危機からの回復過程が，住宅市場に代表される実体面での回復が遅れる一方，量的緩和政策の下で信用市場が活況を呈するという異なる2側面によって特徴づけられることを見た．しかも後者は，「過剰な流動性」が高利回り債券に流れ込む「利回り狩り」として現れ，よりリスキーな資産へと投資対象をシフトさせる過程が，ミンスキーにおける安定的経路の過熱化，バブル化の過程のメカニズムに照応するものと理解された．そこに含意されるのはファンダメンタル経路からそれて一方向に不安定化していき，バブル状態に行き着くということである．こうした枠組みにおいて金融危機は，低金利下に積み上がった信用が，景気回復に伴う引き締め政策によって金利が引き上げられることで資産価値を急落させる，あるいは低利で借りた債務の返済負担の増大から債務不履行に陥る，あるいはそれを懸念した債権者の資金引き揚げが市場間に伝染——たとえば債券価格が実態以上に大きく下がり，その損失が新たな売りを呼ぶという悪循環——をも伴いながら信用収縮を引き起こすこととして理解できる．したがって金融危機とは，「利回り狩り」という「利鞘獲得の事業モデル」の破綻であり，信用膨張に伴うバブルの崩壊を表すのであり，次章で論じるミンスキーの枠組みによれば，「投機的金融類型」において金利上昇が現在価値の逆転をもたらすこととして理解できる．それでは米国経済の景気拡大過程は以上の金融危機のメカニズムに照らし，いかに診断されるものであろうか．

新聞，雑誌記事を通して米国経済の現状を素描しよう．すでに2014年に米国においてハイイールド債の「上乗せ金利」が縮小していて，しかも合理的な評価基準を超えて投資が膨らむ「バブル」への警戒が浮上しているとされる

（日経 2014 年 7 月 3 日）．通常，ハイイールド債は投資リスクが高い分，米国債より利回りが 10％ 程度も高いとされるが，上乗せ金利が徐々に低下していき，トムソン・ロイターによると，発行時の米国債との利回り格差は 2014 年 4-6 月に平均年 2.5％ 台と，過去最低水準まで縮まっている．併せて，返済能力が低いローンで作る証券化商品の発行が増え，南欧やアフリカといった低格付け国債も人気を集め，それらは「実態とかけ離れた値上がり」との警戒感も浮上している[12]（日経 2014 年 7 月 9 日）．さらに先進国の REIT の値動きを示す指数が 2014 年の年初から（7 月時点で）15％ 上昇し，リーマンショック前の 2008 年 4 月に近い水準にあるとされる（同上）．こうした高利回りを志向する投資が過熱気味だというとき，VIX で表された資産市場の「集計的ボラティリティ（予想変動率）の低下が，1990 年代半ばや 2000 年代半ばに記録した低水準にまで下がっている，換言すれば投資家は市場に波乱がないものと高をくくっていると解釈できる」と指摘されている（滝田 2014）．

　最近においても信用スプレッドの縮小について以下のような指摘がある．米国の商業用不動産価格がすでに金融危機前の水準を超え——投資利回りを表す「キャップレート」が当時の水準を下回り——，割高の領域に達している（堀井 2017）．あるいはダブル B 格以下の米低格付け債利回りから米国債利回りを引いた金利の「上乗せ幅（スプレッド）」が 2017 年 3 月 1 日時点で 3.57％ と 14 年 7 月以来，約 2 年半ぶりの低水準まで縮小しており，これは 1997 年以降の平均も下回るものだと指摘されている．この背景には，米国債の利回りが景気拡大期待や利上げ観測で上昇する一方，低格付け債は依然旺盛な需要を受けて，利回りの上昇が限定的だからだと理解できる（日経 2017 年 3 月 4 日）．米国では 2017 年の年明け以降も，低格付け債ファンドに資金流入が続くが，これは買い手が個人に加え，運用難に悩む年金基金などで，年金は年 6〜7％ の運用利回りを求められ，国債だけでは目標達成が難しいからである．

　以上から米国経済において信用バブルの存在が窺われるが，同時に株式市場

---

[12] 次のような事例を挙げることができる．2014 年 7 月，セネガルが発行した 5 億ドルの 10 年物国債には，8 倍の応募があった．同国の格付けはシングル B プラスと，「投機的」に分類されるレベルだが，利回りも 6.25％ と 3 年前より 3 ポイント低くなった．欧米の緩和マネーを当て込んで，コートジボワールやケニアなども国債発行に動いたということである（日経 2014 年 7 月 29 日）．

について次のような指摘がなされており，その含意することについて検討する必要がある．金融緩和による先進国の金利低下で投資マネーが行き場を失い，先進国の株式，債券，新興国の株式や商品へと次々に投資対象を広げざるを得ない状況を先に見たが，米国株についても最高値が更新されている．そうした状況にもかかわらず，「ニューヨーク株式市場の売買高が昨年（2113年：引用者）の同時期より少ないことが相場の熱気のなさを表している」（日経2014年7月3日）との指摘がなされる．このことは株価がその実体面（ファンダメンタルズ）を超えて上昇している可能性に言及するもので，これについてBISレポートは次のように述べる．「先進諸国の主要な株価指数は，史上最高値に達するに当たり，株価の背後にあるファンダメンタルズの予想された成長を超えたものになっている．慣習的な評価方法（metrics）であるPER（株価収益率）やトービンのQはそれらの長期平均を上回って推移している．たとえば，S&P500指数は2014年5月までの1年間にほとんど20％の増加であるのに，予想される将来利益の方は同期間に8％以下しか増加していない．循環を調整済みのS&P500のPERは2014年5月に25であったが，それ以前の50年間の平均より6単位（units）高くなっているのである．欧州諸国の株価もまた2013年に15％以上上昇したが，それはユーロ圏の債務危機後の低成長並びに予想利益の3％の低下にもかかわらず，それだけ大きな上昇を示した」（BIS 2014, p.36）．

(2) 金融当局の懸念

併せて触れられるべきは，高利回り投資に対する金融当局などから注意喚起の声である．それは緩和の副作用として様々なリスクが債券や商品，株式市場にはらまれているということで，2014年春以降の米連邦公開市場委員会（FOMC）でも議論がなされ，米金融政策当局において共有される問題意識である．2014年夏，FRBのイエレン議長や国際通貨基金（IMF）のビニャルス金融資本市場局長は，低格付け社債などの価格が高すぎると警告している．同年6月18日の記者会見でイエレン議長は，リスクの高い投融資の動向を金融当局として注視していることを明らかにした（日経2014年7月3日）．それに呼応するかのように，同月17-23日の1週間で，世界の低格付け債ファンドから48億ドル

の資金が流出している（日経 2014 年 7 月 29 日）．イエレン議長は 2015 年 5 月 6 日，IMF のラガルド専務理事との対談形式の講演で，「ゼロ金利が金融安定性に及ぼすリスクは？」とのラガルド氏の質問に答えて，現在の米国株式相場について「概して現時点でかなり高い水準だ」と指摘し，巨額の緩和マネーが一部業種（ソーシャルメディアやバイオ関連）の株価を実体以上に押し上げた恐れが強いとみなし，それが金融緩和長期化による負の側面だとしている．また「一部投資家の過度の利回り追求には注意が必要」と説明し，低格付けの企業に短期貸付を行う「レバレッジド・ローン」などの引き受け基準が緩くなり過ぎだと語った．過熱気味の相場と投資家の陶酔感をいさめることを意図したとされる（以上，日経 2015 年 5 月 8 日）．

同日の講演でイエレン議長は金利の急上昇の危険にも言及した．金融緩和と超低金利の長期化によって現在は異例に低い水準にある長期金利が FRB の利上げに伴い「急速に動く可能性」である．金利の急上昇は金融機関の保有する米国債の価値を大きく目減りさせ，財務状況を悪化させる．同様の恐れは，投資マネーの流入で上昇したハイイールド債の価格——以前より低下したが——についても言えて，米利上げは急激な下落を引き起こしうる．加えて，市場環境が不安定になると投資家が低格付け債に求める「上乗せ幅」は上昇し，価格は急落する．低格付け債は歴史的にショック耐性が低いといわれるゆえんである．米長期金利の上昇は，低格付け企業の収益は大きくは回復しない一方で，むしろ低利で借りてきた債務の返済負担を増加させる．こうして米金利の引き上げを前に，マネーは一足早く動き，米リッパーによれば 2015 年 6 月には 10 日までの 1 週間で米低格付け社債に投資する投資信託などのファンドから 26 億ドル（約 3200 億円）の資金が流出している．米長期金利の上昇を引き金に解約が増えたもので，過去数年で屈指の流出規模という．こうした流出によって，バークレイズ・インデックスの集計では，5 月末に 5.9% だった低格付け社債の平均利回りが直近で 6.4% へ上昇した（以上，日経 2015 年 6 月 18 日）．

米利上げを前に金融緩和を頼りにし，それを前提にした相場の力学が微妙に変わってきたことは，欧州で格付けが低めのイタリアなど南欧国債の利回り上昇に関しても見られる．2015 年 4 月までは欧州中央銀行（ECB）の金融緩和を頼りに，ドイツ国債とそろって金利が低下していたが，ドイツ金利との連動

が薄れて上昇を続けているのである．ギリシャ債務問題の緊迫化が背景にあるが，1-2月段階ではギリシャへの懸念が同様に強かったのに金利はほとんど上がっていなかった．ここから債券市場に現れた変調は，金融緩和の継続を前提とした相場形成に変化が生じた兆しと理解される（日経2015年6月18日）．少しでも高めの利回りを確保しようと動いてきた投資マネーが，米国の低格付け社債や南欧の国債を売却し始めたのであり，米利上げのもたらしうる「信用バブルの崩壊」を懸念した行動と考えられる．すなわち，これまでは中央銀行が大量に金融資産を購入し，金利上昇（価格は下落）のリスクを肩代わりすることで民間マネーは安心して——以下の用語を用いれば，政策に対する「信認」を有することで——，多少リスクが高くとも，そのリスク顕現を軽視できて利回りの高い資産へ向かい，超低金利下の運用収益確保に邁進できた．その結果，過去数年で米低格付け債市場などは急拡大したが，いまやFRBの年内利上げ観測が強まり，今年（2015年：引用者）量的緩和を始めたECBも物価の反転を機に2017年に利上げを実施するとの見方が増えることによって，長期金利の振幅が大きくなり，緩和相場の前提が揺らぎ始めたということである（日経2015年6月18日）．

　これまでの金融緩和相場の大前提であった資産価格の変動が小さく，かつ急な損失を被らないことが崩れたとき，（機関）投資家の選択行動を支配するのは，金融市場の動揺，乱高下からくる「不確実性」の存在であり，そのもとでの投資家心理の萎縮である．それは金融市場で恐怖指数と呼ばれる指数「VIX」への関心であり，2015年8月24日には取引時間中に50台へ急上昇し，リーマン危機直後以来の高水準を記録した（日経2015年8月27日）．それは2011年の米国債格下げや12年の欧州危機を上回るだけの不安感が市場を覆っていることを示す．ここに将来の乱高下に備えてVIXに連動する「先物への買い」が殺到した（同上）．先物を買っておけば，相場が乱高下した際に利益を得られる保険の役割を果たすためである．不安感は外国為替市場や新興国などにも広がり，同様の指数は軒並み上昇し，投資家心理の萎縮が現れている（同上）．ヘッジファンドや年金基金などの投資家は，一般に価格変動の大きさから投資対象のリスクを測り，それに応じて投資金額を調整する．投資家心理の萎縮で取引が細れば「市場の厚み」は失われ，取り立てて大きな材料がなくとも，為

替相場や株価は急な変動が起こりやすくなる．かくてリスクテイクを避けようとして，世界的な金融緩和のもとで積まれてきたマネーの巻き戻しが起こりうる．なかでも米低格付け社債や新興国債券など比較的リスクの高い資産に対し，上場投資信託（ETF）などを通じて流れ込んでいた数兆円規模の資金の流出が強まる（以上，日経2015年8月27日）．

(3) ハイイールド債のスプレッド拡大と流動性リスク

ここで実際，危機がいかなる形で顕現しうるかを見るべく破綻の実例を取り上げよう．それは2015年12月11日，ミューチャルファンドのサードアベニューが管理するクレジットファンドが，かつては20億ドルを超えるまでに達した資産を償還と損失で8億ドルを割るまでに減少させた後，顧客からの償還請求を停止したというものである．「秩序だった形での清算」を可能にするためであったが，それは2008年の危機（リザーブ・プライマリー・ファンドの「元本割れ」による清算）以来，最初の主要なファンドの破綻であり，翌週にはFRBの危機後10年ぶりの金利引き上げを控え，社債市場の流動性低下が一層のボラティリティを引き起こすことへの懸念からも注目を浴びるものであった[13]．

サードアベニューはWhiteman氏による1974年の創業以来，経営困難に陥った企業の株式に投資する手法（vulture investment）で名を成したミューチャル・ファンドであるが，2002年にBarse氏がCEOの就任以来，新たにファンドを立ち上げて成長路線を追求する．2006年には260億ドルまでに資産を増やす．しかし2008年の信用危機で資産の半分を失うが，それはWhiteman氏の手法（value investing）である特定対象（株式）に集中する方式（株式ファンド）のもと，45％を喪失することとなった（S&P500指数は37％の下落）ものである．

ここにBarse氏主導の「代替」ファンドの立ち上げがなされるが，それはヘッジファンドに類似して，取引困難な（流動性の低い）窮状に陥った負債（hard-to-trade distressed debt）およびその他投資を購入するもので，経済が急

---

13) 以下は主としてZuckerman & WirzのWall Street Journalの記事（2015年12月23日付，'How the Third Avenue Fund melted down'）に拠った．

回復（rebound）するときに値上がりするものである．当該クレジットファンドはその固定所得資産（債券）のほとんど 90% を，CCC の格付けかそれ以下，あるいはまったく格付けされない証券で保有していた．しかも（シェールオイル企業のような）借入依存度の大きい企業の低格付け負債に投資していた．

　サードアベニューのほとんどのファンドの収益はベンチマーク水準を下回った．ただ唯一，Whiteman 氏の運営する不動産ファンドが過去 5 年間にわたり比較可能な指数を上回っていた．Barse 氏と Whiteman 氏の路線対立が激しくなる中，サードアベニューの株式ファンドは縮小する一方，クレジットファンドは成長する．しかし後者は Barse 氏とは別の，むしろ Whiteman 氏流の対象資産を絞って，リスクは高いが集中投資する戦略によって運用され，ここに特定の，売却の容易でない社債の単独の集中的な保有者となった．たとえば，建設材料の供給業者 New Enterprise Stone & Lime Co により売り出された低格付け社債 2 億 5000 万ドルの 5 分の 1 の所有者になった．2013 年にはおよそ 17% の利得という成果を得てすべてのハイイールドファンドの上位 1% を占めた．しかし 2014 年秋にはファンドは 35 億ドルというピークに達し，巨額になりすぎたことが懸念された．それは，投資先がジャンクボンドであるために，それについての懸念が生じて資金の急な引き出しがなされうるからで，売却困難な資産を保有するというミスマッチがあるのである．実際 2015 年 7 月に，ジャンクボンドの深刻な損失（rout）が始まり，ファンドの資産は 10 億ドルに滑り落ちる．12 月初めまでにその年は 27% 減少し，資産は約 8 億ドルまで落ちる．多くの償還請求を受けて，先に述べたファンドの償還凍結を決めたのである．時に，信用スプレッドは 2014 年初めから 2016 年初めのピークまで急速に 2 倍以上に拡大したのであり，ここに 2015 年 12 月の当該ファンドの閉鎖が流動性逼迫とハイイールド社債市場の下落の真っ最中に引き起こされたことが分かる——Barse 氏はファンドへの償還停止の声明が出された日解任された．以上に見た償還の停止は，今次危機を先駆けた 2007 年 8 月の BNP パリバ・ショック——傘下のファンドの解約を凍結した——においてすでに経験したところである．パリバの場合は信用力の低い個人向け住宅融資（サブプライム・ローン）関連証券の市場混乱をきっかけにしていたが，今回の場合は原油安で苦境に立つシェール企業をはじめ，ハイイールド債市場の急落から来ていた．

以上の破綻事例から，危機の顕現に関係するクリティカルな点は保有資産が流動性を欠くことにあるが，ここで「ハイイールド債」と「投資信託」について留意点を補足しておこう[14]．米国のハイイールド債市場はシェールオイル開発など，米国のエネルギー関連企業の資金調達先になっていた[15]．新興のシェール関連企業は，金融機関から融資が受けられなければハイイールド債を発行して資金調達したからである．ところが 2015 年夏以降に経験したように，原油価格下落の影響で米シェール関連企業のクレジットスプレッド（10 年物米国債と比較した利回り差）が急拡大すると，当該社債価格の値崩れが引き起こされたということである．加えて留意されるのは，サードアベニュー・クレジットファンドがそうであったように，これらハイイールド債への投資は投資信託や年金基金を主とするものであった．それは以下に述べるように規制が関係していた．

2014 年 4 月以降実施されたボルカー・ルールの影響により，銀行は自己勘定投資など高リスク業務を禁じられ，市場が縮小するという環境下にあった．金融危機後の規制強化により銀行はリスク資産の保有が難しくなっているため，投資信託や年金ファンドなどがそうした債権を購入し，最終的な投資家となっていたのである（日経 2015 年 5 月 22 日）．ただしボルカー・ルールは，銀行が市場に流動性を供給する役割を果たすべくマーケットメーク（値付け業務）を認めた．しかしそれは条件付きであって，値付け業務でとるポジション（持ち高）が顧客ニーズを大きく超えないようにという条件が付されていた（「ボルカー・ルール始動へ(3)」，時事解析，日経 2015 年 5 月 27 日）．ここに社債や株式デリバティブなどの値付け業務が縮小され，市場の流動性が低下するという問題を抱えていた．したがって当該ファンドに対する解約請求によって，換金のために資産を売却しようとしてもスムーズに取引が進まず「流動性リスク」が顕現しやすかったのである．このことは図 1-2 において，アメリカのプライマリーディーラーである大手米銀の資産保有高の着実な減少から窺われる．

---

14) 以下は，津賀田（2016）に依拠するところがある．
15) 2015 年の米ハイイールド債の発行額は約 4643 億ドル（約 56 兆 3300 億円）で，このうち米エネルギーセクターのハイイールド債発行額は約 867 億ドルと発行残高の約 18.6％を占める．通信セクターの 1025 億ドルに次いで 2 番目に大きな業種となっている（津賀田 2016）．

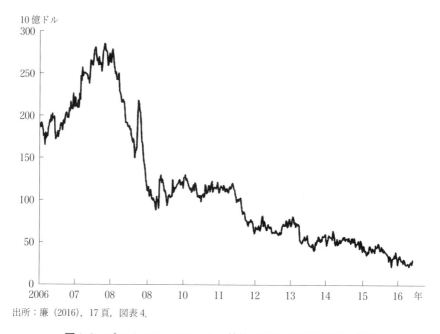

出所:廉(2016),17頁,図表4.

図 1-2 プライマリーディーラー社債・CP・ABS 保有高の推移

以上に加えて,バーゼル銀行監督委員会による銀行規制(バーゼル自己資本比率規制)では,今次の危機後に資本規制やレバレッジ規制も課し,資産取得による在庫の保有コストはそれだけ高くなったから,大手米銀は在庫を保有し市場に流動性を供給するというマーケットメーキング機能を一層低下させ,流動性リスクをそれだけ顕現化させやすくなったといえる.この論点は今次危機以降の危機の発生メカニズムを理解する際に,そしてそれを防止すべく金融規制を考える際に関係してくる.

3. 景気循環と金融循環の乖離

(1) 信用市場のバブル化と脆弱性

前節では,今次のグローバル危機からの米国経済の回復過程において,量的緩和政策が信用バブル(信用リスクの「過小評価」)を醸成することとなり,

そこにはらまれた資産価格とりわけ低格付け社債の暴落，信用スプレッド拡大のリスクを回避しようと市場からの退却も始まっていることを見た．それはこれまでの「相場は崩れない，誰も先に売り逃げすることはない」との前提あるいは安心感の下での行動とは異なり，低格付け債であるために，価格の急落，しかも円滑な売却が見込めないことからくる（市場）流動性リスクを懸念する行動で，それが米利上げとともに，これまでの金融緩和の継続を前提とした相場に変調をもたらしたのである．実際，投資信託に投資した顧客からの解約に直面して運用資産を売却しようとしても「投売り」せざるを得ない状況から，資金の償還を停止するといった清算措置のとられた例を見たが，それは今次危機の端緒を成した「パリバ・ショック」と軌を一にするものである．ここにはバブルがもはや限界まで来ているのではないか，やがて終焉するのではとの懸念が抱かれ，そのために安全資産に逃げ込むといった危機時に特徴的な萎縮した投資家心理が働いていると考えられる[16]．もしそれが，ポートフォリオの連関を通じ，あるいは群衆行動を介して伝染を引き起こすなら，これまで（米企業において先の金融危機前後の高水準に迫るまで）積まれた信用膨張から信用収縮（デレバレッジ）へのドラスティックな転換が引き起こされうる．

　こうしてすでに2014年以降，金融緩和が継続する下でリスク資産を積み上げることに伴うリスクが指摘され，それを懸念して2015年からは米利上げをにらんで「投資マネーが，そろりと足を抜け始める」ことで，緩和の継続を前提とした相場に変調の兆し——2015年5月末に5.9％だった低格付け社債の平均利回りが6月半ばには6.4％へ上昇（価格は下落）——が出てきた．かくて「市場はゆっくりと崩れつつある」（日経2015年6月18日）．ところがそれにもかかわらず，米国ハイイールド社債市場への資金流入が続いているのである（純資産残高の拡大）．2016年には年間リターンは株式市場を上回る＋14.7％（米ドルベース）と堅調に推移し，2017年に入ってからもその流れは継続している．こうした動きの背後には原油などの資源価格の回復で資源関連セクターのデフォルトが一服し，今後は低下が見込まれるといった要因が指摘される．ここに低格付け社債のリスク特性である信用不安を契機とする債券価格の急落

---

[16]　米運用大手のピムコは「投資家は現金を増やすべきだ」と警鐘を鳴らし，国際通貨基金はカナダの住宅価格の高騰を問題視しているという（日経2017年6月7日）．

リスクが限定的となり，インカムを安定的に積み上げやすいことが，低金利下に運用難に悩む年金基金が——加えて低成長で新たな投資先が限られて——「年6～7％の運用利回りを求められ，国債だけでは目標達成が難しい」のでハイイールド債への投資を続けることの説明を与えるかもしれない．

　しかし，こうして投資マネーがリスク資産に流入し続けるとき，緩和的金融環境の長期化で過剰流動性が流入して信用バブルの様相を呈している中，過剰流動性の逆流で信用スプレッドが拡大し，流動性の逼迫や債務超過から破綻に陥るリスクは「隠れたまま」で終わるといえるであろうか．はらまれたリスクが，ミンスキーの不安定性仮説における「金融構造の脆弱性」を表すものであるなら，後者が金融システムの安定領域を狭め，ちょっとしたショックでシステムを不安定化させると論じられたように，信用バブルもそのはらまれた脆弱性のゆえに，ちょっとしたショックや期待外れで崩壊に至るかもしれない．2015年12月に，危機後初めての，10年ぶりの米利上げを直前に書かれた記事，「09年7月から6年強にわたって続く米国の景気拡大局面は，実際は微妙なバランスの上にある」（日経2015年12月5日）に言う「微妙なバランス」とは，「脆弱性」を抱えて安定領域を狭めながら，危機の顕現を免れ，音楽に合わせて踊り続ける経済のこととして理解できるかもしれない．今次グローバル危機からの緩慢な回復過程で，金融緩和政策の長期化の下，企業の前向きな資金需要が盛り上がっていないにもかかわらず，ハイイールド社債の発行額は過去最高水準に達し，ハイイールド社債の利回りは歴史的低水準にまで低下してきている．そこにおいては，信用力に見合った的確な価格形成が行われているかどうかの問題が提起され，市場の過熱感が指摘されているのである．

　かくて微妙なバランスを保つ2つの拮抗する「動因」を次のように特定することが考えられる．1つは，バブル化した経済にあって，その破裂を予想してファンダメンタル経路に引き戻される，つまり正常化するとの観点から「裁定取引」のメカニズムが機能するとすることである．「割高」になっている資産価格が「破裂」してファンダメンタルズへと下落すると予想すれば，先物取引で売りポジションをとって裁定利益を上げることが期待できる[17]．ただ，こうした行動をとる投資家は，「合理的な」選択をしているが，もし資産価格が破裂せず割高なまま推移するとき損失を抱えることになる．すなわち，市場の

大勢が未だバブルの流れに乗っかって動いているとき，市場から淘汰される（「逆選択」）――ファンドであれば資金を集められない，収益が低い――可能性があるということである．それは「裁定取引に限界がある」ということで，シュライファー＆サマーズ（1990）が論じるように，情報トレーダー（合理的な裁定取引者）であっても，もう一方に立つノイズトレーダーの行動が市場価格を支配しているとき，そうしたファンダメンタルズから乖離する動き（バブル化）に乗じることで自身も利益を得ることができる．こうして幼児の椅子取りゲーム，「ミュージカル・チェアーズ」の描く「音楽が鳴っている限り，踊り続けねばならない」状況が現出する．それは市場が自らを維持し続けるメカニズムが働く状況であるが，これを信用循環が市場の**実体面から離れて独自の動きをする**こととして捉えることができる．BISレポート（2014）はまさに今次危機からの回復過程を，金融循環が景気循環から乖離しうるものとして描いたのである．そして次のことを指摘する．「ファンダメンタルズと価格とのリンクが弱まる」(p.34)．

　ここにわれわれが論じようとするのは，これまでに見てきたように信用市場が「ゆっくりと崩れつつある」状況の中で，そうした「脆弱性」を抱えながらもブームを維持し，バブル化を保持して，実体経済から離れ，したがって裁定メカニズムに突き崩されることなく，バブルという現状を維持する，したがってバブルの崩壊を先送りするようなメカニズムがいかに働くか，それをいかに描写できるかということである．それは音楽を鳴らし続け，踊り続けさせるメカニズムである．こうした課題に関連して，われわれが併せて関心とするのは，バブル化が進行する経済では，すでにファンダメンタルな経路から外れているから，資産がその「プライシング」を通じて発揮する機能は，市場の効率化を旨とするものではないということである．ここに市場のプライシングを通じた機能がいかに捉えられるかを問題とするが，以下の諸章で論じられる議論を先取りしていえば，時価表示のバランスシートを用いて自己資本をベースにした調整，あるいはVaRを用いたリスク管理がなされる下での利潤追求は，経路

---

17)　あるいはバブルが崩壊する前に「安全性へと逃避」し，もって緩和終了を契機に吹き荒れるであろう債務超過や流動性逼迫の嵐に巻き込まれないようにする行動が考えられる．

を増幅するプロシクリカリティが働くということで，一層のバブル化，したがってファンダメンタルズから乖離する不安定化が引き起こされるということである．

本節では以上に挙げた課題に答えるべく，今次危機に関係して働いたメカニズムを論じようとする．このメカニズムがいかなるものかを捉えるべく，今次危機に関係する次のようなケースに言及しておこう．それはサブプライム・ローン市場が，借り手の信用力に基づかず，売り手主導で貸し付けられたために，やがて2006年「ビンテージ」のサブプライム・ローンからの返済の延滞，デフォルトが顕著なものとなる（内閣府2007; Greenlaw et al. 2008）はずであるとき，それが一体いつ顕現するか，換言すれば「（流動性という）音楽がいつ止むか」である．ここで興味深いのは，こうしたサブプライム・ローンの「略奪性」を見抜き，ローンの実態から，それら原資産から組成された資産担保証券がやがてデフォルトすることを確信して「破綻に賭ける」という投機的選択行動をとったヘッジファンドの経営者たちがいたことである．彼らは，読み通りに事が進めば巨額の投機的利得を入手したはずであった．しかし，そうしたファンダメンタルズに基づく合理的な選択行動は成果を挙げることができず，多くは損失を抱えることとなったのである．それは先にも触れた，市場参加者の大勢がバブル維持を前提にした行動をとるとき，ヘッジファンドの経営者たちの「破綻に賭ける」行動は損失を被り，市場から淘汰されたのである．すなわち「裁定取引の限界」が示されたのであり，ファンダメンタルズに基づく合理的選択行動は「逆選択」に遭った．項を改めて以上を例証する具体例を取り上げよう．

(2) CDO市場はいかにブームを持続させたか

本項では，今次危機において住宅バブルが存在し，それを支えたモーゲージ関連証券化商品（CDO）市場のブームを取り上げる．サブプライム・ローン市場の実態——とくに2006年以降——が「略奪的」で，借り手の信用力に基づかない，売り手主導の貸付がなされてきたとき，ヘッジファンドの経営者たちはそのローンの実態を把握することによって次のような行動に出た．そうしたサブプライム・ローンを原資産とした資産担保証券はいつか必ずデフォルト

を起こすに違いがないから,「破綻に賭ける」ということである.そうすることで「投機的な利益」を上げることができると期待した(Lewis 2010; Tett 2009; Zuckerman 2009).しかしその賭けは,幾人かの先駆的ヘッジファンドにとって失敗に終わり,大きな損失を負わせることとなった.いかにしてそうした帰結が得られたか,CDO市場で働いたメカニズムに照準を当てよう.

　論点はCDO市場が住宅市場の変調以降も堅調を続けることができたのは一体いかにしてかである.この問題について信用デリバティブ(CDS)のプライシングがいかなるものであったかを通して考えよう.サブプライム関連証券化商品が,その原資産の信用リスクの顕現(デフォルト)で価値を下落させるとき,同証券化商品に対する投資からの損失を免れようとすれば,その保険証券たるCDSを買うことができる.そうであれば,先に触れた,サブプライム証券化商品市場の「破綻に賭けよう」とするヘッジファンドは,このCDSの買い手になることで[18],思惑通りに市場が展開すればCDSのプレミアムはまだ低いだろうから,巨額の利益を手に入れることができるはずである.なぜならCDSの保険プレミアムの動向(プライシング)は,本来的にはモーゲージ証券のリスクを反映するものであるから,リスクのプライシングという市場の効率化メカニズムを通じて両者の間には対応する関係がある.すなわち,サブプライム・ローン市場で――住宅バブルがはじけるといった――「市場に変調」があれば,それをCDSプレミアムを通じて,つまりプレミアムが上昇してくることで,取るべきリスク量への調整がなされる.こうして市場調整がCDO市場の(加熱した)ブームを沈静化することが期待されるのである.

　かくて,サブプライム・ローン市場における借り手のデフォルトの多発は,CDOの価値を下落(を予想)させてCDSプレミアムを急上昇させる[19].そこでまだCDSプレミアムが低いうちに買っておくことで利益を得ることができる.これがヘッジファンドの経営者たちの思惑であった.2007年夏にサブプライム危機が顕現したが,それは2006年に住宅価格がピークアウトし,サブ

---

18) 2005年時点でもサブプライム・モーゲージ関係の信用デリバティブは流通しておらず,ヘッジファンド・マネジャー(たとえば,元医師のマイク・バーリ)が投資銀行からCDSを購入しようとして経験したことをLewis(2010,第2章)は記している.
19) 実際は,そうした保険のプレミアムは以下に触れるABX指数の動向を介して動く.

プライム・ローンの不履行が上昇するという住宅市場の実体面における「変調」を受けたものであった．それに応じてCDSのプレミアムも上昇してくるはずであった．ところが実際には，CDSの価格は2007年になっても上昇してこなかったのである．併せて，CDOという証券化商品市場——それは本来であれば，CDO価格の「下落」が予想される——も堅調さを維持した．

　サブプライム・ローンのデフォルト上昇という住宅市場の実体面での変調にもかかわらず，CDSの価格が2007年になっても上昇してこなかったのはなぜであろうか，そのメカニズムをいかに理解できるだろうか．CDSのプライシングがそのようなものであるとは，CDSが信用リスクのコントロールに使われるという本来の機能——CDSのプレミアム上昇を通じて，サブプライム・モーゲージで組成されるCDOの膨張を抑える——を果たせないということである．そうした事態を生じさせることになった背景は，（キャッシュ）CDO（債務担保証券）を組成するのに用いられるサブプライム・モーゲージが不足したというので，その代わりにCDSを用いて「合成（synthetic）」CDO——それはRMBSから組成される「キャッシュ」CDOと対置される——を組成することが行われたことにある．そのようなCDOは，実在するモーゲージ・ローンのパッケージではなく，信用デリバティブ（CDS）を素材にしたもので，したがって投資家に対し住宅ローンがデフォルトする可能性の多寡について賭けをするチャンスを与えるものであった．こうして合成CDOの素材にCDSを用いたことは，CDSがCDOの製造・販売のメカニズムに組み込まれることを意味したのである．このことをもっと具体的に見てみよう．

　2007年春近くになっても新たなCDOが生み出し続けられ，そのペースはむしろ高まった[20]．CDO市場における信用バブルがまだ持続していたというこ

---

20) 住宅市場の変調にもかかわらず，銀行各社が住宅ローンをベースとしたCDOの製造措置を停止させることはなかった（Tett 2009, 訳211頁）．すなわち，06年10月から12月にかけて各社は前年の2倍に相当する1300億ドルという記録的な規模のCDOを発行した．しかも注意を引くのは，そのうち40％は主にサブプライム・ローンを担保とするABS（asset backed securities）を元に組成されていて，通年で見ると現実のローンである実物資産をベースとするCDO（「キャッシュ」CDO）の発行額は4700億ドルに達したのであり，先に言及してきた信用デリバティブ（CDS）を（不足するサブプライム・ローンに代えて）用いて組成した「合成」CDOの発行額はそれをさらに上回ったのである（同上，訳211-2頁）．

とで，サブプライム・ローン関連担保証券市場の強気を受けて，「合成」CDO組成の素材になる CDS の売り手（投資銀行，AIG 等）は積極的に保証の提供を続けたからである．指摘さるべきは，このように CDO 市場のブームに巻き込まれた CDS は，そのプライシングにおいて，上で述べたような CDS の果たすべき市場の本来的なメカニズムにおける機能を果たすものではなくなっていた．そのことを CDS の実際のプレミアムの動きを通して示そう．07 年初めに住宅市場でデフォルトが上昇し，CDS プレミアムが上昇して，モーゲージ・ローン担保証券（RMBS）のリスク指標となっている ABX 指数が低下する——ABX の低下は住宅ローン市場のパフォーマンスの悪化を表す——ことが起こった．そして ABX の取引価格が額面 1 ドル当たり 70 セントになったとき，その本来の価値は 90 セントあるはずだというので，CDO ブームについて強気の投資銀行は市場が「過剰反応」起こしているに過ぎないと判断した．つまり割安になった ABX 指数はいま買い時だとして，言い換えれば「高すぎる」水準にある CDS プレミアムを今のうちに取得しようと CDS を積極的に売る行動に出たのである（Tett 2009, 215 頁）．ここに CDS の需給関係から CDS の価格が抑えられたことが，先にふれた 2007 年初めの CDS の価格がなかなか上昇して来ず，住宅市場の実体的条件に反するものとなった事情を説明するのである．

　以上は，CDS が CDO ブームに巻き込まれることによって，原資産の信用リスクに基づいて CDS がプライシングされることから発揮されうる本来の役割を果たすようには機能しなかったことを示すものである．つまり，ヘッジファンドや機関投資家の CDO に対する旺盛な需要に応えるべく合成 CDO の製造マシーンに組み込まれたということである．本来であれば，サブプライム・ローン市場のデフォルトを受けて CDS 価格の上昇が見込まれ，「CDO の破綻に賭け」て CDS を将来の値上がりを予想して購入するという，バリーや J. ポールソンらヘッジファンドの経営者の行動が CDO の膨張を抑える役割をするはずであった．ところが期待とは裏腹に，合成 CDO の組成に組み込まれるべく CDS はせっせと供給され，CDS プレミアムを低く保ったまま CDO ブームを維持，加速させることになった．以上を，先にわれわれが論じてきた危機以降の回復過程の文脈で言えば，低格付け社債など信用市場のバブルは一層煽

られ，ハイイールド債市場の破綻が先延ばしされる——ただしそのメカニズムについては，以下でふれるように新たに問題にされねばならない——ということで，ここに流動性という音楽は流し続けられ，踊りは続けられたのである．しかも CDO ブームを煽る際，「合成 CDO」という新商品が新たに組成された．それは資本主義的金融が支配的な金融システムにあって，金融業は**金融イノベーションに訴える**ことによって新たに CDO の需要・供給を創出するという，いわば広義の「マーケットメーキング機能」を発揮したものと理解できる．しかしその帰結が何かといえば，CDO の過熱化，バブル化であり，金融的不均衡を一層積み上げることになっている．それはその破綻によって危機をそれだけ深くし，その後の停滞をそれだけ長くすることになるのである．

(3) 信認のパラドックスと金融的不均衡

前項で取り上げたサブプライム危機にかかわる CDO 市場に働いたメカニズムは，先に取り上げた危機後の回復過程で信用市場（投資マネー）が果たした役割に合致するが，そこから窺われることは経済の実体面（ファンダメンタルズ）から離れて金融面での不釣り合いが展開しうるということである．BIS レポートはこれを，景気循環と金融循環（financial cycle）とが別物である，あるいは乖離することとして捉えた（BIS 2014, p.65）．その意味するところは，リスク資産がファンダメンタルズに比して過大な評価を受けるということで，「ファンダメンタルズと価格とのリンクが弱まる」（ibid., p.34）ことと理解される．そこで信用バブルの形成における問題がリスク資産の「過大評価」にあるとして，それがいかにして引き起こされ，負債の積み上げを引き起こすかという問題に入っていこう[21]．ただしここでリスク資産のプライシングの問題は，個々の資産の「相対価格」を問題にするアプローチ（資産価格評価論）とは異なり，金融市場全体の集計的ボラティリティ——それは VIX（恐怖指数）で捉えられるかもしれない——がいかに「リスクプレミアム」として価格付けされるかを扱い，不確実性を免れないマクロ的経済環境とか信用の全般的環境に対

---

[21] 資産価格の評価，とりわけ資産担保証券のようなリスク資産のリスク特性については，第 4 章で取り上げられる．群衆行動のほか「戦略的補完」が外部効果を引き起こす場合については，第 5 章で扱われる．

する判断や確信の程度に関わるものである.

　経済全体や全般的信用環境全体にかかわる不確実性に対する評価，したがってそうしたもとでのリスクテイキングに際して求められるリスクプレミアムに関しては，今次のグローバル危機の文脈では，IT バブル崩壊後の緩和的金融政策（「大いなる緩和（great moderation）」──低いインフレ率と景気の振幅の縮小の両立──をもたらした），そして証券化や信用デリバティブによるリスク分散効果がデフォルトリスクを引き下げることによって金融システムの安定性に対する信頼感を醸成したことを挙げることができるであろう．そして今次危機後の回復過程──むしろ「長期停滞（depression）期」と呼ばれる──では量的緩和政策の長期化が，リスク資産の評価をシステマティックに「過大」なものにしたと考えられる．それは次のように描写される．

　中央銀行が緩和政策で大量に金融資産を購入し，金利上昇（価格は下落）のリスクを肩代わりしてくれるとなれば，民間マネーは安心して多少リスクが高くとも利回りの高い資産へ向かい，超低金利下でも運用収益を確保できる．あるいはまた，低金利下に運用難に悩む年金基金が──加えて低成長で新たな投資先が限られるということがあるが──「年6〜7％の運用利回りを求められ，国債だけでは目標達成が難しい」というのでハイイールド債への投資を続けるとき，その選択行動は，長期金利の急上昇によって運用資産（ハイイールド債）が急落するといったことはないとの想定に立ってなされているということである．それは誰も先に売り逃げしない，相場は崩れないという安心感の上に立つもので，「日米欧の中銀で，かつてないほどの金融緩和状態を，そう簡単に終わらせることはできないといった妙な割り切りが，クレジットバブルを膨らませ，誰も先に売り逃げしない状況にしている」（中空 2015）といったものである．そのとき，低格付け債にたいする「上乗せ幅（信用スプレッド）」も低いままに維持できると想定されることによって投資を積み上げることとなる．それは換言すれば，「ファンドの実体要因で説明できる大きさを超えて「需要超過」があり，もって過大な評価（過剰流動性相場）が成立するということである．

　以上のように解された「安心感」──あるいは以下での言葉を使えば「金融政策に対する信認」──の下では，ちょっとしたショックやイベント（国債の格下げ）があっても多くの市場参加者は従前どおりの行動をとり，債券市場の

ボラティリティは低いままになる．それはリスク感覚の麻痺という意味で「不感症」と呼ばれることもあるが，本項が論じようとするのは，こうした政策への「信頼感」に由来する「安心感」に立脚した投資行動が，資産の過大評価と負債の積み上げに及ぼす効果は「一時的」なものではなく持続性を持ち，「金融的不釣り合い（financial imbalances）」（Borio and White 2004）と理解されるものをもたらすことである．そこに含意されるのは，（前向きの投資が盛り上がらないといった）実体経済と乖離しながら，信用市場の活況が持続可能なものになりうるということである．量的緩和の長期化の下で信用市場にバブルが存在しうることを，投資家の選択行動において「安心感」がリスク資産の信用スプレッドを「低位安定化」させることとして理解できる．以下ではこのことを Borio らが論じた「金融政策に対する信認のパラドックス（paradox of credibility）」の果たす役割によって再提示していこう．

　70年代のインフレの経験を経て金融政策はフレームワークを変えることによって物価安定をもたらすことに成功した．そうしたインフレ抑圧の成功という金融当局への信頼が，「意図せざる結果」として金融上の不釣り合いの積み上げをもたらすと Borio and White（2004），Borio and Lowe（2002）は述べるのである．インフレを克服しインフレがすでに主要な政策目標でなくなったもとで，（今度はデフレを克服するために）インフレ率を低い安定的な大きさに維持すべく伸縮的な金融政策として量的緩和政策が採られている．その際，インフレ目標値にインフレ期待をくくりつけておく（anchor）べく通貨当局はインフレ率をコントロールするコミットメントを負う．そうしたコミットメントと弾力的な量的緩和とがあいまってもたらすマクロ的帰結がどのようなものであるかが関心とされる．

　インフレーション・ターゲティングが設定され，目標値に向けてコントロールすべく通貨当局のコミットメントがある下で，低位の安定的なインフレ率の達成に対する当局への「信認」が成立している．そうした下で，デフレ下での景気回復のために弾力的にマネーサプライの供給がなされ，それに応じてインフレがもたらされたとしても，民間主体の方ではインフレ・ターゲティングに対する「信認」を有していて，賃金や価格を上方に引き上げるという対応はしない．したがって，超過需要の圧力があってもインフレ過程は抑え（dampen）

られることになる．しかし，インフレはもはや脅威ではないという信念（belief）それ自体が，次のようにして不釣り合い（imbalances）を積み上げることに寄与することに Borio らは留意する．すなわち，民間主体の側ではインフレ率上昇が懸念されるような事態はもう生じないだろうから，当局がインフレをコントロールしようとして金融引き締め政策をとり，それで景気後退が起こるといったことは念頭にない（removing the prospects of recession）．そこで，引き締めによる金利の急騰といった懸念が念頭にないので，民間主体は安心してリスクを取ろうとする．そして中央銀行のほうでもインフレが安定的に抑えられている，あるいはディスインフレのもとでは，弾力的な貨幣供給（easy monetary stance）を行って活発な貸出や株式ブームが生じるようなことがあっても，それで批判を受けることはほとんどないと考える．かくてインフレはまだ生じていない，低位のままである一方で，ブームが維持不可能な状態になる，あるいはバブルが崩壊しても仕方がないほどに行き過ぎた状態が生じうるというのである．これが「信認の**パラドックス**」で，中央銀行は自身の成功の犠牲者となっている（Borio and Lowe 2002）[22],[23]．

---

[22] こうした低インフレと金融面での「不釣り合い」の積み上がりとの共存は，世界では戦前期にはより一般的であり，日本の 80 年代後半のバブルでも見られたことである．ホワイト（2010）を参照．ホワイトにおいて「不釣り合い」は，ファンダメンタルズで正当化できる水準を，大きくかつ持続的に乖離することを指す意味で使われている．

[23] 信認のパラドックスの指摘が興味深いのは，ミンスキー自身次のように中央銀行の政策に伴う「パラドックス」の存在を指摘したからである．「中央銀行がインフレをコントロールしようとするその努力自体が，貨幣市場に不安定化の条件を育むというのは，いかにも不愉快な結論であると思わざるを得ない……制度上の革新は動学的な経済の一側面であり，貨幣市場の革新は成長経済の必要に応じて生起するものである．こうしたもろもろの変化が安定化政策の有効性を突き崩す傾向を持つというのは，経済成長の 1 つの副産物に他ならない」(1982，訳 261 頁)．ただしここでミンスキーが問題にする「パラドックス」は，Borio らが言う「信認のパラドックス」と同様な意味において使われてはいない．Borio らのそれが，景気にかかわる実体面と乖離した形で金融面において不均衡が積み重なるというものであるが，ミンスキーにあっては，経済の拡張過程でブームの過熱化（インフレーション）に対処すべく金融引き締め政策が採られても，それを相殺するようなメカニズム――金融革新によって新たな資金調達手段を創出することを含め――が民間部門において働き，もってブームの過熱をコントロールすることの難しさを指摘する（1982，第 7 章）ことに主眼があるからである．ここにミンスキーにあって内生的不安定化論は，システムにフィードバックを起こすところの「内生的，進化的」変化を容れた資本主義のダイナミズムを表すものとして提示されている．

付記すれば，リスク資産の「過大評価」が「システマティック」になされ，もって資産価格がファンダメンタルズに必ずしも回帰しないとする根拠は，人間の認知パターンに傾向的なバイアスがあるとする行動経済学に立脚することからも得られる．2008年のリーマンショックに先立って執筆された『市場の変相』（第3章）において，サブプライム危機（「ノイズ」）の中に世界経済の永続的な大転換（構造変化）を読み取った El-Erian (2008) は，投資家に共通した行動パターン——「同じ過ちを繰り返す」——が行動科学と脳神経科学の次のような考え方で説明できるとする．すなわち，「多様な異常事態に直面した投資家の初期反応について，異常を目のあたりにしていながら，多くの投資家が自信たっぷりに既存モデルに基づいて行動し続け，結果として一段と大きなリスクをとろうとする．この行動パターンは，投資家は異常な出来事を過小評価しがちという一般的な経験則で裏付けできる」（El-Erian 2008, 110頁）．それは普遍的な先入観に左右されるということであり，過去の事例を過度に利用するということで，「テール」現象を異常な出来事として認識できず，事態の中に「平均」と過去の繰り返しを見ようとする．異常な低金利下に異常な水準まで積み上がった低格付け債務も，従来の利鞘獲得の事業戦略モデルに従った行動として，量的緩和の長期化の下——さらには米利上げ後はその利上げペースがゆっくりしたものであれば——，「安心感」をもって行動できると考えられているからで，そこには，市場ではすでに「変相」が生じている，構造変化が起こっているとの認識がないのである．そして異常事態を「異常」と判断することができないとは，行動ファイナンスにおける「気質効果」を表しているもので，それは本質的に「平均回帰（平均的な水準へ価格が戻ること）」への過度な，歪んだ期待を反映したものである（El-Erian 2008, 115頁）．そしてエラリアンは，次の言葉をケインズからの引用としている．「デフォルトが不可避になるほど長期にわたって，市場は非合理な動きを続けることがある」（同上，129頁）．

以上の「信認のパラドックス」に基づいて，あるいは行動経済学に依拠した行動パターンによって機関投資家の選択行動を捉えることは，リスク資産に対するファンダメンタルズに基づく評価や選択行動による理解と対置される．後者はファンダメンタル経路上にある，あるいは「平均に回帰」すると理解する

が，前者はファンダメンタルズから乖離してリスク資産を過大評価することで積み上げ，危機という「テール現象」に至る，あるいは市場に引き起こされた変化が「構造的」なものであるにもかかわらず，事態の中に「平均」と過去の繰り返しを見ようとする．それは換言すれば，投資家が過去の延長上に同様の行動を繰り返すことによって，結果的に一層のリスクを取ることになるということである．以下では項を改めて，そうしたバブルに乗っかった行動が採られることを実例を挙げてみていこう．

(4) 信用市場のブーム下でのプライシング機能

本項では信用市場がバブル化する下でリスク資産がどのような評価を受け，それらに対する投資がいかになされるかの実例を取り上げよう．本節第2項では，グローバル危機に先立つブームの過熱期にCDSのプライシングが，サブプライム・ローンのデフォルト上昇というファンダメンタルズと合致した評価に基づくよりは，CDOのブームが続くなかでCDSが「合成」CDOの素材として需要されることで，デフォルトのリスクについて「過小評価」を受け，CDOのブームに巻き込まれてしまったことを見た．それはCDSがリスク商品に対する本来の「保険機能」を麻痺させたということであり，CDOブームを一層促進することに寄与することを意味した．もしCDSがCDOブームに乗せられることなく，住宅ローンのデフォルト上昇を受けてCDSプレミアムを上昇させていれば，その価格シグナルによって，サブプライム・モーゲージを用いた（キャッシュ）CDOの価値は下がり，その組成が抑えられ，もってCDOのブーム化，バブル化を抑制すべく役割を果たしたであろう．しかし「合成」CDOという新たな資産担保証券の創出（金融イノベーション）によって，CDOに対する需要と供給を広義の意味で「マーケットメーキング」することになったことは，金融業の持つダイナミズムの発揮を表すものとも理解された．そうした金融イノベーションの発揮は，資本主義的金融がシステムを保持すべく，内生的に生み出す自己保持（self-sustaining）機能といえるかもしれない．しかし留意されることは，そうした金融イノベーションをも用いて自己保持を図ることは，システムがすでに「脆弱性」をはらんでいるゆえに，不安定化要因を一層内在化させることになる．それは先に述べたように，自己保持のため

に働く資産価格のプライシング自体が，その本来の機能である市場効率化のために働かないからである．そこで CDO ブームを一層促進し，信用を膨張させ，その破綻を先延ばしすることによって，危機勃発後の景気後退をそれだけ深く，それからの回復過程を長くすることにつながるものとなった．

　以下の日本の事例は，以上にふれたシステム全体にかかわる規模で生じたものではないが，基本的に同様の信用市場の「機能不全（malfunction）」を表すものとして捉えられる．それは市場のファンダメンタルズをプライシングしたものとしてよりは，過剰流動性の流入によってバブル化を維持するための価格形成を表すものと理解される[24]．

　わが国の場合 2016 年に入って，海外発の「信用不安」——つまりハイイールド債の価格急落や 2015 年 12 月のサードアベニューのファンド凍結に現れる——が日本市場にもじわりと波及してきた．日本企業の信用リスクを示すクレジット・デフォルト・スワップ（CDS）指数についても 2 年 2 カ月ぶりの高水準をつけた．これはクレジット市場では「資源国や海外の資源関連大手企業の破綻がいつ現実になってもおかしくない」との懸念を反映したもので，CDS のプライシングについては信用リスクの増大というファンダメンタルズに基づくものと理解できる．ところがこれに対し，同じく企業の信用リスクの目安となる国内社債市場については信用リスクの上昇に対して反応が鈍いこと（「リスクへの不感症」）が示されたのである．社債の流通市場では，期間 7-12 年のシングル A の社債の国債利回りに対する上乗せ金利（スプレッド）が年初から低下し，「信用力の改善」を示されたのである．この奇妙なねじれは次のように説明されるものであった．地方銀行や信用金庫など，利回りを求める投資家の買い意欲が強まっているため，シングル A の社債価格が上昇したというのである．本来の機能を果たすべくプライシングされた CDS 市場に対して，社債市場のプライシングがそうでないというねじれ，歪みは，地方銀行や信用金庫など，利回りを求める投資家の買い意欲が強まっているためと説明される．それはすでに見たように，過剰流動性を背後に持つ「利回り狩り」から来た投資行動であり，それがファンダメンタルズによるプライシングから乖離させ，リ

　24）　以下のパラグラフは，日経 2016 年 1 月 23 日付に拠る．

スク資産の過大評価を生み出しているということである．

　同様の事例を米国企業が発行した低格付け債（ハイイールド債）に対するわが国の投資行動について見ることができる[25]．米国では（ダブル B 格以下の）低格付け債に対する過熱感が指摘される．米低格付け債の利回りから米国債の金利を引いた「上乗せ幅（スプレッド）」が約 3 年ぶりの小ささ（3.6％）となり，2000 年以降の平均も下回り，金利上昇時の損失を吸収する効果が低下している．そこで関連ファンドの解約が相次いでいる．これに対し日本では関連投資信託への資金流入が続いているのである．低格付け債の平均利回りが 5％ 程度で，米 10 年国債のそれ（2.22％）を大きく上回るというので，「高利回り」での「買い」と理解されるが，ここにも過剰流動性からくる「利回り狩り」の行動が優勢となることが現れている．しかしそうしたわが国の投資行動について，米低格付け債に対するプライシングの適切さへの懸念の現れとして，取っているリスクにリターンが見合っているのか疑問が提起されている．

　過剰流動性がもたらす資産の過大評価——それはリスクのプライシングという点では「過小評価」——を表す事例をもう 1 点，挙げておこう[26]．それは 2015 年夏時点のもので，日本企業は外部環境が不安定な中で業績好調を続けており，企業の信用リスクを示す指標のひとつ，CDS 指数が低位で安定的に推移していた．前年の 2014 年末から約 9 ベーシスポイント下げ，2005 年以降の平均を 4 割下回る「低水準」になっている．それは，2015 年初めにほぼ同水準だった米国や欧州の CDS 指数が，それ以降上昇基調にあるのとは対照的な動きをみせるものである．こうした CDS 指数の動きは日本企業の好業績，財務体質の改善に合致するものとして整合的なことである．しかし問題は，こうして CDS 指数が日本企業の高パフォーマンスを表すにしては，その水準低下が「過大」すぎる，つまり「目下の CDS の保証料率は低すぎる」との指摘が地方銀行等からなされているというのである．それは換言すれば，日本企業の信用リスクは「実態以上に低く」見せかけられているということである．そして CDS 指数（プレミアム）が実態以上に低くなりすぎていることについても，「低金利で運用難」という形での，量的金融緩和からくる過剰流動性が次のよ

---

25)　以下は，日経 2017 年 8 月 5 日付「米低格付け債　投資逆向き」に拠る．
26)　以下のパラグラフは 2015 年 8 月 18 日，日経に拠るところが大きい．

うにして CDS のプライシングに影響を及ぼしていることが言える．

クレジットリンク債は債券の形で「CDS を売る」，つまり信用リスクを引き受ける商品で，保険会社や地方銀行が（リンク債の）購入者となって，保証料（プレミアム）——普通社債などより高い——受け取っている．それは低金利で運用難の銀行などが「利回り狩り行動」から購入していると理解できるものである．リンク債は本来「不良債権を流動化させる」ことを目的に，例えば大手銀行の設立した特別目的会社によって発行されるが，そのリンク債のはらむ信用リスク——スポンサー銀行にリンクしている——を地方銀行が「投資家」として購入することが，CDS の売り手となって信用リスクを引き受ける（保証する）のと同じ機能を果たすというわけである[27]．低金利下に運用難の銀行にとってはリンク債に投資する，つまり CDS の売り手になってリスクを引き受けるということは，高利回りを取得する，つまり CDS の売り手として保険プレミアムを得ることを意味し，リンク債への需要が根強いのである．そうすると需給関係から，リンク債の価格は高くなる（利回りを引き下げる力が働く），すなわち CDS プレミアム（保証料率）は低くなる力が働く．こうした力が日本企業の業績良好というファンダメンタルズからくる CDS 指数の低位安定化に加わり，もって「行き過ぎた低水準」をもたらしているのである．

量的緩和の長期化による過剰流動性の効果がこうした CDS 指数の低下に現れているとすれば，それはファンダメンタルズを超えた引き下げをもたらしているということで，日本企業の業績好調を「過大に評価」することになっている．その意味で，「信用力に見合った的確な価格形成が行われているか」（長谷川 2014）という問題が提起される．そこにはらまれるリスクは，金融緩和の舵が切り替わり，「利回り狩り」が逆流を始めるとき，過剰流動性で「バブル」状態にあった信用市場は低格付け社債の金利急騰（債券価格の暴落）が引き起こされることにある．

---

27) なぜ「債券の購入」の形で保証を行うかというと，CDS のような形（デフォルト・スワップ）で保証する場合，保証する側の保証能力あるいはカウンターパーティ・リスクについての精査にコストや時間がかかるのに対して，債券の売買を通せば買い手（保証者）の保証能力を精査する必要がないからである．債券が投資家にとって魅力があるよう，通常の債券よりも表面利率が高く設定されている．なおリンク債の購入は銀行にとって本業である「貸出」の扱いとなり，預貸率の引き上げにもなるのである．

次いで株価が実体経済から乖離しうる現状にあること，したがって金融循環と景気循環の乖離を表す事例をもう1つ挙げよう[28]．株価の上昇局面では通常出来高が急増するが，09年3月以降，14年半ばの時点で米国で株価が3倍に上昇する一方，出来高は半減しているのである．市岡（2014）はNY証券取引所が発表するマージンデット（投資家が株を買うために金融機関から借りている残高）の比率の高まり——08年の金融危機直前の水準をも上回る——に留意することで，米国の量的金融緩和政策（QE）によって金利が上昇しないもとで，企業は借入，あるいは社債を発行して，それをもって株価の維持策として大規模な「自社株買い」を行っていることを指摘する．この根拠を市岡はIBMを取り上げて述べる．借入金を原資に，13年から14年にかけて従来の2，3倍の自社株買いを行い，14年4-6月期までの3年間で，自社株買い320億ドルに対し，借入金が280億ドル増となったと指摘する．同様のことが，IBMに限らず他社でも広範に行われているというのである．実際，米国の株売買高をセクター別に見ると，2010年以降，主な買い手は非金融企業つまり事業法人となっている．他方，09年からの4年間で，事業会社の社債発行高は2.3兆ドル増加している．そしてこの期間，ベースマネーがほぼ同額の2.2兆ドル増加していることから，銀行が手持ちの国債をFRBに売却し，それによって手にした資金で自社株を購入したと推測できるとしている（市岡，同上）[29]．市岡の以上の議論は，先に述べた経済の実体面と乖離したことで，金融循環が独自に生じている，換言すれば実体の伴わない「金融相場」であるとの理解に合致することである．

本節において付記する形で，量的緩和政策の「副作用」として「市場流動性」

---

28) 以下は市岡（2014）に拠る．
29) しかし同時に指摘されるべきは，こうした自社株買い——株主還元策を意味する——は自己資本比率改善に寄与し，企業の主要目標ともなっていることである．しかし併せて留意されることは，自己資本比率改善は資本効率の向上という企業の合理的行動を表すものであるが，経営の本来果たすべき役割とは必ずしも合致しないということである．このことをフィナンシャル・タイムズのassociate editorであるJ. Grapper（2017）が「GEが投資ファンド化」したとして取り上げている．すなわちGEはJ. フラナリー最高経営責任者の下で，買収した事業を立て直し，売却して利益を得る投資ファンド型経営を追求しようとしている．それはJ. ウェルチが築き，J. イメルトに引き継がれたGEの優れた経営を変質させようとすることだと言うのである．

の低下が引き起こされ，金融市場で乱高下が起きていることに触れておこう[30]．しかし「市場流動性」低下の問題は，先に第2節3項で触れたように，金融危機後の金融規制——ボルカー・ルールやBIS規制における資本規制やレバレッジ規制——のもたらすインパクトとしても論じられ，それは第6章において取り上げられる予定で，本章では量的金融緩和政策にかかわる限りでの指摘にとどめておこう．

倉都（2015）は2015年時点でドイツの債券市場で見られた金利の急激な乱高下に留意する．2015年4月には10年債利回り（長期金利）が一時0.04％まで低下し，マイナス金利もあり得るとの観測が高まったなかで，5月，0.78％へ急騰した[31]．これは短期売買に賭ける投資ファンドなど投機筋にとって巨額の損失をもたらしうる．倉都がこうしたドイツ長期金利急反転を「量的緩和の副作用」と見たことが留意される．それは，本章でも述べてきたように，日米欧の中央銀行が量的緩和に乗り出したことは，債券市場では「金利を低位に押さえ込み続ける」効果を持つとして捉えられた．格下げなど国債の信用力に影響を及ぼすイベントにも反応が薄くなり，「不感症」（リスク感覚の麻痺）とも評されてきた．しかしその反面で金利が突如乱高下する局面も増えてきたというのである．倉都はこうした異常な金利急騰を引き起こした要因を，国債売りの契機となったマクロ経済的要因——ユーロ圏のデフレ懸念が薄れ，物価への警戒感が後退したことが，ECBの量的緩和の早期停止思惑を生む等——に加えて，次の2点を挙げる．(1)ECBの買い入れによってドイツ国債の流通市場規模が縮小して，市場流動性が急速に低下していたこと，(2)市場参加者が皆，日米欧における量的緩和が間違いなく国債金利低下や株高を促すと読み，「一斉に同じ方向に市場取引が殺到する」ことによってドイツ国債の買い持ちが過剰なまでに集積されていたこと，の2点である．

こうした市場環境では，それほど巨額でもない売りが円滑に吸収されず，つ

---

30) 以下は倉都（2015）に依拠する．
31) これはドイツの長期金利の指標銘柄である「0.5％クーポン10年債」の満期償還価格を100円として試算して，価格が104円50銭から97円20銭までおよそ7円30銭下落したということで，100億円の国債を保有していたディーラーは，2週間余で7億円以上損失を被った計算になる．

まり市場流動性が低下していたため，暴落につながったというのである．かくて量的緩和政策の長期化は一方にリス感覚の麻痺による長期金利水準の低位安定化と同時に，それに表裏する形で，ひとたび政策の変換や財政規律への不信感などを契機に乱高下するリスクが顕現することが起こり得るのである．

補論　新金融商品のリスクと不安定性

ミンスキーにあっては，裁定利益を得る機会があれば，金融機関はそのために新機軸を発揮してでもそれを実現しようとするとされる．今次危機からの回復過程で量的金融緩和の持続は低金利とボラティリティ（VIX 指数）の低下をもたらした．それは少しでも高い利回りを求めて投資資金を流入させる「利回り狩り」を引き起こしたが，そうした過程には金融イノベーションによる新たな利益機会の創出も見られる．そしてそこには新たなリスクが伴うのである．こうして金融システムは，銀行業の持つ金融イノベーションによって新たなリスク－リターンのプロファイルを創出して，内生的に新たな金融ダイナミズムを生み出す．それは金融不安定性仮説に新たな課題を提起し，新たな金融規制を求める．こうした金融ダイナミズムが少しでも窺われる様子を，今次危機を経た後で新たに出てきた新金融商品を取り上げることで見ておこう．

(1)　トータル・リターン・スワップとスワップション

英『フィナンシャル・タイムズ』紙は 2014 年 8 月 20 日付の記事（'Dangers to system from derivatives' new boom'）で，すでに 2013 年 3 月の段階で，日本の銀行関係者たちの間で信用デリバティブの新たなブームが起き，それによって危機後に金融規制改革が進められたにもかかわらず，借入とデリバティブズに伴うリスクは一層増していると，あるヘッジファンドの創設者の警告を取り上げている．新たにブームを見ているのは信用デリバティブの特定のタイプである「トータル・リターン・スワップ（TRS）」(Total Rate of Return Swap) と「スワップション」(optons on indices made up CDS) であるが，それらは量的金融緩和政策によってもたらされた低金利とボラティリティの減衰 (moriboud volatility) という環境 (current climate) 下でも利益を生むものとし

て生み出されたものであり，(高）利回りに飢える（yield-hungry）投資家と新たな収入源を求めるウォール街の銀行家とが一緒になって創り出した．

　信用デリバティブとしてのTRSにおける「トータル・リターン」は，それを生み出す背後の資産の市場価値の変化（評価損益）をもカバーすることで，CDSが「保証」する範囲を広げ，もって保証提供者にそれだけ大きなリスクとリターンの機会を提供する[32]．TRSは，投資家をして（トータル・リターンの背後にある）参照資産（バスケット）——貸出債権や証券（国債，社債）——を保有することなく，特定の参照資産のパフォーマンスが生み出すキャッシュフロー（資産の増価があれば，それを含む）を取得させ，その代わりに短期金融市場からの借入でLIBORベースの市場金利を，それに，資産価格に下落（評価損）があれば，その減価分も一緒にして支払う（スワップする）ものである．こうしたスワップによって，トータル・リターンの提供者（保証の買い手）は，信用リスクのある債券を売却して安全な債券を購入しておくのと同じ経済効果が得られ，もってリスクを管理することができる．

　繰り返せば，当事者同士でやり取りされるのは，背後の資産の生み出すキャッシュフローのみでなく，それに加えて期間中に発生した評価損益である．「保険」の購入者はリスク資産を「手放す」（ヘッジする）とき，それが期間中に減価するようなものであったなら，ヘッジ行為によってその「減価分」を手にすることができる．逆に「増価」する，ないし評価益を生むようなものを手放したとなれば，そうした増価分を相手に渡さねばならない．したがってTRSはそれだけ——CDSと比べて——リスクが大きいデリバティブ取引なのである[33]．

---

[32]　トータル・リターンの受け手，すなわち保証の提供者（guarantor）は保険会社とヘッジファンドであり，それらは手元資金豊富で，ハイイールド債を含む債券からなるポートフォリオの管理者である．

[33]　TRSは「信用リスク管理」の手段としての用途を持つが，資金調達目的（funding purposes）のために用いると考えることもできる．それは背後の資産が企業への銀行貸出であるとき，その債権を売却することは取引先との関係を損ねることがある．そこでTSRを用いれば関係を損ねることなく，売却したのと実質上同様の結果を得ることができる．ここにTRSは，当該資産を担保にして資金調達するという「レポ」と実質上同様の機能を果たす．その意味で「synthetic repo instruments」として用いられるといえる．

TRS 取引に伴うリスクについて改めて見てみよう．信用デリバティブとして通常の信用リスクを負う．すなわち，スワップの期間中に背後の資産の信用リスクが顕現した場合，たとえば債券の発行会社（債務者 obligor）が倒産するとか，銀行貸付の借り手が返済不履行を起こすとかすれば，発生した損失や評価損を「保証の売り手」が支払うことになる．保証の買い手は，保有する社債ないし貸付債権の損失を売り手に移転することになっているのである．以上のような信用リスクに加えて TRS 戦略は市場リスクをも抱える．背後の資産（バスケット）の市場価値の変化，そして保証の買い手が相手に支払う市場金利の変化である．ここに，『フィナンシャル・タイムズ』誌の記事は次のように指摘する．市場は信用混乱を引き起こすには，もはやリーマン（ショック）級あるいはリーマンより軽量級の（Lehman-lite）イベント——そこでは何よりも，CDO など証券化商品自体が「ボラティリティの増大」とともに市場流動性を喪失するということがあった——でさえ要しない．単に金融市場の逼迫度を表す信用スプレッドの広がりか，あるいは背後の担保資産あるいは原資産の動きに相当なインパクトをもたらす金利の上昇があればよいのである．そして次のように加える．低いボラティリティと貧弱な（meager）収益という状況下で引き起こされるリスクとは，「複雑なデリバティブの使用がどんどん増えていくことによって，今後来る市場の大きな逆流（reversal）に一層輪をかける（compound）ところのものである」[34]．

『フィナンシャル・タイムズ』誌の記事を引き続き参考にして，新たな信用ブームをなすもう1つの商品，「スワップション」について簡潔に付記しよう．それは CDS 指数に結び付いたオプションで，投資家をしてポートフォリオが市場の大きな変動（「テールリスク」）にさらされるのを防御するものである．

---

34) 本文中で取り上げてきた『フィナンシャル・タイムズ』紙の記事においては，さらに「新たな TRS」として，「信用指数（credit indices）」あるいは「ボンド指数（bond indices）」を参照資産とするもの，さらには TRS を「権利行使価格」に持ってくるオプションなど新商品の創出と，その将来性に対する金融界の期待が言及されている．たとえば，bond indices に結び付いた TRS の額は今年で約 100 億ドルであり，この新しい TRS は，レバレッジド・ローンの指数と結びついて今後取引を促進するだろう，とされる．加えて，TRS は多くの ETFs（上場投資信託）において，オプションやその他デリバティブズとともに利回りを高くしたり，ポートフォリオの（リスク）ヘッジのために用いられている．

それは，金利スワップを原資産とし，将来の時点で金利スワップを開始する権利を売買するもので，将来のある時点で，スワップの固定金利を権利行使価格に用いることで，買い手はコストを確定しつつ，先々の変動金利の上昇リスクをヘッジするのに使う．他方売り手は利回り向上のために用いる．この CDS 指数のオプションは急激に増大しており，2005年には月次で20億ドルであったのに，いまや週当たり600億ドル以上が取引されている．そしてその急増の背景には OTC デリバティブであるため，集中的に（centrally）清算されることを要さないということがある．すなわち，「現在繁栄してい不透明（opaque）な商品（product）は決済どころか，取引記録もあまりない」とされる．ここに，取引の決済にあたって「カウンターパーティ・リスク」の問題が一層深刻になる．そのような問題をはらんだ「レバレッジおよびデリバティブのリスクがかつてないほど大きくなっている」と指摘するのである．

こうして同誌の記事の行き着く先は，現行の規制改革が，いま触れてきたように現在急激に重要性を高めている分野において欠落しており，ポイントを外しているということで，「規制当局は前回の金融危機の先兵と戦うことで，システム内における新たな危険領域を見逃しうる」と論じている．

(2) オプション取引を契機とした不安定化

以下では，デリバティブ取引が金融資本市場の混乱を増幅しうるメカニズムを見ておくこととしよう．以下の叙述は，日本経済新聞2014年10月22日付「スクランブル：デリバティブ波瀾増幅」（三反園哲治）に依拠する．

低金利のもとヘッジファンドなどが「利回り追求」に動く際，株価指数（現物株225銘柄で構成される日経平均）のオプション取引を用いる場合がある．株価指数のプットオプション（売る権利）の売り手になることで，プレミアムを稼ぐというものである．ただしそれは，VIX 指数の低下に現れるように株式市場の安定性が期待される下でのことである．株価が下がらない限りプットの権利が行使されないから，プレミアムをそのまま利益として取得できるのである．しかし，想定を超えた株安が生じると，どれほど大きく株価が下がろうとも高い権利行使価格で買い向かわねばならないから，プットの売り手は損失を被ることになる．しかもその場合，次のように先物取引が併せ用いられること

で，次のように金融市場に不安定化のメカニズムが作用する．

　株式市場が動揺しそうになると，プットを売ったヘッジファンドは損失拡大を避けようと，株価指数先物に売りを出す．まだ相対的に高い株価指数の段階で「売り」契約をしておけば，実際下がったとき，その下がった値段で指数を買って，売り契約の（高い）値段で売れば鞘をとれ，それでオプションでの損失を補填できるからである．しかし問題は，そうした指数先物を用いたリスクヘッジが，「現物株」の下げを加速することになることである．このロジックは次のように考えられる．まず株式相場の下げの局面では先物がいち早く下がる．それは，悪いニュースが突然に出たとき先物が真っ先に売られるからで，これは現物株を買い持ちしている機関投資家が，現物株の下げによる損失を先物の売りによる利益でカバーする目的で，先物を売る（「ヘッジ取引」といったこと，あるいは短期売買を得意とするヘッジファンドなどが，悪いニュースに便乗して仕掛け的に先物を売ってくるといったことから引き起こされる．これに対し現物株「225」銘柄の実需売りのスピードは，日経225先物という「1銘柄の低下スピードに遅れる」ことから，先物（日経225平均指数先物）と現物（日経225平均）との間に（理論的ベースを越える）価格差が生じ，それを利用して利益を得る裁定取引の機会が生まれる．つまり，割安になった先物を買い，割高の現物を売る（売り裁定取引）ということで，ここから，はじめに下がった先物に続いて現物も相場を下げていく（このとき，「先物主導」で日経平均が下がっていくように見える）．そしてさらに追加的に考慮されるべきことは，ヘッジファンド等が「利回りの追求」ということでプットオプションの売りを積み重ねてきているとき，相場の下げ局面で，（上述したように）プットの損失をカバーすべく売却される株価指数の先物の額はそれに照応して大きなものとなっていると考えられる．ここに先物の売り持ち高のもたらす効果は，先に見たように先物価格が下がることで生じた裁定取引を介して出てくる現物の売りに一層拍車をかけることになるということである．

　以上に描写されたことは，オプションを売って利回りを上積みしようとする投資行動が積み重なった結果，何かのきっかけでオプションが「地雷原」になり，株価の振れが大きくなるリスクが世界にはらまれていることである．こうしたオプションというデリバティブ取引に一因があったとみられる世界的な株

価の動揺は，本パラグラフの依拠する記事の書かれた 2014 年 10 月中旬に見られた．しかしそれは，米国のオプション動向を映す恐怖指数（VIX）が上昇気味とはいえ，まだ低位にある状況で起きたものに過ぎない．米国の量的金融緩和（QE）第 2 弾終了後には VIX 指数は 40 前後にまで上がったことを勘案すれば，今後市場がもっと緊迫し，投資家がろうばいする局面で，同様のメカニズムが働くとき混乱は一層大きなものとなることが懸念されるのである．

第2章
金融構造の脆弱性：ミンスキーおよび今次危機

1. 銀行ベースから市場ベースの金融システムへ

(1) 金融業におけるポジション形成手段の変化

　ミンスキーは，米国経済において60年代半ば以降，かなり規則的に現れた金融システムの脆弱性に，繰り返される金融危機に共通する本質的な側面を見ることができるとする．それは「頑健な金融構造から脆弱な金融構造」に移行・変質したことであり，1960年代後半以降，短期金融市場ないし銀行での「取付け」（信用危機）[1]を引き起こすことになったと述べる．金融危機は，第二次大戦後長年にわたった金融関係や制度の変化を積み重ねて生じた金融システムの長期的構造的特徴として理解されるとするのである．金融構造は長期間にわたる経済的拡張とブームの過程で変化し，これが累積することによって金融システムの安定領域を狭めるものとなっており，経済的拡張がしばらく続いた後にほんのちょっとした事態で生じた計画のズレが——必ずしも常軌を逸するほどの規模でなく，また長期にわたって生じなくても——契機となって急激な金融的反作用が生起しかねないというのである（Minsky 1982, 176頁）[2]．

---

1) 1966年の信用危機（CDの取付け），1970年のペン・セントラル鉄道の破綻，CPの清算不能，1974-75年のフランクリン・ナショナル銀行の破綻，1979-80年，1982-83年のオクラホマシティのペン・スクウェア銀行の失敗とメキシコ・ペソの急落，1984-85年のシカゴのコンチネンタル・イリノイ銀行の再建，アルゼンチンに対する再融資，オハイオとメリーランドの州保証貯蓄金融機関の崩壊や農業州で多発した銀行倒産．こうした金融機能障害の発生に対し，経済を安定させる上で連銀の最後の貸し手機能が発揮された．

金融構造の長期的変化の何が金融の安定性に影響を及ぼすのであろうか．ミンスキー自身によって「金融革新と金融不安定性および経済不安定性の関係に関する初期の議論である」と位置づけられる 1957 年の論文「中央銀行業務と貨幣市場の変容」（*QJE* に掲載，Minsky 1982, 第 7 章に所収）をはじめ，60 年代後半から 80 年代にかけて米国経済の経験した信用危機を取り上げた Minsky（1986, 第 3 および第 4 章）に依拠して見ていこう．それは 60 年代後半以降に生じた銀行の行動態様の変化，銀行業務の変化に着目する．企業の事業にとって不可欠な資産を調達するために現金を手に入れる行動を意味する「ポジション形成」の手段が，銀行において「資産側での操作」から「負債側での操作」へと移っていったことである．それまでは大量に保有した政府証券のディーリング（売り，買い）で現金の必要量を調節し，もって貸出需要に応じることが一般的であったのに，フェデラルファンド市場からの借入あるいは 1960 年代以降 CD 市場や CP 市場を通じての資金の取り入れがポジション形成の中核的な手段となった．銀行業務の「資産管理」から「負債管理」への展開である．

　こうした銀行業務の変質の背後には，非金融法人の余剰資金と相まって短期金融市場の発展があるが，それを可能にしたのが金融革新による「新種の資産や新しいタイプの金融機関」である．ミンスキーにあって銀行業とは「ダイナミックで革新的な利潤創出事業」（1986, 280 頁）であり，銀行や金融仲介機関は「負債の商人（merchants of debt）」として理解される存在で，貸付とは利潤に主導された革新的なビジネスと捉えられ，取得する資産と，資金調達のため市場で売り出す債務の双方で，新機軸を打ち出そうと躍起になっている（Minsky 1992, 同様な表現は，1986, 398 頁）ものと理解される．ここに「貨幣市場の進化的発展は新種の資産（今次危機に即して言えば CDO や CDS）や新しいタイプの金融機関（今次危機においては SIV，ABCP コンデュイット）の双方をもたらす」（1982, 258 頁，（　）内は引用者）．そして「支払い手段は既

2）　引用頁は邦訳版ページを示す．ただし，必要な場合は原著と訳書のページを併記した．その場合，原書を「p.」で，訳書を「頁」で表記した．なお，ミンスキーの著作であることが明らかな場合，引用に際して著者名（Minsky あるいはミンスキー）を記載しないことがある．訳文は邦訳に必ずしも拠っていない．

存の銀行の範囲内だけではなく，新しい形式の金融資産の発展，銀行外での私的信用の拡大などを通じて拡大される」(Kindleberger 1978)．ミンスキーにあっては「貨幣は銀行の債務として，投資と資本資産ストックのポジションがファイナンスされる過程の中から現れてくるのである」(1986, 282頁)．

60年代半ばころの銀行における財務省証券の過剰保有の消滅の背後には政府短期証券市場の発展があった．これは非金融法人が余剰資金をもち，金利構造が1954年以降高水準で推移すると，非金融法人は金融市場で成立している金利構造から有利な活用を求めることとなり，政府証券ディーラーとの間でレポ取引（買い戻し条件付証券売却取引）をするようになったことによる．新たな資金調達手段が，政府証券ディーラーによって採用されたことの背後には利潤主導の，いわばダイナミックな裁定メカニズムが働いたといえるであろう．「利子率上昇の効果は制度的枠組みそのものにフィードバックする，つまり利子率の上昇とともに，一般の事業を金融するための新たな手段や，現金資産に代わる新たな代替的手段を求めようとする要因が高まる．貨幣市場はきわめて競争的であるから，金利格差を裁定するための何らかの新しい方法が発見されれば必ず大きな見返りが得られる．したがって，このような新しいアイディアは必ず実現するようになる．それゆえ，競争的貨幣市場の存在は制度上の革新にとって好ましい環境を提供している」(Minsky 1982, 254頁)．1960年にチェース・ナショナル銀行が導入したCD（譲渡可能預金証書）は，60年代前期にはポジションの維持に必要な現金を調達するさいに銀行が好んで用いる方法となった．「1960年代にこの債務が急増したおかげで，銀行は銀行準備を基盤とする場合に比べてはるかにはやいスピードで貸付を増加することができた」(1986, 104頁)．そして60年代後期にはCPが新手段となった（1986, 108頁)．

こうしたポジション形成手段の変化を商業銀行のバランスシートから確認できる．商業銀行の政府証券の保有が傾向的に低下してきたということであり，主として合衆国政府証券から成る「優遇資産」に依存していた「平穏な成長期」(1946-65年）から，CDや連邦資金，レポなど市場調達資金が銀行負債の大きな割合を占める「混乱期」へと銀行のバランスシートは大きく変化している（Minsky 1982, 第2章)．商業銀行は主として優遇資産を所有し，それを要求払い預金で金融していたのが，優遇資産の所有は70年代末の時点で総負債と

の比率で見て20%以下に低下するとともに民間負債の所有が増え，それを要求払い預金以外の負債で金融するようになったのである．これを「コア負債」から「非コア負債」へのシフトとして捉えることができる．

　資産面での操作から負債面での操作へ，しかも預金（コア負債）に代えて市場性資金の調達（「非コア負債」）へとポジション形成手段が移行したことには「新しい」形態の貨幣——有価証券による貨幣の代替物——，さまざまなタイプの経済活動のための金融技術の発明が関係しているが，ここでわれわれは，新たな金融手段として機能する市場性債務（marketable instruments）も含めて金融債務がいかにして成立（存立）するのか，その立脚する金融条件を問うこととしよう．市場調達資金に対しては契約的支払いをせねばならず，しかもその支払い可能性は短期債務の場合とくに，金融市場の動向（金利や資産価格の不利な変動）に影響されるから，それはどのような金利構造の見通しの上に立っているかを問われることになる．あるいはまた，債務支払いのためにどれほどの流動性を保有あるいは創出しうるか——それは第4章の用語を使えば「市場流動性」，「資金流動性」にかかわる——が問題になる．

（2）　金融類型の識別

　以上の課題に対し，本章ではミンスキーが金利パターンに照応した金融類型を識別したことに注意することから始めよう．それぞれの金融類型の下で金融市場や金融証書がどのように機能し，存立してくるのか，そしてそれら債務が層をなすところの金融（支払い）のネットワークがいかなるものとして成立してくるかを論じる．留意されるのは，ミンスキーが頑健な金融構造をもつ経済において，脆弱な金融構造への内生的なシフトが引き起こされると論じたことである．ミンスキーは金融構造の脆弱性——金融市場の変動に対してバランスシートが債務不履行に陥る可能性——を問題にする際，金融構造について次のような3つの類型を識別する．「われわれのシステムの金融構造の中には，識別できる3種類の資産ポジションの金融形態が存在する．すなわち，ヘッジ金融，投機的金融，およびポンツィ金融である」（1986, 255頁）．ここで「ヘッジ金融」に従事している経済主体は，金融契約による支払いを取得資産からのリターンで（利鞘を得て）支払うことができ，キャッシュフローの受領額が期

待額を下回った場合にのみ，債務不履行の危機に陥りやすくなる．換言すれば，生産物市場や生産要素市場の展開（収入の低下，費用の上昇）次第で債務不履行の危機に陥ることはあっても，そうした事態に陥らない限り金融市場における金利上昇といった変化の影響から直接影響を受けない[3]．これに対し，投機的金融やポンツィ金融に従事する経済主体は，金融市場の展開が直接債務不履行の危機に関係しており，金利の上昇といった金融市場における諸条件の変化から影響を受ける（感応的である）．そのようなものとしての「投機的金融」あるいは「ポンツィ金融」に従事するとは，近い将来のある期間中の契約支払額が自己所有の資産によってもたらされる期待受取額を上回るという点で共通しているが，前者では少なくとも近い将来のある期間中に，所得勘定に属する契約現金支払額が所得勘定に属する期待現金受取額を上回るというものに過ぎず，期間全体での資産価値は負債価値を上回っているということである．したがって投機的経済主体の短期キャッシュフローは，資金調達費用が未払いの負債を増加させない程度に十分な額であるのに対し，ポンツィ金融に従事する経済主体の資金調達費用は所得を上回り——その超過分は利子で資本還元した額が債務構造に組み込まれて——，したがって負債残高は増加するのである．そのような投機的金融及びポンツィ金融に従事している債務者や銀行業者は，資金の借り換え，負債の増加，あるいは余分な金融資産ストックの処分によって，負債に対する支払い契約を履行するための資金を得ることを期待するものであることから，金融・資本市場での展開に債務の履行可能性が影響を受けるのである．

たとえばミンスキー（1986，第3章）はポンツィ金融の例示として70年代初めに隆盛を迎え，1974年に難局に陥ったREIT（不動産投資信託）を挙げている．それは不動産やモーゲージを所有し，建物の建設に融資できたが，他の金融業同様，借入資金（とくにCP）で仕事をするので，利潤は資産収益と債務返済コストとの差額から得られる．これによりREITの利潤と株価は，利子率の急騰により打撃を被りやすかったのである．それがポンツィ金融という類

---

[3] その意味することは，取得した資産からの不確実なリターンが金融契約の支払額に満たないとき，債務の履行のために金融市場での新規の借入や保有資産処分という形で金融市場の動向から影響を受けるということである．

型とされるゆえんは，建設中の間はキャッシュフローを入手できないが，短期債務への利払いをせねばならなかったからで，1973年には従来の負債構造にもまして短期的融資に頼る度合いを強める一方，事業全体に占める建設融資のウェイトが上昇し，一層「投機的」色彩を強めていた．そして1974年に，利子率の急上昇，建設工事の遅れ，新築アパートの超過供給で，REITの資本が危機に陥り，CPの売却も困難になったのである[4]．

はじめに「ヘッジ金融」を取り上げて，その金利パターンがどのようなものであり，そこにはらまれた利潤獲得機会がいかなるものかを見ていこう．ミンスキーは次のように述べる．過去から受け継がれた資産構造において貨幣や流動資産が大きな比重を占めているなら，あるいはまた，政府赤字が十分大きいなら，資本資産に対する経常支出に比して多額の準地代を生じさせることによって流動性が豊富であるといえる（1986, 261頁）．流動性が豊富な経済においては，それに照応した利子率構造は次のようなものとされる．安全な金融証書に対する**短期**利子率――支払い契約額を資本化する際に用いられる――は，資本の所有によってもたらされる収益――資本資産の準地代を資本化するさいに用いられる利子率――よりかなり低いし，民間の**長期**負債に対する利子と元金の支払額は資本資産がもたらすと期待される準地代より低い．さらに企業や金融機関の短期の貨幣代替的な（money-like）債務の利子率は，資本資産ポジションを獲得するための資金をヘッジ金融によって調達するさい使用される（used in hedge-financing positions in capital assets），より長期の債務の利子率より低いであろうということである（1986, p.235, 261頁）．流動性が豊富に存在していれば――したがってヘッジ金融が支配的な経済では――流動性に賦与される価値は低いから，流動的な短期債務を使って資本資産ポジションを獲得することで利潤機会が得られるということであり，それを実現させるような利子率構造が存在するということである（1986, p.234, 261頁）．ここにミンスキーは次のように述べる．「利子率構造のパターンがそのようなものである場合には，資本資産のポジションを長期および短期の負債によってスプレッドを

---

[4] REITの取付けは次のように現れる．1973年時点でREIT（不動産投資信託）は40億ドルのCPを保有していたが，33億ドルのCPが解約され，74年末の手形残高は7億ドルまで縮小した．

得て資金調達でき (make on the carry)，および長期金融資産のポジションを，短期の恐らくは流動的な負債での資金調達によってスプレッドを得ることができる」(1986, p.235, 261頁). こうした「利子率の構造 (interest rate structure) が，流動的な短期債務 (short-term liquid liabilities) を用いて資本資産ポジションを獲得することによって利潤機会を生じさせる」(1986, pp.234-5, 260頁) が，長期負債についても短期債務で借り換えることから利益が得られることに留意すれば，「流動的な短期債務を用いて資本資産ポジションを獲得することによって」「二重の利潤機会」(1986, p.235, 261頁) が存在すると言える.

そこで利潤志向 (profit-seeking) の銀行あるいは金融業者が，ヘッジ金融が支配的な経済においてそうした利潤機会を利用しようとすれば，投資や資本資産の保有を金融すべく，資本資産の潜在的な収益性と矛盾しない利子率で資金を借り入れ，「安く借り入れて高く貸し付ける」という資金貸借がなされる. こうした選択行動を通しての帰結は，「資産価格や利子率の構造が資本資産の保有や投資を融資することによって利益を上げるようなものである場合にはいつでも，銀行業者は融資活動を行うことができ，銀行業者が貨幣を調達するための金融証書 (financial instrument) が広範に存在する」(1986, 261頁) こととさせる. それは「資本主義は，利潤獲得機会を利用し尽くさずに残しておくことを嫌悪するので，利子率格差を利用し尽くす市場手段や慣習が発展する」(1986, 271頁) ことの現れであり，次のようにして，金融取引契約の精巧なネットワーク (an elaborate network of financial commitments)」(1986, p.219, 271頁) を成立させるものでもある. つまり，金融取引の各段階で——ヘッジ金融が支配的な経済では——金融証書の「短期化」を含むが，それは「資本資産と長期負債のポジションを融資するための手段のうち，ますます短期負債の比重を高めることによって，利潤を獲得する機会が，資金の借り手と銀行の双方に存在する」(1986, p.235, 261頁) からである. こうして種々の投資や資本資産の所有それぞれのリスク，したがって準地代に対応して金融証書が選択されるなら，そこには「金融証書の広範なスペクトラム (wide spectrum of financial instruments)」が存在することになる. それは「流動資産の階層構造 (a hierarchy of liquid assets)」(1986, p.219, 271頁)，「流動資産のピラミッド的構成」

(1982, 257 頁) としても捉えることができる．

ミンスキーは流動資産の階層構造の例示として次のような金融取引契約の連鎖を挙げる．「たとえば自動車の販売業者は在庫を保有するための資金を金融会社から借り入れ，金融会社は保険会社から資金を借り入れるために商業手形を使用し，保険会社は抵当の取得に関する未決済の取引契約を抱えているであろうといった具合である」(1986, 271 頁)．ミンスキーにあっては金融以外の法人企業も銀行の債務管理と同質の側面を多くもっていると理解されるのである．すなわち「複雑に絡み合う負債網のもとでは，短期債務を抱える事業体の日々の金融活動は，金融ポジションのファイナンスとリファイナンス，いわば「銀行と同じことを行う」ことにあるとみなすことができる」(1986, 50 頁)．

クレーゲルはミンスキーの不安定性仮説の中核にこうした「金融の重層化，階層化 (financial layering)」を置いている．すなわち「資本主義経済の金融システムは貨幣流入と貨幣支払いシステム約定の絡み合った連鎖である．どこかで流れが途切れるとシステムの他のすべてに衝撃を与える．これがミンスキーの言う金融の階層化である」(Kregel 2013, 5 頁)．

(3) 債務の流動性要素と金融構造の内生的脆弱化

各金融類型成立の金融条件を問うことの意義は，それら金融類型間で「内生的」にシフトが引き起こされることを見ることにある．「頑健な金融構造から脆弱な金融構造への移行が内生的に生じる」(1986, p.234, 260 頁) という問題である．ヘッジ金融が支配的となる流動性豊富な経済は，それに関係する (associate) 特定の金利構造を通して利潤機会が内在するために各経済主体は「投機的金融」へと誘われる．つまり，本来ならより高い金利パターンに適合するような金融類型が，ヘッジ金融が支配的な経済における金利構造を利用するならば，一層大きな利益（利鞘）を得ることが可能になる．ミンスキーは次のように述べる．「ヘッジ金融が優位を占めるシステムにおける利子率パターン（短期利子率のほうが長期利子率よりかなり低い）は，投機的な金融配置 (speculative arrangements) に乗り出すことによって利潤を稼ぐことができるような性質をもっている．資産ポジションが主としてヘッジ金融でなされているシステムに投機的な諸関係 (speculative relations) が割り込めば (intrude)，資産需

要が増加し，したがって資産価値が上昇する．すなわち資本利得が発生する．資本利得が発生し，またそのことが期待されているような金融体制は，投機的金融やポンツィ金融に従事することが有利な環境である」(1986, 260頁)．

同様の論旨を以下に引いておこう．「最初の頑健な金融構造の内部で経済がうまく機能すれば，時がたつにつれて，より脆弱な金融構造が発達する．ヘッジ金融が優位を占める状況は，内生的な諸力によって不安定なものになり，投機的金融およびポンツィ金融の比重が増すにつれて，内生的な不均衡要因が大きくなるであろう」(1986, 264頁)．あるいはまた，「かなりの期間にわたって，重大な金融危機が生じなければ，長期の資産ポジションを獲得するための資金のうちますます多くの部分を短期金融によって調達することが日常茶飯事になる，多幸症的（euphoric）な経済が発展するようになる」(1986, 263-4頁)．

以上から，ミンスキーの「内生的」金融不安定性のメカニズムは次のように提示される．流動性が豊富に存在する経済では，金融市場の内部には，その低い（短期）利子率パターン——短期利子率の方が長期利子率よりかなり低い——を利用して「投機的な金融取り決め」に乗り出す（intrude），つまり一層リスクをとる——資金の引き揚げに遭って流動性逼迫に陥るリスクをとる——ことで一層多くの利潤を稼ぎ，平穏に進む経済を過熱した投資ブームに導くところの「内生的な推進力」が働く．ここに「頑健な金融構造（robust financial structure）の内部に利潤機会が存在するために，頑健な金融構造から脆弱な金融構造への移行が内生的に生じる」(1986, p.234, 260頁)．

さて以上の金融構造の内生的な脆弱化において留意されることは，ミンスキーがポジション形成を「負債によって金融する」ことに「投機」の要素を見ていることである．すなわち，「資本資産の需要はその期待利潤によって決定される」のに対し，「資本資産や金融資産のポジションの負債による金融が可能な経済においては，非可逆的な（irreducible）投機的な要素が存在する」(1986, p.198, 218頁)とする．その意味するところは「ポジションの負債による金融の程度とそのような金融で使用される証券は，将来のキャッシュフローと金融市場の条件に関して投機することについて実業家と銀行業者の乗り気になる度合い（willingness）を反映している」(1986, pp.198-9, 218頁)ということである．このことが，資金調達に際して，あるいは債務の履行について（一

般的交換手段としての）流動性取得の容易さについての評価がクリティカルな役割を果たすこととしている．それは市場性債務のような——銀行借入と識別される——負債の「流動性要素（liquidity component of liabilities）」あるいは（主観的な）「流動性プレミアム」が固有に問題になるということである（1986, 265, 308, 310 頁）．ここにミンスキーは次のように論じる．

「経済が好調に機能している期間では，流動性の価値は減少し，したがってより積極的な金融業務が受け入れられるようになる」（1986, 310 頁）．「完全雇用が達成され，維持されるときはいつでも，成功によって元気付けられた（heartened）実業家や銀行業者は，以前より多くの負債による金融を受け容れる傾向を持つ」（1986, p.199, 218 頁）．そこでは金融革新による新しい形態の貨幣や貨幣の代替物の受け入れも含まれるのであり，「静穏な経済拡張の時期には，利潤を追求する金融諸機関は，「新しい形態」の貨幣，ポートフォリオ中の貨幣の代替物，および様々なタイプの経済活動のための金融技術を発明したりする」（同上）．しかも留意されることは，「金融革新が……受け入れられるか否かは，保有貨幣に具現されている流動性プレミアムの主観的評価がささやかなりといえども，減少するか否かに依存している．……経済が好調に機能している期間では，流動性の価値は減少し，したがってより積極的な金融業務が受け入れられるようになる．銀行，非銀行金融機関，およびその他の金融市場組織は，新たな債務を実験することができるし，レバレッジ（総資産／自己資本比率）を高めることができる．このような状況においては，融資にかなり積極的になっている金融機関からの資金供給が容易に利用可能となり，それが資本資産価格を引き上げ，そして資本資産ポジションや投資の短期（つまり投機的な）金融を誘発する」（1986, 310 頁）．

以上において，経済過程のダイナミズムに果たす「流動性プレミアム」の役割が留意されたが，ポジション形成とそれに対する資金調達の関係を「利鞘獲得モデル」として捉えることが可能であり，そのときそうしたモデルの成立可能性（viability）は次のように示される．「われわれの複雑な金融構造はさまざまな金融機関から成り立ち，これらの機関は自身の株式に対してレバレッジを行い，そして通常は利鞘を稼ぐ．つまり資産収益よりも低率で借入を行っているのである．このことは，それら**債務が資産よりもケインズの流動性プレミア**

ムを多く具有（embody）しているものとみなされねばならないということである．もし金融的困難（financial difficulties）に陥る蓋然性が排除されるなら，そのような金融機関は，彼らの現金収入によって債務契約の履行が可能である期間を通して，自らの債務の流動性を低下させることなく資産／正味資産比率（レバレッジ）を引き上げる」(1986, 308 頁，太字は引用者)．

利鞘獲得モデルの成立可能性に対し，その破綻を描こうとすれば，先に見たのと照応してやはりポジション形成の「負債面」に照準を当てることとなる．それはミンスキーにおいて，以下で触れるように「債務の流動性要素の（不利な）再評価」，つまり債務の市場価値（市場での売却価格）を問題にすることになる．かくて，ミンスキーの不安定性仮説あるいは金融構造の脆弱性の提示は，資産価格変動における債務の「流動性要素」あるいは「流動性プレミアム」の役割を位置づけるものと理解できる．論点を端的に言えば，「市場性債務」による支払い手段たる「流動性」の取得能力が，金融市場の繁閑あるいは逼迫状況次第で低下するという問題であり，たとえば短期債務は期限到来によって貸し手が当該債務を引き揚げれば流動性としての価値を喪失してしまうし，背後の担保資産が下落すると（市場及び資金双方の）流動性を低下させてしまうという問題をはらんでいる．それはミンスキーにあって市場性債務の「流動性要素」が不利な再評価を受ける問題として捉えられている．すなわち「企業および金融機関が公開市場手形（たとえば商業手形）への依存度を高める（もって投機的金融で金融構造の脆弱化が起こっている）と，資本資産および株式の価格は，そのような債務の流動性要素が不利な再評価を受けることから影響を受けやすい（vulnerable）ものとなる．そうした再評価は公開市場利子率を引き上げ，それゆえ金融機関の利鞘獲得（make on the carry）能力を減じる」(1986, p.277, 308-9 頁，（　）内は引用者）と論じられる．そうした流動性要素の再評価あるいは価値下落は，一般的交換手段たる「（真の）流動性」の価値と対置されるところのものであり，そうであれば流動性水準との相対関係（希薄化）によって影響されると考えられる．以下ではこの論点を取り上げていこう．

(4) 市場性資金の調達と流動性の希薄化

　流動性プレミアムの急騰あるいは債務の流動性要素の不利な再評価，あるいは資産価格の急落がいかにして引き起こされるのか，そこには「流動性水準の低下」あるいは流動性の「希薄化」が関係しているとミンスキーでは考えられている．ミンスキーは「流動性水準」の大きさがいかに捉えられるか，それが金利や資産価格の変動にどのように関係してくるかを次のように説明する．「一般の事業あるいは金融資産の取得のための資金調達手段として新しいものを出現させるとか，現金資産に代わる新しい代替的運用手段を生み出すとかの制度上の革新は，経済全体の流動性水準を下げる．貨幣量が変化しなくても，商業銀行のポートフォリオにおいて政府証券が民間債務に代替されるような場合には，経済全体の流動性水準は低下する」（1982, 256頁）．この説明は先に見たレポ取引の利用に際しても適用される．「非金融法人が現金に代えて政府証券を保有するとか，あるいは政府証券に代えて政府証券ディーラーの負債を保有する場合にも，流動性水準は低下するということができる」（1982, 257頁）．以上のことをミンスキーは次のように説明する．レポのような市場性債務が創出され，それが新たな資金調達手段として機能するなら，それまで商業銀行を通じて債券ディーラーに向けられていた準備預金は他に追加的に向けられることが可能である．それだけ貸出は活発化し，経済活動を刺激する．それは一般的交換手段としての流動性（現金プラス預金通貨）が経済における事業活動規模に対し相対的に縮小（希薄化）したということである．換言すれば「制度上の革新によって貨幣市場において流通速度の上昇を促す効果や流動性を削減する効果が生じるとき，「一定量」の準備預金に対してみると，より多くの「預金残高」が維持され，「一定量」の要求払い預金に対してはより多くの貸出が行われており，銀行組織によって金融しうる事業活動の規模が拡大している」（1982, 257頁）のである．以上のような銀行調達に代わる市場調達を広義の[5]「証券化」として理解し，市場性資金を用いた流動性調達の特質をミンスキーは次のように捉える．「銀行準備を超えて資金調達が可能になるのであり，そ

---

　[5]　「証券化」が本来的には米国のモーゲージ市場で始まったと理解される（Minsky 1987, p.3）なら，銀行準備に依らずに市場性債務による資金調達は「広義」の証券化といえるであろう．

れは信用創造に当たって，銀行の（自己）資本に頼ることもないし，銀行準備を吸収することもない——ただし信用の初期段階では資本と準備預金の双方を吸収しうるとしても」(1987, p.4).

次いでミンスキーは，こうした流動性水準の低下あるいは「希薄化」の下で資産価格の変動がそれだけ大きくなり，もってシステミック・リスクにもつながりうることを論じる．先に取り上げた政府証券ディーラーが（商業銀行からの借入に代えて）レポ資金によって資金調達する場合で見てみよう．これまで政府証券を売買して必要な現金を調節していたときには，商業銀行のポートフォリオには政府証券が潤沢にあった．それがいまや商業銀行のポートフォリオ（資産側）から政府証券保有は減少し，それに対応して負債側では新たに連銀借入や譲渡可能 CD が加わっている．政府証券ディーラーでもポジション形成を新型債務のレポ取引に依ることで，それ以前はポートフォリオに保有されたままであった政府証券が，レポ資金が負債に加わるのに応じて非金融法人のポートフォリオに移っている．非金融法人でもそれまでの現預金あるいは政府証券の保有がレポ資金（政府証券ディーラーの負債）にとって代わられている．したがって商業銀行も，政府証券ディーラーも，非金融法人も，それぞれのポートフォリオにおいてそれまでの（高い流動性を持つ）保有資産が減少するか，それら資産より低い流動性を持つ資産に置き換えられているのである．留意されることは，ミンスキーがこうした流動性水準の低下について，「流動性資産のピラミッド的構成のこのような変化は経済全体にとってリスクが増大することを意味している」(1982, 257 頁) と論じたことである．

以上に述べた意味で流動性水準の低下あるいは希薄化が起こっている下で，政府証券ディーラーが依拠した市場性債務たるレポ資金の引き揚げはいかなるインパクトを引き起こすであろうか．ここでわれわれは，レポ資金の引き揚げのインパクトを見ることで，先に言及した市場性資金としての「商業手形への依存度上昇」が「債務の流動性要素の不利な再評価」を引き起こし，もってシステム全体に及びうるインパクトを理解しようとする．

それでは，2 つのタイプの流動性の識別に立って，ポジション形成が市場性債務に依存する度合いが大きい経済において，市場調達資金が当該債務の価格変動を介してシステムの安定性に及ぼすメカニズムはいかに描写されるであろ

うか，ミンスキーはこれについて次のように論じる．「非金融法人が流動性をより多く欲してレポの資金を呼び戻すならば，政府証券ディーラーは必ず商業銀行からの借入に追い込まれる．しかるに現在の金利構造の元でこのような事態が発生すれば[6]，政府証券ディーラーのポジション保有は危機に陥らざるをえない．しかも以下の理由から金利は急速に上昇することにもなる．連銀が政府証券ディーラーを支えるなり，TB を購入して価格を支えるということをしなければ，非金融法人がレポ資金を取り戻すようなときには，保有しているTB 残高も売却によって減少させようとするからである」(1982, 251-2 頁).

以上から窺われることは，市場調達資金への依存が増大するような，そして投機的金融やポンツィ金融が支配的な経済における流動性水準の低下が「流動資産のピラミッド的構成（の変化）」を通じて引き起こすインパクトは，レポ資金の場合，流動性の必要が生じた非金融法人が保有する政府証券の売却（保有資産の処分）とも相まって，担保資産たる政府証券の価格下落，金利の上昇を引き起こし，もって政府証券ディーラーのポジション保有を困難に陥らせる（デレバレッジ）ということである．この問題はシステム全体の危機にもかかわり，次項で改めて見ていこう．

ここであらためて確認されることは，先に見てきた銀行，家計，および企業の流動性低下には 2 つの属性が伴われるということであって，それは，流動性低下に伴う経済全体のリスクについての理解を助ける．「1 つは負債－正味資産比率が上昇していること．もう 1 つは貨幣市場資産（money-market assets）の価格が崩落しやすくなっていることである．流動性低下がもたらすこの 2 つの属性は互いに他を強め，もって支払い不能と流動性不足に陥る可能性を同時に高める」(1982, p.185, 258 頁)．市場性資金に対する依存が負債／正味資産比率で表された「レバレッジ比率」（Minsky 1982, 221 頁）を各層で高めるとき，ある主体の流動性に対する需要の増加あるいは逼迫が，保有資産の売却，短期債務のロールオーバーの拒否（提供した資金の償還請求）に端を発して他の主体のデレバレッジ，金利の上昇，資産価格の下落を通じて経済全体の流動性逼

---

[6] これは次のことを意味している．「1956 年の半ばにおいて，商業銀行が政府証券ディーラーに要求した利子率は 3.25％から 3.50％の範囲にあり，「罰則的に」高い利子率であった（TB 利回りより約 1％高い）」(Minsky 1982, 248 頁).

迫を起こす可能性が高まるということである．市場性資金の調達を先に触れたように広義の「証券化」として捉えるとして，ミンスキーは証券化の特性を次に見ている．「証券化は，金融構造のうち，中央銀行が保護を約束する部分の比重を低下させる．（MMFなど）自らの資産の市場価値を保全することを約束する証券の保有者は，金利が上昇すると保有ポジションを売却してポジションメーキングする必要から，当該証券の価格を急落させることがありうる」（Minsky 1987, p.4）．

(5) 流動性資産のピラミッド的構成を通じた伝染作用

前項においてポジション形成の市場調達資金への依存が「流動性を希薄化」させて資産価格の急落を引き起こしうることを述べたが，それが「流動資産のピラミッド的構成」を介してシステム全体の危機に至るかどうかを問うてみよう．先に見たところでは，政府証券ディーラーは非金融法人との間でレポ取引により資金調達することで，それ以前の商業銀行からの借入による場合に比してバランスシート上で各市場参加者は流動性水準を低下させ，経済全体でも流動性を希薄化させるということであった．こうしたバランスシートの変化，あるいは端的に言えば「流動性資産のピラミッド的構成の変化」の下で経済全体のリスクが増大するとミンスキーは論じた．すなわち「その結果，流動性の希薄化が経済のさまざまの領域で重なり合って表面化する．このような重畳的な流動性減少は，貨幣市場をやがて本質的に不安定なものに転ずる．このとき繁栄にいささかのかげりでも見えれば，それは金融恐慌の引き金にさえなりうる」（1982, 257頁）と述べ，次のような伝染メカニズムに言及したのである．「最も中心的な非金融法人が支払い不能に陥ったり，あるいは一時的であっても流動性を欠くような状態になると，それは連鎖的な反作用を通じて経済全体の支払い能力や流動性に深刻な影響を及ぼしうるからである」（1982, 257頁）．

この実際例は，前項でレポ資金を非金融法人から調達した政府証券ディーラーが，非金融法人から資金の償還を請求されたとき，その時の金利構造から流動性逼迫に陥ったことに見たが，それを市場性債務が層をなしている下で一般化していえば，次のような議論が提示される．それは，発行された債務が，金利上昇によって価値を低下させる，つまり「債務の流動性要素が不利な再評

価を受ける」ことにより，その債務を引き受けた投資家たち（MMF を考えよう）のバランスシートを悪化させることにより，悪影響がさまざまの組織に感染していくというものである．「流動資産（たとえば CP）を生み出す金融諸機関は，しばしば投機的金融に従事するので，これらの諸機関が支払う利子率が上昇すると，（市場性債務を発行できたとして，その発行代金を用いて取得した資産からの将来の稼得額あるいはキャッシュフローを資本化して得る）資産価値が低下し，資産がもたらす利潤（profit on the carry）が減少するか消滅することにより，これらの諸機関の純市場価値（純資産）の低下が引き起こされる．利子率の上昇に直面して（自らが従事している）投機的金融が圧迫されることを金融仲介機関はしばしば敏感に感じ取り，ポジション形成に当たっての（自らの）能力の低下（自らが発行した債務の履行や新たなポジション形成のための新債務を発行しうる能力の低下，保有資産の売却によって流動性を得ようとすることの困難）は，それら金融仲介機関の債務の所有者のバランス・シートに悪影響を及ぼす．悪影響がさまざまな組織に次々伝染していく（contagion）潜在的な可能性が存在する」(1986, p.244, 272 頁, （ ）内は引用者).

　以上の，システミック・リスクあるいは経済全体の観点から言及された「伝染」は次のような形で捉えられている．価値を低下させた資産——その発行者にとっては「債務（liability）」——をバランスシートに保有している主体が悪影響（損失）を被るということで，これはポートフォリオの連関あるいは債権債務関係を介した連鎖効果といえる．こうした「負の伝播作用」は今次危機の文脈で言えば，ABCP が証券化商品（CDO）を裏付けに発行され，その原資産たるモーゲージ関連のローンあるいは証券の価値が毀損することで，次のような資産価格下落の伝染効果に現れる．すなわち，ABCP を投資対象としたファンド（MMF）が損失を被る，あるいは価値の下落した CDO を資産として保有する，あるいは担保に受け入れた主体が損失を被るということで，資産価格の下落を介して，保有資産の売却による下落も加わっていっそうの資産価格の下落が引き起こされること（「金銭的外部性」）である．しかし伝染効果は以上のポートフォリオの連関を介した「直接的」伝染のみならず，それら直接的な関係を欠く「間接的」な伝染としても作用する．今次危機を含め，伝染効果としては「間接的伝染」がシステミック・リスクに対し，より重要な役割を果た

すことが指摘されているのであり，本章の以下では，今次危機に関してそうした伝染がいかに引き起こされるかに留意していくであろう．そしてミンスキーにおけるシステミック・リスク理解については，「金融の重層化」を介した伝染効果に併せ，金融システムが「階層化され」たとする理解が重要なのであり，それが次章で展開される．

ここでは次のことを指摘して本章前半を閉じよう．それは，「流動資産のピラミッド的構成」を通じて，あるいはポートフォリオの連関を通じて伝染が引き起こされることによる危機理解は，個々の市場参加者が信用リスクを顕現させる，換言すればファンダメンタル要因から債務超過になるという「構造型モデル」による理解とは対置されるアプローチに立つことである．本書の他の諸章で論じられるように，資本市場中心の金融システムにおいては，直接，間接の伝染現象がシステミック・リスクに寄与する．そこに働くメカニズムは，「企業に特有」のものというよりははるかに，マクロ的な不安定化要因（macroprudential）から引き起こされるということである」（Tarullo 2013, p.8）．このことは金融規制にもかかわり，「ミクロ・プルーデンス」に代えて「マクロ・プルーデンス」を固有に必要とすることを含意する．

2. 今次危機における金融構造の脆弱性

(1) 短期ホールセール・ファンディングによるポジション形成

本章の後半部においては，前節で提示されたミンスキーの金融構造の脆弱性理解が，あるいはその構築素材が，今次金融危機の理解にどのような意味で妥当し，適用可能性を持つかを示そう．そのエッセンシャルな構築素材を挙げながら，それらが今次危機にあって妥当するか，あるいはどのように一層精緻化された形で展開を見るかに触れよう．もし妥当性や適用可能性が示せるなら，ミンスキーは以上に提示された議論および次章をもって，リーマンショックに先立つおよそ四半世紀も前に今次危機の勃発を洞察しえたといえるであろう．ミンスキーの不安定性理解のもっとも中枢的な構築素材は，金融機関にとって金融資産投資あるいは資本資産のポジション形成手段が資産サイドから負債サイドへ，しかも（預金取扱銀行におけるリテール預金から非コア債務へのシフ

トを含み）市場性資金にシフトしたということである[7]．これについては，投資銀行，SIV 等の投資ビークル，ヘッジファンド等の非銀行金融機関――それらは「シャドーバンキング・システム」[8] を構成する――が，その資金調達の多くを短期の市場性資金に依存していたことに現れる．具体的には，債券を担保にした短期の資金調達手段であるレポ取引や，CDO を担保にした資産担保コマーシャル・ペーパー（ABCP），そしてセキュリティ・レンディングが挙げられる（みずほ総研 2014, 11 頁）．なおここで付記しておかねばならない――そして次章でも触れられる――のは，そうした短期の市場性資金に依存する金融機関というとき，商業銀行や保険，年金等の機関投資家は除かれることである[9]．

　実際，米国の独立系投資銀行について見るなら，レポを中心とする短期の有担保ファイナンスに依存し，金融資産の多くの部分をそれによって資金調達していた．証券会社についても在庫証券のファンディングのためにクリアリング・バンクが介在するトライパーティ・レポを利用するほか，「リハイポセケーション（rehypothecation 再担保）」によって，プライム・ブローカレッジにおいて顧客（ヘッジファンド）から差し入れられた担保を自己のために利用してトライパーティ・レポで資金を調達した．他方，資金の貸し手としては MMF（money market funds）が多くの割合を占め，また「セキュリティ・レンダー」――年金基金や投資信託，ヘッジファンド，保険会社からなる――も担保として受け取った現金を投資するためにトライパーティ・レポを利用することがあり，MMF とセキュリティ・レンダーでレポ資金の貸し手の大半を占めてい

---

[7]　以下で論点を辿るに際しては，金融危機を通して明らかになった問題をシャドーバンキングに焦点を当ててサーベイした小立（2013）から益するところがあった．

[8]　その参加者は以下が挙げられる．保険会社やブローカー・ディーラー（証券会社），ヘッジファンド，マネーマーケット・ファンド，投資信託および年金基金，ストラクチャード・インベストメント・ビークル（SIV），導管体などである（Acharya and Richardoson, eds. 2009, 210 頁）．

[9]　このために「シャドーバンキング」と短期ホールセール・ファンディングに依存する金融機関とは一致しない．こうした「不一致」もあり，われわれは次章で「レバレッジ部門」と「非レバレッジ部門」とを識別するが，それは貸し手と借り手の双方をかねているか，あるいは「貸し手の立場のみ」であるかの違いに立脚するものである．しかし「商業銀行」については注釈がつけられる（次章参照）．

た[10]．

　こうした市場調達資金市場を特徴づけたのは，資金の出し手として MMF 等「機関投資家」が主要な役割を担ったことである．ここに投資銀行であれ投資ファンドであれ，シャドーバンキングの参加者の市場性資金の調達は，こうした機関投資家向けの資本市場からの調達であり「ホールセール・ファンディング」として理解されるものである．裏返していえば，家計貯蓄の管理人（guardian）として機関投資家（MMF）が短期金融市場債務の購入者（投資家）になったということで，非金融企業やこれら機関投資家は多額のキャッシュを保有することから預金類似の商品を必要としたのであり，そうして投下された資金が短期金融市場で O/N やターム物の流動性を提供する役割を担った．資金調達する側の投資銀行をはじめとしたシャドーバンキングの側も，安全で制度化の進んだホールセール市場でのファンディングを選好し，もって双方が相まってシャドーバンキング・システムの発展があった．しかし，こうした短期ホールセール・ファンディングに依存した資金調達には，個人投資家に対置される機関投資家特有の選択行動が引き起こす急激な資金の引き揚げという流動性リスクが伴われたのである．

　第 2 の構築素材として，市場性債務による資金調達が短期化することで，利鞘を稼ぐビジネスモデルは満期変換，流動性変換のリスクを抱えることになることが挙げられる．短期のホールセール・ファンディングにおいてそれがいかに現れるかを，レポ取引を例に見よう．トライパーティ・レポの場合，投資銀行は資金繰りをクリアリングバンクの「日中与信」に依存する（小立 2013, 19-20 頁）．レポの決済に当たっては資金の貸し手と借り手間で資金と担保証券の移管がなされ取引（ポジション）が解消（「アンワインド（unwind）」）されるが，この慣行下では投資家に資金を返還する時間と新たなレポの取引成立・決済により新たに資金が得られる時点との間で資金ショートが発生する．そこで投資銀行はクリアリングバンク――この事業では JP モルガンとバンク・オブ・ニューヨーク・メロンが優位にあった――から日中与信を受ける必要があ

10）セキュリティ・レンダーは，受け入れた現金担保の投資に当たり，レポ，預金での運用のほか，利回りが高い――したがって価格変動リスクと流動性リスクのある――，たとえば非エージェンシー MBS に投資を行うこともある（小立 2013, 20 頁）．

る．トライパーティ・レポの市場規模は膨大で，最盛期には残高がおそらく2兆7500億ドルにものぼっていたとされる（Paulson 2010, 132頁）．問題はそのほとんどが翌日物レポで，即座に引き揚げられるおそれのある資金を拠り所にしていたことである．「リーマンはレポ市場で2300億ドルもの翌日物資金を調達していた．瞬時に引き揚げられかねない短期資金への依存度が極端に高かった．幅広い信用崩壊が起きて資金の逃げ足が早まれば，リーマンはたちどころに倒れそうだった」（同上, 242頁）．

　ミンスキーは，複雑に絡み合う負債網のもとでは短期債務を抱える事業体の日々の金融活動が，資金ポジションのファイナンスとリファイナンス，いわば「銀行と同じことを行う」（1986, 50頁）ことにあると述べたが，投資銀行の生存可能性は，資産の在庫の価値とそれら資産を多少とも連続的な短期ベースで借り換えていく（refinance）ことができるかどうかに依存していたのである．実際，コンデュイットやSIVは短期証券を発行する一方，それよりも期間の長い資産を保有することで大規模に満期変換していた．そして投資銀行も長期資産に対する短期ファンディングを拡大し，翌日物（O/N）を中心にレポを急増させた．これら機関における利鞘獲得のモデルは，短期債務を利用して得た資金を長期資産に運用することにあり，満期変換および流動性変換における資産サイドと負債サイドの不一致から，投資家による償還請求により急速に流動性が不足，喪失するという事態が発生する．利鞘獲得機会は金融・資本市場の動向に感応的になり，金利の上昇は流動性を逼迫させ，資産価格の下落は担保資産の価値下落を通してマージンコールによって流動性を逼迫させる．

　こうした流動性リスクがはらまれながらも，短期債務を利用して得た資金を長期資産に運用することに依拠した利鞘獲得モデルは，「体系の安定性が資産価格の「上昇（appreciation）」に依存する」（Levy Economics Institute 2012）ものと理解できる．換言すれば，そうした資産価格の「増価」を見込み（「信念」を有して），それに「賭ける」ところの「投機的金融類型」として存立可能である．J. イエレン（2009）も次のように指摘する．「投資家は短期の，時にそれはオーバーナイトの債務によって資金調達することで流動性を犠牲にしてレバレッジを増やし，収益を引き上げようとした，それは実際，投機的あるいはポンツィ金融主体となっている」．それをミンスキーは次のように提示する．

「金融的な諸関係は，短期負債を借り替えるための資金が利用可能になるであろうとの「信念」――および実績（performance）による信念の強化――にその正常な機能が依存するという曲芸（juggling acts）として特徴付けられる」(1986, p.219, 272頁)．

(2) 虚構の流動性と流動性の希薄化

　以上の制度的進展とともに用いられるようになった市場性債務が有する「流動性要素」について本項でも今次危機に関連して言及しておこう．信用仲介の資金源として「預金」の重要性が低下する中で短期金融市場の発展があり，それによって銀行システムと同様の満期変換機能が提供される．その中でとりわけ，MMF（money market mutual funds）[11] は伝統的貨幣市場に代わって現金と等価の債務（instruments）とみなされてきた．安全性が高く，翌日には換金できるということで流動性が高く，1口あたりの純資産価値（NAV）は1ドルを割り込まないとの信念のもとに米国の消費者によって銀行預金代わりに保有されていた．そのMMMFが有する流動性は，名目価値で固定された――1口当たり1ドルの純資産価値を持つ――持分権（shares）にあるが，それが高い流動性要素を持つと見做されるのは，原則として政府債やそれに準じる債券に投下されることによる安全性にある．併せてより高い利回りを実現するために高格付けのCPにも投資するものである．

　ミンスキーはMMFの保有「資産」――現金と要求払いはごくわずかで有期預金が79年時点で14.2％を占め，そして政府証券と公開市場金融資産で24.1％――とその発行「負債」に注目し，次のように述べる．「MMFを発行する金融機関は銀行であり，その負債は「貨幣」であると認識せざるを得ない」(1982, 120頁)，と．しかしMMFが，預金・通貨の代替物といえるのは，流動性としての価値が維持される限りという条件下でのことである．その条件を充たせないとき，MMFのような新たな支払い手段は「虚構」の流動性にとどまる．実際，2008年にリーマンの破産とAIGの窮状悪化を受けて，不安に駆られた投資家がMMMFから資金を引き揚げ，米国債の購入に走ることが起こ

---

[11] アメリカのMMFは1100銘柄を超えており，運用資産は総額3兆8000億ドル，個人の所有者は推定3000万人超とされる（Paulson 2010, 562頁）．

ったとき，MMMF は「元本割れ」を起こし[12]，MMF の流動性としての価値が低下した．解約依頼が殺到すると，資金需要のかなりの部分を MMF に頼る大手の金融機関は資金の引き揚げに直面する事態に至った．

　留意されるのは，流動性要素において預金と同様に見なされた MMF の負債（投資信託財産）が実際は流動性としての価値を毀損しうることであった．そうした事態は，MMF が投資対象とした資産（ABCP を含む）の ABCP や CD などの発行主体が債務不履行に陥るリスクをはらむことにあった．この点では，シャドーバンキングの参加者が主要な資金調達手段としたレポや ABCP の価値棄損についても同様のことがいえる．すなわち，当該債務の発行主体の支払い能力が低下することが懸念されるとき，その債務の流動性要素，つまり市場での売却により流動性を獲得しうる能力は低下する．ここからミンスキーは，債務不履行を免れるよう安全装置が備わっている貨幣システム——銀行の自己資本，中央銀行窓口を通してなされる借り換え金融の確立した方式（中央銀行の LLR 機能），預金保険制度——とそれを欠くシステムとを識別し，「二層構成の貨幣システム two-tier monetary system を持つことになった」（1982, 121 頁）と述べた．あるいはクレーゲルらミンスキーの後継者たちは流動性の供給主体について 2 つに分け，その発行する債務の流動性特性について「真の流動性（the liability of a deposit-creating bank）」と「虚構の流動性（fictitious liquidity）」を識別した（Levy Economics Institute 2012）[13]．前者は銀行準備に基づき，硬貨や通貨と交換可能性を持つ完全な代替物であるのに対し，後者は以下で取り上げるように，その発行主体の支払い能力が低下する，あるいはその懸念を生じさせる要因が働き，市場で売却されて流動化される際，価値を低下させうる．これらは次章で「階層化された金融システム」を論じる際に，2 つの異なる流動性供給の主体を識別することによって詳述される．本章の文脈で言及されるのは，レポや ABCP など「虚構の流動性」に陥るリスクをは

---

[12]　2008 年 9 月，「リザーブ・プライマリー・ファンド」はリーマンが破産したとき，同社の短期社債 7 億 8500 万ドル相当を保有していた（運用資産は 630 億ドル）．月末には契約者からの解約依頼が殺到し，ファンドが公表している基準価額からも元本割れが確認できた（Paulson 2010, 305-6 頁）．

[13]　これらはそれぞれ「公的（official）流動性」と「私的（private）流動性」として対置されることがある（BIS 2011）．

らむ市場性債務に対する依存度を高め，「レバレッジ」を高めた金融システムは「流動性の希薄化」をもたらしていることである．それは先に指摘されたところであるが，ひとたび市場性債務への依存を持続させた金融条件が変化する（資産価格の低下）と，短期の市場調達資金の引き揚げ（投下資金の償還）によって流動性の逼迫が引き起こされ，保有資産の売却（ポジション縮小，デレバレッジ）から資産価格の一層の低下を生じさせるが，「流動性の希薄化」の下ではその低下は一層激しさを増し，危機へとつながりうるのである．

　こうした資産価格下落の過程に固有に働く「流動性の希薄化」は次のようなものとして理解できる．それは銀行準備に対置されて「虚構の流動性」に終わりうる市場性債務の発行残高の増加の高まりに現れる．すなわち「レバレッジ」を高めることにより所与の銀行準備に対する安全性のバッファーの低下として理解される．それは次のようなものとして示せる．規制下にある，預金保険で保証された銀行から投資銀行がレポ資金を調達するとしよう．しかも投資銀行は，ヘッジファンドに対して証券を担保に貸し付けるのであり，そのとき次のように「レバレッジ」をかけることができる．すなわち，証券業に対する自己資本規制である「正味資本ルール（net capital rule）」に従うが，自己資本に対し20〜40倍のレバレッジを達成することが可能なのである[14]．ここにおいて投資銀行がヘッジファンドに貸すときは，「安全性のクッション」（交換性のある準備通貨によって測られる）を低下させているのであり，銀行の短期貸出から始まり，ヘッジファンドの長期資産の投機的ポジション形成までの「金融の重層化」は，レバレッジを介して安全性（流動性）を低下させている．これは先に見たミンスキーの言う意味での「流動性の希薄化」を表すものである．先に触れたデレバレッジの過程で，保有資産の売却がなされ，担保資産の価値が下落すれば当該債務たるレポによる資金調達は「マージン（証拠金）」の一層の引き上げを求められ，資金調達手段として流動性の取得能力を低下させる，つまり「虚構の流動性」に終わり得る．しかも「流動性の希薄化」によって相対的に希少となった「真の流動性」を保有資産の売却に際して「奪い合う」こ

---

14) さらにレバレッジを高める手段として，ヘッジファンドから差し入れられた担保資産を用いて，それを担保に「借入」をすることが考えられる．これは「再担保（リハイポセケーション）」である．

とになり，資産価格の下落は一層激しくなる．それは市場からの流動性の喪失を表す．

(3) 短期ホールセール・ファンディングと投資家の選択行動

次に問おうとするのは，投資家が「これまで喜んで資金投下していた短期の市場性債務に対して急激に態度を改め資金を引き揚げる」という選択行動をいかに理解するかということで，これをわれわれは，担保に用いられる証券化商品がリスクの価格付けについての複雑性や不透明さに特徴づけられていることに見ようとする．市場性債務の有する流動性要素に対する評価は，それが担保資産に裏付けられるような場合，資産価格の下落は保有資産の売却を介してスパイラル的に下落しうるものとなる．すなわち「有担保取引において，金融商品価格の下落と市場流動性の低下の悪循環が金融機能を瞬時に麻痺させ，機能不全を一気に拡大する」（翁 2014, 153 頁）．このとき危機は「瞬間横断的な波及」効果を被る．しかもそうした波及過程にあって，資金のロールオーバー拒否，ファンドからの償還は「早い者勝ち」とか他人の行動を見て「横並び」で行動するといったパターンで捉えることができるとすれば，危機のメカニズムを不確実性下の選択行動の観点からとらえることに意義が認められるであろう．

米国の独立系投資銀行の短期の有担保ファイナンスに際して，各行が保有する金融資産に対してほぼ半分（5 社平均で 42％）が担保に差し入れられていた（King 2008 を引いて述べた小立 2013 による）ことが留意される．その際，担保資産がどれほどの流動性を有するものかは先に留意してきた債務の「流動性要素」という観点からも関心事となる．かつてレポの担保は流動性の高い財務省証券やエージェンシー債が中心であったが，2000 年代以降，住宅市場バブルの間にレポ市場は変化し，投資家は次第に投資不適格証券といった流動性のない担保まで受け入れるようになった[15]（Adrian and Ashcraft 2012 に基づいて述べた小立 2013, 19 頁による）．こうした流動性の低い資産が担保に用いら

---

15) 米国で 1980 年代にレポ市場が大きく拡大した背景には，レポにおける資金の貸し手が，カウンターパーティがデフォルトした場合，担保権を行使すれば取引の保全が図ることができるようになったことがあった．1980 年代から 90 年代にかけてレポの担保は流動性の高い財務省証券やエージェンシー債が中心であった．

れたことがもたらすインパクトを「資産担保 CP」について見ていこう．ABCP の規模は大きく，2007 年時点でその発行残高はおよそ 1 兆 2000 億ドルに上っているのである．

　ABCP は，年金基金，MMF ほかの機関投資家が進んで購入する投資商品であった．これら機関投資家は，米国債をリスクゼロとみなし，それより少しでも高い利回りを得ることに熱心であったからである[16]．ABCP 自体は 1980 年代以来，銀行が事業会社から買い受けた売掛債権（の在庫保有）のファンディングとして発行され，さらに 1990 年代後半になって銀行が ABS を組成する際，その裏付けとなる資産を在庫として保有する際にファンディングの手段として利用されるようになった．そのさい銀行は「コンデュイット（導管体）」（conduits）——証券化において原資産を保有し，証券を発行するために使用される法律上の器——を「オフバランス」に設置し資産を移管した．そうすることによって自己資本規制上の所要資本を引き下げ，その節約した自己資本を用いて高い自己資本利益率を実現できたことは次章で詳述される．ABCP コンデュイットあるいは ABCP プログラムは在庫として保有する担保資産の幅を広げ，ABS の担保資産である売掛債権を超えて自動車ローン，クレジットカード売掛債権，学生ローン，商業用不動産ローンへと拡大されていった．こうして ABCP は，MBS の担保となるところのより長期のモーゲージを買い取るための在庫ファンディングの手段としても利用されるようになった．ところが，より長期の非流動的な資産をコンデュイットが資産項目に保有することになると，資産・負債のミスマッチが拡大し，より大きな満期変換，流動性変換のリスクを抱えるようになったのである（小立 2013, 13-4 頁）．さらに，より大規模な満期変換を行う SPV（special purpose vehicle，特別目的会社）として SIV（structural investment vehicle）がオフバランスに設けられるようになったのであり，それは ABS や CDO（Collateralized Debt Obligation），企業債務を含む多様な資産を利用して証券裁定の投資戦略——第 3，6 章において「規制の歪みを利用する規制裁定取引」と言われるもの——をとるものであった．その際 ABCP や劣後債，MTN（Medium Term Note）を利用して MMF のような機関

16）　以下，小立（2013, 13-4 頁）に依拠する．

投資家を相手として，つまりホールセール・ファンディングを行ったのである（小立 2013, 14 頁）．

以上，短期ホールセール・ファンディングへの依存が資産・負債のミスマッチを拡大させ，より大きな満期変換，流動性変換のリスクを抱えさせるものとなることを見たが，そうしたファンディングの裏付け資産が非流動的で複雑なプライシングを受けるものであることが，投資家の資金引き揚げ行動にいかに影響し，そうした投資行動をいかにとらえることができるかを見ていこう．

Covitz et al.（2013）は ABCP 危機勃発（2007 年夏）の最初の数週間で約 30％ の ABCP プログラム——同年末でほとんど 40％（120 プログラム以上）に達する——が取付けにあったことから，それらプログラムレベルで「取付けのメカニズム」を明らかにしようとした．その結果は，取付けは無差別（random）に起こっているのでなく，「よりリスクが大きい」と判断されたプログラムについて起こっているということである．いかにして「リスクが大きい」と判断されるかといえば，プログラムの型（type），スポンサーの型，そしてマクロ金融変数（macro-financial variables）の及ぼす影響から見て「リスクが大きい，あるいは弱い」プログラム」と判断されるものであったというのである．こうした結果は，その影響が不確実である（uncertain incidence）ようなショックが取付けを引き起こすという従来の銀行パニックについての扱いと整合的だと著者たちによって理解されるところのものである．すなわち Covitz et al.（2013）において，「マクロ的な金融ショック」が引き金となり，それによって「より流動性支援が弱いとか，より低格付けであるとか，スポンサーが弱小である」といった，不確実な影響が及ぶ場合にもより容易に「弱い」プログラムと判断されうるものである場合に，一層取付けが起こりやすくなるということである．ここで併せて留意されることは，ABCP に対する投資家は，個別のプログラムが，サブプライムあるいはその他リスクの大きいモーゲージに実際どれほどさらされているかについてほとんど知らない——したがって「情報の非対称性」のもとにある——ということで，そのために上に述べたように，流動性支援とか格付け，スポンサーの属性——第 4 章での議論を援用していえば「観察されうる」情報——を用いて判断しているということである．機関投資家の選択行動において ABCP プログラムの特性に対する判断がそのような

根拠づけしか得られない，換言すれば必ずしもファンダメンタル情報に基づくものではないということは，ABCP の背後にある担保資産（CDO 等，モーゲージ関連証券）についての価値評価が不確実であるときにとられる（第4章でふれる「行動経済学」よりする）行動パターンとして理解できるかもしれない．すなわち，CP 市場での取付けは，投資家が不確実性から引き起こされるリスクを受け容れようとせず（intolerant）」，損失に巻き込まれることを避け，「先行者優位（first mover advantage）」を求めて「われ先に」投資先から資金を引き揚げる行動として理解できるということである[17]．

今次金融危機に即して，サブプライム・モーゲージを原資産として組成された資産担保証券の資産の質についての疑念が生じたことがいかなる投資家行動（取付け）とその帰結に導いたかについて補足しておこう．2007年夏，BNP パリバの管理する3つの SIV が保有する資産に取付けが起こった．つまり出資金の償還請求である．背後にはサブプライム・モーゲージのデフォルトの発生とともに債務担保証券（CDO）の価格が下落したことがある．これら SIV の保有資産の価値毀損が深刻なものであったため，パリバは SIV に対する償還を一時停止（8月9日）する．それによって，投資家の間に起こったのは次のような懸念であった．BNP パリバの導管体と他の金融機関の導管体にはほとんど違いがなかったため，同様の問題が他の金融機関でも起きているのではないかということである．加えて問題は証券化を介した（仕組み商品の）「複雑性」から起こっており，どの金融機関が導管体を保有しており，その損失がどの程度（スポンサーである）金融機関に跳ね返ってくるのかがはっきりしないということである．換言すれば，証券化商品のリスクのプライシングに関する透明性の欠如によって，カウンターパーティ・リスクに対する懸念が高まるということであって，市場参加者および監督当局は不良資産に対するリスクをだれが負っているのかを把握できないために市場全体に不安と懸念が蔓延したということである．これが CP やレポ取引といったすべての短期市場を機能停止に陥らせることになった（Acharya and Richardson 2009,「プロローグ」）．市

---

[17] Covitz et al.（2013）は，危機勃発後に新たに発行される ABCP についてプログラムの脆弱性に対して「満期の短縮化」が生じることについても同様の説明が可能であることを実証している．

場全体に不安と疑念が蔓延するという不安定な状態にあって，投資家は過度にリスク回避的になり，カウンターパーティに対する信頼を失い，その結果，「安全性への逃避」によって流動性への保蔵が起こり，金融市場は流動性を喪失することとなった．以上の経緯において働く不確実性下の選択行動がどのように理解され，そのもたらす帰結がどのようなものであるかは，先に Covitz et al. (2013) によって論じたところと合致している．

もう1点，危機の経緯に関する議論（二上 2009）を補足しよう．それは危機発生を個々の機関の個別信用リスクの顕現として理解するのでなく，バランスシート上にある証券化商品——を組成する原資産への影響を通して——の価値やその質に関するものとして，しかもそれらに影響するマクロ共通要因に帰着させて理解することを示唆するものである．2006年末頃からサブプライム・ローンのデフォルト率が上昇し始め，2007年夏に格付会社（ムーディーズ）が多数の MBS を一斉に格下げし，これをきっかけに「サブプライム・ローン危機」が表面化する．MBS の格下げは ABCP の裏付けとなっている「スーパーシニア CDO」の資産価値に疑念を生じさせ，ABCP の買い手が借り換えに応じなくなったことはすでにふれた．2008年に入ると，個別金融機関は流動性の確保のため保有資産の処分に走るが，留意されるのは「RMBS や CDO は事実上，取引が停止してしまっているため，それ以外の資産も売却されはじめたことである．その結果，大きく値下がり始めたのが，CMBS（Commercial Mortgage backed Securities，商業用不動産ローン担保証券）とレバレッジド・ローンであった」[18]（二上 2009）．ここで留意されるのは，CMBS もレバレッジド・ローンも，サブプライム・ローンのようにデフォルト率が上昇したわけではないのに値下がりしたことで，これを「伝染」メカニズムが働いたこととして捉え，それを証券化商品の質やそのリスクの価格付けに対する不透明さに対する懸念が資産価格の下落に役割を果たしたと考えることができる．すなわち，金融機関が本格的にバランスシート調整（デレバレッジ）に乗り出したとき，各金融機関のバランスシートの大宗を占めるようになった主要な資産クラスとしてのモーゲージ関係の証券化商品にショックが及んだことがクリティカ

---

18) リーマン・ブラザーズの破綻の一因は，CMBS 等の急速な値下がりであり，CMBS 保有額の比較的多かった同社を直撃したことにあった（二上 2009）．

ルな役割を果たしたということで，そのショックとは次のように理解されるものである．資産のリスクのプライシングについての不確実性や不透明性といった，各資産に特定されない共通な要因が働くということで，そのために自身に固有の（idiosyncratic）リスクの顕現を伴わない資産についても広く資産価格の下落が生じたということである．今次危機に関して広く信用市場をカバーして実証分析を行った Gorton and Metrick（2012）も次のように述べる．「担保資産がその信用リスクというファンダメンタルズによって評価されることよりも，それらの価値の不確実性が増大することが，借り手金融機関の支払い能力についての懸念を引き起こした」，と．今次危機に即して言えば，短期ホールセール・ファンディングにおける流動性リスク，つまり長期資産を短期の市場調達資金で賄うとき，貸し手が資金を引き揚げることが固有に危機勃発に関係しているとすれば，貸し手は借り手の支払い能力を問題にするとき，バランスシート上の資産の価値の不確実性を問題にしたということで，これはどの資産にも共通の，したがってマクロ的要因が働いたことによってよりよく理解できる．このゆえに米連邦準備制度理事会（FRB）のタルーロ理事は次のように述べた．「短期ファンディングに関係するリスクは，企業に特定のもの（firm-specific）であるよりははるかに，マクロ・プルーデンシャルである」（Tarullo 2013）．

(4) 信用市場の相互連関性

今次危機において，ミンスキーが論じた各機関間あるいは市場間のポートフォリオ連関を介したデフォルトあるいは流動性逼迫の連鎖がどのように生じたかについての実証分析を取り上げることにしよう．前項では，ABCP プログラムのような短期ホールセール・ファンディングによって調達した資金の裏付けになった資産（CDO）の質について懸念が持たれたとき，原資産についての質を含むそのファンダメンタル情報が得られないままに，機関投資家によるABCPからの資金の引き揚げが生じることを見た．本項ではABCPを主要な投資対象とするMMFの側から問題を見ていこう．つまり，モーゲージ・ローンのデフォルト率上昇によってMMFが投資対象とするポートフォリオ（投資信託）に引き起こされた諸資産間の構成変化が，それら諸資産を（債務として）

発行している諸機関——シャドーバンキング——の資金調達にいかなる影響を及ぼすかという問題である．この問題を通じてリーマンショックといった金融システムに及んだインパクトが投資家の選択行動を介して市場間で連鎖的な影響を引き起こすメカニズムを問題にすることができる．

　オープンエンド型の投資信託である MMF——米国では「ミューチャル・ファンド」と呼ばれる——は短期の高い信用を有する固定所得を与える債務証書に投資する，したがって MMF は安全性と換金性に優れた預金類似の商品として投資家に認識されてきた．ここに MMF は短期金融市場にあって流動性を提供するキャッシュ投資家（cash investor）として，O/N レポやターム物の貨幣市場からのファンディングに対して流動性を提供し，もって流動性変換の機能を果たすのである[19]．併せて留意されることは，米国では MMF はリテール投資家だけでなく，機関投資家の需要に応える投資商品でもあることで，2008年末の米国の MMF の資産残高 3.8 兆ドル——世界では 5 兆ドル——のうち 2.5 兆ドルが機関投資家から受け入れたものである[20]．MMF についても「市場型取付け」を問題にする際は，リテール投資家に比して機関投資家の選択行動がどのようなものかが留意される．

　信用市場が問題を抱え，リスクへの懸念が増大することで MMF の各種ファンドのポートフォリオ構成が変化するとき，それがシャドーバンキング，つまり非銀行部門の資金調達にどのような影響を及ぼすか，併せて今次危機においてみられた銀行間市場の逼迫がいかにして引き起こされたかを Baba et al. (2009) は関心事とした．この問題を通して，市場性債務が層をなすもとで，ミンスキーが留意したポートフォリオ間に連関がある場合の伝幡効果を見ることができ，加えて（われわれが関心事とする）担保資産の価値の不確実性（あるいは評価の困難性）下の選択行動を通してシステム全体にかかわるリスクが顕現するメカニズムについても窺うことができるかもしれない．Baba et al. (2009) はとりわけ 2008 年 9 月 15 日のリーマン・ブラザーズの破綻が機関投資家の選択行動にいかなる影響を引き起こしたかに関心を持ったが，それは預

19）　以下に続く議論は Baba et al. (2009) に依拠する．
20）　1990 年代後半に事業会社がキャッシュマネジメントのなかに MMF を利用し始めたことが，機関投資家向け MMF の拡大の契機になった．

金類似ということで元本の保証があると認識されたMMFが，リーマン・ブラザーズのチャプター11の申請翌日に元本割れを起こし（MMFへの取付け），そのインパクトを見ようとすることによってなされた[21]．Babaらはリーマンショックの影響を，それに先立つ2007年夏のサブプライム信用逼迫以降と対比しつつ，以上のような問題を関心事としている．

2007年夏にサブプライム危機が顕現すると，安全性と換金性に優れるMMFに対して資金は流入し，その残高は増大した．実際2007年8月から2008年の同月までのMMFの総資産は増大している．ただしその構成は変化するのであり，非政府債券（non-government paper）に主として投資される「プライムファンド」は減少し，「政府ファンド」は増加した．なお，米国の「プライムマネー・ファンド」のポートフォリオ構成は，CDおよび定期預金（time deposit）が34％で一番多く，次いでCPが26％，社債関係（corporate note）が13％，レポが11％であった．加えて指摘されるのは，それら資産を，米国と欧州それぞれが提供する，換言すれば双方の銀行，金融機関が資金調達する相対割合は，（15のもっとも大きなプライムファンドについてみて）ほとんど拮抗するほどであった．このことが含意することは，以下で触れるように，MMFへの取付けを契機にCP発行体が資金調達困難に陥ることで，（リーマンショックまで）CP発行による調達資金残高を継続して増やしてきた欧州の銀行をしてドル資金の調達において困難に陥らせることとしたということである．

2008年の初めの半年間ではリスク資産としてのCP残高のほとんど40％をMMFが保有しており，ABCPの主たる購入者がMMFであったことが分かる．2007年夏のサブプライム危機はそれらファンドのポートフォリオ構成をCPから低リスク資産のCD，エージェンシー債，そして政府証券にシフトさせた．しかしMMFのファンド総額はむしろ増加したから，リーマン危機が勃発するまでは投資家側からもファンド・マネジャー側からも全体的にはリスクを避けながら，MMFは株主の利回り追求の圧力の下，ファンド間でシェア争いが続

---

21) MMF運用会社のリザーブ（Reserve）の旗艦ファンド——業界で最も古い——の基準価額が0.97ドルとなったのであり，もう1つの別のファンドは0.91ドルとなった．これらはリーマンが発行した債券を含む，より利回りの高い，市場のシェアを得ていたポートフォリオであった（Baba et al. 2009, p.72）．

けられたものと理解される．

　ところがリーマン・ブラザーズの破綻以降，そして MMF に元本割れが生じて以降，株主による償還請求つまり「取付け」——ファンド間で選択的ではあるが——が大規模に起き，シャドーバンキングのファンディングは次のような影響を受けたのである．Baba et al. (2009) は，それを3つにまとめている．1つは，元本割れを生じたファンドに対して投資家が償還請求するということで，大量の資金流出に見舞われた[22]．このことは MMF のファンド総額を縮小させることによって，米国におけるノンバンクに対する資金供給を減少させることになった．第2は，MMF の扱う他のプライムファンドに対しても償還請求が波及した[23]ということで，これは以下に述べるように，ファンダメンタルズに基づくよりは，損失を被ることを免れようと，他者の行動に倣って「安全性への逃避」を旨とした行動がとられたことが窺われるものである．このことにも照応して政府ファンドには流入があった．ただ付記されるべきは，プライムファンドへの償還請求というとき，まだ生存している3行の大手の投資銀行によって管理されているのと，7行の大手銀行の提携先が管理しているのとでは償還請求の割合に差があったことで，これを Baba et al. (2009) は，銀行と非銀行とでは元本保証に差があると思い込む，換言すればスポンサー支援に対する期待の存在することが，機関投資家をしてプライムファンド間の返還請求に差を生み出す要因として働いたと推測している．

　第3には，機関投資家とリテール投資家の行動に相違が見られるということである．リザーブ・プライマリー・ファンドの元本割れ後2日間で，機関投資家向けのプライムファンドでは102ファンドで，資産の16%の額（1420億ドル）の償還請求が行われている——他方，540億ドルの政府ファンドの購入があった——．ところがリテール投資家向けのそれについては，個人投資家は資産残高の3%程度（270億ドル）を処分したに留まり，政府ファンドをネット

---

22) 元本割れを起こした「リザーブ」の「プライマリー・ファンド」は，9月15日には250億ドルの償還請求があり，同月19日までに620億ドルのうち600億ドルの資金流出があった．併せて留意されるのは，元本割れを起こしていない当リザーブの米国政府ファンドについても，100億ドルのうち60億ドルの売り注文があった．

23) リザーブ・プライマリー・ファンドの元本割れの翌日にはパットナム・インベストメントが運用していた「機関投資家向けの MMF」の清算が決定された（小立 2013, 注35）．

で340億ドル購入している．

　MMFに対する取付けに関する投資家行動については総じて次のことが指摘される．投資家として洗練度の高い機関投資家ほどより速やかに資金を引き出すことによって自己の資金を確保する確実性が高まるという「先行者優位 (first mover advantage)」の選択行動とられるが，それは「安全性への逃避 (flight to quality)」を旨とした行動と理解される．そのような機関投資家の償還請求行動は，他の投資家をも償還請求に誘うことによって「自己実現的な取付け」の性格を持つものとなる（小立 2013, 25-6 頁）．ここにとられる行動の特質はファンダメンタル情報に基づく選択行動とは必ずしも言えないことである．このことは第4章で取り上げられる信用スプレッド分析において，サブプライム関係のみならず非サブプライム関係の証券化商品について包括的なスプレッド分析を行った Gorton and Metrick (2012) の実証分析からも支持される．すなわち2007年7月のサブプライム・ローンのデフォルトの多発は，2008年には非サブプライム関連証券の価格暴落につながっていったが，そこに働くメカニズムは次のように理解されるものである．2008年には広く仕組み資産のスプレッドの「標準偏差」が最も高くなっているのであり，それが「不確実性」のおおよその指標と考えられるなら，証券化商品の組成が複雑で不透明であること――リスクの所在とその価格付けが不透明であること――が投資家たちの選択行動に大きく影響していたことが窺われるということである．以上から，信用デリバティブを含む各種資産のスプレッドが，サブプライム市場のファンダメンタル変数（ABX 指数）によって説明されるよりは，借り手金融機関――それは直接の取引関係がある場合に限られず――の支払い能力についての懸念（「カウンターパーティ・リスク」として理解される）を引き起こしたとすることで説明できるとの理解が示唆されたのである[24]．

---

24)　このことはレポについての実証分析によっても支持される．すなわち Gorton and Metrick (2012) は，次のことを検証している．レポのスプレッドとヘアカットの双方が危機時に上昇しており，こうした増加は，カウンターパーティ・リスクについての懸念（スプレッドの場合）か，あるいは担保価値についての不確実性（ヘアカットの場合）に相関している．レポについては実際，危機下で次の事態が生じた（以下は，小立 (2013) の「レポ・ラン」の実証に関するサーベイに依拠する）．トライパーティ・レポにおいては，レポ・ディーラーの信用力がないと判断されるや，機関投資家は（担保の

ところで Baba らが関心事としたグローバルな銀行間市場の逼迫はいかに説明できるであろうか．欧州の銀行は（CP 等の）ドル建て債務を急速に増加させてきたのであり，それは米国の銀行が外国資産の取得のために欧州通貨を必要とする以上にはるかに上回るものであった（2008 年初めに 10 倍の大きさ）．そうしたドル需要を，ドルのリテール預金で賄えない分を CP，CD 等で銀行および非銀行から調達してきた．それがいま，プライムファンドにおける CP，CD の構成比率の低下に直面したのであり，そのとき欧州の銀行は，売却された CD 等を買い戻すためにドル資金を必要とし，それを銀行間市場で調達してこなければならなかった．これが銀行間市場を逼迫させたのである．

こうして MMF への取付けは急速に他の領域に広がったのであり，はじめに CP 市場（1 兆 2000 億ドルの資金を扱っていた）を襲い，それから CD 市場に及んだ．MMF が CP の購入を通じて米国の非銀行（ノンバンク）に対する最大のドル資金供給者であったから，リーマン破綻後の MMF の取付けの影響はプライムファンドの総資産の減少を引き起こすようなものであったことを勘案すれば，シャドーバンキングのファンディングは大きな影響を受けるものであった．すなわち CP 価格の急落は CP 金利を急騰させ，支払い能力のある企業を市場から締め出し，本来的に健全な企業が短期資金を調達できずに支払い不能に陥りかねない事態が生じたのである[25]．加えて，グローバルな銀行間市場の逼迫は，以上のようにすでに逼迫したグローバルな銀行間のファンディング市場を不安定化させるものとなった．

こうしてリーマン破綻後の MMF に対する取付けは，ファンドの清算やファンドのポートフォリオ構成の変化を契機に金融資産間，市場間に連鎖を引き起

所有権を得るよりも）一挙に資金の引き揚げ，取引停止を行うということで，その結果，取付けによる流動性の逼迫が急激に引き起こされる．リーマン・ブラザーズのカウンターパーティとなって取引を行っていた投資家数が破綻の 1 週間前から急速に減ったことはこのことに照応している．他方，バイラテラルで行われるインターディーラー・レポにおいては，マージンやヘアカットの引き上げという形をとった．それらはともにカウンターパーティ・リスクに対する対応した行動として，先の Gorton and Metrick (2012) の実証分析に照応している．

25) これ以上の取付けを防ぐため，FRB は最後の貸し手機能を金融業界以外の企業に拡大する決定を行い（2008 年 10 月 7 日），あらたに流動性ファシリティを導入，CP を発行している企業に資金を供給した（Roubini and Mihm 2010）．

こし，ノンバンク（シャドーバンキング・システム）と銀行間市場に流動性逼迫を引き起こしたことを Baba et al.（2009）は示したのである．

　以上われわれは，本章後段でシステミック・リスクに関する（伝染あるいは負の伝幡作用を含む）メカニズムを実証分析に基づいて提示してきたが，それは不確実性下の選択行動がクリティカルな役割を果たすものと理解されるものであった．それは市場性債務をポジション形成に用いることをベースとして，さらに「証券化」によって金融資産と金融システムを一層複雑にし精緻化したもので，短期ホールセール・ファンディングを用いて利鞘獲得の事業戦略モデルを全面展開するものであった．それは資産と負債間で満期変換と流動性変換において流動性リスクを免れないものとした．ミンスキーもこうした金融構造の脆弱性に焦点を当てて「流動性資産のピラミッド的構成あるいは債務の重層性」が「流動性の希薄化」を伴うことと相まって「流動性逼迫」の連鎖を引き起こし，資産価格や金利に激しい変動を引き起こすことでシステミック・リスクに至ることを描写した．しかしミンスキーにおいて描かれた伝染のメカニズムは，先に見てきた不確実性下の選択行動を介した「間接的」伝染の記述という点では，機関間，市場間にポートフォリオの連関を通した「直接的」伝染に主眼が置かれるものと考えられ，必ずしも（第4章で論じられる）証券化商品や金融システムの絶対的「不確実性」が投資家の選択行動においてクリティカルな役割を果たすような，したがって「間接的」伝染がシステミック・リスクに果たす役割を十全な形で描くものではないと言えよう．ここにミンスキーの不安定性仮説を現代経済学の観点から拡充し，精緻化する意義があるといえよう．それは本章において主として第4章でなされる．そして同時に強調されるべきは，ミンスキーの金融危機理解には資本主義的金融に内在する「ダイナミズム」がクリティカルな役割を果たしているということである．すなわち，金融イノベーションを含むダイナミズムが，絶えず利潤を創出すべく「差異性」を生みだしていることが金融不安定性の根底に置かれているのである．それは今次危機においても規制の強弱あるいは歪みを利用した裁定取引として，オフバランス組織としての特別目的会社（事業ファンド）の急成長があり，スポンサー銀行との間で金融システムを「階層化」するものであった．それは「流動性供給」における「二層化したシステム」に照応し，それが「狭い敷地に高層

建築」を立てるがごとき「不安定性」を内包することとさせたのである．次章ではミンスキーの不安定性仮説を構成するこうしたダイナミズムの側面に焦点を当てることによって，その資本主義的金融像をより十全なものにしていこう．

第3章
階層化された金融システム

1. 階層的な金融システム

(1) 金融システムの二層化と不安定性

　前章では市場性資金によるポジション形成が中枢的な資金調達手段になっている経済がいかに銀行準備の制約を免れ，レバレッジを高くする――投機的あるいはポンツィ金融類型の採用――ことで，利鞘獲得の事業戦略モデルを有利に追及しうるかを見た．しかし併せて留意されたことは，市場性債務にポジション形成を依存した経済は，「流動性の希薄化」によって資産価格や金利変動をそれだけ大きくし，流動性リスクと満期変換においてバランスシートの構造を脆弱なものとした．加えて市場性債務の発行が「重層的」になされる――他機関の負債を取得すべく自らが負債を発行する――ことで，「流動性資産のピラミッド的構成」が成立し，流動性逼迫やデフォルトの連鎖を通じてシステミック・リスクがより起こりやすくなることも見た．

　本章が固有に課題とするのは，以上の資本市場中心の金融システムにおけるシステミック・リスクのメカニズムを，ミンスキーの「二層に階層化された」金融システムに置くことでいっそう意義深く，説得的に提示することである．金融システムを「二層化」して捉えることは，つぎの2つの観点から意義付けられる．1つは，金融業，さらには資本主義的金融（Capitalist finance, Capitalist financial process）（Minsky 1986, p.280）の有するダイナミズムを組み込むことになることで，それは金融機関がより早く成長を遂げるべく，金融イノベーションをも動員し新たな資金調達手段や新組織を用い，あるいはより自由度の

高い（規制の緩い）環境に身を置こうとすること[1]を表す．この観点から「預金取扱銀行」と非銀行（ノンバンク）とを対置すれば，預金者保護，ひいてはシステムの安定化のための規制の強弱という点で識別できる．こうした規制の強弱の存在が，金融業のダイナミズムの下で，みずからの置かれる規制環境を変えようと「規制裁定」行動を引き起こす．これが「非規制」部門（シャドーバンク）の成長，信用拡大，金融構造の脆弱化の契機を与えると考えることができる．

　もう1つは，金融システムの二層化を「流動性供給」における2つのタイプに帰着させるという観点である．1つは預金取扱銀行が銀行準備に裏付けられた銀行信用を供給する場合であり，もう1つは非預金取扱銀行が，保有資産や将来の収益獲得力を，担保や裏付けに市場性のある債務を売却する場合である．短期資金の場合，保有資産を担保にレポやCPによる調達が可能であろう．しかも留意されることは，後者の流動性は当該債務の市場での売却価格に依存することから，結局のところ前者の流動性供給に依存することになる．ミンスキーも次のように指摘する．「資本の発行市場および流通市場で提供される流動性は，預金取扱銀行（deposit-issuing banks）によって生じさせられる流動性に直接，間接に依存している」（Minsky, 1964, p.266）．こうした流動性の調達を可能にする2つの方法の相違は，それら債務が不履行を被った場合の「最後の貸し手」が2つに階層化されていることを窺わせる．すなわち前者は，銀行準備に裏付けられた流動性供給が現金・通貨との交換性のある「真の流動性で」あることから，中央銀行が最後の貸し手機能を発揮する．これに対し後者の非預金取扱金融機関は自らは銀行準備に裏付けられた流動性を供給できないため市場調達資金に頼っているのであり，そうした調達が困難となって流動性が逼迫したとき，取引先銀行にそれら市場性債務を引き受けてもらうことで，最後の貸し手の「代理役」が果たされることになる．ミンスキーはこうした最後の貸し手機能における二層化に「階層化された金融システム」の根拠を見よ

---

[1] 宮内（2015）は，こうした金融機関の選択行動を一貫して「レギュラトリー・アービトラージ」として論じようとするが，われわれは本書では「規制裁定」行動をより「ダイナミック」な意味合いで用いる．その意味することは，規制の「歪み」を前提として論じるばかりでなく，「差異化」によって利潤を創出する場合も含めるからである．

うとしたのである．

　非預金取扱金融機関の流動性供給の特質をミンスキーは「準備の代替物を創出し，準備吸収を最小化してしまう能力は，利潤最大化を追及する銀行組織の持つ本質的特性である」(1986, 305 頁) と述べたが，市場性債務による流動性の調達を「証券化」の一環として捉えてさらに次のように述べる．「証券化は，金融構造のうち，中央銀行が保護を約束する部分の比重を低下させる．(MMFなど) 自らの資産の市場価値を保全することを約束する証券の保有者は，金利が上昇すると保有ポジションを売却してポジションメーキングする必要から，当該証券の価格を急落させることがありうる」(Minsky 1987)．実際，今次危機を特徴づけた，シャドーバンキングにおけるレポや ABCP に依存したポジション形成は，貸し手の資金引き揚げや保有資産の価値下落によって資金調達を困難に陥れ，銀行間市場を逼迫させ，システミック・リスクにつながったのである．ここに流動性供給の 2 つの異なるタイプの識別に立脚した「階層化された金融システム」を枠組みに持ってくることで，前章において照準をあわせた市場調達資金に依存したポジション形成にはらまれた金融構造脆弱化とシステミック・リスクのメカニズムをより説得的に提示することが期待できるのである．

　以上のようなものとしての二層化された金融システムは，ミンスキーにおいて資本主義的金融を容れたシステムが不安定性問題を免れないとの理解に立つものともいえる．すなわち，「最後の貸し手を欠くことができないのは，われわれの経済が生得的かつ不可避的に欠陥を有しており，その欠陥がときおり金融の不安定性を惹起するからである」(1986, 45 頁)．われわれの経済が生得的に不安定性をはらむなら，「最後の貸し手」機能を組み込んでシステムのワーキングを論じることが意義深くなる．前章で示されたのは，市場性債務によるポジション形成への依存が，銀行準備 (銀行借入) に基づく場合に比してより弾力的な資金供給を可能とし，レバレッジを高めるが，それゆえに金融構造の脆弱化がはらまれるということである．すなわち，「流動性の希薄化」による金利や資産価格のより大きな変動がもたらされ，バランスシートの調整がそれら変動に感応的であることからくる脆弱性，そして債務の重層化 (「流動性資産のピラミッド的構成」) からくる流動性逼迫やデフォルトの連鎖といった論

点である．こうした金融不安定化の構築素材が「階層化された金融システム」において改めて捉え直されるのである．

それではミンスキーにあって，階層化された金融システムにおける不安定性はいかにして引き起こされるのであろうか．ミンスキーは次のように捉える．「壊滅的な崩壊を引き起こしかねないドミノ効果の可能性が**階層的な金融形態**のなかに秘められている．流動性の貯水槽の栓を開けて信用供与を可能にする意図の下に新しい証券を考案して金融界に新しい層を積み重ねることは，金融データ自身が語る以上にこのシステムの体質の脆さを増すに違いない」(1986, 102-3頁，太字は引用者)．しかるに，「当局は銀行のポジション形成が資産管理から負債管理へと展開してゆくことに目をつぶり，REITのような投機的な負債構造を持つ金融機関が爆発的な成長をとげ，銀行がそれに深くかかわることになる事態がどのような意味をもつのか知る由もなかった」(1986, 第3章, 54頁) というのである．

ミンスキーは，「階層的な銀行の結びつき (hierarchical banking relations)」を「周辺的」銀行組織 (fringe banking institutions) と「中核的」銀行 (core banks) との関係に見ようとした．すなわち一方に，活発な資金調達を行い，急激な成長を達成する金融機関として「周辺的」銀行組織——金融会社，REIT, 連邦準備制度非加盟の商業銀行——を置き，他方に連邦準備制度加盟銀行で，特に短期金融市場に参加する大規模銀行である「中核的」銀行を置いて，対置し，その依存関係を次のようなものとして論じた．すなわち，「階層的な銀行の結びつきは，金融組織全体にとって弱体化をもたらす源となりかねない．周辺的銀行組織は，周辺的銀行の弱みが気づかれるようになって，他の資金調達方法が割高となるか利用できなくなったとき，中核的銀行 (core banks) の信用供与枠を頼りとする．(しかし当の) 銀行が周辺的機関 (fringe institutions) のポートフォリオに組み入れられている資産と類似の資産を保有している限り，周辺的銀行組織の欠損やキャッシュフローの不足が市場に知れ渡ると，銀行が保有する資産のなかには軟化するものも出てくる[2]．したがってすでに弱含み

---

2) これは「伝染」現象で，以下で取り上げるような，REITの発行したCPを中核的銀行たる取引銀行が引き受け，保有しているとすれば，そのCPの価値下落が中核的銀行のバランスシートにも悪影響を及ぼすと理解される．これはCPを保有するというポー

第3章　階層化された金融システム　　　　　　　　　　　　　119

となっているいくつかの（中核的）銀行のポートフォリオは，この銀行が周辺的銀行に対する最後の貸し手であるかのように（proximate lender）行動するとますます劣化してしまう」(1986, p.97, 102頁,（　）内は引用者)．実際こうした事態は，以下で取り上げるREIT——周辺的金融機関——の陥った困難に対してその取引銀行（中核的金融機関）が「救済」行動をとるとき，システム全体にかかわるリスクの顕現が起こる状況が生じたのである．以下ではこの事例に触れよう．

　REIT（Real Estate Investment Trust, 不動産投資信託）は1970年代に隆盛を見たが1974年に難局に陥った．1974年時点でREITに唯一利用可能な資金源は商業銀行であった．公開市場で売りさばけないCPを引き受けたのは商業銀行であり，REITに対して行ったリファイナンスについてミンスキーは最後の貸し手機能の代役と理解する[3]．銀行側としては自らのポートフォリオに組み込まれていた建設関連の資産価値がREITの不払いによって悪影響を受けることへの関心から，リファイナンスすることを最上策と見たのであり，それはインフレによる資産価値の回復に期待をつなぐことでもあった．しかし実情は，リファイナンスに応じた銀行が手に入れる資産の真の現在価値は簿価に及ばなかった．ここにミンスキーは次のように述べる．この結果，「商業銀行は財務体質を弱め，従って将来，投機の後に襲ってくる混乱に脆さを露呈する可能性を高めた」[4]（1986, 76頁)．

トフォリオ連関を介する「伝染」であるが，これに対して「類似の証券化商品を保有」し，その裏付け資産たる，たとえばモーゲージ証券に信用リスク上の問題が顕現してきたという場合は，共通要因とか，プライシングの不確実性といったものによる伝染が引き起こされ，債権・債務関係を介した直接的なポートフォリオ関係がなくても（間接的）「伝染」が起こると考えられる．

3)　「周辺的銀行組織が成長するにつれて，加盟銀行——そして特に短期金融市場に参加する大規模銀行——はしばしば信用供与枠によって具体的に表される相互関係を通じて，事実上前者にとって最後の貸し手となってきた．連銀は実際問題として，周辺的銀行組織にとって間接的な最後の貸し手なのである」(1986, 102頁)．

4)　実際には，1974-75年の金融混乱は，基幹金融業の中に問題が悪化する恐れを多くの人が察知していたにもかかわらず，危機やパニックに発展しなかった．「大きな政府の所得面および財政面での反撃によって緩和させられ，反転していった」(1986, 77頁)からである．

(2) 金融システムの階層化の2つの契機

金融システムをミンスキーのように「階層化されたシステム」として捉え，そのうえでシステミック・リスクのメカニズムを論じることにどのような固有の意義を認めることができるであろうか．容易に想起されるのは，二層化されたシステムを「規制金融機関」と「非規制金融機関」から成るものとして捉え，前者が規制を免れようとオフバランス組織を創り，それを通して非規制金融部門に進出するというケースであろう．それはたとえば自己資本比率規制といった金融規制を免れるべく非規制の新組織を作ってそこに資産を移管することで所要自己資本を節約し資本収益率を高める，といった「規制裁定」行動がそれに当たる．しかしミンスキーが「階層化」されたシステムを扱おうとすることには，そうした「規制裁定」を**利潤創出行動として一般化**し，利潤創出業としての**金融業のダイナミズムを捉え**ようとする意図が込められていると考えられる．実際今次金融危機に関しても，資本を効率化して用いようという「規制裁定」は，高い収益を与える証券化商品を自らのバランスシート上ではなく，「非規制」部門への参入を可能とする新たな事業体（SIV や ABCP 導管体）を創出するというイノベーションと結びついており，もってそれら事業体を含む「シャドーバンキング」の肥大化を招いているのである．しかもそのような「二層化」された金融システムが，金融危機やブームの過熱化といったダイナミズムを示すことになるのは，それらシステムを二層化させる，先に述べた流動性供給構造から来ている．つまり流動性の供給において2つのタイプが識別され，以下でミンスキーに基づいて見るように，「規制」部門（預金取扱銀行）に対し「非規制」部門は，銀行準備に基づく現金・通貨と交換性のある「真の流動性」を供給しえず，そのために市場性債務を発行し，その支払い可能性の裏付けを保有資産あるいは原資産の価値に求める．しかも他の発行した債務を資産として取得すべく自ら債務を発行して互いの間で貸借し合う（債務の重層化）ことで，みずからが欲する「レバレッジ」水準を達成しようとする．ところが，そうした市場性債務は，裏付け資産の価値の毀損やそのリスクのプライシングについての不透明性に対する懸念によって貸し手が資金を引き揚げて「取付け」に遭うなら，たちまち流動性調達手段としての価値を喪失してしまう．そうした市場性債務による流動性調達は「虚構の流動性」を供給するものでしか

なくなってしまうことがあるということである．

　以上からミンスキーをして金融システムを「周辺的」銀行組織と「中核的」金融機関に二層化して捉えさせた根拠として次の2点を挙げることができる．1つは，「周辺的金融機関」と「中核的金融機関」とを対置することで，選択行動の自由度，あるいは「規制」と「非規制」それぞれの下での選択行動の相違を，金融革新の利用可能性（accessibility）——それは岩井（1985; 2000）の言う「差異性」を創出することによる利潤獲得動機にかかわる——にまでかかわらせて利潤創出行動を描くことである．それは金融危機のメカニズムをいかなるものとして理解するかにかかわり，この点でミンスキーと軌を一にするのは例えばJ.K.ガルブレイスである．Galbraith（1955; 1994）はあらゆる投機のエピソードには共通したものがあり，それは何か新しいものが現れたという考えだとし，金融の手段または投資機会について一見新規で儲かりそうなことの発見があると述べる．1929年恐慌については新しい金融手段として，会社型投資信託の発行した普通株が他の資金調達手段たる優先株や社債の発行を「てこ」としたレバレッジ効果で大きく値上がりを享受できることに留意している．金融革新がブームの過熱化に果たした役割については，以下で周辺的銀行組織の具体例を挙げてその成長とパフォーマンスを見ることとしよう．

　第2点は，「規制」を受ける金融機関と「非規制」あるいは規制の緩い機関との対置を，流動性供給の仕方が識別されることに見ようとするものである．この点は先にも触れたところであり，以下でもミンスキーに即して取り上げられる．ここで言及されるべきは，市場性債務あるいは信用証券（credit-market instruments, credit instruments）——先に見たところでは，レポやCPなど短期ホールセール・ファンディング——の利用は，当該債務の背後にある原資産や担保資産の良好なパフォーマンスや価格の安定性を前提にしたものであり，その前提が崩れる——例えば信用市場の環境悪化で資産価格の下落が起こる——とき，当該債務による流動性獲得機能は低下するということで，それにより調達される流動性は「虚構」に終わることがあるということである．それは，債務発行機関の流動性逼迫，資金調達手段の困難を意味するから，金融システムはその破綻を防止すべく「最後の貸し手（その代理を含む）」の機能を組み入れる必要があるということである．

金融システムの階層性について以上の見通しを持ったうえで，ミンスキーの「二層化されたシステム」についての説明を辿ろう．

(3) 二層化されたシステムと最後の貸し手機能

ミンスキーは金融形態が「二層構造」をとる，あるいは「二層化」されていることを次のように説明する．「戦後期，特にコマーシャル・ペーパーの信用失墜に見舞われた1970年以降，形式的にはっきりと二層化された最後の貸し手がコマーシャル・ペーパー市場に登場した．この二層構造にあっては連邦準備制度が加盟銀行，ことに巨大加盟銀行にとって最後の貸し手であり，巨大加盟銀行がコマーシャル・ペーパー市場を利用する機関や組織にとって最後の貸し手になる」(1986, 59, 61頁．類似表現として「階層構造を持つ最後の貸し手」，「現在の階層的な最後の貸し手の機能構造」)．そして「周辺的銀行組織が成長するにつれて，加盟銀行——そして特に短期金融市場に参加する大規模銀行——はしばしば信用供与枠によって具体的に表される相互関係を通じて，事実上前者にとって最後の貸し手となってきた．連銀は実際問題として，周辺的銀行組織にとって間接的な最後の貸し手なのである」(1986, 102頁)．

以上のような二層化された最後の貸し手（Lender of Last Resort, LLR）は，金融市場の安定化に対する中央銀行の役割を位置づけるものと言える．かつて連銀は加盟銀行との間で割引窓口を通して親密で継続的な取引関係をもち，それによって銀行は準備銀行が設定する営業基準や財務基準に従うと考えることができた[5]（1986, 55頁）．ところが「連銀の銀行に対する信用供与が政府証券の公開市場における売買という手段で行われるならば，加盟銀行と連銀との取引関係は，加盟銀行の行動に影響を及ぼす力を失う」（同上）．連邦準備制度の通常の操作は，加盟銀行のために適格手形を再割引する条件を設定することから，公開市場で政府債を売買することに中心を移しているからである．しかもさらに，商業銀行がポジション形成を市場性債務（信用市場証券（credit-market

---

[5] 1920年代に見られたように，連銀から割引窓口を通じて行われる銀行の借入が銀行全体の準備の重要な原資である場合，連銀がその貸付操作に適用する利子率が金融政策の大綱をなした．換言すれば，最後の貸し手機能と銀行貸出の双方が割引窓口を通じて操作された．

instruments))に依存するとき，そうした債務の市場価格を維持すること，つまり金融取引契約の履行を維持することが連銀の役割になってくる．連銀は「短期金融市場や銀行のポートフォリオあるいは公衆の手元にある各種請求権を，連銀に対する信用でいつでも置き換えることができる」(1986, 58 頁) からである．こうして「金融債や実物資産の最低価格を維持することが最後の貸し手機能の 1 つとなる」（同上）．

かくてミンスキーは，連銀がその貸付操作に適用する利子率とは別個に，金融市場の安定化のために最後の貸し手機能が固有に，独立して求められるようになった金融システムを，「重層構造」(1986, 305 頁)，あるいは「階層的構造」(同 61 頁)，「階層的なモデル」(同 102 頁)，「階層的システム」(「階層的な最後の貸し手の機能構造」(同 61 頁)，「階層的な金融形態」(同, 102 頁)) として表そうとしたのである．つまり，商業銀行が公衆（企業，政府，家計）に貸し付け，連邦準備銀行が——最後の貸し手機能の発揮として金融市場の麻痺を免れるべく——商業銀行に貸し付けるというシステム (1986, 56 頁) である．ここで留意されることは，階層化されたシステムを枠組みとすることは，金融システムが不安定性を免れないものと理解したことに照応している．すなわち，「最後の貸し手を欠くことができないのは，われわれの経済が生得的かつ不可避的に欠陥を有しており，その欠陥がときおり金融の不安定性を惹起するからである」(1986, 45 頁)．そのとき「金融システムに破綻が生じれば，連銀ないし他の中央銀行組織は介入に備え，流動性を供給するか，または予想される損失を吸収するかして，この事態を正すよう乗り出さなければならない」(1986, 46 頁) ということである．

以上のように理解された階層的金融システムにおいて「伝染」を容れてシステミック・リスクが起きるメカニズムは，先に（本節第 1 項）ミンスキーの引用から窺えたところである．そしてそれが今次危機にも適用できると考えられるのは，今次危機において，短期ホールセール・ファンディングに依存したポジション形成が流動性と満期構成におけるミスマッチから資産価格を下落させ，しかもそれが伝幡作用を伴う（「金銭的外部性」）からである．ここで併せて留意されることは，そこにおける銀行間の階層的な結びつきの役割である．それは今次危機について書かれた次のような叙述から窺える．「商業銀行は，預金

保険と最後の貸し手としての中央銀行の存在により大規模な取付けの対象にならないが,他の金融機関では取付けが起こりうる.実際に,多くのそういった金融機関(特に有名なのがベア・スターンズとリーマン・ブラザーズ)に加えて,マネー・マーケットやヘッジファンドの領域における多くのファンドが,危機の最中に企業間における取付けに見舞われることになった.そして重要なのは,商業銀行もまた,大規模な取付けを起こしている他の金融機関に対してエクスポージャーがあると受け止められると,企業間信用市場やインターバンク市場で局地的に取付けを起こしうる」(Acharya and Richardson, eds. 2009, 37-8頁).以上の引用において,「周辺」機関に対して商業銀行がエクスポージャーを有することから取付けの連鎖が起こる際に,階層的な銀行間の結びつき——周辺的金融機関に対する中核的金融機関(商業銀行)からの信用および流動性の補完,あるいは後者への損失の遡及——から危機がシステム全体に及ぶことが考慮されているのであり,それはミンスキーの階層的システムにおけるシステミック・リスクと軌を一にすると考えられるのである.

(4) 階層化と流動性供給における2つのタイプ

以上からわれわれはミンスキーにおける金融システムの破綻を,「周辺的」銀行組織と「中核的」銀行組織とから成る二層化された金融システムのそれとして論じていこうとするが,こうした「階層化」の根拠を流動性供給における2つのタイプを識別することに求めようとする[6].1つは「商業」銀行が「預金(信用)創造」を行う.それは中央銀行を含めた「政府」発行の硬貨や通貨の代わりに支払い手段として利用される金融機関債務を発行(預金創造(deposit creation))するものである.銀行信用を提供された生産的企業は,実物資本をコントロールするための金融手段を得たのであり,「政府」発行の硬貨,通貨の代わりに金融機関債務を支払い手段に使う.グラス=スティーガル規制体系(the Glass-Steagall regulatory system)下では「商業」銀行がこの流動性を提供する.銀行の貸付行動は借り手が信用力がある(creditworthy)ことを受け容れる(accept)ことである.債務証書(debt instruments)を受け容れる

---

[6] 以下のこの部分の叙述は,Levy Economics Institute (2012) の *Beyond the Minsky Moment* に依拠している.

ことで銀行は自身の負債（liabilities）を創り出す．ここでミンスキーが強調した点——そしてそれが銀行負債をしてユニークなものにする——は，銀行負債は，銀行が受け容れ，貸付帳簿の中に資産として保有する資産（企業発行の負債）が有する以上の流動性プレミアムを持つということである．このことが銀行をしてシステム全体の流動性を増加させることを可能にするのであり，それは銀行負債の「信用引き上げ（credit enhancement）」機能を表す．換言すれば，銀行の信用供与によって，固定実物資本資産の背後にある企業負債を支払い通貨手段（currency means of payment）に換えるのであり，そのとき借り手が銀行債務を支払い手段として使うことができるのは，銀行債務が硬貨や通貨と完全な代替物であることによる．ここに銀行負債の「信用引き上げ」機能がある．

　これに対して，生産的企業が証券を発行するとき，発行および流通双方の資本市場で金融機関が株式あるいは債券の売買に際してマーケットメーカーとしての役割を果たす．つまり，証券会社が証券を引き受ける（underwrite）にせよ，あるいは流通市場でスペシャリストあるいはディーラーとして「秩序ある市場（orderly market）」にすべく行動するにせよ，そうした取引は，証券を公衆に（発行者に「保証する価格」で，あるいは値付けした価格で）売却できるかどうか，そして売れ残りの証券在庫を担保として預金と交換に銀行に受容してもらうことに依存している．しかし，以下で述べるように「ノンバンク」（投資銀行あるいは証券会社）の提供するマーケットメーカーとしての役割が結局のところ商業銀行の提供する流動性に依存していることは，先にミンスキー（1964, p.266）から引用したところである．信用市場証券という形での流動性の供給は結局預金取扱銀行の「受け容れ」機能に依存しているのである（Levy Economics Institute 2012, pp.61-2）．

　他方，預金取扱銀行自身は，流動性創出に当たり銀行準備の不足に対処すべく金融市場での取引（operate）に依存する．そのために市場流通性のある（negotiable）資産を保有したり，他の銀行に信用供与限度枠をもつ．ここに企業システムが正常に機能するためには，膨大な数の金融契約と，金融機関相互間のつながり（connections）を提供する貨幣市場に依存している（Minsky 1986, p.256, 285 頁）．しかし「こうした必要とされる資金獲得のための市場維持のメカニズム（market-support mechanism）は安全措置つきではない——契

約不履行を免れない——ため，中央銀行による割引窓口を介した準備へと直接アクセスする途が用意されている．つまり中央銀行は銀行保有の資産を「受け容れ」，支払い手段と交換するのである．このことからシステムの究極の流動性の源は，「最後の貸し手」として知られる中央銀行の「受け容れ」機能なのである」(Levy Economics Institute 2012, p.62)．最後の貸し手としての役割を果たす中央銀行が，規制され保証を受けた（insured）銀行に対する究極の流動性を提供する．このゆえに銀行信用は「真の流動性」となっている．

議論を完結するためには預金取扱金融機関でない「ノンバンク」が発行する債務についても，その流動性の性質について見ておかねばならない．「ノンバンク」の金融機関は自らは預金を受け入れず，しかも支払いの（硬貨，通貨の）代替手段たる預金保険で保証される負債を自身では提供できない．支払いサービスを自ら提供できない「ノンバンク」金融システムの本源的な（fundamental）活動は「互いに貸借しあう」ことにある．それは「他の金融機関の債務を取得するために金融負債を発行する」ことであり，ミンスキーのいう「金融重層化（financial layering）」をもたらす（Levy Economics Institute 2012, p.63）．そのときノンバンクは，ブームの過程で互いに依存度を高める——レバレッジを高める——が，それは自らが発行する負債の流動性（要素）を維持する，つまり借り換えることができてはじめて可能なことである．この点において，ノンバンクは預金取扱銀行に依存しているのであり，借り換えるために預金取扱銀行の流動性にどれだけアクセスできるかが問われる（ibid.）．ここにミンスキーは次のように述べる．「金融危機が引き起こされるか否かの鍵は，多額の負債残高を持つ市場性証券（marketable securities）の保有者が借り換えることができるか，それとも現金を得るべくポジションを清算せねばならないかにある」(Minsky 1964, p.266)．

かくて導けたことは，体系における流動性の究極の源は，最後の貸し手としての中央銀行の「受け容れ機能」に依存し，流動性は2つのタイプが識別されるということである．銀行準備に基づく銀行信用は現金や通貨との交換可能性によって「真の流動性」といいうるのに対し，非預金取扱銀行を含む企業発行の金融証書（市場性債務）は，流動性調達能力を喪失して「虚構（fictitious）」の流動性供給に終わりうることがある．ミンスキーの二層化されたシステムは，

こうした流動性供給の2つのタイプに照応しているのである[7]。

階層的金融システムがいかに機能するかについて，ミンスキーは最後の貸し手機能による介入を欠くことができないようなものであると述べる[8]．それは，「われわれの経済が生得的かつ不可避的に欠陥を有しており，その欠陥がときおり金融の不安定性を惹起するからである」(1986, 45頁)．しかも「最後の貸し手機能を必要とする源は市場現象にある」(同, 59頁)と述べて，「周辺的」銀行組織の行動にこそ金融危機のメカニズムの核心を見ようとする．それは先に見たように，REITのような周辺的銀行組織が「投機的な」負債構造（あるいはポンツィ金融）の採用によって金融市場の逼迫に対して脆弱であり，そうした脆弱性が最後の貸し手役の「代理」を果たす「中核的」銀行組織にまで及ぶことでシステミック・リスクが引き起こされるとしたからである[9]．以下では周辺的金融組織の急激な成長がいかにして可能であるのか，そしてそこにはらまれたリスクがいかなるものであるかを検討していこう．そのうえでわれわれが関心を向けるのは，階層化されたシステムにおいて「階層的な銀行の結びつき」が危機のメカニズムにいかなる役割を果たすかということである．ミンスキーは次のように述べている．「われわれの経済が正常に機能していても，もろくて不安定な金融的結びつきを広げかねないという可能性」(1986, 45-6頁)があり，「壊滅的な崩壊を引き起こしかねないドミノ効果の可能性が階層

---

7) BIS委員会のレポート（2011年）は，以上の流動性についての見解を反映している．すなわち，中央銀行によって提供される「公的な（official）」流動性と，「民間の（private）」流動性との基本的な相違に注意することである．後者は，民間の金融機関がたとえばマーケットメーキング活動によって証券市場に市場流動性を提供することに，あるいは銀行間貸出を通して資金流動性（funding liquidity: 資産の販売あるいは借入によって現金を調達する能力）を提供することに依存している．

8) こうしたミンスキーの見解と対置されるのは，「連邦準備制度の最重要かつ中心的な目的がマネーサプライのコントロールにある」(1986)とするものだとされるが，そうした見解は「われわれの経済が生得的かつ不可避的に欠陥を有している」という理解を欠くために最後の貸し手機能の役割を欠落させているのである．

9) 実際には，1974-75年の金融混乱は危機やパニックに発展しなかった．「大きな政府の所得面および財政面での反撃によって緩和させられ，反転していった」(1986, 77頁)からである．銀行信用がオープン・マーケットの信用を肩代わりすることにより，CP市場は無傷のまま存続した．REITのCPに対する取付けは取引先の中核的銀行に損失をもたらしたが，システミック・リスクには発展せず，特定領域に封じ込められた（contain）といえる．

的な金融形態のなかに秘められている」(1986, 102-3 頁)，と．

2. 階層的金融システムと金融規制

(1) 周辺的銀行組織の成長：金融会社

　階層的システムにおける不安定化のメカニズムを論じるに際してはじめに指摘されることは，ブームの過熱化の過程で周辺的金融組織が中核的銀行組織に比して跛行的に肥大・拡大することである．この点についてミンスキーの言及を引こう．「制度面の変化もまた金融構造の変質に資するところがあった．1960 年から 1974 年に至るまで，周辺的な銀行組織やその活動——たとえば金融会社による企業貸付，法人企業による CP の発行，REIT や連邦準備制度非加盟の商業銀行——が，金融システムにおける他の構成員に比べて増加した」(1986, 102 頁)，あるいはまた「1960 年代にこの債務（譲渡性 CD）が急増したおかげで，銀行はその準備を基盤とする場合に比べてはるかに速いスピードで貸付を増加することができた．連銀サイドでは準備ベースとマネー・サプライ（要求払預金と通貨）の増加率で測ってもっと緩やかな道を辿ろうと模索していたのであるが，銀行貸出は急激に膨張し，インフレ的ブームの火に油を注ぐ結果となった」(1986, 104 頁)．以下で取り上げる「金融会社（finance companies）」に関するミンスキー（1986, 第 10 章）の叙述は，周辺的銀行組織の成長が何によったか，そしてそこにはらまれるリスクがいかなるものかを窺わせてくれる．

　金融会社は，主として自動車および耐久消費財の購買に対して融資を行う会社と，主に家計に対して貸付を行う会社の双方がある．その特徴は自らの債務を積極的に利用することにあり，「最初に貸付を行い，それから資金を見つけ出す」(1986, 307 頁) という点で商業銀行に類似しているとされる．それらは債券および商業手形の発行と，銀行借入とによって，自らのポジション形成のための金融を行う．信用需要の増加に対し金融会社はまず銀行借入を行い，続いて商業手形の増発が用いられる．しかし商業手形を強気に増発していけば，商業手形金融の通常の手続きによって銀行に持っている貸付限度額に達する．そのとき金融会社は貸付限度額を広げるために債券を発行する．そこで金融会

社の資産および債務の実際の推移を辿ると公開市場手形による資金調達への依存度が上昇している．1964年には「株式および債券」は資産の44%であったのが，1974年には32%に低下する（1978年にはこうした長期の資金調達は35%まで回復）のに対し，公開市場手形への依存度は1964年の18%から，1974年の29%，さらに1978年の33%へと上昇しているのである．このことは前章で触れたように，市場性債務が銀行借入に比し，市場環境に応じて感応的な動きをする——プロシクリカリティを含め——ことを反映していると言えよう．

　併せて資産構成の変化にも触れておこう．これらの金融機関は家計に対する貸付が元来の専門業務であったが「企業貸付」の比率が上昇してきている[10]．金融会社の短期的な拡張は銀行の貸付限度額によって制限され，長期のそれは債券販売能力によってその拡張が制限される」(1986, 307頁) とされるが，ミンスキーはここで企業貸付の比率の上昇には「金融市場を効率的に作動させうるだけの技術を習得した証」であると説明する．企業貸付への移行と相まって生じた帰結は，金融会社が「レバレッジ」を高めてきたということである．すなわち，「資産−株式比率（つまりレバレッジ）を1964年の7から1974年の14へ，さらに1978年には30を超えるまでに増加させている（1986, 308頁）．

　金融会社の成長には，「周辺的」組織としての特徴が発揮されている．市場性債務に依存することで銀行借入の限界を広げるが，その背後にあるのは，金融会社が余り規制を受けない比較的自由な金融機関であり，全国的規模で営業を行うこともでき，その資産および債務を運用するさいにかなり自由裁量の余地をもっていることである．そして周辺的組織の成長においてレバレッジを大きく伸ばしたことが，利潤獲得におけるそのダイナミズムの発揮を表すものとして留意される．「レバレッジ」が持つ意味についてミンスキーが次のよう述べることは——本書を通じて金融危機のメカニズムに際しても——重要である．銀行業はすべからく，「他人の貨幣でもって自らの株式基盤をレバレッジし，それによって利潤を得るものだということである」(1986, 285頁)．あるいは「複雑な金融構造は種々の，さまざまの機関からなるが，それらは自身の自己

---

10) 1964年には総資産のうち家計への貸付が57%，企業貸付が29%であったのが，1978年にはそれぞれ46%，44%に変化している．

資本（equity）で「てこ」をかけ，通常はそれで利益（利鞘）を得る（make on the carry），すなわちその資産が稼ぐよりもより低率で借り入れることによってである」(1986, p.277, 308 頁)．「利鞘獲得」は銀行の基本的ビジネスモデルであるが，これは金融会社のような「周辺的」金融組織についても適用でき，銀行と同じ型の活動に従事することで利益を得ることができる．このことは今次危機に関しても，シャドーバンキングにおける短期借入，長期運用のビジネスモデルに見ることができる．こうしたビジネスモデルについて容易に指摘できることは，金利の急騰に対して脆弱である——流動性逼迫に陥る——ことで，このことは，とりわけ短期ホールセール・ファンディングのような資金調達手段に依存するとき，長短の満期のミスマッチを抱えることにより顕著に現れる．この点は金融会社についても指摘される．すなわち「企業及び金融機関が公開市場手形（例えば商業手形）への依存度を高めていくと，そのような債務の流動性要素が不利な再評価を受けやすく，これによって公開市場利子率が上昇し，それゆえ金融機関の利鞘獲得能力が減じるような状態へ，資本資産および証券株式の価格を導く」(1986, 308-9 頁)．

(2) 階層化システムと規制

利鞘獲得モデルについて，ミンスキーが述べるように「自己資本」がそのベースにあるならば，利潤獲得に当たりとりわけ関係するのが自己資本（比率）「規制」である．リスク資産に対して積まれるべき自己資本を左右する自己資本比率規制は，とりわけ規制下にある金融機関にとって重要な位置づけをもつ．規制を免れることができれば，節約できた資本を用いてリスク資産をそれだけ増やして利潤を得，自己資本利益率を一層高めることができるからである．ここから階層的金融システムを「金融規制」の観点から検討を加えることで，階層的システムのダイナミズムを，したがってそれに並行した脆弱性を窺うことができる．

階層化システムを規制の有無，強弱によって二層化して捉えることの意味について検討が必要であり，それは以下で改めて触れられるが，ここでは次のことに触れておこう．ミンスキー (1986, 第 10 章) が銀行組織の「重層構造」を連邦準備制度加盟銀行と非加盟銀行によって捉えたことである．両者の成長格

差に触れて，ミンスキーは第二次大戦後に非加盟銀行が加盟銀行よりも急速に成長してきたことに留意する．そうした成長格差を生み出した要因を，非加盟銀行が――他の商業銀行の預金を自らの準備預金として用いることで――準備を要求されなかったことに帰着させている．利子率の上昇は準備預金の潜在的費用を一層増加させるから，連邦準備制度に加盟するか否かの選択にそれだけ影響を及ぼす．ミンスキーにあって銀行業の利潤創出のインセンティブは，次の引用に表れるようにダイナミックである．「準備の代替物を創出し，準備吸収を最小化してしまう能力は，利潤最大化を追求する銀行組織の本質的特性である」(1986, 305頁).

　以上のように「規制」下での銀行業の利潤最大化行動は，規制の回避を含めた制度的環境への対応（「規制裁定」）も含まれるから，階層的金融システムを構成する規制格差を銀行業のダイナミズムを捉えるという観点から論じることはミンスキーに合致するところといえよう．実際，ミンスキーは次の引用からも窺われるように，銀行業の利潤創出活動を政策や規制をも選択あるいは回避の対象とすることによって捉えようとした．「銀行業の標準的分析は，中央銀行（以下では当局と呼ぶ）と利潤を追求する銀行とによって行われるゲームという図式に行き着く．このゲームにおいて，当局は自らが適正と考える貨幣量を実現するために，利子率と準備とに**規制**を課し，金融市場において操作を行う一方，銀行はこのような当局を出し抜くために開発や革新を実行する．当局は準備ベースの成長率を抑制することはできるかもしれないが，しかし準備の効果を決するのは銀行業と金融システムなのである」．しかもミンスキーが次のように続けて述べたことが留意される．「このゲームは不公平なものである．銀行集団の企業家のほうが，中央銀行の官僚よりもはるかに多くのものを賭けている．……利潤追求者である銀行家が当局とのゲームにおいてはとんど常に勝つ．しかし勝利を収めるとき銀行集団はまさに経済の不安定化作用を及ぼしているのである」(1986, 311頁，太字は引用者).

　以上を踏まえて，ミンスキーの「周辺的」と「中核的」の二層の金融組織からなる階層化システムを，「非規制」金融機関と「規制」金融機関から成るものとして論じていくことができる．きびしい金融規制の下に置かれることで，それを回避すべく，規制金融機関はいわば「周辺的」金融組織を新たに創出す

べくイノベーションに訴えようとするのであり，規制をも利潤創出のための操作変数にするというダイナミズムの働きを見ることができる．今次金融危機の主役たる「シャドーバンキング」の隆盛の背後には，そうした規制の「階層性」に対して「自己資本規制」下にある銀行業——「中核的」金融組織——が規制自体をも利潤引き上げに用いようと裁定行動をとったことにある．ただ留意されるのは，規制の緩い部門，例えば投資銀行についても，一種のレバレッジ規制として「ネット・キャピタル・ルール」が課されており，そのもとで利潤最大化のために規制を操作対象とする動機が働くのを見ることができる．

ここで留意されるのは，階層化されたそれぞれの層（金融組織）で，それぞれに課された金融規制があり，それぞれが規制をも操作対象として利潤最大化行動をとっていることである．そうであるなら，システムを「階層化」するメルクマールは単に規制の強弱だけではなく，次のような要因も関係してくる．それは，それぞれの層が成長のためにいかなる資金調達手段を用いるかであり，ここにおいて先に見てきた流動性供給に2つの型があることが関係してくる．

(3)　「規制」金融機関 vs.「非規制」金融機関

本項では，金融規制の下で金融機関がいかなる行動——規制裁定を含め，銀行業のダイナミズム——を示すかを，規制の強弱において差のある商業銀行と投資銀行それぞれにおいて見ていこう．

バーゼルI資本規制は，銀行に資産価値の8%分を株主資本として，つまり資産のリスクウェイトに基づく所要資本として維持することを要求するものである．しかし銀行の観点からすれば，株主資本は高コストな上に，実効レバレッジとリスクテイクを低下させる．それゆえ，銀行は監督行政上の必要資本を減少させるためにさまざまな種類の戦略を追及する．商業銀行は自己資本比率規制の制約から免れようとして，オフバランスのABCP導管体や同類の事業体であるSIV（structured investment vehicle）を設立した[11]のであり，保有する資産をそこに移管して「オフバランス」とした．それは以下に述べるように株主資本を節約し，より効率的に使う（「規制裁定」）ものであり，「レバレッジ」

---

11)　コンデュイットとSIVの違いは，本体による補完の程度の差で，後者の方が低い．

をそれだけ高めるものであった．それは規制を緩めるために銀行が生み出した「金融イノベーション」（Acharya and Schnable 2009, 117頁）といえるもので，導管体を設立することで所要資本を低めることができた（同上, 117-8頁）．かくて，導管体は株主資本を経済的に効率よく使う方法を提供した．

こうした導管体の創設と，それに伴う（流動性や信用の）「補完措置」のもとにトリプルA格付けの資産担保証券に投資したことが「規制裁定」取引――しかも規制の歪みをつく――と呼ばれるゆえんは次にある．既存の自己資本比率規制の枠組み（リスクウェイト調整後の自己資本比率を算定する既存のバーゼル・ルール）の下では，こうした補完措置に対する自己資本の負荷は軽くて済んだ[12]こと，およびそれに併せて，保有していたローン（企業向けローン，学生ローン，売上債権，クレジットカード債権，モーゲージといった金融資産）を，自己資本比率で表された資本負荷が格段に低いトリプルA格付けの債務担保証券（CDO）や借入担保証券（CLO）への投資に切り換えたことにある（同上, 109頁）．自己資本比率の負荷を軽減できるという抜け穴を利用したということもできる．しかしこのことに表裏して次のようなリスクがはらまれたことが併せて留意される．導管体に移管された資産が劣化し，導管体に投資した投資家が損失を被る場合，金融機関間の取り決めとして，導管体に投資した投資家は銀行に遡及（リコース）できる――資産を銀行に引き取らせる，導管体のリスクがその導管体を設立した商業銀行に戻される――こととされていたのである．かくてこうした規制裁定取引はスポンサー銀行にとって実質的なレバレッジを高めるとともに，集合リスクへのエクスポージャーを高めることになった．この意味で商業銀行は自らのバランスシートから経済システムにおける他の投資家に資産を移転させたはずであるのに，必ずしもそうはなっていなかった．第6章でも言及するように，ABCP導管体とSIVとを実質的に銀行システムの一部として捉えると，トリプルA格付けの資産担保証券全体の約5割を銀行システム内に抱えることになったのである（同上, 112頁）．このことは

---

12) 銀行は自己のバランスシート上でのレバレッジ――つまり，自己資本に対してどれだけ資産を保有できるか――に比べて，オフバランス扱いすることで，5倍も高いレバレッジ比率を得ることができた．その詳細については，Acharya and Schnable（2009, 112頁）を参照のこと．

階層化システムにおける銀行間の結びつきを表し，システミック・リスクを構成するものと考えられるが，「金融組織全体にとって弱体化をもたらす源となりかねない階層的な銀行の結びつき」については，以上に触れられた損失発生の場合の「遡及」を論じることだけで十分な説明を与えるものではない．前節でのミンスキーからの引用からも窺われるように，ポジション形成が市場性債務に依存することから生み出された「流動性資産のピラミッド的構成」あるいは債務の重層性を介する場合を含めて直接，間接の「伝染」の役割が考慮に入れられなければならないからである．

　以上の議論が示すことは，金融機関は政策や規制に対しても利潤引き上げのための操作対象として位置づけていることで，階層化された金融システムはそのようなダイナミックな銀行行動を描写すべく「規制格差」を組み込み，そうしたインセンティブが働くような枠組みであるということである．このことを示すべく規制金融機関たる「商業銀行」について「規制裁定」行動を見てきたが，同様なインセンティブが働くことを「非規制」金融機関としての非銀行金融機関（ノンバンク）についてもいえることを示そう．以下では大手投資銀行における金融規制をめぐる対応を取り上げるが，所要自己資本（純資産）の効率的な活用——それはレバレッジの拡大による収益性の向上を意味する——をめぐって規制裁定がなされるのである．

　投資銀行に対する資本規制はいかなるものであろうか．投資銀行は，法的には証券会社であり，証券業に対する規制・監督機関であるアメリカ証券取引委員会（SEC, Securities and Exchange Commission）の監督下にある．証券会社に対しては，預金取扱銀行に対する健全性保持の観点とは異なって，顧客の保護や市場の安定に照準を合わせた「ネット・キャピタル・ルール（Net Capital Rule）」と呼ばれる一種のレバレッジ規制が課せられてきた．それは資金流動性リスクや市場流動性リスクに比重をかけて対処しようというもので，市場流動性を踏まえてネット・キャピタルを算出しており，資金・市場流動性リスクを考慮して負債をネット・キャピタルの15倍以下と保守的に抑えるものであった（宮内 2015, 56 頁）．したがって，レバレッジを高め収益性を高めようとするときに事実上の足枷になってきたため，2000 年代初頭の経営環境が悪化する中で金融界は規制緩和を要請していたのである．

2004年は投資銀行にとって金融規制上の転換点となった（以下は西村 2012, 宮内 2015 に依拠する）．2004年以降金融経済環境が大幅に改善する中で，つまり良好な資金調達環境の下で以下に取り上げる規制変更とあいまって過剰なリスクテイクが助長されたのである．米国投資銀行のバランスシートは急拡大し，シャドーバンキングの規模の飛躍的な拡大があった．同年にはバーゼルⅡの公表があり，SEC によって投資銀行向け規制の変更がなされるが，それはバーゼル基準の適用というものであった．それが投資銀行にとって意味するのは，「ネット・キャピタル（正味資本）ルール」からリスクベースのバーゼル規制に乗り換えることで，やり方次第ではレバレッジを高めることができるようになったことである．つまり，米国の投資銀行は，その「持ち株会社」が 2004年になって SEC の監督下に置かれるようになったのであり，その際，CSE（Consolidated Supervised Entity）必要資本プログラムに参加すれば，SEC の「標準的な」ネット・キャピタル・ルールの適用が免除されたのである[13]．こうして 2004年に CSE プログラムを創設して，連結ベースで監督できる仕組みが整えられたのであり（2004年8月に施行），この監督プログラムは，「銀行」持株会社と平仄を合わせてバーゼル基準に立脚するものであったということである．こうしてバーゼルⅡに準拠した自己資本規制が導入された．しかしそれは次の点で問題をはらむものであった．すなわち，もともとあった証券業者の自己資本規制（つまりネット・キャピタル・ルール）との関係で，バーゼルⅡの基準を証券持株会社傘下の証券子会社に対する適用にあたっては，「バーゼルⅡのリスク計測手法の準用」，以下に言う「内部モデル」の利用を認めるということがあったのである．このことが，資本額 50 億ドル以上の投資銀行について，「標準的な」正味資本ルールの「適用除外」を受けることを可能にした．繰り返せば，大手投資銀行が CSE プログラムを受け入れるにあ

---

13) 投資銀行に対する「バーゼル規制」の適用という規制変更の経緯について触れておく必要があろう．投資銀行に対する監督権限は SEC にあったが，それは証券会社「単体」に対してのものであった．それを子会社としてもつ証券「持株」会社ならびにその傘下にある兄弟子会社や関連会社全体には監督権限が及ばなかった．これに対して商業銀行については，銀行持株会社に対して監督権限を有し，中央銀行である FRB が親会社の持株会社および子会社・関連会社を含む連結ベースで，銀行監督の国際的基準となっているバーゼル基準に立脚して監督していた．

たって，証券会社の正味資本ルールの控除額算定にあたり「標準的手法」を用いず，VaR モデルのような計量的手法やシナリオ分析，内部格付けなど内部モデルの利用を認めたということで，それはバーゼル II において所要自己資本算定において許容されていたことからきており，大手投資銀行グループは内部モデルを利用していたのである．

かくて，2004 年にバーゼル II 基準の適用という規制変更に伴い，所要自己資本の算定にあたり「余剰資本」が生まれることとなり，それを転用することでレバレッジを高めることが可能になった．それがなぜ問題をはらむかといえば，内部モデルの利用は「恣意的」になる恐れがあるからである．この問題に対し，監督当局は自己資本戦略の検証を求めていたが，それを SEC の監督部門は実施しなかった[14]と，リーマンショック後に批判されることになった．ここに大手証券会社は所要正味資本を少なくすることができ，業容を拡大し，レバレッジを高められるようになったのである[15]．かくて大手投資銀行 5 社は早速 CSE プログラムに参加しバーゼル規制体系を適用することとなり，これを契機に，証券化商品を用いてリスクウェイトを抑えながらスプレッドを稼ぐビジネスモデルが拡大していったのである[16]（宮内 2015, 55 頁）．

以上の議論から投資銀行，そして商業銀行のオフバランス組織（SPC, 特別目的会社）の資産の，とくに 2004 年以降の急成長を見ることができる．それは階層化された金融システムにおける「周辺的」金融組織（シャドーバンキン

---

[14] SEC の監査部門はベア・スターンズのレバレッジが高いことを知っていたのに，レバレッジを抑えるように要求しなかった．それは「SEC はこれまで投資家保護の観点からインサイダー取引や相場操縦など不公正取引防止やそうした取引の摘発に監督上の主眼をおいてきたのであって，業者の健全性規制やシステミック・リスクの監視といった役割には，もともと不慣れであった」（二上 2009）ということとも関係していた．

[15] 四半期のデータで推計すると，標準的方法を採用した場合に控除すべきヘア・カット部分のうち 40％，実額で 130 億ドルを節約できる．すなわち 11 社で合計 130 億ドルの余剰資本を捻出でき，それを親会社である持株会社が吸い上げて他に転用可能になる．この結果，財務会計上の負債倍率で計算しなおすと，2004 年の CSE プログラム導入後，大手投資銀行の負債倍率は上昇していき，ベア・スターンズ破綻直前の 2008 年 2 月には，軒並み 30 倍を超えてしまったのである（二上 2009, 13 頁）．

[16] 宮内（2015, 55 頁，注 38）の引用するところによると，「Nadauld and Sherlund (2009) は，CSE プログラムへの参加により，大手投資銀行の自己資本賦課は全体で約 4 割程度減少し，その後の急速なレバレッジの拡大につながったとしている」．

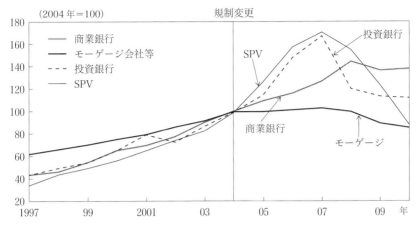

注：それぞれの金融資産総額．
資料：FRB．
出所：西村（2012）6頁，図表6．

図3-1　2004年以降の米国における投資銀行・SPVの資産急拡大

グ）の相対的成長の高さを示すものであり，図3-1において見ることができる．こうしたバランスシート拡大と併せて留意されることは，もともと預金のような調達手段を持たない投資銀行は，証券化商品を担保とするレポでの調達に偏重していったということで，そこでは市場流動性，資金流動性への目配りがおろそかになっていたことが伴なわれている．

　周辺的金融機関の規模拡大が，どのような内容を持つものであったかを見るべく，表3-1において，大手投資銀行の「保有金融資産（Financial Instrument owned）」の内訳を見たものを挙げておこう．国債や株式，事業債のような伝統的な取扱商品よりも，Mortgage-related（不動産担保ローン）証券やデリバティブの保有残高が多くなっている．「事業債そのほか」（Corporate debt and other）の項目にも，ジャンクボンドやレバレッジド・ローンの占める割合が多いことを見ることができる．それは投資銀行の本来の業務——「アンダーライティングやブローカレッジ」——から，自己勘定取引への変質が窺われるもので，利鞘獲得の事業戦略モデルを追及するうえで，高利回り証券が選好されたことが現れている．

表 3-1 大手投資銀行の保有金融資産の内訳
(2007 年 11 月末, 連結ベース)

(100 万ドル)

	リーマン・ブラザーズ	ゴールドマン・サックス	ベア・スターンズ	メリル・リンチ
モーゲージ及資産担保	89,106	54,073	46,141	28,013
米国債及政府支援機関債	40,892	70,774	12,920	11,219
事業債その他	54,098	39,219	26,330	37,849
株式	58,521	122,205	32,454	60,681
金融派生商品	44,595	105,614	19,725	72,689
その他	25,917	60,710	672	24,218
合計	313,129	452,595	138,242	234,669

注:1) メリル・リンチのみ 12 月末.
　 2) モルガン・スタンレーに関しては, 純残高ベース——空売り分を除く——であるが, 非SP ローン関連の保有資産が 165 億ドル, 商業用モーゲージ関連が 315 億ドル, SP ローン関連が 61 億ドル, 計 541 億ドルである.
資料:各社, アニュアルレポート.
出所:二上 (2009), 6 頁, 第 2 表.

なお, 図 3-1 と類似の内容を持つ関連した図として図 3-2 が参照される. それは異なる規制の下におかれた 2 つの金融組織間の成長格差を見たものである.「周辺的」と「中核的」それぞれの金融組織を「非銀行金融機関」と「預金取扱金融機関」として対置し, しかも後者を「商業銀行セクター」, 前者を「証券ブローカー・ディーラー・セクター」によって代表させよう. 1954 年以降のそれぞれのセクターの——図では「非金融企業」と「家計」の 2 つのセクターも併せて記載される——成長を比べると前者の顕著な成長を見ることができる (Shin 2010b, 第 9 章). 図から窺われるように, 4 つのうち 3 つのセクターは 1954 年から約 80 倍の規模に成長しているが, 証券ブローカー・ディーラー・セクターは, リーマンショック前のブームの最盛期においてほぼ 800 倍までの規模に成長——したがって危機前夜にはほぼ 10 倍の規模格差があった——している (そして危機時に急激に縮小している).

以上の金融機関間の規模間 (成長) 格差は, 一言でいえば, 金融システムが危機に先立つ 20 年間に銀行中心の金融仲介から資本市場中心の金融仲介に移行してきたことを反映し, 商業銀行がより少ない制約を課される機関に比してマーケットシェアを喪失する過程であった. 銀行は持続的に規制を逃れようとすることで革新を試みたが, 証券化の流れの下では, それはニューディール改

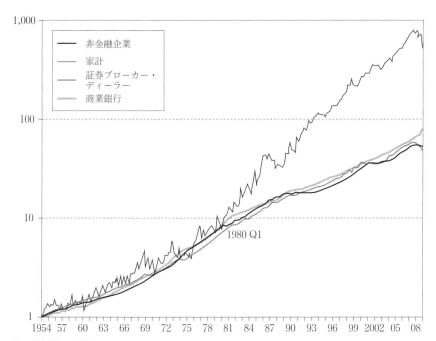

注:各年第1四半期.
出典:米国連邦準備制度理事会,資金循環勘定.
出所:Shin (2010b), 220頁, 図9-8.

図 3-2 米国の4つのセクターの成長(1954年第1四半期=1)(対数表示)

革以来の銀証の機能分離を進める方向にではなく,金融機関の諸活動を収斂させる方向に動いてきた[17].伝統的な預金取扱銀行は取得資産を銀行の帳簿から外して SIV など特別目的事業体に移管することによって,そのビジネスを展開させたが,そのような形でシャドーバンキングに自ら参加した.そしてシャドーバンキングの構成主体は機関投資家向けの資本市場商品を利用したファンディングを選好し,企業は,銀行から借り入れるより,CP やジャンクボンドを規制されていない金融機関に売却しようとし,家計の膨大な貯蓄を受け入

---

[17] Minsky (1987) は,このことを金融グローバル化と証券化との「共生関係」(a symbiotic relation between of the global financial structure and the securitization of financial instruments) として捉えている.

れた MMF は短期ホールセール市場での投資を選好した（小立 2013, 12 頁）.

3. 階層的金融システムの脆弱性

(1) シンの金融システムと階層化された金融システム

　次に提起される問題は，階層化された金融システムにおいて「われわれの経済が正常に機能していても，もろくて不安定な金融的結びつきを広げかねないという可能性」（Minsky 1986, 45, 46 頁）を通していかに金融システムのシステミック・リスクを描写するかである．このために本節では，Shin（2008; 2010a; 2010b）の証券化を軸とした金融システムの会計等式を用いた分析を取り上げる．そこにおいては金融機関間（「銀行部門」）の相互貸借を「レバレッジ部門」として扱い，「銀行部門」以外の部門（「非レバレッジ部門」）からの資金提供と識別することで，ミンスキーがポジション形成を市場性債務に依存するところにもたらされる負債の重層性（layering）を描くものと理解しようとする．非レバレッジ部門は，家計セクターを中心とした「最終的貸し手」であるが，レバレッジ部門との顕著な相違は，本源的な信用たる「貯蓄」を現金や証券に配分するのみ（「購入のみ（ロング・オンリー）」）の役割を果たす投資家であるということにあり，この点でレバレッジ部門では同一機関が貸し手と借り手の両方の役割を果たすのと対置される．レバレッジ部門内では互いが貸し手となり，借り手となることで——「銀行部門」と最終的貸し手との**集計的関係**を変えることなく——個々の銀行の「レバレッジ」を任意に高めることができる．しかし金融システム全体では，最終的借り手に融通すべき資金の額は，レバレッジ部門自体の総資本以外には非レバレッジ部門からの資金に依存するしかない．しかし以下で述べるように，その「銀行部門」以外の——海外部門は捨象している——資金は，実体経済に応じた緩慢な動きしかしないのである．これをシンは「土地不足のため建築面積が限られている家に部屋を増築するには，マンハッタンの摩天楼のように，上に向かって建て増すしかない」（Shin 2010b, 207 頁）として捉え，システムの不安定性を論じるさいの起点に据えようとする．すなわち，そうした実体的制約にもかかわらず，「銀行部門が相互に負債を増加させ，債権と債務の絡み合いを広範なものにする」（同上，

206頁）ことによって，そうした債務の重層性を支える「流動性」が希薄化していること——それは当該レバレッジ部門の供給する「流動性」の性質が関係している——が不安定化の契機を与えているということである[18]．こうした理解は，ミンスキーにあっては，非預金取扱銀行が自らは銀行準備の裏付けのある，現金・預金と交換性のある真の流動性を提供できないために，例えば保有資産を担保にして信用市場証券を相互に発行するときにもたらされる「負債の重層性」が，資産価格変動に対して脆弱であるとする議論に照応している．市場性債務に依存したポジション形成は債務の重層性あるいは「流動性資産のピラミッド的構成」をもたらし，債権債務のポートフォリオ連環を通した資産価格下落の伝染（金銭的外部性）を引き起こす，あるいは，価値の下落した資産（あるいは類似資産）を担保に有することで，間接的伝染を引き起こすことがシステミック・リスクにつながりうるのである．ここにわれわれはミンスキーの言う「もろくて不安定な金融的結びつき」を見ることができると考えようとしている．

　以下ではシンの，以上のような理解を容れる金融システム分析を取り上げるが，ミンスキーの階層化された金融システムとの整合化の観点から幾つかの点に触れよう．はじめに，先に見てきた「規制」下に置かれた金融機関と「非規制」金融機関との二層化した金融システムと，シンにおける「レバレッジ部門」と「非レバレッジ部門」との対置がいかに整合化しうるかを検討しよう．はじめに確認することとして，階層化されたシステムにおいて働く金融業の利潤創出動機は，先に触れたように規制の強弱，格差がある下でもそれぞれの階層組織にあって同様に働くことである．先に商業銀行について自己資本規制が課される下で「規制裁定」取引がなされることを見たが，大手投資銀行においても，当該規制の隙を衝くことを含めて自己資本利益率を高めるべく操作対象とみなされうる．したがって，階層化されたシステムにおいて働く金融業の利潤創出動機は，規制の強弱，格差が組み込まれたもとで，そうした規制体系をも操作対象とする——そのために金融革新の利用も伴いつつ——ことで収益引き上げの動機を内在化させている．そうであれば，階層化されたシステムは，岩井

---

[18] シンはこのことを「量に限りがある同一の外部資金プールを取り合っているから」（2010b, 207頁）と表現する．

(1985; 2000)が資本主義の原理を「差異性」を意図的に創出することによって利潤を獲得するという資本主義のダイナミズムを組み込んだ枠組みであるとみることができる．先に述べたように，商業銀行（「中核的」金融機関）も大手投資銀行（「周辺的」金融機関）もともに「自己資本比率の負荷を軽減させるという抜け穴を規制体系の中に見出す」ことで「差異性」を創出しようとするものと理解できるのである．

　階層化されたシステムについて以上の理解——異なる階層にある機関がそれぞれに「差異性」を創出しようとする，したがって規制格差だけでは「階層化」の契機として十分ではない——を得るとき，「階層化」の契機を何に求めるかが改めて問われる．これについてわれわれは先に述べたように，流動性の供給に2つのタイプが識別されることに留意した．すなわち，銀行準備の裏づけのある「真の流動性」と，市場での売却に際して流動性要素を低下，喪失しうることから「虚構に終わりうる流動性」[19]との識別であり，中核的金融機関と周辺的金融機関の各々がそれらに照応した流動性を供給しているということである．

　次いで，以上の流動性について2つの異なるタイプの識別を行う階層化システムと，「レバレッジ部門」と非レバレッジ部門の識別に立つ枠組みとはいかにして整合性があるであろうか．シンにあってレバレッジ部門は，相互に負債を増加させ，債権と債務の絡み合う負債の重層化で特徴づけられるのに対し，「非レバレッジ部門」は最終的貸し手として次のように設定されている．すなわち前者の部門では同一機関が貸し手と借り手の両方の役割を果たしているのに対し，「最終的な貸し手」としての「非レバレッジ部門」は，本源的な信用たる「貯蓄」を現金や証券に配分するのみ（「購入のみ（ロング・オンリー）」の役割を果たすということである．非レバレッジ部門は，銀行や企業に対する請求権である株式や債券を直接保有する家計と，受益者である家計のために

---

19) 具体的に言えば，ABCPやレポのような市場性債務が，背後の裏付け資産，担保資産の価値下落，あるいはリスクのプライシングに対する不透明さへの懸念を介して取付けやロールオーバー拒否の行動に遭い，価値を下落させる．そのことがそれら市場性債務の流動性取得能力を低下させる．それはミンスキー流に言うなら，当該債務の「流動性要素」の低下である．

「銀行」に対する請求権を保有する投資信託や年金基金，保険を一緒にしたものである（Shin 2010b, 135頁）．そのとき留意されることは，「非レバレッジ部門」は本源的信用たる貯蓄を資金源とするのみで，したがって実体的経済活動を通じて生み出され，経済成長に見合って蓄積された家計の富に制約されており，その動きは緩慢であるということで，この点で信用市場の動向に応じて伸縮的に動き得る「レバレッジ部門」と対照される．

ところで預金取扱銀行においてもコア負債としてのリテール預金に加え，準備節約のためを含め新機軸によって生み出された短期の市場性資金が調達されている．そこでいま，当該銀行における資金源を二分して，1つは安定的な預金債務，もう1つは市場調達の銀行債務を考えるならば，前者をシンがいう「最終的貸し手」から「銀行部門」（レバレッジ部門）が調達するものとし，最終的貸し手（$n+1$部門）に対して負う請求権とみなされる一方，預金取扱銀行の資金調達のうち，リテール預金を除いた残りの部分を市場調達によるものとして，シンの言う「銀行部門（レバレッジ部門）」に属せしめることが考えられる．このように預金取扱銀行を資金調達面で二分すれば，リテール預金による部分は，シンの言う「非レバレッジ部門」として「最終的貸し手」としての資金提供の役割を果たし，しかもそれは家計の貯蓄に対応して，経済成長に応じて供給されるハイパワード・マネーの動きに照応した，銀行準備に裏付けられた信用供与とみなせるであろう．これに対して預金取扱金融機関の負う銀行債務として市場調達された部分は，シンの言う「銀行部門」つまり「レバレッジ部門」に属し，「銀行部門」内で相互貸借の対象となり，市場環境に応じて伸縮的な動きを示すであろう．こうすることによって，シンにおける，「ロング・オンリー」の投資家からなる「最終的貸し手」部門と，金融仲介機関の両建て取引を市場性債務によって支える「レバレッジ部門」との二層化を，ミンスキーの「階層化されたシステム」を特徴づけた2つの流動性，すなわち銀行準備の裏付けのある流動性供給とノンバンク発行の市場性債務との識別を容れた二層化とに照応させることができると考えられるのである．

(2) 「集計的」レバレッジと「個別」レバレッジ

かくてシンがレバレッジ部門と非レバレッジ部門から構成された金融システ

ムについて論じようとしたのは次のことである．「非レバレッジ部門」の最終的貸し手——代表的には家計である——の資金が本源的信用たる貯蓄（それは銀行準備のベースを成す経済の実体面に照応している）をベースにするものであるとき，そして金融システムの機能がそうした最終的貸し手の資金を最終的借り手に金融することにあるとき，そのような金融仲介を果たすにあたって「レバレッジ部門」が互いに貸借することでレバレッジの大きさを自身が選択しうるだけ大きくできるとするならば，それは「限られた敷地に摩天楼を建てる」ような不安定性をはらんだものになるのではないか，ということであった．その意味することは，最終的貸し手から最終的借り手への資金仲介過程で，金融仲介機関間で互いの貸借によってバランスシートを拡大し，レバレッジを高めることがなされるとき，「銀行部門」内での流動性逼迫やデフォルトが直接，間接の伝染を介してシステミック・リスクを招来する際に固有の効果（「ネットワーク効果」）を発揮するのではないかということである．銀行部門内での互いの貸借は債権・債務関係によってある債権がそれと同額の負債によって相殺されるはずであるから，相互の貸借は金融システム全体で集計されると全て消失するといえる．それにもかかわらず，複雑に絡み合い，仲介の連鎖が長いとき，取引相手について債務の履行可能性についての懸念，つまりカウンターパーティ・リスクがあることは個々の選択行動，例えば流動性を保蔵するかどうか，にあって固有の効果を及ぼしうると考えることができる[20]．これが Brunnermeier（2009, pp.96-7）のいう「ネットワーク効果（network effects or network risk）」であって，個々の債権・債務がシステムに及ぼす効果は，取引相手の信用リスクへの懸念があり信用市場で「目詰まり（gridlock）を起こすため，システム全体で集計しても全てのポジションを相殺することはできないということである．したがって，システム全体のパフォーマンスを捉えようとする際，これを「ネット」の取引関係を見るだけでは論じることができず，グロスの取引関係を見る必要がある[21]．

シン自身は，システムのこうした不安定性の問題を金融システムの会計等式を用いることで次のような形で提示した．すなわち「集計的な」レバレッジと

---

[20] この線に沿ってのシステミック・リスクの議論は，複雑な金融ネットワークの下での不確実性下の選択行動として第4章で提示される．

	銀行1	銀行2	⋯	銀行n	非レバレッジ部門	債務
銀行1	0	x_{12}	⋯	x_{1n}	$x_{1,\,n+1}$	x_1
銀行2	x_{21}	0		x_{2n}	$x_{2,\,n+1}$	x_2
⋮	⋮	⋮	⋱	⋮	⋮	⋮
銀行n	x_{n1}	x_{n2}	⋯	0	$x_{n,\,n+1}$	x_n
最終的借り手向けローン	y_1	y_2	⋯	y_n		
総資産	a_1	a_2	⋯	a_n		

図 3-3 行列表示の銀行の債権・債務と総資産

「個別」レバレッジを対置して次のような命題を提示したのである．

「非レバレッジ部門の債務総額は，家計の富の増加に制約されるのに対し，貸し手と借り手の両方の役割を果たす金融仲介機関（銀行部門）は，互いにいくらでも貸し借りすることによって，個々の銀行のレバレッジは任意に高めることができる」(Shin 2010a, p.249)．

「銀行部門」内部では互いに貸借がなされ，それら銀行間の請求権も考慮に入れること（すなわち「グロス」での表示）で各銀行のバランスシート等式を図 3-3 のように行列形式で表すことができる．仲介機関は n 社あり，x_i で銀行 i の債務総額（市場価値），π_{ij} で銀行 i の債務 1 単位あたりに対し銀行 j が保有する請求額の割合とすると，銀行 i の銀行 j に対する債務の市場価値を

$$x_{ij}(=x_i\pi_{ij})\ \text{として，}\ x_i = \sum_{j=1}^{n} \pi_{ij}$$

銀行 i はこれら銀行部門内で調達した市場性債務，および最終的貸し手に対する債務を合計し，かつ自らの資本 e_i（時価評価）を併せ用いて資産を取得・保有する．したがって自己資本をもとに「レバレッジ」を掛けている．ここで自己資本は時価評価されることで，バランスシートの両側の値を等しくするような大きさに定まっている．他方，銀行部門が取得・保有する資産は最終的借

---

21) 関連した議論として「ネット」の資本移動と「グロス」の資本移動の対比がある．たとえばアメリカへの資金流入について，前者の経常収入では「貯蓄過剰」の大きな国は中国や日本であるが，グロスの資本移動ではイギリスやユーロ圏の方が中国や日本を上回っている（みずほ総研 2014, 6 頁）．

り手に対する貸付 y_i と金融システム内の他のレバレッジ主体（銀行）に対して保有する請求権（$\sum_{j=1}^{n} x_j \pi_{ji}$）から成る．かくて各銀行のバランスシート等式は以下のように表される．

$$y_i + \sum_{j=1}^{n} x_j \pi_{ji} = e_i + x_i$$

（ここで右辺の x_i は，銀行 i にとって，他の銀行に対する負債および最終的貸し手に対する負債の合計額である．）これを行列表示すると，

$$y = e + x(I - \Pi)$$

ここで Π は銀行間の債権・債務を行列表示したもので，第 (i, j) 要素が π_{ij} である $n \times n$ 行列である．

ところで先にミンスキーを引いて述べたように，銀行行動の核心が自己資本をベースにレバレッジをかけて資産を取得し利潤を取得することにある――つまり安く資金を調達し高く運用して「利鞘」を獲得する――として，「自己資本」を起点とした利鞘獲得の効率性――それは自己資本利益率から見たものとして――を表す「レバレッジ」を見てみよう．個々の機関のレバレッジ（λ_i）は $\lambda_i = a_i/e_i$ で定義される．そのとき，a_i は「銀行」i の自己資本と（最終的貸し手に対する負債も含めて）負債総額の合計に等しいから，$\lambda_i - 1 = (a_i - e_i)/e_i = x_i/e_i$．これを行列表示すれば，$x = e(\Lambda - I)$ となる．

ここでさらに，最終的貸し手に負う負債，言い換えれば銀行の外部（非レバレッジ部門）の請求権者（部門 $n+1$）が保有する銀行 i の負債を明示的に取り出そう．いま銀行 i の負債額 1 単位当たりの最終的貸し手に対する負債の比率を z で表すと $z_i = 1 - \sum_{j=1}^{n} \pi_{ij}$．これを行列表示すると，$z = (I - \Pi)u$．ここで u は 1 からなる列ベクトルである．

こうしてはじめのバランスシート等式に戻り，はじめの行列表示の式において，上で得た x で置き換えると，

$$y = e + e(\Lambda - I)(I - \Pi)$$

これはあくまで個々の金融機関についての等式である．銀行部門全体の等式を得るためには，上の式の両辺に u を掛ればよい．こうして銀行部門全体で集

第3章 階層化された金融システム　　　　　　　　　　147

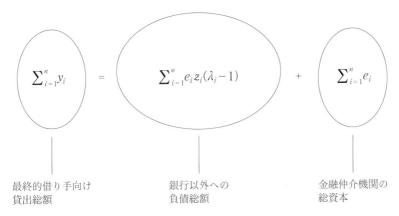

出所：Shin (2010b), 訳書より.

図3-4　集計されたバランスシート

計表示することで，最終的借り手への総貸出 $\sum_{i=1}^{n} y_i$ を次のように表すことができる．

$$\sum_{i=1}^{n} y_i = \sum_{i=1}^{n} e_i + \sum_{i=1}^{n} e_i z_i (\lambda_i - 1) \tag{1}$$

ここで Shin（2010b, 206頁）が説明に用いた「集計されたバランス等式」を図3-4で再掲しておこう．

(1)式は最終的貸し手に対する負債（z_i）が明示されているから，次の問題を問うことができる．先に述べたように家計の貯蓄は実体経済をベースにして家計の富に応じて徐々にしか変化しない．つまり，リテール預金として，安定的，緩慢な動きを示し，市場の金利変動とか金融市場の動向に対して非感応的である．そのとき個々の銀行はいかにして自己資本利益率を高めるべくレバレッジを引き上げることができるか，ということである．それは資産価格の上昇に感応的な市場性債務を発行することによるのであり，銀行部門内で互いに貸借することによって可能なのである．このことを(1)式を用いて見ることができる．右辺の第2項が結局 $\sum_{i=1}^{n} x_i z_i$ と表される，つまり「家計セクターから供給される資金のプール」であることに注意すれば，その動きが緩慢であるから，金融仲介機関のバランスシートの規模拡大は相互貸借によってのみ可能である．

これは $x_i/e_i(=\lambda_i-1)$ の上昇を意味するが，その動きが緩慢な第2項において (λ_i-1) を増大させるためには（e_i が増価するなら一層）z_i は縮小するということでなければならない．z_i は外部（非レバレッジ部門）の請求権者が保有する銀行の負債1単位当たりの比率であったから，安定的な動きを示すところの──成長に応じたハイパワード・マネーの増発により銀行準備の裏づけを持つ──リテール預金に裏付けられており，これは景気循環過程で市場性資金を積極的に調整することによってしか z_i の縮小をなしえないということである．その結果，個々の金融機関はブーム時のレバレッジを大きく（自らの望むだけ）高めることになる．

ここに得られた結果の意味することを考えるべく，銀行部門全体での集計されたレバレッジ（L）を計算してみよう．シンは次のように示している．

$$L = \sum_{i=1}^{n} y_i / \sum_{i=1}^{n} e_i = 1 + \sum_{i=1}^{n} e_i z_i (\lambda_i - 1) / \sum_{i=1}^{n} e_i$$

ここで留意されるのは，銀行部門全体の資産としては，企業，家計への貸出総額（$\sum_{i=1}^{n} y_i$）と，他の銀行への請求権──それは銀行 i について $\sum_{j=1}^{n} x_j \pi_{ji}$ ──の和であるが，後者は集計されると，銀行間のすべての債権と債務は相殺されるために，結局最終的貸し手に対する請求権しか残らない．このことは，(1)式の第2項である $\sum_{i=1}^{n} e_i z_i (\lambda_i - 1)$ が，最終的貸し手に対する負債額を表したことですでに見たことであり，結局，最終的貸し手に対する負債総額が（銀行部門全体の総資本とともに）「集計的な」レバレッジを決めているのである．かくて銀行部門全体のレバレッジは，銀行間で相互貸借がなされてレバレッジをいくら高めても，その影響を受けない[22]．ここからシンは次のように論じた．

[22) この指摘あるいは集計的レバレッジの導出自体は，金融ネットワークの複雑性下の選択行動，つまり「ネットワーク効果」を視野の外に置いたものである．したがって，現実には直接，間接に経済主体の選択行動に影響を及ぼすところのカウンターパーティ・リスクを考慮に入れた集計的レバレッジの大きさを表すものではない．それにもかかわらずこの集計的レバレッジが意味あるとすれば，貨幣的要因から来る不確実性の効果を除去して実体的基礎に裏付けられたものとして理解できるところにある．これに対置されるものとして個別のレバレッジは，信用ブームのもとで実体的価値に対し仮に効果をもたらさぬような銀行間貸借，信用取引であっても，その貸借をダイレクトに反映するものである．もって実体経済に対して肥大した金融取引を表す「逆ピラミッド構造」を捉える観点からの指標ということができよう．

「総レバレッジは不変でも，個々の銀行のレバレッジは任意に高く取った金融システムを構築できる．この直感は，銀行は互いにいくらでも貸し借りすることによって，銀行部門と最終的貸し手との集計された関係を変えることなく，レバレッジを高めることができるというものである」[23] (Shin 2010b, 149 頁).

以上の過熱したブーム期に見られる脆弱性は「崩壊のシナリオ」においても次のような形で見ることができる．「銀行部門」にとって貸出債権や保有資産のリスクが高まることは，自己資本をベースにポジションの縮小，つまり「デレバレッジ」を引き起こす．これは λ_i の低下に表れる．しかも時価評価での自己資本 (e_i) が低下してくる．これらは(1)式の第2項において，2項の意味する最終的借り手に負う負債額をおよそ一定に保つためには，上の2つの効果の下で z_i が大幅に上昇しなければならないということである．つまり「外部の」債権者からの資金調達の割合が増えるということは，それに表裏して銀行が相互に提供していた資金を引き揚げるということである．しかもシンがここで留意するのは，ある銀行が貸出をリスク管理上，あるいは自己資本規制を充たすために全体的に減らすことが，ミクロ・プルーデンスの観点から「合理的」な選択行動であるとしても，資金を引き揚げられた銀行にしてみれば，それが「取付け」に当たる場合があることである（Shin 2010b, 208-9 頁)．その意味することは，「取付け」にあった銀行は他の資金源を見つけることができず，ために貸出を縮小するか，市場性のある資産を売却することで資産保有額を減少せざるを得なくなることである．これは次章で取り上げる「間接的」な伝染の事例に当たるのである．シンはこの種の取付けが，ノーザン・ロック，ベア・スターンズ，そしてリーマン・ブラザーズにおいて起こったと指摘する．

以上に見た金融システムの脆弱性がはらまれる一方で，債務の支払い能力の問題を顕現化させることなく，整然と秩序だった債券・債務の連鎖が成立する

---

23) 以下に示すような「逆ピラミッド構造」(マグヌソン 2010) はこのようにしてもたらされたものと考えることができる．たとえば，実体経済（たとえば GDP）に対する金融取引の比率で，古い数字であるが 2007 年のピーク時で，米国における金融負債は GDP の 5 倍 (record five times) (1929 年は 3 倍) で，そのほとんどは家計や企業の私的負債である．金融機関の負債 (indebtedness) もここ 20 年間で驚異的に増大し，合計で GDP を超えた．それは，所得 1 ドル当たり 5 ドルの負債への支払いを生み出さねばならないことを意味する (Levy Economics Institute 2012).

ことが可能である．それは例えば次のようなケースに見ることができよう．債権・債務の絡み合いにおいて満期が短期化する（Shin 2010b, 207-8 頁）ことによってである．すなわち，連鎖の各 link が借入をしても利益の上がる取引（profitable leveraged transaction）であるためには，取引に際しての資金調達はより低利でなされねばならない（funding leg of the transaction must be at a lower interest rate）．それは利回り曲線が右上がりなら——それは今次危機前の「大いなる緩和期」にインフレ・ターゲティング政策による量的緩和が持続する下で実際に生じたことである——，このことは，連鎖の各ステップで，満期をより短くするような資金調達を伴うことになろう（entail）．こうしたケースは，連鎖の各段階で資金調達の満期を短くし，最短期のオーバーナイト・レポが資金調達の主要な手法となったように，短期ホールセール・ファンディングがシャドーバンキングの主要な，中枢的資金調達の手法となったことに見ることができる．「仲介の連鎖が長くなるのに並行して（a natural counterpart），満期の短縮化」（Shin 2010a, p.10）が生じており，それは利鞘獲得の事業モデルが順調に推移している場合である．

　しかし留意されるべきは，そうした一見順調に推移しているかに見える過程に並行して満期の不一致の問題がはらまれているのであり，原資産あるいは担保資産が価値を下落させて当該証券の債務の履行可能性が問われる事態が起こるなら，短期ホールセール・ファンディングは歯車を逆転させる（デレバレッジ）．そのとき保有資産の売却価格の低下，債務の流動性要素の下方への再評価は資産価格の下落による伝染（金銭的外部性）を介してシステミック・リスクへと通じうる．それがシンの枠組みにおいて，拡大した個別のレバレッジが，緩慢に動く集計的レバレッジの下で，最終的貸し手からの銀行システムの外からの限られた資金を奪い合うことで，当該債務の市場価格を下落させることとなり，それはすなわち市場性債務が流動性調達手段としての価値を喪失させる（虚構の流動性に陥る）ことを意味するのである．

第4章
内生的金融不安定性仮説:不確実性下の選択行動

1. 内生的不安定化仮説

(1) 受容可能な負債構造の主観性

　ミンスキーの金融不安定性仮説は、ケインズの貨幣経済の枠組みとそのワーキングを母とし、シュンペーターの金融革新がもたらすダイナミズムを父として、それらが一体化されたところに生み出されたものであるといえる。不確実性にさらされる意思決定は、慣行的評価をベースにするものであり、しかも金融市場の正常な機能に対する信頼を組み込んでなされるが、そうした意思決定は「観察可能」な情報や測定値で表示された経済のパフォーマンスを受けて特定仮説に対する確信を得つつ、「受容可能な」負債額あるいは現金支払い契約額を新たに決める[1]。こうした選択行動の下では、安定的な経路では予想や受容可能な基準は先の予想値を「追認する」ようなものとなり、新たな資金貸借の受容可能水準は経路を増幅させるようなものとなる(「プロシクリカリティ」)。その意味で、一方向への不安定化傾向が存在する[2]。しかし信念に立脚する「受容可能な」基準は慣行的評価に立脚し、その基礎は脆弱であるから、ひと

---

[1] 以上の理解に照応するミンスキー自身の説明は以下である。「資本資産がどの程度の準地代を稼得するかは、経済のパフォーマンスに依存する。その結果、実現した準地代の金額次第で、経済主体の現金の受取額と支払約束額との間の関係は、経済主体によって予想されたものと異なりうる。この予想と現実との乖離を埋めるための行動は、ポートフォリオや投資用の産出物の注文生産額の変化をもたらす。さらに、経済の動向に関する見通しが経済のパフォーマンスによって影響を受けるので、各経済主体によって受容可能な現金支払契約額は変化する」(1986, 260頁)。

たびその評価の基礎が疑われるや流動性の持つ安全地帯に逃げ込み，リスクテイクを回避して予防的行動をとることから急激な収縮（デレバレッジ）を免れない．加えて，ダイナミックで革新的な利潤創出事業としての金融業は，利潤獲得の機会をとらえ，あるいは創出しようとして「規制裁定」行動を含め新機軸を展開して——前章にいう「周辺的」金融組織を拡大させて——経路増幅性を強める．

　前章では金融業のダイナミズムに照準を合わせてシステミック・リスクのメカニズムを明らかにするものであったが，本章ではミンスキーの金融不安定性仮説をケインズのいう不確実性下の選択行動をベースに据えて再提示するとともに，その構築が今次金融危機の分析に適用可能なものとされるべく，現代経済学のアプローチも容れて精緻化が図られる．精緻化に際しての要点は，危機に先立つ 20 年間に銀行をベースとした金融仲介から資本市場をベースとした金融システムにシフトし，証券化がもたらした金融商品と金融ネットワークの複雑性を正面に据えて，危機のメカニズムに果たす不確実性の役割を描写することにある．加えて本章においても金融危機を，個々の機関の個別信用リスクの顕現が多発する，しかも独立に生起することによって説明するのに代えて，流動性の逼迫やデフォルトが直接，間接の伝染を介してシステミック・リスクに至るものとして捉えるという点で，ミンスキー理解を一貫させている．

　ミンスキーの不安定性仮説は，ファンダメンタルズに裏付けられた合理的な選択行動によって記述されるのとは対置され，流動性プレミアムに対する主観的評価や，市場の正常機能に対する信頼が固有に役割を果たすものになっており，それがかえって安定経路をブーム化，過熱化させて不安定性を内在化させるものとなっている．たとえばミンスキーは，新規投資が負債の発行で金融し

2）　ミンスキーは以下で取り上げる「安全性のマージン」を用いて，たとえばその低下が，利子率の上昇と相まってリスクに対する再評価を伴い，資金調達費用を増加させるような変化を誘発するとして，安全性のマージンが一層低下していくことを「自己実現的」な動きとして捉える．「安全性のゆとり幅の減少に対する金融市場の反応により，安全性のゆとり幅がさらに低下することになる．利子率の上昇と，危険の再評価に伴って生じる借入に課される制約の強化は，さらに資金調達費用を増加させるような変化を誘発するという意味で，自己実現的な予言に似ている」（1986, 269 頁）．なお，以上の説明は，以下で安全性のマージンがプロシクリカルな動きをするというわれわれの議論に照応する．

うるかどうかについて，「将来キャッシュフローの大きさが今日発行される負債の償還や借換え金融に十分なものであるという期待が成立するかどうか」(1982, 104頁) に照準を合わせる．つまり，資産保有ポジションの金融に対して「適切と思われる」負債構造，「受容可能な (acceptable)」負債構造を問題にする．そこに意図されるのは，負債契約を取り交わすに際して期待受け取りが現金支払い債務を超過することは，資金の貸し手が自らの資本を守ろうとし，また借り手の側でも支払いの履行を確実にするために双方によって要請されることとし，「貸し手および借り手によって要請される (require) 安全性のゆとり幅」(1982, p.228, 67頁)[3] によって決定されるということである．ここで，「許容可能な負債構造が銀行と顧客企業により「主観的」に決定される (1982, 104, 107頁) としていることが留意される．

それでは，安全性のマージンを介して資金の貸借が決定される，あるいは負債構造が「受容可能」なものとされることが，いかなる意味で「主観的」に決定されると言いうるのか，そのことが経済過程に持つ意味はいかなるものかをミンスキーにおいて辿ろう．それは，経済が順調な動きを示す時期が長引けば，現存負債はいとも容易に履行しうると判断されるから，それだけ容認可能な負債構造も増えるからで，「経済の動向に関する見通しは経済のパフォーマンスによって影響を受ける」(1986, 240-1, 260頁) ということであり，あるいは同様なことで，「経済的平穏な時期には，借り手・貸し手双方が，得られる準地代キャッシュフローの確実性を確信し，配慮すべき安全性の余地は実際の水準より低くてもよいと考えるようになる」(1982, 118頁) とされる．こうした「プロシクリカリティ (経路増幅性)」として現れるダイナミズムは次項で改めて取り上げられるが，ミンスキーは「経済の辿る経路が将来事象に関する現在の見解を変化させる」(1986, 241頁) ということ，目下の文脈でいえば，「受容可能な」現金支払い契約額は変化 (シフト) すると論じるのであり，これが次項で照準を合わせるところの経路の不安定化を引き起こす．かくてわれわれが

---

3) ミンスキーの1982年の著書『投資と金融 (原題は Can "It" Happen Again?)』は論文集であり，引用に際して原文からの記載頁のあるものは，本著書に収録前の原論文における該当頁であることに注意されたい．各論文は，Bard College の Levy Economics Institute における Minsky Archive において原論文に容易にアクセスできる．

主張しようとすることは，ミンスキーにあっては「**経済の動き**とともに貸し手と借り手の**受容可能なリスクが変化**する様式」（1986, 240頁，太字は引用者）が組み込まれており，「安全性のマージン」という「認知機構」を位置付けることによってそれをなそうとしているのである．安全性のマージンという認知機構は，負債契約を取り交わす際して期待受け取りが現金支払い債務を超過することが期待される水準について，実際のパフォーマンスを受けてその要求水準の達成の困難さ，あるいは容易さについての判断を介して受容可能な負債を新たに決定するものとしてある．それが「プロシクリカルな」増幅傾向を持つことを以下では留意していくであろう．

「安全性のゆとり幅（マージン）」は，基本形としては——債務返済のために借り換えるとか保有資産の売却といった金融市場を利用する場合の条件に触れずに表すと——資本資産を生産活動に用いることから生じる期待準地代の大きさが金融諸契約に明示されるキャッシュフロー債務の額をどの程度上回るか，その超過分で表される」（1982, p.508, 117頁）．あるいはまた安全性のマージンは，流動的な形態で保持されることによって支払い契約の履行を保証しうるものとなることを主眼として，「貸し手および借り手によって要請される（require）安全性のゆとり幅」（1982, p.228, 67頁），あるいは「貸し手と借り手によって強く望まれる（desire）保護手段（protections）」と説明される．それを表す指標として，ミンスキーは次のような比率を挙げる．「安全性のゆとり幅というのは，現金受け取りに対する負債の支払契約額，負債額に対比される正味資産ないし自己資本，そして現金および流動資産に対する負債の比率，すなわち営業（operations）に必要な分を超過する資産に対する支払契約額の比率によって表示される」（1986, 95頁）．

ミンスキーは「「安全性のゆとり幅」に基づいて，資金の貸し手と借り手の双方によって貸借が（主観的に）決定されることをケインズに帰している．すなわち，「われわれの経済が安全性のゆとり幅に基づく貸借のシステムによって特徴づけられることをもってその本性をなしていると喝破したのはケインズであった」（1986, p.79, 94-5頁）．あるいは「ケインズが述べたように，われわれの経済は「安全性のゆとり幅」に基づいた貸借によって特徴づけられ」（1986, 228頁），そのゆとり幅は，資産ポジション及び投資の資金を外部金融

によって調達する度合いに影響を及ぼす．それは，不確実な将来に対し予想し得ない事態が発生したときに備えて，あらかじめ事態に対処可能な流動性の保有がなされることを表す．こうしたゆとり幅を持つことは，債務の履行を保証するという観点から資金の借り手と貸し手の双方によって要求されることなのである．そこで次に問われるのは，安全性のマージンを介した資金貸借，負債構造──どれだけを外部負債によって調達するか──の決定が経済のダイナミズムに対して持つ意味であり，それが不確実性下の選択行動を表すものであるとき，先に触れたように不確実性に対処すべく保持される慣行的判断として設定された当該マージンの大きさが，実際のパフォーマンスを通して当該基準達成の容易さについての判断に影響し，もって許容可能な負債の水準を新たに決めるものとなっていくと考えられる．実際ミンスキーは，「資金の貸し借りが安全性のゆとり幅を考慮してなされる場合，経済はどのように動くことになるか」(1982, p.212, 40頁）論じようとしたのであり，それがいかなる経路を生むかがわれわれの関心事である．ミンスキーはここにおいて次のように論じた「（利子率上昇が予想される資本利得を低下させることによる）安全性のゆとり幅の減少に対する金融市場の反応により，安全性のゆとり幅がさらに低下することになる．利子率の上昇と危険の再評価に伴って生じる借入に課される制約の強化は，さらに資金調達費用を増加させるような変化を誘発するという意味で，自己実現的な予言に似ている」(1986, 269頁，（　）内は引用者）．それは伝統的な市場調整メカニズムを表す 'Swedish approach'（Kregel 1976）と対置されるものであることが留意される．

(2) 安全性のマージンと不安定化経路

すでにふれたように，平穏裡に拡大するといった経済の時間経路において「安全性のマージン」という要求基準をベースにした資金貸借が「主観的」性質を有するということから，安全性のマージン（という要求達成の難易度）に対する判断は時間にわたり変化し，それは資金貸借にもフィードバックしていく．それは「内生的」に不安定化しうることなのである．ミンスキーは次のように述べる．「民間負債が存在する経済は，投資率の変化からことのほか影響を受けやすい．というのは投資が総需要の大きさならびに特定の負債構造の存

立可能性を決定するからである．このような経済にもたらされる不安定性の因って来るところは，投資の将来動向についての期待の主観的性質，そしてまた諸種の資本資産の保有ポジションを金融するのに適切と思われる負債構造が銀行と企業とによって主観的に決定されることにあるのである」(1982, p.12, 104頁)．次の引用はブーム期にいかに不安定化要因が内在化してくるかを窺わせる．「当該経済が一連の**成功的な時期を経験**すると，将来生起する事柄についての**主観的予想は変化**し，社会の選好体系に占める危険回避的態度の比重も変化する．その結果，成功的な体験を経た後には $P_k(M)$ 関数は上方にシフトする．このようなシフトは普通株式の市場価値を高める」(1982, 326頁，太字は引用者．ここで $P_k(M)$ 関数とは資本資産に対する「需要関数」)．債務を履行するという実績は，ミンスキーにおいて次期以降の安全性マージン達成の難易度についての評価に影響することとして理解されている．

かくて不安定化傾向の具体的内容はミンスキーにおいて次のように論じられるところとなる．「われわれの経済は，資本主義的な資金調達様式のために不安定なものになる[4]．もし，資産ポジションを獲得するための資金が，ヘッジ金融と投機的金融の特定の混合比率によって調達され，投資資金が内部金融と外部金融の特定の混合比率によって調達されるということがしばらく続くと，これらの混合比率を変化させる誘引が経済に内在するようになる．いかなる一時的な静穏状態も，資産ポジションの投機的な金融や投資資金の外部金融が増加する金融拡張の時期へと転化する．経済主体から流動性を奪い取り，金融機関の自己資本に対する負債の比率を高める投資ブームの時期がそれに続いてやってくる．成功（とは債務の履行実績）が従前の安全性のゆとり幅が——そして現在の安全性のゆとり幅さえ——あまりに大きすぎる，という確信（belief）へと導いていくまさにそのとき，安全性のゆとり幅が蝕まれるのである」(1986, p.244, 272頁．（ ）内は引用者)．

留意されることは，従前に設定された安全性のマージンが，事後的なパフォーマンスに照らし合わせることによって，過大であるとか過少——ここでは

---

[4] ここで「資本主義的な資金調達様式」とは，投資や資本資産の所有のために資金の貸借がなされること，しかもそれが安全性のマージンを考慮してなされることを指していると考えられる．

拡大過程で「過大」——であるとかの判断の確かさを得ることで，そのことが「次期」以降の行動へとフィードバックしていくと考えられているのである．
　しかし併せて注意されることは，こうしたフィードバック過程は，標準的経済学におけるいわゆる「事前－事後」の（短期的な）需給調整を記述するものではない．以下で述べるように，安全性のマージンの設定の背後には慣行的判断，あるいはそれに基づく将来の成り行きについての特定の「信念」が据えられており，いまそうした判断や信念が確認される，あるいは変更を迫られることによって「次期」以降の時間経路が影響を受けるというものだからである．標準的経済学の記述する事前的計画と事後的結果との間の調整行動は短期の不均衡を「縮小する」メカニズムを旨とするもので，それは「安全性のゆとり幅」に表された債務の履行可能性に対する慣行的判断を組み入れたところのものではない．そこでひとたび貸出行動において「安全性のマージン」のような債務の履行可能性についての判断を入れることがなされれば，その動的経路は短期の需給乖離を縮小するようなものとは異なってくる．たとえばH.S. Shin（2010b, 第7章）は「ローンのデフォルト確率」に対応する貸出関数を考えるが，それは貸出が増えればマクロ経済が活況を呈するという関係を表す．興味深いのは，そうした貸出関数を組み入れることによって，ミンスキーが描くような（ポジティブ）フィードバック効果を容れた不安定化する経路——Shin（2010b, pp.16-7, 33-5頁）によって「右上がり需要反応」と呼ばれる——を導く．つまり，シンはマクロ経済の活況が所得と資産価格を上昇させ，借り手のローンのデフォルト率が低下して貸出を増加させるという相互作用によるフィードバック効果が働く経路を描写している．
　ミンスキーにおいて，また上掲のシンにおいて（慣行的な，ローンのデフォルト確率に対する）「右下がり」の供給反応の役割を果たすのは「安全性のマージン」である．すなわち，慣行的に設定された基準以上に（ある期間持続的に）良好な結果を得たとき，次期以降に向けて今度は「基準」自体を引き下げてもよいという対応がなされる．安全性のマージンはもともと貸し手が投下する資本を守ろうとして「安全上」要求するゆとり幅であり，借り手自身，債務の不履行を起こさぬために十分な備えをするというものであったから，持続的な好況過程で，そうした安全上のゆとり幅を縮小したところで問題は起こらないと

考えられるのである．ミンスキーは次のように述べる．「経済的平穏の時期には，制度上の革新と結びついた成功が，借り手・貸し手をして操業から得られるキャッシュフローの確かさについて確信を深め，うまく事が運べばより小さな安全性のゆとり幅でやって行けると確信させ，借り換えを要するキャッシュフロー（支払い）の契約についても安心していられると思わせる」(Minsky 1982, p.508, 118頁)．そうした判断が生じる理由としてミンスキーは次を挙げる．「経済が全体として順調に機能する時期が長引くと，ウォール街から見て，次の2つが明らかになる．まず，現存負債がいとも容易に履行しうるものであること．第2に，負債に大きく依存している企業ほどかえって繁栄を享受していること，つまり負債発行による梃子作用（レバレッジ）の効果が効いているということである」(1982, p.12, 105頁)．そして次のように続ける．「そうすると（after the event），負債構造に組み込まれた安全性のゆとり幅は過大だったということが明白になる．その結果，経済がうまくいっている時期には受容可能な負債構造は変化する．銀行や投資銀行，および企業家の間で続けられる交渉において，さまざまなタイプの企業活動や資産保有ポジションを金融するのに用いられる負債の最大許容額は増大する」（同上）．こうして，同じ安全性のゆとり幅のもとでも，以前よりも多くの貸出，借入がなされるようになることが導かれる．以上のロジックのもと負債（銀行借入）が増加するとなれば，それは資本資産に対する需要の増加を引き起こし資産価格を引き上げる．それは（短期的には一定と考えることのできる）投資財のフロー供給価格との関係で投資を増加させることとなる．こうして，すでに順調に拡大する経済において一層の景気拡大を引き起こすこととなり，投資ブームの発生を説明するのである．しかもこれが，ミンスキーの言う「上位方向に向かう経済における金融不安定性」に当たるといえるのは，負債の増加に伴い「投機的」金融の類型（posture）が優勢になる経済となっているからである．

(3) 不確実性下の選択行動

こうして安全性のマージンをベースに資金貸借がなされる場合，安定的に拡大している経済は負債借入を増やして「投機的金融」類型が主たるパターンをなす経済へと不安定化していく傾向のあることが説明されるが，こうして負債

構造を増大させ，しかも安全性マージンを低下させつつ拡大する経路がいかなる意思決定の元に生み出されてくるのかを明らかにすることは，金融脆弱性の内容を掘り下げて理解するうえで意義あることであろう．この課題を取り上げるに当たり，われわれはケインズ，ミンスキーにあって安全性のマージンを基準に資金貸借がなされるとする考えの根底には，「長期」にわたる投資収益の計算に不確実性がつきまとうという問題が置かれていることに留意する．すなわちケインズにおいては「顕著な事実は，われわれが予想収益を推定するさいに依拠しなければならない知識の基礎が極端に当てにならないということである．投資物件の数年後における収益を規定する要因について，われわれの知識は通常極めて乏しく，しばしば無視しうるほどである．……事実，このような推定をしようとまじめに試みる人はいつも非常に少なく，市場を支配するのはこういう人々の行動ではない」(Keynes 1936, 147-8 頁)．

　不確実性のあるもとでは行動の選択肢に確率を割り振った数学的期待値によって意思決定を記述できない．これに対し資金貸借を安全性のマージンに依拠するとした扱いにすれば，選択行動を合理的経済人が選択肢の数学的期待値を用いて最適化を求めるという意思決定論に代えて，「借り手は返済しうるかどうか」という債務の履行可能性に照準を合わせて貸借の可否を判断するという扱いができる．貸借の決定をそうした扱いに帰着させることができるとすれば，不確実性下に特定の仮説――たとえば「その借り手は返済でき，かつ再度貸そうと判断できる相手である」――を設定し，その仮説に関係する「証拠」である「命題」との間に存在する論理的関係の強さを測定するということで「合理的」選択行動を記述できる．それはケインズの『確率論』(1921)における「論理的確率」[5] を用いてなされる．つまり，ある命題に対し証拠を積み重ねることにより（「推論の重み」(weight of argument) を得て）「合理的信念」にいたると論じるものである[6]．ここでは「推論の重み」や「確からしさの程度」と

---

[5]　『確率論』第 26 章「確率の行為への適用」．なおここで，論理的関係の強さを測定するものとしての「確率」概念について，ケインズ (Keynes 1973, *Collected Writings of Keynes*, XIV) が次のように述べていることが注意される．すなわち，確率論は論理的である．なぜならば，確率論は与えられた条件で心に抱くことが合理的である信念の度合いには関係するが，特定の個人が持つ現実の信念とだけは関係しない．

いった信念の「合理的度合い」——それらは数学的期待値を割り振った確率によっては扱うことができない——が固有に役割を果たす．たとえば大きな変化が起こることを予想するが，その変化の性質についてケインズ（1936, 146頁）が注記しているように，「きわめて不確実（very uncertain）」ということが問題になるのであって，それは「蓋然性のきわめて小さい（very improbable）ということと同じ意味ではない．

(4) 慣行的判断に基づく意思決定：モルガン・ルール

予想収益に対して合理的な計算のための確固とした基礎が存在しないとすることに関連してケインズが指摘したのは，投資物件の予想収益あるいは市場評価には「慣行的基礎」があるということであった．それはわれわれの行動パターンである慣行，惰性に従うことで，「われわれが変化を期待する特段の理由をもたない限り，現在の事態が無限に持続する」（Keynes 1936, 150頁）と想定することである．実際，市場で選択行動をとる際，現行の市場評価がそのまま持続するとの想定をした場合，「近い将来における情報の真性の変化が生じたときだけリスクをこうむると考えられるから，そうした変化だけに注意すればよい．つまり「慣行（convention）が妥当すると仮定すれば，投資の価値に影響を及ぼしうるのはこれらの変化だけ」（同上, 151頁）であるから，その場合われわれが変化を期待する多かれ少なかれ確定的な理由をもつ限りにおいてのみ，そうした慣行的評価は修正を受ける（同上, 150頁）．こうしてわれわれは「慣行の維持」を頼りにし，市場評価は慣行的基礎を持つこととなる．慣行の維持に頼った「慣行的計算方法は，われわれの事業の著しい程度の連続性および安定性と両立する」（同上, 150頁）．

以上の議論がわれわれにとって含意することは，安定的に拡大している経済では，リスクを惹起させる「変化」が予想されるだけの理由がないということであるから，慣行に基づく意思決定がなされることで債務の履行が繰り返されることを期待でき，特定の命題に対する信念について確信の程度を増すことに

---

6) ケインズが提案したのは，確かな知識を生み出すには不十分な証拠しかない状況で，「合理的」な選択基準を与える確率概念で，確率 (p) が，証拠 (a) を所与として，1つの命題を信じることの合理的度合い (h) を表す．これは，$p = a/h$ と表される．

よって合理的信念に至ることができる．しかしこのような形で，静穏な経済から投機的金融類型を主たるパターンとする経済への不安定化経路を生み出す意思決定を捉えることができるとして，こうした意思決定の下でいかに金融脆弱化が（内在的に）引き起こされているのか，その内容を検討することが次の課題となろう．この点でKregel (1997; 2008) は「モルガン・ルール」と呼ばれる貸出基準を用いて，安定的に拡張する経済においていかに金融脆弱性が内在化してくるかについて意思決定のレベルから説明しようとした．ここで「モルガン・ルール」は，「安全性のマージン」がそうであったように，不確実性を伴う長期にわたるキャッシュフローの推定を避けることを可能にするものとして採用されている．以下ではクレーゲルに従って，不確実性下の意思決定としてモルガン・ルールに従う資金貸借――慣行に基づく意思決定――が，拡張する経済にあっていかなるリスクをはらむことになるのか，もって不安定化させるかを見ていこう．

　クレーゲルが，銀行家が融資決定に当たって従うとした「J.P. モルガンの原則（principle）あるいはルール」とは次のようなものである．借り手に信用供与しうるかどうか（creditworthiness）について，「返済してもらえるか，この顧客に再度貸そうと思うか」を判断基準にしようとすることで，ファンダメンタルズである資産（プロジェクト）の将来にわたる収益（準地代）の計算に代えて企業の有する信用，つまり負債を返済しうるかどうか（creditworthy）を問題にする[7]．特定の投資プロジェクトに向けられた資金の使用にはらまれた（inherent）リスクの評価（冒険的な（hazardous）将来予測）に代えて「借り手の信用リスク」の評価を，クレーゲルは過去の返済パフォーマンスを見ることに求めたのであり，それはケインズのいう「慣行」に依拠させるものと考えることができる．しかも，そのようなものとしての貸出基準の特定化は，将来

---

[7] 銀行貸出についてのこうした考えはシカゴ学派の創始者で，ミンスキーに対しても影響を及ぼしたシモンズ（Henry Simons）に帰すものとされ，ミンスキーの次のような銀行家像に合致するものである．すなわち，市場の全般的環境や潜在的競争者について銀行家は借り手より一層情報を持つものでありながら，将来キャッシュフローについての借り手の推定値に疑念を抱いており，かといって銀行家自身，将来の市場条件について他の誰かより，よりよく知っているということはないために，結局そうした貸出基準（モルガン・ルール）が採用されるとするものである．

に向けた意思決定に当たり，現在を含む過去の趨勢を外挿して期待形成を行っていると考えることができるのであり，それはケインズの次のような期待構成の考えに基づくものといえる．すなわち，「われわれの普通の慣行は，現状を受け取り，それを将来に投影することであって，その場合われわれが変化を期待する多かれ少なかれ確定的な理由をもつ限りにおいてのみ，それを修正するに過ぎない」(Keynes 1936, 146頁)．そしてこのことはケインズが，期待の構成において不確実な事柄を重視するのは愚かなことで，幾分でも確信を持つ事実によってかなりの程度導かれることが合理的であるとし，ここに長期期待の構成においては，現状の事実が不釣合いに多く入ってくる（同上，146頁）と論じたところのものである．かくて，不確実な将来における自己の行動の結果を予想する際に，知識・証拠の得られないとき，「変化を期待する特定の理由をもたない限り，現在の事態が無限に持続する」として，現状がそのまま変化なく将来に投影されるとの期待構成，つまり「慣行的判断（conventional judgment）」が採られる．それが「慣行に従う」ということである．

　不確実性下の期待構成を表すものとしての「慣行的判断」に立脚するモルガン・ルールは，ケインズの『確率論』(1921)における論理的確率概念を用いて次のように提示できる．それは，確かな知識を生み出すには不十分な証拠しかない状況で「合理的」な選択基準を与える確率概念を問題にするものである．ここで銀行家による貸付に伴うリスク評価が，「**借り手の信用**リスク」に対する評価であるとし，「借り手が返済し，再度貸そうと思う相手である」という命題が設定される．そのとき命題の確率 (P) とは，その確からしさ（その命題を信じることが合理的だという程度 (h)）を見るものであり，そのために証拠 (a) として借り手の信用履歴が用いられる．ところがいま，経済が拡張しているという環境を想定するなら，ポジティブな情報量が増える，つまり推論の重み h が増すこととなる (Kregel 1997, pp.545-6)．ここで注意が必要なのは，「推論の重みが増す」とは命題に関する証拠が増える（命題の確かさについての情報が増す）ということであって，ケインズの確率概念にあっては，そうした証拠が当該命題の成立に不利である場合を排除していない，つまり「証拠」は増えても命題成立の可能性，すなわち「確率」は必ずしも増えないのである[8]．このことは実際，先に提示された命題，つまり借り手の信用力に対する判断が，

債務の履行実績による証拠を介して確信の度を増すこととなっても，借り手の債務の履行可能性といったファンダメンタルズとの間で一価（1対1対応）の関係が必ずしも成立しないという問題に翻案することができる．もしそうなら，モルガン・ルールに従う資金貸借が生み出す経済過程にいかにしてリスク（脆弱性）がはらまれてくるかの問題を，ケインズの論理的確率概念に依拠してなされる選択行動を用いて次のようにアプローチできる．

　モルガンの基準に従えば，命題の確かさを強める証拠は債務の履行実績，その履歴である．ところが債務の履行には次の2つのケースがあり，それらは識別されぬまま共にモルガン・ルールを充たすのである．1つは借り手の稼得力などファンダメンタルな条件[9]から債務の履行が可能である場合である．もう1つは借り手の弁済能力から見て債務の履行が困難であるときでも，そうしたファンダメンタルな条件とは別個に，たとえば住宅ブームによる担保価値の上昇があるなら，借り換えを通して債務の履行が可能になる場合である．

　借り手の債務弁済能力といったファンダメンタルズから見て債務の履行が困難な場合でも，借り手の「信用力」について命題の「確かさ」を得させる「証拠」となることができるのは，モルガン・ルールが資金貸借に伴うファンダメンタルズ，つまり収益，費用の発生，したがって損失発生を明示しないままで，債務の履行という実績に焦点を当てるものだからである (Kregel 1997, p.546)．ここに住宅ブームの下で担保価値の上昇という，いわば「外的環境 (expansionary environment)」のもとで借り換えが可能になることによってデフォルトを免れるものとなり，モルガン・ルール下に借り手の信用力について確かさを増すこととさせている．しかしこうした事態の進行下に起こっていることは，一

---

8) このことはケインズの論理的確率による確率が「半順序束」であるといわれることに照応するものといえよう．すなわち，「Laplace 的な確率の捉えかたであれば，（あるものごとの確率を認識するさい）確率を線形順序束で考えることができる．そのためすべての確率には，何らかの数値が割り振られる．これに対してケインズ的な確率の捉え方では，必ずしも全ての確率において比較可能とは限らない．そのため，どちらの確率が高いかまたは低いかを認識することができない可能性があるのである」．高藪学の「日本金融学会報告レジュメ」「Keynes「確率」の特殊性に関する考察」2011 年 5 月（明治大学にて開催）より．

9) 保有資産の売却による場合を含むが，その価値が将来にわたる稼得力によるもので，バブルによる価格上昇を除く．

方で借り手の信用力に対する確信を増すこととさせながら，その背後で債務の返済リスク（credit risk exposure）が増大する個別ケースが生じているということであり，そのような意味でこの経済過程には脆弱性が伴われたことがいえるのである．こうした事態は，安定的に拡大する，すなわち住宅市場でブームが持続するもとで，「ポンツィ金融」を採用することによって実際に生じたことなのである．

以下では，安定的に拡大する経済において，いかに金融脆弱性が生じうるかの問題に焦点を当てて議論を続けよう．「安定的に拡大する」という想定の下では，これまで見てきたようにモルガン・ルールに従う資金貸借について，返済不能になっても上昇した担保価値を用いて「借り換え」によって債務不履行を免れることができたから，債務の返済実績・履歴を通して借り手の信用力判断の「証拠」が得られ，その確信を強めることができた．これは貸し手から見ても安全性のマージンという要求基準の引き下げを受け入れることができるものであった．このことは次のことを導く．Kregel（1997）の議論を引けば，同水準のマージンに対して負債を増加させ，それに伴って実際にはリスクが前より高くなっていても，貸出が実行される確率が大きくなっているということである．あるいはまた，時間にわたって見ると，安全性のマージンという「基準」が引き下げられたのであるから以前には拒絶していただろう借り手に対しても貸し付けがなされることになる．かくて，モルガン・ルールの適用下に進行する安定的拡大は，負債を増大させ，安全性のマージンを低下させながら上位方向へと不安定化していくという帰結を得る．これはミンスキーの言う金融脆弱性である．

もう1点，Kregel（1997, p.545）が論じたことを引こう．安定的に拡大する経済において，プロジェクトの選択がいかなるものとなるかについてである．プロジェクトの選択に際しては，次の2つの命題が併せて設定されるとする．すなわち第1に，「そのプロジェクトは期限どおりに利子と元本を返済するための十分な所得を生み出す」ということであり，第2に「考慮された諸プロジェクトの中で最高の潜在的収益率を生み出す」というものである．次に問われるのは関連する「証拠」となる命題との間での「論理的関係」であり，それらを通して命題の確かさを問題にする．以上に関して，当該プロジェクトの収益

性については不確実であるから,「確からしさ」を得させる情報内容はゼロに近い．そのような証拠しか得られないなら，行動の手引きとしてほとんど用をなさない．ここにKregel (1997, p.545; 2008a, p.9)はプロジェクトの選択について，不確実性下で知識，情報が不足しているために，慣行的判断が頼りにされることになり，プロジェクトの選択が慣習あるいは平均的意見に従ってなされると論じる．実際，経済が拡張するという「外的環境」の下では，他のどの銀行もそうしているから貸すという行動となって現れ，特定領域のプロジェクトに集中した貸出がなされる[10]．そのとき，そうした選択行動に伴うリスクは，確率頻度は低くても一旦顕現すれば損失が巨額になる「テールリスク」の性質を帯びるのである．

以上，われわれはプロジェクト選択に際しファンダメンタル情報が限られる場合，慣行的判断をベースにした選択行動がいかなるマクロ的帰結を得るかを問題にして次の2点を得た，すなわちモルガン・ルール下の安定的拡大にはらまれた金融脆弱性とプロジェクト選択における集中である．

(5) 信念の崩れと金融危機の顕現

前項において見た金融脆弱性をはらむ経済が，実際いかにして金融危機の発現に至るか，しかもその経済過程をいかに理解するかの問題に触れておこう．ファンダメンタルズに基づく債務の返済リスク（信用リスク）が発現し，そのまま，個別主体ないし個別の金融商品のデフォルトに至り，しかもそれが集中して発生したと理解されるようなものでないとすれば，危機はいかにして顕在化するだろうか．留意されることは，意思決定のレベルでは「（合理的）信念」に依拠した選択行動がとられていた．そうであれば，選択行動が依拠する「信念」が維持できないものと分かったとき――それはケインズが言う慣行的基礎が確固としたものでないことと関係する――，「経済が何らかのつまづき（anything wrong）を見せると，許容可能な負債構造について再評価がまったく突然に起こりうる」[11] (Minsky 1982, p.670, 107頁) こととして理解できる．その

---

10) こうした企業行動について同様の結果を，第6章では「戦略的相互作用（補完性）」の下での「群れ行動」として説明している．これはミンスキー的選択行動論の現代経済学よりする精緻化と考えることができる．

とき，レバレッジの積み上げからデレバレッジへの逆流が起こり，それは金融危機の様相を帯びるものとなる．

それでは何が信念の維持を困難にしたかが問われる．個別の信用リスクといったファンダメンタル要因から起こるものでないとすれば，マクロ的ショックを含め，市場流動性が失われたとか，将来の市場動向についての不確実性が急増するなどの市場要因に起因したものであるため，多くの資産，市場参加者に共通して，それらのリスク評価，プライシングについての懸念や不透明さを喚起するようなショックが起こったことが考えられる．そうしたショックがリスク資産の積み上げを支えた信念を崩し，資金の引き揚げへと逆回転させたことが考えられる．ここに資金繰り困難，流動性逼迫がもたらされ，さらに保有資産の投売りに迫られることで，資産価格の下落を介した伝染メカニズムが働き，直接，間接に各経済主体のバランスシートに負の伝幡作用が及んだということである．そこでは信用リスク上問題のない主体もデフォルトに巻き込まれること（取付け）が起こっており，ファンダメンタル要因（構造型モデル）によって理解できるようなものではない．ただ併せて留意されるべきは，すでに当該経済は金融脆弱性をはらんでいたということであり，ミンスキーの言う金融システムの安定領域は狭隘化し，ためにちょっとしたショックが危機を引き起こしえたということ，そしてまた，その脆弱化を進行させ，慣行的判断に立脚した行動を支えてきた「信念」が崩れた——それは「ローカル・シンキング」の下に「見落とされていたリスク」が顕現したとも理解できる——ことが伴われていることである．

ここにクレーゲルは，金融危機を「進化的（evolutionary）」な現象として捉える．その意味するところは次のようである．慣行的判断に依拠しながら信念を形成し，確信を強める，他方ファンダメンタルズ，つまり債務の履行可能性（弁済性）についてはその実態を把握せぬままに貸借の選択行動を続ける結果，ファンダメンタルズから乖離した経路を生み出す．しかしそこにおいては，「脆

---

11) ミンスキー（1982, 107頁）はこの引用に先立って，次のような説明を与えている．「許容可能な負債構造についての見解は主観的であるから，現金不足の始まりや資産の投売りが，望ましく（desired）かつ許容可能な金融構造についての急速で広範な再評価に通じることがある」．Whalen（2008a, p.9）も参照されたい．

弱性と不十分な安全性のマージンが常に存在してきた」(Kregel 2008a, p.18) のであり，それゆえ「危機の顕在化は単に危機が現れた（evolve）ときのことである」(ibid.)．ここで Kregel (ibid., p.9) は次のようにも述べる．「いかなる進化的プロセスにおいても，当事者は実際に何が起こっているか，つまり銀行家は安全性のマージンを低下させていることが必ずしも分かっていない」．かくて危機はあたかも生物進化における「突然変異」のように——ラインハートとロゴフの言う「今回は違う」シンドロームのもとにあるとき——突如立ち現れるものとなっているのである[12]．われわれはこうした危機理解を今次危機について提示しようとしている．実際今次危機において「スーパーシニア」債のような高格付け商品はデフォルトから無縁であると思われていたにもかかわらず，デフォルトに巻き込まれたのであり，そこではどの格付け商品にも——したがって「スーパーシニア債」に対しても——大なり小なり共通に影響が及ぶ市場要因（システマティック・リスク）が，金融システム内の複雑な相互連関性の下でその効果を大きくして，システミック・リスクを招来させたと推察できる．

2. 資本市場にける流動性喪失のメカニズム

　ミンスキーの金融不安定性仮説のクリティカルな構築素材は，ポジション形成が市場調達資金に依存することにあったが，それは金融危機を「市場型取付け」，つまり資産価格下落を通した負の伝幡作用によって特徴づけることとした．この観点からすると，これまで金融構造の脆弱性や不確実性下の選択行動が論じられてきたが，それが危機に至る「市場メカニズム」自体は取り上げられてこなかった．すなわち第2章では金融構造が取り上げられ，短期ホールセール・ファンディングに依存した資金調達が満期の不一致から容易に流動性逼迫に陥り，しかも支払いネットワークを介した連鎖，伝染による資産価格下落の増幅可能性が述べられた．そして本章第1節では，銀行を中心とする市場参加者の選択行動に照準が合わせられ，慣行的評価をベースにその行動がプロシク

---

12) 第5章では「ローカル・シンキング」の考え方に従って，気づかれていなかったリスクが突然に現れたという考えも適用される．

リカリティを持つことが論じられてきた．

　危機に至る市場メカニズムが取り上げられるとすれば，その中心的論点は，ファンダメンタル経路を離れて一方向に不安定化するメカニズムであり，そうであれば資産価格が下落する過程で「裁定メカニズム」が働いてなぜ均衡化することにならないのかが問われねばならない．この点では，資産価格の下落という市場流動性の低下が，市場性資金の調達困難（資金流動性の低下）を引き起こし，それがさらに市場流動性にもフィードバックしていくという「流動性スパイラル」によってシステミック・リスクを描写することが考えられる．しかもその際，複雑な金融ネットワークにあって不確実性下に，損失がどこから，どれだけ自らに及んでくるかわからないというファンダメンタル情報の欠如から，慣行的行動あるいは行動経済学的な意思決定（最悪の事態を想定した防御的行動としての流動性保蔵）がなされ，それが市場から流動性を喪失させて，価格下落を介してリスク資産の需要増を導く裁定取引による均衡化メカニズムを無効にするという議論を提示することが考えられる．

　かくて本章の以下においては，ミンスキーの不安定性仮説を現代経済学の構築素材を用いて再提示することも含め，以上の課題に取り組んでいこう．しかしはじめに，それに先立って，資本市場中心のシステムにおける危機を特徴付ける「市場型取付け」あるいは「流動性」喪失の問題がどのようなものとして現れるかを見ることから始めよう[13]．われわれはShin（2009a; 2010b, 第8章）のノーザン・ロックの危機分析を取り上げるが，それは今次危機のメカニズムを構成するエッセンシャルな諸側面を捉えるための格好の事例をなしている．

(1) 市場型取付け

　ノーザン・ロック（Northern Rock, 以下NRと略記）は2007年に破綻した英国の貯蓄住宅ローン銀行であるが，英国内で優良住宅ローン向けの貸出を行い，最も革新的で知名度が高かった銀行である．資金調達が容易な環境においてであったが，NRはバランスシートの規模を急拡大させる．シンが提起した

---

13) なお資産価格の形成メカニズム自体は次章で取り上げられ「信用スプレッド」論で論じられる．加えて，次章においては本章における不確実性下の選択行動を含むそれまでの諸章を踏まえて，バブルの形成が論じられる．

論点は，同行の破綻について，小口預金者が「取付け」に走ったというのではなく，資本市場とインターバンク市場で専門性の高い——したがって注意深くリスク管理している——貸し手（機関投資家）が，明らかに健全な資産内容を持ち，サブプライム貸出を全くといっていいほど行っていなかった銀行に対して突然貸出を拒否したのはなぜかということである．NR は 2007 年前半には，純額で 25 億ポンドの市場性資金を調達できたが，同年後半には「満期が到来した借入金や預金を再調達できなかった（年間で純額で 117 億ポンドの資金流出）．つまり，短中期の債券発行で資金の再調達を行えなかったということで，それをシンはノーザン・ロックに対する市場型の「取付け」が生じたと捉える．留意されることは，シンが破綻した銀行の側にその原因（信用リスクの問題）を探るよりも，負債側に照準を合わせる，つまり「同行に資金を提供していた貸し手がどのような状況に陥っていたかに注目したほうが，よりよく理解できる」(Shin 2010b, 174 頁) としたことである．この点は，短中期の市場性資金の流出が ABCP の市場残高の急減時期と一致していたことと関係している．

　NR の破綻が，その有する資産の信用リスクなど，ファンダメンタル要因によって説明されるものでないことを見ていこう．NR はバランスシートの規模の急拡大を，従来の主要な資金調達手段である小口（リテール）預金に頼ることなく成し遂げたが，これは証券化による債券発行や（他資産から住宅ローン債権を分離し，それを裏付けに発行された長期債券である）「カバードボンド」，そして銀行間預金，その他短中期の市場性資金に依ったものであった．そのとき留意されるのは，「ノーザン・ロックによる短期の市場性資金は，SIV やコンデュイットといったオフ・バランスシート事業体が機関投資家から調達した資金（ABCP）と多くの共通点を持つものであり，同じ資金源から資金調達していた」（同上，183 頁）ということである．この種の資金は非常に短期の（1 年よりもずっと短い返済期限が設定された）資金であり，2007 年 8 月に資本市場を襲った流動性危機の影響を受けやすいものであった（同上，183 頁）．

　かくて，2007 年の後半に満期が到来する借入金や預金を再調達できなかったこと，換言すれば短中期の債券発行による市場性資金の調達額の大幅減少と，同時期に起こった ABCP の市場残高の急減との間の関係が指摘される．ABCP 市場では 2007 年夏のサブプライム信用危機によってサブプライム・モーゲー

ジの証券化商品によって裏付けられた ABCP の価値下落が生じる．そのとき，NR に対して資金を提供していた債権者の多く——それは刻々と変化する状況に応じてリスクをとる，高度な技術を持つ投資家であった——は ABCP 市場の価格急落（市場流動性の低下）から損失を負い，それが（たとえば VaR による）リスク管理の観点から，NR に対しても貸出削減に出たということである．それは短期の市場性資金に頼っていたすべての金融機関に同様に及び，短期資金の借り換え，あるいは新規の発行をしようとしていた金融機関に対して，市場性資金の調達額の大幅減少を引き起こしたというわけである．ここから NR の破綻は，不動産バブルの崩壊というマクロ的共通要因あるいは ABCP 市場の流動性喪失に端を発するもので，NR——信用リスクあるいは債務返済能力上，取り立てて大きな問題がなかった——にとっては，損失を被った機関投資家がリスク管理上，投資先から資金を引き揚げたことによって「間接的」な伝染効果を受けたことによると理解されるものであった．

　ここで，NR に対する与信の削減がどれほどの打撃を引き起こすか，その効果の大きさに関係する要因について触れておこう．Shin（同上，190-1 頁）がここで指摘したことは，銀行のレバレッジが大きければ大きいほど，ヘアカットの上昇がそれだけ大きなインパクトを及ぼすということである．NR は高いレバレッジを享受していた．ヘアカットはレバレッジをかけている金融機関にとって，自己資本に対して利用可能な最大の金額を表す．ヘアカットの上昇は調達可能な最大の金額を減少させるが，レバレッジが大きいと，自己資本をベースにバランスシートの調整がなされるとき——資産価格の下落でバランスシートは劣化し自己資本は低下しているから——，調整（縮小）されるべきポジションの額をそれだけ大きくする．NR は資金調達にレポ取引を多用していなかったにもかかわらず，高いレバレッジをかけていたために，同じヘアカットの上昇に対してより大きな影響を受けた（ポジションの縮小が大きかった）のである．このことは数値例[14]で示されるが，NR は株式公開企業となって

---

14) Shin（2010b, 186-7 頁）の数値例で示そう．ヘアカットが 2％なら，借り手は市場価値が 100 ドルの証券を担保に 98 ドルを調達できる．そこで 100 ドル相当の資産を取得するためには 2 ドルだけ自己資本を用意すればよい．このときのレバレッジは，最大 50 である．ところが，いま金融システムにショックが及び市場でのヘアカットが 4％に

第4章　内生的金融不安定性仮説：不確実性下の選択行動　　　　　　　　171

から一貫してレバレッジを上昇させてきた．公開直後の1998年6月には22.8倍であったのが，流動性危機直前の2007年6月には58.2倍になり，そして取付け騒ぎを受けた2007年12月には，損失を受けて普通株勘定の減少を反映し，86.3倍までに拡大していたのである（Shin 2010b, 190頁）．

(2) 流動性スパイラル

　以上のシンのNRの事例分析を受けてわれわれは，今次金融危機の分析を本章の以下において次の2つの方向で彫琢していこうとする．1つは，危機の深化を資産価格が一方向に不安定化していく（「裁定」のメカニズムが働かない）ことで，時間軸上の不安定化メカニズムを明らかにすることにかかわる．それは資本市場をベースとした金融システムの危機を資産価格のスパイラル的な下落（流動性の喪失）において捉えるもので，それを「市場流動性」と「資金流動性」の相互依存関係によって理解しようとする．金融危機は債務を履行しようとしても「流動性」が不足している状態であり，長期の保有資産を売却しようとしても，流動性が低く「投売り価格」で売却せざるを得ない（「市場流動性」の低下）状況のため，債務を発行して資金調達しようとしても発行条件が悪化（「資金流動性の低下」）した事態として捉えることができるからである．実際NRの危機事例が示すのは，証券化商品の価値下落という「市場流動性」の低下が，債権者たる機関投資家をして，VaRによるリスク管理上資金を引き揚げ，ロールオーバーを拒否するところから資金流動性が低下し，資金繰りの悪化と資産価格の一層の下落が生じるというものであった．ここで留意されることは，リスク管理というミクロ・プルーデンシャルな視点からの個々の機関の合理的選択行動が採られることで，資産価格の一方向への下落という市場流動性の喪失をもたらしていることで，「合成の誤謬」が生じていると言える．

　もう1点は，危機の深化を，デフォルトや流動性の逼迫が「横への伝染」を引き起こすこととして捉えるもので，ミンスキーが債務の重層性あるいは「支払いのネットワーク」を介した流動性逼迫の連鎖を危機分析において強調したことにかかわる．ここで留意されることは，横への伝染は取引や契約の債権債

　　上昇したとすると，今度は許容可能なレバレッジは25倍に半減する．

務関係あるいはポートフォリオの連関から直接的伝染が引き起こされるだけでなく，「直接の」取引関係にない「カウンターパーティ」からも間接的に引き起こされうることである．ある金融機関が，取引先の企業倒産で損失をこうむり，リスク管理上銀行貸出を減らすとしたとき，先の倒産企業と直接の取引関係にない企業も，銀行の貸出引き揚げから影響を受けるといった場合である．間接的な伝染については複雑な金融ネットワークにおいて，損失発生がどの取引相手から引き起こされるか特定できないという「不確実性」の存在が選択行動に影響を及ぼすことを見ることができる．しかもそれは，深刻な損失発生に巻き込まれることから，「逃げる」「隠れる」といったリスクの回避，「質への逃避」から流動性の保蔵を選好するといった行動として理解できるのである．本章第3節ではこうした「金融ネットワークの複雑性からくる不確実性」が引き起こす流動性の保蔵によるポジションの縮小，デレバレッジを取り上げよう．

　資産の「市場流動性」は通常，「資産が大幅な価格変動を被ることなく，市場で速やかに取引を執行できる度合い」と定義され，その指標としてはビッドとアスク間のスプレッドがとられる．トレーダーにとって「資金流動性」とは，資金を調達する容易さのことであり，その手段として手持ちの現金や保有資産のほか，負債や株式の発行，その他の金融契約が用いられる．資金流動性と市場流動性との間には相互に依存しあう「正の関係」が通常働くと考えられる．その理由を白川（2008）は次のように述べる．「たとえば保有資産を売却して資金を調達せねばならないとき，保有資産の市場流動性が低いほど，金融機関は資産を低い価格で売却することを余儀なくされる．しかも必要な資金を確保するための資産売却が多くの金融機関によって一斉に行われるとき，当該資産の価格は一段と下落することになり，資金流動性の確保はそれだけ困難を伴う」．

　こういった関係から，資金流動性は市場流動性の高さによって支えられる面がある．「他方，資金流動性の水準は市場流動性の水準に影響を与える．市況の下落過程では証拠金を追加的に差し入れることが求められるが，そのために資産売却の必要が生じるなら，価格はさらに低下する．これはマージン・コールによる資金流動性の低下が市場価格を下落させ，市場流動性を圧迫するという事例である」（同上）．

　ここにおいて Brunnermeier and Pedersen（2009，以下では B&P と略称）

は，資金流動性と市場流動性との間に相互に依存しあう関係があることを，レポ取引におけるマージンの決定を例に論じた．すなわち，資金流動性がいかに決定されるかにおいて，市場流動性，とくにファンダメンタルズからの乖離としての市場の「非流動性」がいかに関係しているかに留意することで，「流動性のスパイラル」がいかにして生じ，市場から流動性が喪失する金融危機のメカニズムを提示しようとした．

　たとえば外的な流動性ショックがあり，資産市場のボラティリティが上昇してレポ取引のマージンの引き上げがあると，証券価格と担保価値の差はトレーダーの自己資本から賄われ，投資家たるトレーダーの資本量に影響するから資金流動性が低下し，トレーダーはポジション取得に乗り気でなくなる．それは市場の流動性を引き下げることにつながり，それがマージンを一層増加させて「マージン・スパイラル」を起こすというのである．「スパイラル」が生じるに際し市場流動性の大きさが役割を果たすが，それはトレーダーが有する資本やVIXのようなボラティリティを介して影響を及ぼすということである．トレーダーからの資金需要に応える金融業者が将来のボラティリティについて予想を引き上げれば，マージンの増大につながるし，市場が「非流動的」——取引価格と「ファンダメンタルな価値」との差が生じる——であるとマージンは引き上げられ，トレーダーとしては（顧客からの資産需要の減少に対して価格を安定化させるべく求められる）市場流動性の提供を抑えよう（restrict）とする．すると価格は下がり，マージンは一層引き上げられて，マージンスパイラルが生じる．こうして資金流動性は市場流動性と相まって，外的ショックを一層増幅する傾向を持つことになる．すなわち「トレーダーの資金流動性の重要性は，それがショックに対して市場流動性を大いに感応的にすることにある」(ibid., p.16) ということで，増幅メカニズムが働くのである．

　市場の「非流動性」には，次のような「ロススパイラル」も加わる．トレーダーの初期資産のポジションが大きいと，当初の資産価格の下落によるポジションの損失が大きく，ポジションの縮小（時価評価）が保有資産の売却につながるなら，資産価格の一層の低下が引き起こされる．それはマージンの一層の引き上げにつながるのである．かくて，「トレーダーの資金調達条件の低下によるマージンスパイラルと，トレーダーを一層悪化させる損失によるロスパ

イラルという2つの増幅メカニズムが働く」(ibid.).

こうして投資銀行の主要な資金調達手段であったレポ取引における「マージン」の決定という資金流動性に照準を合わせることで，流動性のスパイラルを説明し，もって市場での流動性喪失という危機を説明することができることになる．マージン（ヘアカット）がいかに設定されるかがクリティカルであるが，その際，レポ取引の将来の清算時点の価格変動の評価に当たり，いかなる「情報集合」を有しているかがポイントをなす．上の説明では，マージン決定に際して用いられる清算時点の担保資産の価格予想は慣行的に過去の価格の動きが使われ，それに従ったが，用いられる情報集合がファンダメンタルズに基づくものであるなら，顕示される（「観察される」）価格がファンダメンタルズとの間で裁定関係に置かれることで，必ずしも一方向への不安定化（スパイラル的な価格下落）は生じないかもしれない．そうであれば，将来の清算時点の価格動向に関する情報集合をいかなるものとして扱うかが，流動性危機勃発の有無を分岐させるクリティカルな役割を果たす．そこで以下ではレポ取引を例にとり，マージン（ヘアカット）の決定に照準を合わせ，そこにおいていかなる情報が用いられるかに留意しつつ，流動性スパイラルが生じるかどうかを検討しよう．

(3) マージンの決定とプロシクリカリティ

レポ取引は，買戻し（売戻し）条件付き債券取引[15]である．そこでレポ取引に当たっては市場の資金調達環境の変化，端的には用いられる担保資産の価格変動をどれだけと見込むかが問題になる．「清算」に際して資金の借り手が決済を履行しない場合に，担保に提供された資産の価値がどれだけかが問題になるからで，債券の価格変動リスク等がカバーされる必要がある．資金の貸し手にとって，担保として提供される債券の価格変動にいかに対処するかとして「ヘアカット（掛け目）」を用いる場合と「証拠金（マージン）」を用いる場合の2つがある．

---

[15] わが国についていえば，2001年4月に導入された「新現先取引」であり，債券と資金を相互に融通する「広義のレポ取引」である．なお債券を貸す取引を「レポ」，反対に債券を借りる取引を「リバース・レポ」という．

前者は（資金の借り手が）買戻し条件付きで売却するというときの「売却価格」を，事前の取り決めによって取引スタート時点での担保資産の時価よりも低く設定する．清算時点での買戻し価格をそれだけ割り引いて（ヘアカットして）資金を提供するというものである．これに対し「証拠金」を用いる場合，清算時点までの日々の価格変動を「マージン・コール」によって対応する．債券の時価総額と担保金に差額が生じたとき，その差額を調整する（時価が担保金を上回るとその分を借り手が請求する）ものである[16]．なお本章では，「証拠金（マージン）」の設定と「ヘアカット」の設定とを区別しないで用いた．換言すれば，ヘアカットされてあらかじめ割り引かれる額と「証拠金必要額」とを同様のものとして扱っている．

　当初のマージン（証拠金）設定について肝要なことは，清算時点の担保資産の価格変動を見込む際，担保資産の将来市場のファンダメンタル情報を欠くという点で，「不確実性」の問題がはらまれていることである．そうした情報の欠如のもとでいかにマージンの設定がなされるかといえば，実際の慣行（real world margin setting）としては「観察された（observed）」市場価格が「情報集合」として用いられ，過去の価格の動きからボラティリティが推定されている（B&P 2009, p.13）．「当初証拠金」の場合，価格変動リスクに対応する部分の所要額を VaR を用いて，ある信頼水準で最大損失額に収まるようにしているのである．留意されることは，将来の価格変動（ボラティリティ）を推定するのに，時価表示の VaR を用いる，したがって過去の価格動向（price movement）を用いている．そしてまた，清算時点までのマージン（コール）設定に当たっては，「価格変動」という実際の「観察された価格」に応じてマージンが変化させられている．そのとき留意されることは，こうした「観察された価格」を用いてのマージン設定が，資産市場の趨勢を強化するのであり，「プロシクリカル」な性質を持つということである．

　前項で述べたように，資金流動性がショックを受けて変化し，それが市場流動性の変化を介して再び資金流動性にフィードバックしてくることによる2つ

---

[16] 「当初証拠金」がいかに算出されるかというと，担保資産の価格変動をどれだけと見込むかに当たり，価格変動リスクに対応する部分の所要額を VaR によって――日次時価変動幅の 97.7％以上をカバーするよう――算出している（菅野浩之・加藤毅 2001）．

の流動性間のスパイラルの背後にあるのは，こうした将来市場の変化を「観察された価格」によって推定する——それが当初のショックを受けて資産価格を一方向に不安定化させる——ことがあるのである．これに対して，マージンの設定に当たっての別の情報集合，たとえば「ファンダメンタル情報」をマージンの設定者（金融業者）が仮に有しているとすれば，そうした不安定化は免れるかもしれない．なぜなら，ショックを受けて生じた市場変動をいかに評価するかにおいて，その変動はファンダメンタルズへの次期以降での回帰との間で，つまり裁定取引の観点から評価されマージンの設定がなされるからで，それは以下でB&Pに即してみる通りである．こうしてマージンの設定においてどのような情報集合が利用可能かに応じて，安定性の特性について異なる結果が得られる．以下では担保付き借入としてのレポ取引を取り上げて，マージンの「引き上げ」といった「資金流動性」の低下がいかに流動性のスパイラルを引き起こすかを見ていこう．

　まずB&Pにおける「4期間モデル」の構成を素描しておこう．k個の資産が取引されるが，その取引は「顧客」と「投機家（speculator）」との間で行われる．後者は投資あるいは裁定取引に従事し，ディーラー，ヘッジファンド，あるいは投資銀行を指し，ここでは「トレーダー」と総称される．トレーダーのポジションを金融するのが「金融業者（financier）」である．顧客はある確率で逐次的に市場に現れ——したがって各資産の注文に不均衡をもたらし，市場流動性の問題を生じさせる——，各期に証券（securities）のポジションを選択して最終的な富に至るまでの指数的効用関数を最大化する．そうした顧客の取引ニーズにトレーダーは応じる（accommodate），つまり価格変動が大きくならぬように市場流動性を提供する．そして最終時点の予想された富を最大化するよう行動し，価格予想に応じて「買い（long）」あるいは「売り（short）」ポジションをとる．すなわち，対象資産の値上がりを予想する場合は買い持ちのポジションをとり，値下がりを予想する場合は売り持ちのポジションをとる．トレーダーは保有ポジションに対して金融業者から金融してもらうが，そのために「証拠金」を提供せねばならず，その大きさは自己資本を超えることができないとの制約に服す．ただし新規の資本調達が許される[17]．

　こうした枠組みで，金融業者は取引相手の信用リスクからの損失を避けるべ

く証拠金（マージン）を設定する．ここでB&Pは，マージンの大きさは金融業者の情報集合に依存するものと考える．そして「informed（情報を有する）金融業者」と「uninformed（情報を持たない）金融業者」とを識別したのである．前者は資産のその時々の（current）ファンダメンタルな価値と流動性ショックについて情報を有する．ファンダメンタル情報を有しているなら，担保資産の価格下落によって「追い証」（マージン・コール）が請求されるという流動性ショックが経路を均衡から一時的に乖離させるようなことがあっても，従来の均衡経路は影響を受けず，それへと回帰することが金融業者には分かっているということである．なお，ファンダメンタルなショックがあれば新たな均衡経路へと移行することになる．これに対しuninformed金融業者はその時々のファンダメンタルズについての情報を有していないため，観察された過去および現在の価格に基づきマージンを設定する他ない．しかしそのような「uninformed金融業者」の行動こそ現実世界の制度的特徴に照応していることをB&Pは指摘している．将来時点に関するファンダメンタル情報を欠く下で，過去および現時点の価格を将来に外挿して予想形成することは，ケインズが不確実性下に慣行的基礎を得て予想形成するとしたことに合致するものでもある．

uninformed金融業者は観察された過去および現在の価格に基づきマージンを設定するとき，価格変動があると，単に現時点の価格が先の時点のそれに比してどの方向に「変動する」かによってマージンを変化させるが，それは「変動の方向」をもって市場の「非流動性」が増大するかどうかを判断しているとものといえる．換言すれば，その変動をファンダメンタルズと対比することで裁定関係のうちにおいてマージンの要求額を設定することをしない．そうした「uninformed」金融業者にとっては，先に触れた価格変動リスクに対応する部

---

17) ここでいう金融業者を，「トライパーティ（tri-party）・レポ」における「クリアリング・バンク」と考えることができる．「トライパーティ・レポでは，クリアリング・バンク（JPモルガン・チェースとバンク・オブ・ニューヨーク・メロン）がサード・パーティとして取引に介在し，クリアリング・バンクに設けられた取引参加者の口座間でレポの決済が行われる．さらにクリアリング・バンクは担保価値の評価，資金の貸し手の担保基準に照らした担保の適合性の確認を含む担保管理，決済サービスを提供している」（小立 2013, 17頁）．「証券会社はトライパーティ・レポでファンディングを行う一方，証券の貸出に際してはバイラテラル・レポを主に利用していた」（Adrian and Ashcraft 2012, pp.17-8)．

分の所要額を VaR によって算出することが整合的である．つまり，ポジションの許容可能な最大損失（VaR）がある小さな確率に収まるように「マージン」を十分大きく設定する．トレーダーの「買いポジション」に対するマージンは，価格「下落」のもたらす VaR を超えるような損失がある小さな確率（1%）以下で起こるように設定され，「売りポジション」の場合には，価格「上昇」がもたらす損失に対し同様な条件付きで設定される．ボラティリティの大きな資産のマージンはそれだけ大きくなる．なお，期待限界リターンが正である限り，VaR で許容される最大限までリスクのある証券（エクスポージャー）を購入することが投資家にとって最適な行動である．

　資産価格の上昇を予想したトレーダーが「買いポジション」をとる場合についてみると，価格低下は「時価評価」の VaR に基づく許容可能なエクスポージャーを「減少」させるから，「uninformed」金融業者はトレーダーがポジション保有を減らすようマージンを高くする．このように担保資産の価格変動は，「上昇」あるいは「下落」に応じて，金融業者をしてトレーダーに対しマージンを前よりもより「少なく」，あるいは「多く」積むよう要求させる．ここで留意されることは，担保資産の価格「下落」——それは B&P において，ファンダメンタルズからの乖離として市場の「非流動性」の程度を測る（増大させる）ものとされる——はマージンを引き上げさせ，しかもその下落幅が大きいほど（「非流動性」の程度が大きいほど）マージンはより高くなる．これは資金流動性を「低下」させることであるから，先の市場流動性との間で相互にスパイラル的な低下を引き起こす．かくて，マージンの引き上げという資金調達（funding）に及ぼすマイナスの影響は，はじめの担保資産の価格下落に現れたショックの効果に加わり，資産価格下落を増幅する効果を持つ．情報を持たない金融業者のマージン設定は，こうして資金調達上のショックを増幅するのであり，「順循環性あるいは景気循環増幅性（procyclicality）」を組み込むものである[18]．

---

18) このように時価評価の純資産をベースに決定されるエクスポージャーが景気の動向や資産価格に対して「プロシクリカル（順循環的）」であることをシンは「右上がり需要反応，右下がり供給反応」と表現したことは第3章で述べた．つまり「投資家は価格が上がればリスクのある証券を買い増し，価格が下がればいくらかを売ることになる」

以上に対置されるのが，uninfomed業者とは別個の情報集合を持つところの「informed」金融業者である．この場合，担保資産のファンダメンタル情報を有することで，顧客からの需要ショックなどショックに発した資産価格下落が引き起こすマージン・コールのような「流動性ショック」に対して次のような対応がなされる．「流動性」ショックは資金不足を引き起こし，そのためにトレーダーは保有資産を売却せざるを得ないといった状況が保有資産価格を今期，ファンダメンタルな価値から乖離させることとしている．こうした事態に対しinformed金融業者は，次期には保有資産の市場価格がファンダメンタルな価値に回帰するものとしてトレーダーに相対するのである．そのような行動が期待できるとすれば，保有資産を担保に借入がなされる場合のマージンの大きさ（margin requirement for collateralized financing）は次のように決定される．すなわち借入をしているトレーダー（leveraged trader）のポジションがファンダメンタルな価値から下方に乖離する度合いが大きいほど，「買いポジション」をとった損失を被っているトレーダーに対するマージンはより「低く」設定される（B&P（2009）の「命題2」）というものである．

　その場合トレーダーは，金融業者がマージンを「低く」設定してくれれば，「買いポジション」をとっているなら，今期の価格低下で生じた保有資産の評価損失に伴ったマージンの引き上げ（追加証拠金）を次期のマージン「低下」で相殺できる．次期に資産価格が予想通り「上昇」する（ファンダメンタルズに回帰する）なら，買いポジションに伴う前期の（評価上の）損失を，今期は利益を得ることで相殺できるからで，金融業者はなんらマージンの引き上げを必要とせず，逆に今期はマージンを「引き下げる」のである．informed金融業者の場合，流動性ショックでトレーダーの保有資産に価格下落が生じても，保有資産のファンダメンタルズへの回帰を読み取ることによってトレーダーの買いポジションが利益を上げるとしてマージンを「引き下げる」のである．しかも価格下落が大きいほど保有資産，つまり現有「買い」ポジションに起こる損失は大きくなるが，――uninformed金融業者はこれに対応して設定するマージンをそれだけ高くしたのに対し――ファンダメンタルズを下回る乖離幅

(Shin 2010b, 33頁)．

が大きいほどトレーダーの利益もそれだけ大きくなるというので，informed 金融業者はマージンをより「低く」設定するのである．

　こうして資産価格を下落させた負のショックは，「informed」金融業者をしてマージンを「低下させる」ことによってトレーダーがポジションの評価損を相殺するだけ，より多くの資金調達を可能とし，ポジションを維持するように負のショックを相殺するのであり，もって経路を「安定化」させることとなる．換言すれば informed 金融業者によるマージン設定は「プロシクリカル」な性質を持たない．この点で先に見た市場流動性と資金流動性がスパイラルを描いてショックを増幅させた経路と対置される．もしファンダメンタルズへの回帰が引き起こされなければ，次のように「裁定利益」を得ようと競争メカニズムが働く．つまり次期にも市場価格がファンダメンタルズを下回ったままであるなら，さらに先の将来時点でファンダメンタルズへの回帰が起こると期待でき，トレーダーは持続する評価損を相殺するだけ多くの買いポジションをとり，そのための資金を金融業者から一層低下したマージンで入手することが期待できる．こうした「安く買い，それを高く売る」という裁定取引が，ファンダメンタル情報が得られる限り功を奏すると期待できるから，結局体系はファンダメンタルな経路へと回帰していくと考えることができるのである．

　以上，マージン設定が 2 つの流動性間でスパイラルを引き起こすか，安定化させるかの分岐点が金融業者の情報集合に依存し，それは裁定メカニズムが機能するかどうかに帰着することをみた．uninformed 金融業者の場合，マージン設定が流動性スパイラルを引き起こすこととなったのは，「時価表示」の VaR を制約に用いることで，裁定メカニズムに代えて「プロシクリカリティ」が機能したことにある．それは担保付き借入（レポ取引）の場合，担保資産の価格が外的ショックで下落すれば（市場流動性の低下），時価表示のバランスシートにおいて VaR 制約を厳格化する，あるいは純資産が減少するためにマージンが引き上げられ（資金流動性の低下），許容可能なエクスポージャーが引き下げられ，ポジションが縮小する．つまりリスク資産に対する需要が低下して当初の資産価格下落を増幅する．

　Shin（2010b, 55 頁）はこうしたフィードバック過程（流動性スパイラル）において市場価格が「二重の機能」を果たすと述べる．1 つは市場価格が市場

流動性に対して，もう1つは「資金流動性」に対して持つ役割である．Shin（同上，第3章）は流動性スパイラルを引き起こすメカニズム——価格変化の方向が上の説明とは逆であるが——を次のように説明する．たとえば顧客からの需要ショックがあって，リスクのある証券（たとえばCDO）の価格上昇（市場流動性の増大）はバランスシートを強化する（自己資本の増大）．ここで資産の保有ポジションを変化させなければ総資産／自己資本で定義された「レバレッジ」を低め，いわば「余剰資本」を保有することとなり（資金流動性の高まり），それを利用しようと金融機関はバランスシートを拡大させる．つまり「バランスシートの負債側では借入等の負債を増やし，資産側では潜在的な借り手を探し，貸出を増やす」（同上，54頁）．

上のシンからの引用において留意されることは，流動性スパイラルが進行する経路が，自己資本がベースになってバランスシートあるいはポジションの調整がなされることとして理解できることである．それは不確実性のある下で，自己資本を保有することによってデフォルトの生起に対処しようとすることであり，VaR制約下でリスクのある証券の購入額を決めることは，「あるベンチマーク水準よりもデフォルト確率が低く保たれるだけ十分大きな（自己）資本が要求される」（同上，44頁）ことによるリスク管理を意味する．このように自己資本をベースにしてエクスポージャーやバランスシートを調整することは，自己資本に対する総資産の比率である「レバレッジ」を決定するものと考えることもできる．シンはこのように，不安定化する経路を自己資本をベースにレバレッジの動きによって説明したのである．

かくて2つの流動性間でスパイラルを起こして不安定化する経路は，先に本章第1節で「安全性のマージン」が資金貸借の基準に用いられることで内生的な不安定化経路を説明したことに照応する．「レバレッジ」（総資産（T）/自己資本（E）比率）と「安全性のマージン」（自己資本（E）/負債（L）比率）はともに時価表示されたバランスシートにおいて定義され，1対1に対応するからである（$T/E=1+L/E$）．それらはそれぞれ，例えばブームの過熱化を次のように説明する．安全性のマージンについては本章第1節で示されたように，要求基準としてのそれがブームが過熱化する過程でより容易に達成できると（貸し手，借り手の双方で）判断されることで，当該マージンがより「低下する」

ことになっているというものである．レバレッジについては，今次金融危機に先立つブーム期にレポ拡大を可能にしたのが金融市場における集計的ボラティリティの低下，つまり不確実性に対するプレミアムの低下の「予想」が生じることでレバレッジが「引き上げられる」ということである（Adrian and Shin 2010b）．実際，Shin（2010b, 第3章）はブーム時のレバレッジの上昇を（先にすでに引用されたが）次のように説明する．たとえば顧客からの需要ショックがあってリスクのある証券（たとえばCDO）の価格上昇（市場流動性の増大）はバランスシートを強化する（自己資本の増大）．ここで資産の保有ポジションを変化させなければ総資産／自己資本で定義された「レバレッジ」を低め，いわば「余剰資本」を保有することとなり（資金流動性の高まり），それを利用しようと金融機関はバランスシートを拡大させる．つまり「バランスシートの負債側では借入等の負債を増やし，資産側では潜在的な借り手を探し貸出を増やす」（同上, 54頁）．そのときシンは次のように付記する．借り手の側の借入意欲に変化がなければ，（貸し手側の）貸出意欲の高まりは貸出に対するリスクプレミアムを低下させる．これは先に言及したAdrian and Shin（2010b）において，ブーム期にレポが増大したのは不確実性のプレミアムの低下を「予想」することによるものであり，そこにレバレッジの引き上げがあったことに照応する[19]．

(4) 外生的共通化基準のもとでの不安定化

以上に提示された不安定化メカニズムについて一層踏み込んで検討しよう．検討を要するのは，個々の主体が「リスク管理」というミクロ・プルーデンス——（債務の履行に関する）不確実性に対処しうるよう自己資本を十分に保持

---

[19] ただし，シンが「レバレッジはプロシクリカル」である（Shin 2010b, 第3章「命題3」, 53頁）というとき，背後にファンダメンタル要因からくる「期待利得」の上昇を想定している．つまりシンは，先の「命題3」を述べる際，ファンダメンタルズの改善はリスクのある証券の期待利得を「上昇」させるとして，ブーム期に見られるように「リスクプレミアム」の低下が伴われると述べる（同上, 52頁）．これはAdrian and Shin（2010b）が金融市場における集計的ボラティリティの低下によるリスクプレミアムの低下を見るのとは一見相違しているように見える．しかしこれは同一の現象を一方は貸し手，もう一方は借り手の側から見たものとすれば矛盾はないと思われる．

し，それをベースにしてポジションを形成する——を保持するとき，それがマクロ的には不均衡（過熱ブームやバブル，あるいは流動性の喪失）を帰結させるということである．「合成の誤謬」が生じているのであり，こうしたミクロとマクロの乖離をいかに説明できるだろうか．われわれの理解するところでは，「時価表示」の VaR を制約として，あるいは自己資本をベースにしてエクスポージャーを決定することがシステムの不安定化へとつながるとすれば，そこには共通の慣行や制度に従うことで行動に連関が生じ，経路が増幅されるメカニズムが働くことになっているのではないかということである．慣行的基礎を持つものとしての市場価格で表示された VaR を制約とする，あるいは「安全性のマージン」を基準とすることは，価格変動に対して各主体を同じ方向にポジション調整を促すこととなっている．各主体のバランスシート調整が同一の方向になされることは，相互の連関性を引き起こし，当初のショックを増幅するという「プロシクリカリティ」をシステム内に機能させることによって不安定化させているのではないかということである．このことは「ミレニアム・ブリッジの大揺れ」（Shin 2010b）のケースを想起すればわかりやすい．それは 2000 年 6 月，開通したばかりのロンドンのミレニアム・ブリッジを渡る歩行者の数が増え，ある閾値を超えたとき，揺れが急激に大きくなった事例である．そのとき各歩行者は橋がある方向に傾くと，橋の揺れから自らを防御しようとして同一方向への行動をとる．それが橋桁の一層の揺れへとフィードバックしていったのである．システム内に各主体の選択行動を「共通化」，「同質化」，「群衆化」する作用が働くのであり，それが VaR や「レバレッジ」，「安全性のマージン」によって果たされたということである．それらはともに時価表示の自己資本をベースにしたバランスシート調整を表すのであり，デフォルトリスクに対する貸し手，借り手双方からの「不確実性」への対処を組み込むものとしてある．パラドキシカルなことであるが，そうした不確実性への対処を可能にする「自己資本」がベースに置かれたことで，それら制約や「基準」を保持することの難易度が経済のパフォーマンスを受けて主観的に評価されることで，最初の変化を引き起こすショック（価格変動）を増幅するようなポジション調整が促される．その帰結としてシステムが不安定化しているのである．

　時価表示の VaR や安全性のマージンは，歩行者が置かれた「環境」である

「橋桁」の揺れを各主体に伝える共通要因として機能し，個々ではコントロールできないという意味で「外生的」な共通基準の役割を果たしている．「安全性のマージン」自体は主体間で相違することを排除しないが，それらの変化の方向は同じであり，このゆえに同一方向へのポジション調整が促され，その意味で伝染行動，群衆行動を引き起こしている．シンの以下の叙述は不安定性の背後に「会計原則，慣行」が働いていると述べるもので興味深い．すなわち「市場参加者の意思決定が，短期的なインセンティブや制約条件（たとえば VaR 制約），その他の市場の不完全性によって近視眼的になると，短期的な市場価格の変動がこれらの市場参加者の利害に影響し，彼らの行動にも影響を与える．すると，短期的な価格変動の予想が，市場参加者に価格変動を大きくするような行動を取らせるというフィードバックのループが発生する可能性が生まれる．そのようなフィードバック効果が強いと，銀行の意思決定はファンダメンタルズに対する見方よりも，他者の意思決定についての推測に基づくものとなる．こうした意味で，ファンダメンタルズの反映ではなく，単に会計原則のあり方がもたらす結果として，追加的かつ内生的な変動が生じる危険が生まれるのである」[20]（Shin 2010b, 15-6 頁．（　）内は引用者）．

　マクロ的共通要因や外生的な基準に合わせる，あるいはその変化に応じた調整行動が各主体の行動を共通化，群衆化して不安定化に導くということは「裁定メカニズム」の機能不全に照応している．そこには「ファンダメンタルズ」への回帰に代えて，市場価格が慣行的基礎を持つとして将来価格の予想形成に「外挿する」ことがなされていると考えることができる．あるいはまた「戦略的」観点から現行価格の変化の方向を維持，強化することで「プロシクリカリティ」を強め，ファンダメンタルズへの回帰による裁定メカニズムの機能を麻痺させ，もって不安定化を生じさせることも起こりうる．それはたとえば以下のような「略奪的取引」のケースである．

　ファンダメンタルズから乖離して価格が持続的に低下するとき，通常は価格下落が「潜在的」買い手をして購入増を促す作用をすることで価格の持続的な

---

[20] ここでいう「会計原則」とは，「安全性のマージン」の比率に表されるようなバランスシート規制あるいはプロシクリカルに機能する BIS 規制，そしてまた VaR によるリスク管理を指すものと考えられる．

下落が停止する．それは裁定取引が機能するということである．ところが意図的，戦略的に裁定メカニズムの機能を抑えるべく，(困難に陥った売り手が保有資産を「投売り」せざるを得ぬようになるまで) 価格の持続的な下落が引き起こされる場合がある．こうしたケースを Brunnermeier and Pedersen (2005) は「略奪的取引 (predatory trading)」として次のように描く．

通常規模の大きなトレーダー (たとえばヘッジファンド) が損失を被ってポジションを縮小すべく強制的に清算を余儀なくさせられるとき，そのことを嗅ぎつけた他の戦略的なトレーダー (たとえばそのヘッジファンドに資金提供している銀行) も同方向 (資産の売却) の取引をし，それが価格の一層の下落を引き起こすのである．その際「潜在的な買い手」自体が自ら保有資産を「売却」する行動をとり，市場を「非流動的」にするが，そうした (戦略的) 行動は，困難に陥った (流動性が逼迫した) 他の投資家をして結局，保有資産を「投売り価格」で清算させるよう追い込むのであり，自らはそうなるまで購入 (買戻し) を引き延ばす行為に出ることで利益を得ることができる．しかし規模の大きなトレーダー間のそうした戦略的相互作用は，価格下落をファンダメンタルズを超えてオーバーシュートさせ，当初のトレーダーを含め他のトレーダーをして金融的困難に陥らせるのであり，金融セクターに広く危機を引き起こすことになりうる[21]．

(5) 均衡化の調整が働く下での伝染メカニズム

以上，不安定化メカニズムについて得た帰結は，将来時点の資産価格のファンダメンタルズが得られないとした下で観察された価格を用いて，たとえば時価表示の VaR 制約を用いてリスク管理することで，それが各主体に共通の基準や慣行を課すこととなり，主体間の行動 (ポジション調整) における相互連関性を増大させて，資産価格変動に表れたショックを増幅する効果をもたらすと理解されるものであった．なおこうした結果は，価格下落を一層大きくするところの「収奪的行為」が意図的，戦略的にとられるときにも同様に得られる．

---

21) プット・オプションの「ダイナミックヘッジング」においても生じるメカニズムで，価格低下が資産売却によるポートフォリオ調整を起こし，価格スパイラルが発生する (Shin 2010b, 第4章)．

こうしてわれわれが得たのは，不確実性下で自己資本をベースに調整行動をとるという不確実性への対処を組み込んだ行動が，かえって伝染行動，群衆行動という形での相互連関の高まりを通してシステムを不安定化させるということである．ファンダメンタル情報が欠如するとき，観察された価格を用いて趨勢的に将来を予想することによって，VaRや安全性のマージン，あるいはレバレッジが「プロシクリカリティ」を機能させたのである．ここに伝染行動，群衆行動という形での相互連関の高まりが不安定化に役割を果たすこととなったが，こうした帰結が得られる議論の理論構造を検討するという観点から，別の立脚基盤に立つ議論からも果たして同様な——しかし制限された形で——結果が得られるかどうかを見ていこう．

それは，もし「informed」投資家がファンダメンタル情報を得てポートフォリオの最適な調整，あるいはエクスポージャーの決定を行ったとしたとき，そうした枠組みにおいてもなお「伝染」という形でのショックの増幅効果が生じるかどうかという問題である．この問題設定に答えると考えられるのが「伝染の一般モデル」を提示しようとしたKodres and Pritsker (2002，以下K&Pと略称) である[22]．そのモデルが「一般」モデルと称されたゆえんは，特定の金融連関や上で見てきた「会計慣行」が作用するところから伝染現象を説明するのでなく，外的なショックに対して「情報」を有する投資家が，資産価格が変化する過程でリスクに対するエクスポージャーを最適な水準に保有するという均衡化のための再調整——したがって「裁定メカニズム」が機能している——を行ったもとでも依然生じうる「伝染」を扱ったからである．こうした均衡論的枠組みの下でも「伝染」が引き起こされるのは，「マクロ的共通リスク」が資産間で共有されるとしたことから，「情報を有した」投資家によるポートフォリオの再調整がそれぞれの資産の需給関係を変えて，それぞれ独立に価格

---

22) ここで「一般」モデルと題されたのは，「伝染モデル」として通常は，資産の情報が市場間で相関している場合（correlated information），および流動性ショックを介して市場間で相関がある場合（correlated liquidity shock）が取り上げられてきたのに対し，伝染の第3のチャンネルとしてcross-market rebalancingを論じたからである．それは伝染のcross-sectional patternの特徴を説明するのに有用で，「情報を有した投資家」によるポートフォリオの再調整は，金融コンテージョンが諸国間に渡ってどう生じるかという伝染の型を論じるものとしてある」(K&P 2002).

が形成される資産間で——しかも貿易による取引関係のない国・セクター間で——ショックが連鎖するからである．モデルは次のように示される．

$$v_1 = \theta_1 + \beta_1 f_1 + \eta_1$$
$$v_2 = 0.5 f_1 + 0.5 f_2$$
$$v_3 = \theta_3 + \beta_3 f_2 + \eta_3$$

　以上は3カ国（3資産）から成るモデルで，そのリスク資産のプライシングの特徴は，資産間で共通のリスク要因（f_1, f_2）があることで，それに加えて各資産に特有の私的情報（η_i）と各国に特有のマクロ経済的リスク（θ_i）が関与している．各資産の価値（v_i）は清算価値で測られる．この3資産モデルにおいて，ある特定国（第1国）でのリスクの顕現を受けた資産価格の下落は，そうした資産をポートフォリオに含む投資家をして当該資産を売却させようとする．そうすると，当該資産に含まれていた「リスク」要因——それは他国（ここでは第2国）の資産にも含まれるようなものであるとき，「マクロ的に共通のリスク要因」とみなされる——に対する保有水準が低下する．ところが，当該エクスポージャーの保有水準，（1週間といった当面の期間において）保持するためには，当該共通リスクを含有する他の国（第2国）の資産の保有，換言すれば当該エクスポージャーの保有を増加させる必要がある．他の国（第2国）の資産に対する需要増は，その国の資産に対する価格を引き上げることになる．ところがポートフォリオの再調整は，第2国のリスク要因が，第1国と共有するそれだけでなく，さらに第3国の資産とも共通するものである場合，これで終わらない．しかも留意されることは，第3の国の資産が抱える，第2国の資産と共有するリスクは，先の第1国のそれとは独立であり，そのことは第1国と第3国とは貿易や金融における取引関係において密な関係にはないことを含意する．他方，第2国は第3国とマクロ的リスクを共有している．そのとき，先に生じた第2国の資産に対する需要の増加は，いま問題にしている投資家にとって第3の国と共通するリスクを，これまでの保有水準である最適な水準以上に増大させることになっている．これが追加的なポートフォリオの再調整を引き起こす．そこで，第2と第3の国の双方に共通する当該リスク要因（エク

スポージャー）を最適な水準に調整すべく，第3の国の資産の売却がなされる．以上の帰結は，第1と第3の国の資産価格を減じ，第2国のそれを増大させるというものであり，これが各国資産の cross-market rebalancing（市場間にわたる再調整）に基づく資産保有の増減によって引き起こされた結果である[23]．

以上において，取引関係のない国（第1と第3の国）の資産間に生じたショックの連鎖は，それら両国とそれぞれのマクロ的リスクを共有する国（第2国）の資産の保有ポジションを（再）調整することを介して起こったものである．換言すれば，第2国を介して「間接的」伝染が引き起こされているのであり，もって「外部性」が生じることが描かれている．これら3つの国が1つのシステムを構成すると考えれば，マクロ的共通要因はシステム内の相互連関性を生みだし，あるいは強くしており，それによって特定国（資産）に生じたショックを他国（他資産）に連鎖（伝幡）させて，その限りで価格変動という「不安定化」を引き起こしている．

しかも留意されるべきは，以上に見た伝染は，ポートフォリオ調整に従事する投資家がファンダメンタル情報を有することによって，リスク（エクスポージャー）の最適保有がなされているとの想定の下でも生じたものである．換言すれば，本章の前半部分で，マージン設定においてファンダメンタル情報が得られる下で「裁定メカニズム」が機能した場合の結果に照応したケースである．そこでさらに問うならば次が問題になる．「情報を持たぬ」投資家が，したがって流動性ショックに対してファンダメンタルズの変化と（誤解）して対応した行動がとられるようなもとで，「伝染」はいかなるものとなり，その大きさはいかほどのものか．この論点について，K&P 自身は伝染に対する一国の脆弱性を見ようとするためには，次の2つの要因が別個に論じられなければなら

---

[23] モデルにおいて各国の資産価格は，それぞれの国の株式市場の指数で捉えられ，それを資産の「清算価値」において見ている．各々のリスク保有の最適水準が一定のままに置かれているのは，エクスポージャーの保有水準を「1週間」といった当面の期間に限定して議論しているためである．それは換言すれば，特定の国の資産にショックが及んで以降の時間にわたっての経路上で起こる変化を問題にしているのではないということで，ここで問題にしている「伝染」は，同一期間におけるセクター（といっても国の）間に及ぶ影響を見ているものと理解される．

ないとする．すなわち，「一国の資産価値の，システマティックなマクロ経済的要素——先に見てきたマクロ共通要因——の変動に対する感応性」であり，「一国内（たとえば国3）における情報の非対称性の大きさ（amount）」である（K&P 2002, p.794）．K&P はそうした2要因が，引き起こされる価格変動の大きさに対して持つ効果について次のような結果が得られるだろうことを示唆している．まず前者のパラメータが変化する場合，国1のショック（マクロ的共通要因）に対する国3の価格の感応度が大きくなると，情報投資家は，先に見たように結局，第2国の資産とリスク要因を共有する国3の資産市場を使ってリスクのヘッジング活動を行うから，国3の資産価格の反応を増加させる[24]．

後者の情報の非対称性の増大について，つまり「国1に発するショックに対する価格の反応性が，国3における情報の非対称性の大きさにいかに依存しているか」については次のように述べる．情報の非対称性が国3で増大するにつれて価格反応は単調に増大するのであり，情報の非対称性は伝染に対する脆弱性を増大させる．このことの直感的理解は，一国内で情報の非対称性が増大すると，海外から市場に伝達されたショックが，市場内で「情報ショック」と誤解されて受け取られ，もって価格変化を拡大する確率（likelihood）が増大する（ibid. p.790）というものである．

以上の K&P の議論からわれわれは次の2点を以下の議論に対する含意として指摘できる．1点は，伝染現象は，情報が非対称であるとき，あるいはファンダメンタル情報が得られない不確実性の下ではショックをより大きなものにする，つまり価格変化を増幅する．もう1点は，不確実性がなく，情報を持つ投資家によってポートフォリオ再調整がなされたとした場合にも「伝染」は起こり得るということで，それはマクロ的共通要因が資産間で共有されることから起こっている．このことはシステムにおける相互連関性が強められることとして理解できる．併せて留意されることは，そのようにして生じた伝染が，それぞれ独立に価格形成される資産でありながら，一方に起こったショックが他の資産にも連動したということで，それはマクロ的共通要因を介して生じた

---

[24] ただし，これは一方向への不安定化傾向を必ずしも意味しない．次のような指摘がなされている．（国1の）ショックに対する（国3の）価格の感応性が増大してくると，国1のショックに対する国3の価格反応の大きさは，結局は（eventually）低下する．

「間接的」な伝染といえることである．K&Pが以上の枠組みの下で描写した「伝染」が，伝染現象のエッセンシャルな特徴を示唆する——どのような環境においても存在しうるという意味で「一般性」を持つ伝染である——ことを勘案して，われわれは本章の残る部分でより実際的な環境下での伝染を取り上げていこう．つまり不確実性の存在する環境で，金融連関などの引き起こす「直接的」伝染と併せて「間接的」伝染のある下でシステムの安定性特性を論じるということである．

(6) 間接的伝染

 システミック・リスクのメカニズムを提示するという観点から伝染を記述し，位置づけようとするとき，ショックの伝染は金融連関や取引関係を通して「直接的」に及ぶ第一次的な伝染にとどまらず，さらに間接的に及ぶ伝染の第2巡以降を引き起こすことが留意される．はじめにある主体に流動性ショックが及び損失を被ると，各主体が「信用制約」の下にある場合，ドミノ倒しに連鎖反応（knock-on effects）を起こし，他の主体を金融困難に陥れていく（Allen and Gale 2000; Kiyotaki and Moore 2002）．ショックの伝染はそれにとどまらず次のようにして第2巡目を引き起こす．つまり，以上のような「直接的」効果として損失を被った先で，資金繰りの悪化あるいは自己資本比率など規制を充たすために保有資産の売却に迫られるが，それが資産価格を下落させることによって，それら資産を担保に有する，あるいは資産サイドに保有することで資金調達の困難や評価減から来る保有資産の一層の売却——さらに加えて以下で論じるようにリスクテイクを避けて「流動性」の保蔵——を引き起こすのである．

 Krishnamurthy（2009）はこうして二次的に引き起こされる資産売却を「内生的な」売却と呼んだが，それは先のショックを受けた主体と直接的な取引やポートフォリオ連関をもっていない場合にも生じていることを特徴とする．すなわち経済状態が悪く，資産価格が下落する場合，流動性ショックが保有金融資産の売却を引き起こすが，そのとき流動性ショックを受けない金融機関でも，市場価格の変化が自己資金制約に作用することによって保有量の一部を売却することがあり，これが金融資産価格の変動を増幅させる．つまり「一部の金融

機関が外生的な流動性ショックを受けたことで発生する市場価格の変化が，他の金融機関をして自己資金制約に直面させ，金融資産の売却を行わせることにより，ファンダメンタルズから乖離した大幅な市場価格の下落が発生する内生的メカニズムの存在」(ibid. p.61) である．

　ここで加えて留意されることは，そうした第二次以降の伝染過程において，金融ネットワークの複雑性が固有に役割を果たしうることである．ショックが大きい，あるいはマクロ的経済環境が悪化するとき，複雑なネットワークにあって，どの結節点にある取引相手――それら取引相手はリスクが複雑に入り組んだ証券化商品を同じように保有していると考えられる――の損失が大きく，そこからどの経路を経て自らに損失が及ぶかについて部分的な情報しか持ち得ないということが，次のような形で固有に「間接的な」伝染として市場参加者の選択行動に影響を及ぼしうる．

　Gai and Kapadia (2010) は，損失がシステム内に拡散 (spread) していくに当たり以上の2つの伝染のチャネルを次のように識別し，かつ関係づける．銀行間市場での直接の債権・債務関係を介した伝染が，バランスシートの資産サイドへの間接的伝染によって強化されるとするもので，後者の間接的伝染は，いくつかの金融機関の苦境がドミノ的に資産価格に伝染することによって他の諸機関においても資産価値の評価減が強制されることで引き起こされる．しかも市場 (や資産) が非流動的であるとき，複雑な金融ネットワークにおける「予期しないショック」は二次的な伝染を引き起こすというのである．

　ここにおいて金融ネットワークのミクロ的構造に重きを置く立場から，アレン流 (Allen and Gale, 2000) のネットワーク外部性の理解[25]においては，連結の密度の高いこと (degree of connectivity) が伝染の効果を次のようなものにすると論じられる．はじめのデフォルトショックで生き残った機関であっても連結の度合いが大きいと，それだけ多くのデフォルトする取引相手にさらされるから，2巡目以降のデフォルトショックに対してシステムは脆弱である．こうしてどの危機も一旦起こればきわめて広範囲に及ぶものになるということ

---

[25] その特徴はネットワーク特性の規範的含意にあり，伝染のリスクは，自己資本によるバッファー，連結の度合い，破綻した銀行の資産の市場流動性といった要因によって異なってくると論じる (Allen and Gale 2000; 藤井 2013, 第2章)．

である．

　しかし本章では，伝染メカニズムによるシステミック・リスクの理解に際してネットワークの連結の密度の高さからする観点よりは，複雑な金融ネットワークの取引や支払いの連関の下で，直接の関係のない先から伝播して来うる損失に巻き込まれることへの懸念のもとで，リスクを回避し萎縮的な行動がとられることがいかに流動性喪失の問題を重大なものにするかに関心を注ぐ．それは以下に述べるように「ナイト流の根本的不確実性」がある下での選択行動への関心からのものであるが，併せて債権・債務関係を介した「直接的」な伝染効果は，シミュレーションを用いた検証から説明力が弱いことが指摘されてきたからである．ドミノ・モデルに基づいてシステミック・リスクを説明しようとすれば，「意味のある大きさの負の作用の伝播（financial contagion）が発生するのは，信じがたいほど大きなショックが発生した場合のみとなる」[26] (Shin 2010b, 40頁)．かくて，直接的な連関を通した効果が弱いとすれば間接的な経路を介した外部性があらためて留意されることになり，この観点からのシステミックな危機をもたらすメカニズムとその説明力にわれわれは照準を合わせようとする．

3. 金融ネットワークの複雑性

(1) 間接的なカウンターパーティ・リスク

　不確実性の問題は，将来市場のファンダメンタル情報の欠如から来る場合にとどまらず，取引が横断的に広がるネットワークのもとにある場合にも，どの取引先からショック（カウンターパーティ・リスク）が伝播してくるかわからず，ネットワークの端々まで検査（audit）しようとしてもコストがかかりすぎるということから不確実性にさらされることが考えられる．ここでわれわれはHaldane (2009) やCaballero and Simsek (2010, 以下C&Sと略称) が「金

---

[26] 関連した文献として，Giesecke and Weber (2004, p. 3012) に，Calomiris and Mason (1997) を引いて次のような指摘がある．「business partner network からくるコンテージョンは，システマティックなマクロ経済的諸要因に圧倒されて，二次的な効果しか持たない」．

融ネットワークの複雑性からくる不確実性 (the uncertainty from the complexity of the financial network)」と呼ぶ捉え方に依拠しようとしている.すなわち,金融ネットワークにあって自分にカウンターパーティ・リスクをもたらす取引相手がどこに位置するかについて真の構造を知りえず,「部分的な理解 (local understanding)」しか有していないということである.自分に支払いをする(前方に位置する)取引相手についてはわかっても,その取引相手が多数の取引相手を持つとき——それら多数の取引相手と自分は直接の取引関係にないとして——,そのどれかに損失が発生し自分と直接に取引関係のある取引相手に損失が及び,そしてそこから自分にも影響が及ぶとき,その損失は「間接的」に引き起こされるのである.

C&S (2010) はそれを次のように説明する.金融機関 (A) の取引相手(たとえば製造業者 B) が,その取引相手の隣接する取引業者 (neighbors)(同じく製造業者 C) から損失を受ける(企業間信用の不払い).そのとき金融機関の当該取引相手 (B) に引き起こされた損失が巡ってきて当の金融機関 (A) 自身が(取引相手 B がその近隣の業者 (C) から受けたショックを介して)「間接的」なショックを受けるという場合である.そのような間接的に及んでくるショック——それを Haldane (2009) の表現を用いて「counterparty uncertainty」と呼ぼう——を,複雑な金融ネットワークにおいて金融機関は懸念 (concern) する,ということである.つまり,直接の支払いを受ける相手でないから,その損失の確率分布も知らず,監査する (audit, figure out) のが難しい先から「間接的」なショックという形でカウンターパーティ・リスクが引き起こされるのである[27].

---

[27] 「間接的な」カウンターパーティ・リスクの最も簡単なケースについて,本文の説明と類似内容であるが,Shin (2010b, 192-3 頁) は次のような説明を与えている.銀行1と2を考え,銀行1が2から借入を行っている.貸付を行っている銀行2の方が,(銀行1とは取引関係のない)銀行3にも貸付を行っていて,その貸付で損失を被ったとする.しかし銀行1の債務返済能力に変化はない.銀行2の損失は同行の株主資本を目減りさせ,この自己資本をベースに無理のない金額に貸出総額を抑えようとして,「安全性のマージン」に表されたミクロ・プルーデンス的目標を達成すべく,銀行1に対する貸出を含めて貸出総額を引き下げる,という場合である.このことは,銀行1の債務返済能力に変化がないにもかかわらず,銀行1とは直接取引関係のない銀行3の債務不履行から引き起こされた銀行2の被る損失発生によって,貸付が減らされ(資金が引き揚

ここで金融ネットワークにおいては「カウンターパーティ・リスク」が固有に問題にされねばならないことの補足説明をしておこう．この点は金融変数——Gorton & Metrick（2012, p. 13）にいう 'relevant number'——を「グロス（gross）」で捉えるか「ネット（net）」で捉えるかの問題にも係わる．システム内の資金貸借は——閉鎖経済を考えれば——相殺すれば「ゼロ」になる．しかしそのことが債務不履行の問題を免れさせるものではないことは，次の例を考えれば分かる[28]．Gorton and Metrick (2012, p. 13) はレポ取引を例にとって次のように説明する．「投資銀行（ディーラー・バンク）がヘッジファンドにレポで資金を貸し，ヘッジファンドは債券を担保に差し出す．当該投資銀行はさらに，差し出された担保を用いて他の投資銀行から資金を借りる（再担保）．そのとき当該投資銀行はヘアカットの率の相違を無視すれば，ネットではレポの借入はゼロである．しかし取付け（という危機）の際に預金者は自身の現金を銀行に預け替えしようとして引き出すが，投資銀行自身は現金をヘッジファンドから即時に取り戻すことはできない．そこで「グロス」で見たレポの借入額が適切さを持つ額（relevant number）である」．

以上の例示で示唆されることは，貸し手は，借り手が「ネット」で見て借入額が少ないとか，あるいは CDS によってシステム全体では互いの損失が相殺されるといったことで安心することはできず，自身の取引相手に対する貸付金額で見たエクスポージャーを問題にせねばならないということである．

（2） 複雑性からくる外部性

ショックが「間接的」に伝染するというとき，背後にある金融ネットワーク構造のもつ「複雑性」に照準を合わせよう．本来的に複雑で高次元の金融商品

げられ），流動性が喪失することが起こっているのである．これを銀行1にとっての「間接的」伝染を言うことができる．なお，本文の説明に照応するケースとしては，銀行1が銀行2に対して「貸し付け」ている場合を考えればよい．この場合も，銀行1が，銀行2と取引関係のない銀行3から債務不履行を受けて損失を被り，その結果銀行1が銀行2に対して返済不能となるなら，銀行2は，（取引関係のない銀行3のせいで）「間接的」伝染を被っている．

[28] 同様の議論を，互いが CDS を購入することによってカウンターパーティ・リスクを帳消しにできるかという文脈で議論したのは Brunnermeier（2009）である．この議論は本書第3章ですでに「ネットワーク効果」として言及した．

CDS（クレジット・デフォルト・スワップ）市場における価格付けのケースを例にとることで，Haldane（2009）は次のように説明する．銀行Aが金融機関B——たとえば今次金融危機の主要なプレーヤーの1つAIGを考えよう——に対して物件（C）(entity) についての保証を求める，つまりCDSを購入したとする．そのようにしてAは物件についての「保証」を獲得しているが，そうした保証を与えるBの「カウンターパーティ・リスク」にさらされる．なぜならB自体が多数の取引相手を持っており，しかもその取引相手の各々が多数の取引相手を持つという複雑なネットワークの下にあるからである．Aにとって，連鎖の中の結節（links）を知らないということは，金融機関Bのデフォルト見込みを判断しようとすることが宝くじを引くようなものであり，Bへの影響を通して自分にも及んでくる最終的な（ultimate）取引相手（それはネットワークにあってもっとも弱い連結（link）である）のリスクの確率分布を知ろうとしても，それは「高次元の数独パズル（Sudoku puzzle）」を解くようなものである（Haldane 2009, p.8）．それは銀行Aにとって，「ナイト流の不確実性（Knightian uncertainty）」に直面することだとHaldaneは述べたのであり，C&S（2010）も同様の指摘を行う．すなわち，C&Sは取引の利得関係の複雑性（payoff relevant complexity）が利得上の不確実性（payoff uncertainty）を引き起こすことに留意し，金融機関が取引相手の損失の確率分布を知りえず，自らに及ぶ損失を計算する（figure out）には余りに「複雑な」状況に置かれていることをもって「ナイト流の不確実性」と理解するのである[29]．

平時であれば，自らの隣接業者たる直接の取引相手の財務上の健全性（financial health）を見定める（understand）ことで済み，しかもそれは余りコストを掛けずにできるであろう．しかしネットワークのどこかで（in parts of）重大事（significant problem）が起こると，その影響はネットワークの広範囲に及び，

---

29) Knight（1921）は「測定し得る危険と測定し得ない不確実性」を区別する，あるいは「予知されている可能性としての危険と本当の不確実性」との間で対比した（第1章および第7章）．なおHaldane（2009）は金融ネットワークの「複雑性」を次のように説明する．ナイト流の不確実性をもたらす（間接的な）カウンターパーティ・リスクは，単にわからないというのでなく（not just unknown），努力して調べようとしてもほとんど知ることができない（unknowable）ものなのである．それゆえに（そこで意思決定せねばならない）置かれた状況を「不確実」と言わねばならないのであると述べる．

「間接的」なカウンターパーティ・リスクを懸念せねばならない取引先（slots）はそれだけ広がる．カウンターパーティ・リスクの大きさ（amount）を見積もるために各々の銀行が検査（audit）をかけるべき取引関係先（「ノード（nodes, 結節点）」）が増大する．そのとき関係する取引先について財務の健全性を検査しようとしてもそれが膨大なコストを要するという「複雑性」の問題が生じるのであり，その場合，デフォルトの可能性のある先との取引を避けようという事前的対応をなしえない．

それでは金融ネットワークの複雑な構造から来る「間接的」ショック——それが利得上の不確実性をもたらす——を懸念することが，システムのワーキングに対しいかなる固有の影響を及ぼすことになるかを見よう．C&Sはここで「複雑性から来る外部性（complexity externality）」が次のような固有の効果を発揮すると論じた．すなわち，当該外部性が働くことによって「投売り」を通じての価格下落が続く「雪崩現象（cascades）」の期間を長くし，もって資産価格下落の規模をそれだけ大きくするというのである．「複雑性から来る外部性」がこのように資産価格に対し固有の効果を持つことは，そうした外部性の効果が働かないケースと対置することから窺われる．それはC&Sにあって間接的ショックに対する懸念が生じない場合に当たるが，それでも外生的ショックにより流動性の逼迫した投資家により「投売り」がなされることから，市場価格の下落が「外部効果」を引き起こすのである．つまり次のようにして金融ネットワーク内で負の金銭的（pecuniary）「外部性」が生じるのであり，これをC&Sは「投売りによる外部性（fire-sale externality）」と呼ぶ．このケースは先に，資産価格の将来時点のファンダメンタルズが得られない場合に，「観察された価格」を用いて資金貸借がなされることで「流動性スパイラル」が生じると論じられたことに照応する．

たとえばレポ取引において「マージン」の設定が，資産価格の変動と連動することで，資金流動性と市場流動性の間でフィードバック・ループが生み出された．それがここでは金融ネットワークにおいて，取引関係のいわば横への広がりを通した「外部性」によって引き起こされると論じるものといえる．すなわち，「観察された価格」の下落が資産を購入する側，売却する側それぞれの予算制約に影響を及ぼすが，システムに引き起こされたネットの効果はそれら

の間の相対的大小によって見ることができる．つまり，価格が下落すれば，債務の履行に際して流動性不足から保有資産を「売却」しようとする側の予算制約に小さな「負」の効果が生じ，逆に資産の「購入」側の予算制約には小さな「正」の効果を与える．それらの大小の差からネットワークに及ぼす効果を判別するというものである．そのとき留意されることは，小さな価格変動ショックの時は，そうした正負の2つの効果が相殺しあうことが考えられる．そのとき，価格下落の続く雪崩現象がある範囲に収まり，資産市場は「公正な」(fair) 価格で均衡すること（C&S (2010) の「proposition 2」の (i) fair-price equilibrium (ibid., p.19)，あるいは case (i) (p.18)）が考えられる．

ところが当初のショックが大きいとき，資産価格の下落が，流動性制約の厳しい銀行が保有資産を売却して獲得する流動性をそれだけ多く減少させて流動性制約を厳しくし，資産を購入する側で価格下落から得るネットのプラス効果を凌駕することが考えられる．それは金融ネットワークを通して価格下落した資産をバランスシートに持つ，あるいはそれを担保に資金調達する主体に「外部効果」を引き起こすことで，資産の売却に伴う効果が勝り，資産価格の一層の下落が引き起こされることによるものである．これは「投売りによる外部性」を表す．それはすべての銀行が資産を売却し，そうして取得された「流動性」準備が保蔵される状態になるまで持続するなら，新規の貸付のない「投売り均衡」の成立を考えることができる（C&S (2010) の「proposition 2」の (ii) fire-sale equilibrium (p.19)，あるいは case (ii) (p.18)）．

以上の「投売り均衡」の結果を得るに際しては，銀行が「金融ネットワーク」について「部分的な理解」しかもたないことは固有に考慮に入れられることがなかった．つまり自らの「前方にいる」隣接者については知っていても，ネットワークについてその他の市場参加者については「不確実」であることが，選択行動に及ぼすことを通じて新たな効果として加わるのである．そのときショックとしての「雪崩現象」の規模は，市場価格に「マイナス」に関係すると想定できる．換言すれば，「雪崩現象」の規模，期間が増大するとき，金融ネットワークにあって利得上の不確実性が増大する．つまり，間接的ショックを受けて自らもデフォルトに陥るかもしれないことを認知すること（perceived complexity）は，以下に述べるように，不確実性のもとにおかれることが選択

行動に影響を及ぼすことによって，それだけ「投売り」を誘って価格下落を一層大きくする．そのように投売りがより多くなれば，価格の下落が生じる「雪崩現象」の期間をそれだけ持続的にし，ネットワークの複雑性を増大させる．かくて両者の間に強力なフィードバック関係が生じるとC&S（2010, p. 27）は論じたのである．そうしたフィードバックの働く過程で，どのような選択行動がとられるかが，システミックリスクの理解に対してクリティカルであり，以下で触れていこう．

C&Sは次のように述べる．「そうした複雑性の増大は，潜在的な資産購入者の間に戸惑い（confusion）を引き起こし，予定していた行動を取りやめさせ（pull back），投売りを悪化させる．極端な話をすれば，そうした潜在的な買い手は売り手に転じうる．そのとき流通市場は完全に崩壊し，資産価格の市場流動性が喪失する」（ibid., p.27）．以上のように，金融ネットワークにおける間接的ショックの存在を懸念する——そのようにして不確実性下に置かれる——ことが，投売りによる価格の下落を介して生じた外部性に加えて，金融危機を生じさせる際に固有の役割を有していると論じられたのである．

ここで留意さるべき指摘がなされる．それはC&Sが，「複雑性による外部性」が「投売りによる外部性」を凌駕する（more potent）ということである（ibid., p.24）．それは後者が銀行の「流動性制約」を通じて影響する——それは先のレポ取引に際して保有資産の価格下落がVaR制約を厳しくすることに照応する——のに対し，前者は，金融ネットワークについて不確実性を懸念する銀行，したがって事実上すべての金融機関に影響するからである．この指摘は，市場価格という観察可能な変数がもたらす直接の効果に対して，複雑性から来る間接的な伝染による利得上の不確実性に対する「懸念」——それは必ずしも観察されない——がシステムのワーキングに影響を及ぼすということであり，しかも後者の効果の方がより大きいのである．

(3) 絶対的不確実性下の流動性保蔵

金融ネットワークにあって，間接的ショックの存在がシステムのパフォーマンスに影響を及ぼす際，その経路となる市場参加者の選択行動をいかなるものと考えることができるだろうか．金融危機を説明しうるモデルとして金融ネッ

トワーク分析を視野に，BrunnermeierやCrockerらは選択行動を次のように描く．「金融機関は事態の成り行きの中で，デフォルトが差し迫っていることを予見しながら行動をとっているであろう」[30] (Brunnermeier, et al. 2009). しかも，差し迫っていると感知されるデフォルトは，その迫り来るリスクがどの取引相手からもたらされるか調べようとしても，ネットワーク構造が複雑すぎて全体を把握（fugure out）できないという不確実な状況におかれている．そのとき市場参加者のとる行動は，複雑性ゆえに対処しようもない間接的ショックに巻き込まれること自体を回避することを可能にするような行動といえる．それはケインズ（1936）によって言えば，不確実性に対処することを可能にする「流動性」の保有に重きをおいた行動と考えることができるが，そうした流動性の選好に赴く選択を，行動経済学における恐れや懸念が抱かれる下でなされる行動として理解できる．Haldane（2009）らは，間接的ショックに見舞われることを真剣に懸念せねばならないような下で――つまり，ネットワークのある箇所で深刻な事態が発生するといった状況下で――とられる選択行動を，ファンダメンタルズに基づくというよりは，恐れや懸念が抱かれる下でなされる行動として次のように理解する．

Haldane（2009）は疫病に対する人々の行動パターンに「隠れる（hide）と逃げる（flight）」の２つがあるとする．それを今次金融危機に援用すれば，市場流動性を喪失させた複雑な仕組み商品（「証券化商品」）について，リスクがどれだけはらまれているかを容易に知りえない複雑さに特徴づけられているとして次のような選択行動によって対処されるとする．すなわち，「有毒資産」が間接経路を経て，予測できない経路から自らに損失が及ぶのを避ける方策としての行動であって，「流動性の退蔵（panic hoarding of liabilities）」と「有毒資産の売却（distress sales of assets）」という２つである．その具体的内容は次のように理解できるであろう．

---

30) この指摘は，伝染の「ドミノ・モデル」と対置される観点からのもので，同モデルが何らかの意味ある伝染を生じさせるには「信じがたいほど大きなショック」を想定せねばならないとして，そうしたドミノ・モデルにおける次の難点を指摘する．「デフォルトの連鎖が展開されるさなかで，金融機関を受動的な存在，つまり傍観し，何も手を打たないとして描いているという点である」(Brunnermeier, Crocket, et al. 2009).

「流動性の退蔵」については，銀行が証券化商品を担保に貸付を行ったとき，その担保資産が暴落しうる[31]ことから，いわば「感染」の危険から免れる（「隠れる」）ために，貸付というリスクをとる行動を控え，流動性を保有したままにすることを選ぶということである．こうした「流動性の保蔵」は銀行間市場においてそれだけ流動性を逼迫させ，証券化商品を担保に借り入れるレポ資金やABCPによる資金調達に際して資金流動性の低下を引き起こす．

　以上の効果をもたらす「流動性の退蔵」に加えて「有毒資産の売却」効果が次のように働く．資金流動性の低下で資金不足となり債務の履行も困難になれば，保有資産の売却を迫られる．それは「投売り価格」での売却となるが，ここにおいては有毒資産，感染から「逃げる」という選択行動による売却が加わる．こうして証券化商品価格の下落は一層大きくなる．そうした証券化商品の価格下落は，それをバランスシートに抱える金融機関をして自己資本を低下させ，財務構造を脆弱化させるが，それは体力の低下が感染症に罹患させやすくするように，資産価格の低下による財務の健全性の低下からデフォルトを一層「蔓延」させることになる．しかもこうしたデフォルトは，ネットワークを構成する各ノードのどこで起こるかを，ネットワークの複雑性のゆえに「検査」し得ないから，各金融機関は「間接的な」カウンターパーティ・リスクを介して自らもデフォルトに巻き込まれることへの恐れをもち，一層「流動性の保蔵」あるいは「資産売却」を選択する．

　こうした「間接的」伝染を引き起こす金融ネットワークの「複雑性」については，今次金融危機に即して併せて考慮されるべき点がある．それは担保に提供された場合も含め，保有される資産の抱えるリスクのプライシングにかかわるものである．Haldane（2009）はネットワーク連鎖の複雑性を4つの次元で考え，「金融イノベーション」はその1つとするが，それは証券化商品がその

---

31)　実際証券化商品のプライシングは，原資産にはらまれたリスクを幾層にも分解，再編して組成するものであったから，2段階以上の組成に際しては，前段階の「格付け」，つまり観察できる指標が，ファンダメンタルズに基づくリスクのプライシングに代えてそのまま利用された．そのとき，原資産価格のはらむ信用リスクが発現しても，それが証券化商品に反映されるのが遅れ，したがって格付けは急激に引き下げられることを免れなかった．それはあたかもケインズにあって，慣行的基礎がその根拠の薄弱さゆえに激変しうると述べられたことに照応する．

組成を通して複雑性に寄与したということである．つまり，今次金融危機で市場流動性を大きく喪失した「仕組み商品（structured products, instruments）」は，金融請求権（financial claims）として，リスクの分解（decomposition）と再編（reconstitution）が繰り返される程度に応じて，RMBS, ABS CDOs, CDO^2 へとその組成，仕組みは複雑さを増す．ここに複雑に絡み合った金融ネットワークの連鎖における複雑性は，今次金融危機において仕組み商品についての資産査定（due diligence）の煩雑さが組み込まれることによって，不確実性，不透明さを増している[32]．

かくて金融ネットワークの「複雑性」が資金貸借において及ぼす効果は，金融資産のリスクの価格付けにおける「不透明さ」，「不確実性」が関係しているのであり，それがカウンターパーティ・リスクを通して自らがデフォルトに巻き込まれることへの懸念を大きなものとする．ここにたとえば，ヘッジファンドは自らが現金や証券を委託するプライマリー・ディーラーが間接的伝染を介して支払い能力を低下させることを懸念し，プライマリー・ディーラーから流動性を引き出す．そのときプライマリー・ディーラーたる投資銀行は流動性の流出から保有資産の「投売り」を余儀なくさせられる（Duffie 2011）．こうして資産価格の下落が金融ネットワークの複雑性からくる「間接的」なカウンターパーティ・リスクへの懸念と結びつくことによって，「投売り」と「複雑性の認知」との間に強力なフィードバック関係（C&S, 2010, p.27）が成立する．資産価格の下落はそれだけ大幅なものとなり，もって（「雪崩現象」の期間，規模を大きくし）システミック・リスクとしての金融危機をそれだけ生じさせやすくするのである．

(4) 今次危機への適用可能性

以上，Caballero & Simseck（2010）の金融ネットワークの複雑性による金

---

32) こうした金融請求権（financial claims）の各々を査定（due diligence）しようとした場合，これらの証券化商品を理解するのに投資家が目を通さねばならない書類の分量は RMBS の場合は平均 200 頁で済むとしても，CDO^2 になれば，その構成物件（ingredients）から始めて完全な理解に達しようとするなら，投資家は 10 億頁を超える分量を読みこなす必要があるという（Haldane 2009, p.9）．

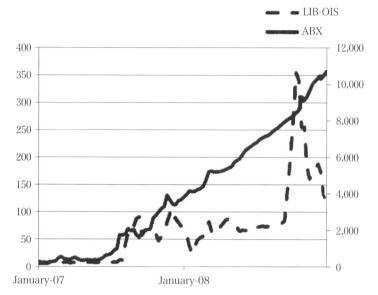

注：ABX は 2006-1 ビンテイジの BBB トランシェが採られている。LIB-OIS スプレッドの目盛は左側の Y 軸，ABX スプレッドの目盛は右側の Y 軸。双方の目盛ともベーシスポイントで表示。
出所：Gorton and Metrick (2012), p.435, Fig. 8 より。

図 4-1　ABX 指数と LIB-OIS の推移

融危機理解が，今次危機に対し適用可能であるかどうかを，実証研究を取り上げることで検討してみよう。Gorton and Metrick（2012, 以後 G&M と略称）は危機下（2007-08 年）の証券化商品とその関連資産を包括的に取り上げて，それらのスプレッドについて回帰分析を行った。その際説明変数に用いた 2 つの変数（状態変数）のうちの 1 つが，C&S の強調したカウンターパーティ・リスク——間接的な取引相手を介してデフォルトに巻き込まれることへの懸念——（の代理変数）であり，その有意性を検証したのである。2 つの状態変数とは，1 つは ABX 指数——サブプライム・モーゲージの価値を表す（revelation）指数——であり，サブプライム・モーゲージ市場のファンダメンタルズの代理変数である。もう 1 つは，銀行間市場での資金の逼迫度を表す LIB-OIS スプレッド[33]で，無担保銀行間借入レートとリスク・フリーレートの代理変

数として OIS[34] との差をとったものである．

　まず危機勃発までの期間にわたり，2つの説明変数の動きを辿っておこう．図4-1 から2変数は異なった動きをしていることがわかる．サブプライム市場は2007年初めから悪化するが，サブプライム・ローンの実体面，つまり延滞，不履行の発生は予期した通り ABX 指数の動きに現れる．しかし銀行間市場の動き（LIB-OIS の動き）には現れてこない．07年5月に GM が破綻するが，それは個別の経営危機に止まるもので，システミック・リスクに発展しなかった．このことに照応して，銀行間市場（LIB-OIS スプレッド）はほとんど動かず，（8bps 辺りで）安定した動きを保ったといえる．しかし2007年夏には銀行間市場でも初めて危険のシグナルが発せられる（8月9日に40bps，9月10日にはピークの96bps）．この期間には証券化商品が広範囲にわたり，そして高格付けのトランシェ——それはレポ市場で通常，担保として用いられた——では顕著に初期のショックに見舞われたのである．他方 ABX の動きは，サブプライム市場の最初のトラブルが2007年の1月末に現れるが，3月1日までは552bps であった．それが6月に持続的に上昇し，6月末までに669bps に達した．そして夏に（銀行間市場で危険信号が出ると）ABX 指数は7月末までに1738bps に上昇し，そして2008年の前半にも持続的に上昇した．図4-1 から，ABX 指数のこうした動きは相対的に安定的な上昇を見せているものとしておおよそ捉えられるであろう．

　ところが2008年前半に LIB-OIS はふたたび ABX 指数とは異なる動きを示す．つまり ABX の相対的安定に対し，30bps と90bps の幅で動いているのである．1月は縮小し，3月にベア・スターンズが破綻するが，2,3月と増加が続く．そして2008年の後半には，ABX 指数の方は着実な，安定的な上昇を続けて，その期間の終わりにはほぼ9000bps にまで達する．これに対し LIB-OIS は2008年の夏に安定した期間を経て9月のはじめに上昇を始め，9月15日のリーマン・ブラザーズの bankruptcy filing の日に初めて100bps を超える．それに続

---

33) 無担保3カ月物銀行間借入レートから同期間の利子率の予測値を差し引いたもの．ここでリスク・フリーレートの代理変数として OIS をとっている．

34) OIS とは，一定期間の無担保コール翌日物の加重平均金利（複利運用）と固定金利を交換する金利スワップ取引（fixed-to-floating interest rate swap）のこと．

く週は，銀行間市場の崩壊状況を思わせるものであり，10月10日にはピークの364bpsに達し，その年の末までに128bpsに戻った．なお，被説明変数としての各種変数のスプレッドとしては，サブプライム関係の証券化商品のみならず，学生ローンや自動車ローンなど非サブプライム関係の証券化商品も包括的に取り上げられるが，それらスプレッドおよび関連したデリバティブのスプレッドについて，上掲の2変数を用いた回帰分析が行われ，それらスプレッドと相関したのが，銀行間市場（LIB-OIS）であった．サブプライム住宅市場（ABX）ではなかったとの結果を得たのである．

それでは銀行間市場に現れた危機のシグナルは固有に何を表すものであろうか．G&Mは以上に見た2変数間の動きと整合的な回帰結果を以下のように得ている．なおG&Mは説明変数の中にコントロール変数としてVIX指数（恐怖指数）を組み入れており，レポスプレッドとヘアカットそれぞれについて，予想される将来の金融市場のボラティリティを表す変数の有意性を検討したが，後者のヘアカットに対してexpected volatilityの代理変数が有意であるとの結果を得ている．なお，旧投資銀行の場合，資産取得のほぼ半分をレポ資金によって調達していたことを勘案すれば，われわれの関心はレポのスプレッドとヘアカットがいかに説明されるかに向けられ，これについてG&Mは主要なファインディングとして次を得ている．「レポのスプレッドとヘアカットの双方が危機時に上昇しており，こうした増加は，カウンターパーティ・リスクについての懸念（スプレッドの場合）か，あるいは担保価値についての不確実性（ヘアカットの場合）に相関している」（G&M 2012, p.27）[35]．

以上の実証結果をいかに理解するかを検討しよう．上に言及された，非サブプライム関連の証券化商品および関連デリバティブズに対するスプレッドの増加と相関したのがサブプライム住宅市場（ABX）ではなく銀行間市場（LIB-OIS）であったことは次のように考えられる．証券化商品等のスプレッドの増

---

35) レポレートについてはLIB-OISの変化と，そしてレポ・ヘアカットについては背後の担保の（予想される将来の）ボラティリティの変化に相関している．こうした結果はスプレッドとヘアカットで少々異なっているように見えるが，G&Mはこのシステムは一緒になって決定されているのであり，銀行間市場の崩壊と担保についての不確実性の増大の双方がレポ市場の取付けには必要なのだと述べる（G&M 2012, p.27）．

大は価格下落を意味するから，レポ取引で使用される担保価値の低下が生じている．このことがレポ取引の貸し手をして銀行の安全性を懸念し，差し押さえて担保を取得した場合に売却せねばならない可能性からレポレートやヘアカットを引き上げざるを得ぬこととさせたということである．しかも，非サブプライム関連の証券化に商品についてもスプレッドが急増しているのであり，これは「証券化商品――それは「サブプライムをベースとした資産」に限定されない――の基本的部分が不透明性（opacity）にある」（G&M 2012, p.10）ということで，この点においてサブプライムの証券化の各トランシェを含んだCDOポートフォリオと類似しているのである．CDOの価値はサブプライムのリスクに感応的であるが，CDOのベールをはいで各トランシェの背後に他にどんなリスクが潜んでいるかを調べようとすることは極めて困難なのである（G&M 2012, pp.9-10）．こうしてサブプライム市場に関係（associate）するリスクが広範な証券化商品にわたってはいりこみ，その所在とプライシングについて不透明さ，不確実性が懸念されたことが，モーゲージ（サブプライム）関連のみならず非サブプライム関連の双方を担保にしたところのレポ取引に「取付け」を起こしたのである．すなわちどの証券化商品に対しても，リスクに関する不透明さから来る「毒入り資産」に対する逃避行動がとられたのである．

ここにわれわれが先に論じた複雑な金融ネットワークにおける直接，間接のカウンターパーティ・リスクへの懸念が流動性を保蔵しようとすることから銀行間市場を逼迫させるという危機理解との整合性が得られる．つまり，（不動産バブルの崩壊という）外生的ショックが「重大」で自らに損失を及ぼす取引相手の財務状況を「審査」しようとしても，その破綻確率を知ることができないという直接，間接のカウンターパーティ・リスクが重大になる．それはレポの借り手の投資銀行の返済可能性，あるいは信用力に懸念を引き起こし，それがレポレートやヘアカットを急騰させる．ここに流動性を保蔵するという不確実性への対処が金融・資本市場から流動性を喪失させ，銀行間市場を逼迫させたのである．つまり，危機時の信用スプレッドとレポレートの急騰に有意な説明を与えるのは銀行間市場の逼迫（LIB-OIS）であり，それを引き起こしたのは「カウンターパーティ・リスク」が深刻になったからである．それは，サブプライム市場に関係したリスクが現れ，レポの担保と銀行の信用力に対して懸

念が広がるなかで，そうした懸念がある閾値に達することでレポへの取付けが引き起こされている．そこにはプライマリー・ディーラーからの現金・証券の引き出しとなって流動性が流出するという，「再担保」に対する間接的な伝染メカニズムも働いたのである．ここに先に引いたところであるが，G&S は実証結果を次のようにまとめる．「レポ・スプレッドとレポ・ヘアカットの双方が，危機時に増大するということは，カウンターパーティ・リスクについての懸念か，担保価値についての不確実性かのどちらかに相関している」．

第5章
アニマル・スピリット,伝染およびデフォルトの集中

1. 危機下の信用スプレッドの拡大と確信の低下

　本章では前章で提示された直接的,間接的伝染を容れた金融危機——それはファンダメンタルな経路から下方へ乖離する不安定化経路として理解される——のメカニズムを今次危機に適用すべく,簡潔なモデルが参照される.それは Arinaminpathy, Kapadia and May 2012, 以下では AKM と略称)におけるシミュレーション用に提示された簡潔なモデルであるが,その構築は次のように特徴付けられる.不確実性下にマクロ的経済環境に関する情報についての「確信 (confidence)」の低下が,伝染をもたらす種々の経路との間で相互作用を引き起こすことでシステミック・リスクにいたるメカニズムを描写していることである.ポイントは,「確信」——それは観察されたデータで表示されるものとしてある——の役割が位置付けられていることで,その低下が金融ネットワークにおける伝染現象との間で相互に影響を及ぼしあうものとなり,もって金融危機のメカニズムを描写することとなっている.
　前章では,不確実性下の選択行動として慣行的基礎を持つ「観察された価格」をベースにした会計基準(VaR 制約,安全性のマージン)を介した行動がとられるとき,実際のパフォーマンスを受けて当該会計基準の制約に対する評価あるいは確信が変わることで,ショックを増幅するメカニズム(流動性スパイラル)が働いた(「投売りによる外部性」).さらに加えて金融ネットワークの複雑性(ナイト流の(根本的)不確実性)の下で直接,間接のカウンターパーティ・リスクに巻き込まれる恐れから防御的な流動性保蔵の行動がとられ,も

って市場から流動性が喪失することが論じられた（「複雑性からくる外部性」）．そこでは一貫して，不確実性下にあって設定された特定の命題あるいは信条に対する「確信」，あるいは本章で取り上げる「アニマル・スピリット」が経済過程に固有の役割を果たすものとなっており，それをベースにして増幅メカニズムが働くことで，ファンダメンタルズに基づく選択行動が導くそれとは対置されるものとなっている．

　「アニマル・スピリット」が今次危機においていかに働いたかについては，Akerlof and Shiller（2009）が『アニマル・スピリット』において描写し[1]，そして Greenspan（2013）はケインズの「アニマル・スピリット」をより包括的に捉え，人間の本性にかかわるものとして不確実性やリスクへの態度が意思決定に入り込むと述べるのであり，典型的には窮境に置かれた状況下でそれらがもたらす帰結を今次危機に即して論じている[2]．これらの著作は「ポジティブ・フィードバック」のメカニズムに照準を当てており，外生的ショックによる資産価格の下落は群衆行動を通して伝幡，拡幅される．かくて，アニマル・スピリットの働きを容れることによって，金融危機を特徴付ける資産価格の暴落あるいは信用スプレッドの拡大を説明することを可能にしている．これに対して，ファンダメンタルズに基づく合理的な行動を描写する「構造型モデル（structural form model）」に依拠したのでは金融危機下の拡大した「信用スプレッド」を（4分の1程度しか）説明し得ないという問題（信用スプレッドのパズル）が指摘される．ここに含意されるのは，選択行動に「確信」の働きを位置づけることで，たとえば，以下でグリーンスパンが論じるように，群衆行動を通して資産価格をファンダメンタルズを超えて上昇させることとし，個別の信用リスクの変動で資産価格変動を説明するのとは別個に「非信用リスク（non-credit factor）の働きを容れることとしている．かくてわれわれの構築を

---

[1]　Akerlof and Shiller（2009）が「アニマル・スピリット」に依拠して今次金融危機を分析した彼らの著作について，その論旨はミンスキーの *Can It Happen Again?*（1982）と合致したものであると述べたことが併せて，留意される．

[2]　Greenspan（2013）にあって「アニマル・スピリット」は人間の本性に係わるものとして，国民経済の文化的基礎をなし，行動規範となって経済行動（貯蓄や設備投資）を規定すると理解される．この観点から，たとえば第10章ではユーロ通貨圏の成否をも論じている．

特徴づける，確信を含む非信用リスクの役割を見るべく「信用スプレッド」の決定を取り上げることが考えられる．すなわち，危機下の拡大した信用スプレッドを説明すべく，「非信用リスク」要因はいかなるもので，いかに働くのか，あるいは今次危機において流動性を喪失し，暴落する証券化商品のプライシングについて，格付け機関の「確率分布モデル」が適切に扱えなかったのはなぜか，といった問題である．

　本章において「信用スプレッド」の決定をめぐってわれわれの採るアプローチは「構造型モデル」と対置されて「誘導型モデル（reduced form model）」といえるものであり，それに立脚することで「信用スプレッドのパズル」にもアプローチしようとする．誘導型モデルを用いてわれわれが照準を合わせようとするのは「デフォルト相関」を含む金融システム内の相互依存関係，端的に言えば「デフォルト相関」である．この点で，格付け機関の確率分布モデル（標準コピュラモデル）は高いデフォルト相関を有する「証券化商品のリスク特性」を適切にプライシングするものであったかどうかが問われる．格付け機関の確率分布モデルである「ガウシアン・コピュラ」はデフォルト相関を描くに際し，「解析的計算可能性」との間に相克をかかえていたことをわれわれは見る．これに対応して「誘導型モデル」についても「条件付き独立」の仮定（CID, conditionally independent default）――「マクロ的共通要因を所与」にすることでデフォルトが「独立に」生じる――によって「ポアソン過程」を記述するのであり，同様に「解析的計算可能性」との間の相克を抱えている．こうした議論を経て，デフォルトが「独立に」生起するのでなく「集中する」ところに「伝染」メカニズムのエッセンスがあることを理解しようとする．

(1)　グリーンスパンのアニマル・スピリットと群衆行動

　2006年まで18年間にわたり米連邦準備制度理事会議長を務めたグリーンスパンの著作『リスク，人間の本性，経済予測の未来』(2013) は，2008年の危機の経験に照らし合わせて経済学を再考した成果である[3]．それは「リスク回

---

[3]　すでに2007年に発行の『波乱の時代（上）（下）』のペーパーバック版 (2008) の「エピローグ」において，グリーンスパンはケインズが「アニマル・スピリット」と呼んだ人間本来の反応を記述することに共感を示している．「信用と景気の循環の収縮局面は，

避と不確実性が経済活動を決める重要な要素だ」と解するものであった．ここでグリーンスパンは，「不確実性の統計的定義は，変数の確率分布もしくは発生頻度がどちらも判然としない状態のことで，新規投資の潜在的成功の確率分布に関する**知識が増えれば確信は深まる**」（351 頁．太字は引用者）と述べる．これは本書の第 4 章でケインズの『確率論』に依拠して不確実性下の選択行動を論じた際の議論に照応するものである．ここに設備投資の決定において，「アニマル・スピリット」は市場参加者の確信とか自信を表すものとして捉えられる．すなわち，設備投資の決定においては，「設備の耐用期間中の，新規に導入する新素材の市場の将来性，収益性」を正確に予想する――その収益率が株式の新規発行コストを上回り，会社の定める債務比率内に収まるとして――とともに，予想値のブレの範囲，すなわち分散（バリアンス）が投資の実行に際して決め手になるとする[4]．こうした投資収益予想の変動幅を問題にするとき，グリーンスパンは設備投資の決定をキャッシュフローの水準，それに加えてバランスシートから見て望ましいレバレッジの水準を見ることで「アニマル・スピリット」を読み取ろうとした．それは，この「数値」（以下にいう「キャペックス・レシオ」）は経営陣が設備投資の投資期間中，どの程度自信をもっているかを表すからであるとする．すなわち，投資の不確実性（もしくは確実性）

恐怖心に動かされるが，……拡大局面には，陶酔感がゆっくりと積み上がっていく．……収縮局面での時期にはすべての資産の価格が一斉に下落して，投資分散によってリスク・リターン特性を改善する戦略が破綻することがある．……拡大局面に金融市場に現れる無茶な行動の多くが，リスクがとんでもなく割安になっていることに気づかないためではなく，いまの市場の陶酔に背を向けていれば，市場シェアを失って取り返しがつかなくなると懸念しているためのものだ……」（2008, 35-6 頁）．ただしグリーンスパンは「アニマル・スピリット」と呼ばれる人間の反応を，合理，非合理の観点より，「観察が可能で組織的なものかどうか」という観点を重視した．すなわち「浮かれ気分，不安，パニック，楽観的見方などの，行動を促すもの，すなわちスピリットがはたらくとき，そこにいかに「数量的に計測し予測するのに十分なほど行動が反復的で，体系的かどうか」（20 頁）に留意した．

4) 収益の予想値の「バリアンス」をもって投資の不確実性（もしくは確実性）の度合いを測ることとしているのは，先に言及したように Gorton and Metrick (2012) が variance をもって「不確実性」の指標としたことに照応する．そしてまたそれは，Adrian & Shin (2010b) が，負債（レポ資金）の取り入れが担保資産の評価に当たり資産市場の「集計的ボラティリティのリスクの価格」，つまりリスクプレミアムに依存するとしたこととも合致する．

の度合いを問題にするとき，設備投資とキャッシュフローの比率をもって，企業の自信のほどを捉えることができるとしたのであり，当レシオが比較的高いときは長期的な将来に対する「信頼」を，比較的低いときはより大きな不確実性を反映していると論じる（同書，350 頁）．すなわち，企業がどの程度のレバレッジならよしとするかは，キャペックス・レシオ（キャッシュフローに占める設備投資の割合）」に表れる（同書，95 頁）と述べるのであり，しかも「企業の経営者はレバレッジの額を決めるときには，倒産を防ぐバッファーとして働く株の価値——換言すれば市場価格表示の純資産——に注意を払う」（同書，97 頁）述べるが，それはミンスキーが「安全性のマージン」をもって，資金貸借に際して債務の履行を遂行する際の容易さ（困難さ）についての主観的な判断（あるいは借り手としての自信，見込み）を考慮しようとしたことに照応していると考えられる[5]．

先に第 2 章では，ミンスキーの内生的不安定性仮説を，安定的に拡大する経路（ヘッジ金融が支配的な経済）に「投機的金融」あるいは「ポンツィ金融」が入り込む（intrude）ことで，安全性のマージンが低下し，資産価格や金利の変動に対して金融構造が脆弱となることとして描写した．第 4 章では，こうした不安定な経路を資産価格とバランスシート調整との間に「プロシクリカリティ」が働くことによって理解しようとした．そこでは，レポ資金のような市場性資金の調達に際して（清算時点の担保資産の市場についてのファンダメンタル情報が欠如するため，それに代えて）「観察可能な」市場価格表示の VaR を用いたリスク管理を介在させて最大利潤を得る負債額の決定がなされるのであり，時価表示の「会計原則，慣行」がプロシクリカリティを機能させることの背景にあった．これに照応してグリーンスパンがなそうとしたのは，経済の投機化，バブル化に果たす「アニマル・スピリット」の固有の役割を描くことで，それはいま「キャペックス・レシオ」がその役割を果たすとされており，それ

---

[5] ミンスキーにあって「安全性のマージン」が，資産価格の（たとえば上昇といった）変化に応じて債務の履行の容易さについての見通しに影響し，それを通して安定的経路を過熱化，バブル化することにつながったように，グリーンスパンにおいてもキャペックス・レシオが，株価の上昇による「浮かれ気分や群集行動」を容れるものとして，「半信半疑の買い手がやがて熱心な強気論者に代わっていく，あるいは弱気が強気に変わっていく過程で，群衆行動もとられて価格はさらに上昇する」（同書，80 頁）と論じられる．

によって合理的な意思決定の描く経済過程を代替しようとしたのである．

　Greenspan (2013) は『リスク，人間の本性，経済予測の未来』において，「アニマル・スピリット」の働きを，「浮かれ気分（熱狂的興奮）」が「群衆行動」に後押しされて強気市場を生み出すこととして描き，バブル化過程を理解する[6]．「浮かれ気分」というアニマル・スピリットは市場の成り行きについての強気，弱気の程度に関わるが，それは「リスク回避行動」に現れる．ここで「群衆行動は，投機的ブームの発生と崩壊に勢いを与える重要な特性であり，多くの市場参加者が市場は強いと確信したときに投機的な群集心理が現れると，市場は——「ジュッセル・パラドックス」とグリーンスパンが名付ける——極めて不安定な状態がもたらされる」（同書，32 頁．——…——は引用者）．すなわち群衆行動においては，「懐疑的な」投資家が「信奉者」に，「半信半疑」の買い手が熱心な強気論者に変わっていく．それは投資家のリスク回避の度合いが弱まることによって，（流動性を示す）取引高——以下で取り上げる AKM (2012) は，これを「確信」の度合いとして使う——を膨れ上がらせる．そのために次第に売りと買いのスプレッドはタイトになっていき，なんだって売れるという幻想を生み出していく（同書，81 頁）のだという．「浮かれ気分が世界中に蔓延してバブルが定着するとき，債券市場の利回りスプレッドは全体的に縮小し，利回りの下げ余地はもうほとんどないところまで来るのであり，2007 年はそうであった．2005 年に発行されたサブプライムローンを担保にした AAA 格の CDO は 2007 年半ばまで，額面に近い買値がついていた．危機の直前まで，買値は 90％ を上回っていた」（同書，62 頁）．（しかし危機を経た 2009 年 3 月には 60％ に下落）．そして次のように続けるのである．しかし市場流動性は，投資家のリスク回避の度合いを示すものだから，不安になって売りに回る人が出てくると，つまり市場が縮小を始めると，リスク回避が急激に高まり，一夜にして流動性は消滅する[7]．

---

　6)　他方，下方への転換過程は，これに照応して「リスク回避」が過度に働き，流動性への逃避が起こることとして理解される．

　7)　この点のグリーンスパンの説明は次のようである．マーケットがピークをつける，ということは，誰もが市場を信じ，筋金入りの強気になっており，買いたい人は皆買っている状態である．したがってこれ以上買おうとする人はいない，つまり半信半疑の人は残っていない，行き着くところまで来てしまっているので，（不安に駆られて）売る人

ここで問われるべきは，「金融機関は，危機の始まりを予期してタイミングよく業務を縮小することができないのはリスクだとわかっていた．だがそうしたリスクは「限定的」だと信じていた」（同書，81-2頁）ことである．換言すれば，「危機がはっきりと足元に押し寄せたとき，ずらりと並んだ付加条件の付いたエキゾチックな金融商品への貪欲な需要はゆっくりと引いていくから，ポートフォリオのすべてのポジションを，損失を出さずに売却できるだろうと考えていた」（同書，82頁）ということである．ここに，秩序だった市場の縮小の根拠がいかにして想定されることになったのかが問われる．この問題は資産価格の評価，信用スプレッドの決定にかかわる問題であり，したがって格付け機関のモデルがいかなる想定に立つかにもかかわる．この論点についてグリーンスパンは，アニマル・スピリットが働く——それはグリーンスパンにあって「群衆行動」に典型的に現れる——下で「収益の確率分布」がいかなるものとなるか，しかもそれは統計データによっていかに検証されるかを論じたのである．

　Greenspan（2013, 付論 A「アニマル・スピリットの測定基準」）はアニマル・スピリット，とくに「不安や浮かれ気分，群衆行動」に支配された人々は，「系統的なバイアス」，したがって予測可能なバイアスで現実を評価し，選択行動しているとする．ここに「スピリット」で歪曲された確率分布に基づく判断によって経済事象が引き起こされてくると考え，「アニマル・スピリットによってもたらされた結果は，確率分布が「ファット・テール」となる」（同書，342頁）とする．これが実証的裏付けを持つものであることを，グリーンスパンは株価変動の中から「合理的な判断」の産物である長期的かつ合理的な要素——それは「正規分布」で表される——を取り除くことによって，アニマル・スピリットを主因とする株価変動が見えてくると考えることで示そうとした．実際1951年から2013年までのS&P500指数の日次の変動から，平均的な日次上昇率（トレンド）を差し引いて算出した景気循環調整済みの日次株価変動と，すべてが偶然に起きたときの「正規分布」とを比べて次の結果を見出している．

　　が出てくると，新たに買おうとする人は残っていないから，「流動性」が文字通り一夜にして消滅する．売れるというのは「幻想」であり，需要がゆっくり引いていく，つまり損失を出さずに売却できるという考えは過ちだった，ということである．

1万6000日近くのデータから示された人間の意思決定はやはり「ベル曲線」になり，論理的な正規分布と同じような性格を持つ，しかし次のような注目すべき違いを見出したのである．

1. 上掲の日次データのうち60%の株価変動が0.7%と−0.5%の幅で起きているが，正規分布ではこの幅の発生確率は50%である．これは株式取引には「惰性」が働くとすることで理解できるものである．
2. 分布のテールの隆起が，日次の株価変動がプラスマイナス3%を超えたときに明らかに発生しているということで，これをグリーンスパンは「群れに従う性向」という人間の本能——群衆行動——に起因するものとしている．小幅の値動きではそうした行動は起きないが，ある大きさ以上の株価変動は群集行動というアニマル・スピリットに衝き動かされた市場参加者の反応として説明できるというのである．
3. 浮かれ気分よりも「不安」のほうが極端な相場の動きをもたらす傾向があるということで，こうした非対称性は，63年間の日次の株価変動データのうち株価が5%以上下落した日が，5%以上上昇した日を上回っていることで示される．
4. 63年間に標準偏差（と分散）の幅が広がり続けている（日次の株価変動率が増加傾向）ということで，とくに2008年の金融危機以降が顕著で，ファット・テールの尻尾が太くなっている．

(2) 2000年代の住宅バブル

以上のグリーンスパンの，数量的に計測可能な体系性を持つものとしてのアニマル・スピリット理解を踏まえて，われわれは危機下で拡大した信用スプレッドあるいは資産価格変動がいかなる「要因」で説明されるか，へと議論を進めよう．その際のわれわれの関心は，資産価格の変動をもたらす要因について，各資産のはらむ信用リスクから来る個別・特有の要因と「非信用リスク」とが識別されるとして，グリーンスパンが「群衆行動」として描くメカニズムをいかに経済学的に特定した内容においてとらえることができるかである．そのために，今次危機に先立つブーム期に不動産バブルがいかなる要因で引き起こされたかを検討することで，上で示された「アニマル・スピリット」がいかに関

与したといえるかを見よう.

　以下に取り上げる実証分析は，2000 年代の住宅ブームにおいて住宅購入者の動機がいかなるものであったかを検証したものである．とりわけ関心とされたのは，2000 年代とくに 04 年第 2 四半期からの 2 桁台の高い住宅価格の上昇が，サブプライム・ローンの借り手が住宅購入に際して住宅価格の持続的上昇を前提とし，それを「信念」として保持することによって投機的に行動させたのではないかということである[8]．これは次のような理解に立つ[9]．まず，借入当初の金利を低く抑えたサブプライム住宅ローンに対し，信用力の低い住宅取得者や投資目的の住宅取得者の需要が高まったのは将来の住宅価格の上昇を期待したことにあるということで，この根拠を以下のように示せる．2000 年代の住宅ブームではその前半では低金利がブームに寄与しているのに対し，住宅ローン金利がやや上昇に転じたブーム後半の 04 年 4-6 月期から 06 年 1-3 月期にかけ住宅価格は 2 桁台の高い伸びを続け，こうした住宅価格上昇期待の高まりが住宅需要の増加に影響しているということである．このことはミシガン大学の消費者調査における「住宅購入の理由」から窺われ，04 年から 05 年にかけては「投資先としてよい」及び「住宅価格は下落しない」といった理由を挙げた割合が上昇しているのである．

　上に見た消費者調査における「住宅購入の理由」についての結果は，対象とした年度は異なるが住宅バブルにおいて働く心理的要因をアンケート調査から検出しようとした R. シラーと K. ケースの共同論文「住宅市場にバブルが発生しているか」(Case and Shiller 2003) の実証結果に照応するものといえる．それは 1985 年から 2002 年にわたるアメリカの住宅価格の変動を取り上げ，住宅バブルの主因として「心理的要素」が独立に役割を果たすことを指摘している．すなわち，シラーとケースは，価格変動が大きい地域では個人が何を考えて住宅投資しているかを見ようとした．そこで住宅価格の傾向値からの乖離が大きな 3 つの都市（ロサンゼルス，サンフランシスコ，ボストン）を対象にア

---

[8] 米国の住宅価格は「Case-Shiller 指標（全米 20 都市平均）」では，2000 年以降 15% 内外の上昇を続けた．この間，住宅の賃料は一貫して一般物価並みの 3～4% 上昇にとどまっていたから，過去 10 年間は住宅バブルであったといえる」(内閣府 2007).

[9] 本パラグラフは内閣府（2007）『世界経済の潮流 2007 年秋』に基づいている．

ンケート調査を行い，そこからバブルか，バブルでないかを分ける，換言すれば住宅の提供するサービス（ファンダメンタルズ）とは識別される要因として何が働いているのかを見出そうとした．彼らはそこで「投資性に注目して行動したかどうか」，および「価格についての予想」を問うているが，得られた回答で多かったのが「価格下落による危険は少ないか，ゼロである」というものであり，「住宅価格が将来上昇するから，いまが買い時だと思うか」についても「イエス」という回答が多かったというのである．ここから，「住宅サービス」のようなファンダメンタルズと識別されて，心理的，投機的要因，換言すれば上に見てきた「非ファンダメンタルズ」が独立に住宅購入の意思決定の中に入っていっていることをシラーらは主張しようとしたのである．

以上の2つの実証結果から窺われるのは，住宅ブームあるいはバブル時に──2000年代初めまでのバブルが顕著であった特定の地域を対象としたケースと，そして04年以降のサブプライム・ローンに関する住宅ブームの双方で──働くメカニズムにおける心理的，投機的要素，つまり「非ファンダメンタルズ」が固有に意思決定因とし働いていることである．それは，「浮かれ気分」に支配された意思決定と考えれば上で論じられてきた「アニマル・スピリット」がバブル形成に果たす役割に照応するものである．

(3) 確信の低下と悪循環

以上に続いて，2008年の今次危機を対象に「確信」の「低下」がいかに経済過程を不安定化させることに関与したかに触れたレポートを参照しよう．今次金融危機をファンダメンタルズから上方に，あるいは下方に（非ファンダメンタル要因を容れて）増幅された不安定化経路として描写する立場は，たとえばイングランド銀行の *Financial Stability Report*（Bank of England 2008a, b）に見ることができる．同レポートは経済主体（銀行）の「確信」の低下から次のような「悪循環（adverse spiral）」が引き起こされると論じる．すなわち，資産価格の下落と悪化する経済見通しが家計や企業の抱える負債の返済見込みについての「懸念」を増大させ，それが銀行保有の資産ポートフォリオに対してリスクの増大（金融機関の不良債権増）を生じさせる．このことは銀行の「確信」を一層低下させる（undermine）ことによって信用供与の基準の急激で広

範な厳格化を引き起こし，もって経済見通しが一層悪化（成長予測の下方改訂）させられるというものである．つまり，（マクロ）経済見通しの悪化が，資産価格の下落と相まって金融機関をして貸出条件を厳格化することによって，自己実現的な確信の一層の低下（a self-fulfilling spiral of falling confidence）（Bank of England 2008b, p.10）と経済見通しの一層の悪化が生じるとしており，一方向へと不安定化するポジティブ・フィードバック・メカニズムを描いている[10]．

「確信の低下」といった「心理的」あるいは「非ファンダメンタル要因」が資産価格の動向に固有の効果を及ぼしうるとするならば，それは「証券化商品の中には，価格が，裏付け資産の劣化に見合ったレベルよりも下落する動きもみられるようになった」（日銀金融市場局 2008）ことに現れるであろう．実際の証券化商品の価格下落が，その（担保資産の）信用リスクというファンダメンタルな要因を超えて引き起こされるということである．このことが危機時において実際生じたことを見ておこう．この論点に入るに当たり次のことに言及しておこう．それは証券化商品の「流通市場」に厚みがなく，また二次証券化商品の場合には本来的に流通市場を欠いているため，通常の意味での市場価格を得ることができないということである．それにもかかわらずヘッジファンドなどの金融機関では保有するサブプライム関連証券を「時価評価」することが求められており，その際用いられるのが「ABX 指数」[11]である．

イングランド銀行の『金融安定性レポート（*Financial Stability Report*）』

---

10) ミンスキーにおいても「安全性のゆとり幅」が金融市場の反応を受けて「内生的」に変化することを「自己実現的な予言」に似ているとしている（1986, 269 頁）．たとえば利子率が上昇すれば予想資本利得の低下から企業の信用度を低下させ，資金調達費用を上昇させる．安全性のゆとり幅は，保有する流動資産と期待準地代の現在価値の合計額が，投資計画遂行の全費用に対する超過分であった（同書，268 頁）から，安全性のゆとり幅は，上の経緯を経て低下しているのである．

11) 「ABX 指数」は第一次証券であるサブプライム住宅ローン担保証券（RMBS）のうち流動性の高い 20 銘柄を 6 カ月単位で，サブプライム・モーゲージの損失を保証する保険商品，クレジット・デフォルト・スワップ（CDS）の保険プレミアムを基に算出した指数（リスク指標）である．CDS プレミアムが上昇すれば ABX 指数は下落する．それを基に，保有する RMBS や CDO（債務担保証券）を時価評価すると損失が膨らむ関係にある（日本経済新聞 2011 年 6 月 5 日の「事項解説」に拠る）．

(2008a, b. 以下，FSR レポートと言及) は，2007 年夏の信用逼迫時あるいはリーマンショックに至った 08 年におけるサブプライム（及び非サブプライム）関連証券の市場価格の暴落を取り上げ，次のことを指摘する．ABX 指数を用いた証券化商品の市場価値の実際の下落規模が，担保資産の信用リスクの顕現が引き起こす当該資産のファンダメンタルな価値（経済的価値（economic value））に生じた下落を大幅に上回るところのものであったというのである．

FSR レポートは，ファンダメンタル要因で生じた価値の下落を超えて引き起こされた市場価格の下落を「市場要因の変動」に帰されるものとして次のように説明する．「これは将来の（証券化商品の裏づけ資産としての）担保資産市場のパフォーマンス及び 2 次市場（流通市場）での非流動性についての不確実性に対するプレミアムを反映したものである」．実際以下で取り上げられるところであるが，ABX 指数に生じた下落のうち，原資産のデフォルトの予想値である「信用リスク」によっては説明されない「残差」の「大部分」は，各担保資産に共通に影響するマクロ的な共通要因あるいは全般的金融環境に影響されるものとして——したがって分散化によってそのリスクを除去しえないという意味で「システマティック・リスク」の寄与分として——捉えることができる．そこでいま，そうした「残差」を得るべく 2 つの価格データとして，ABX 指数における実際に生じた市場価格の下落と，証券化商品の背後にある担保資産が独自にデフォルトを引き起こす要因による価値下落とを考える．後者の値を得るために，サブプライム・ローンの将来にわたって予想される組成年次ごとのデフォルト率から推計された経済価値の低下——それは「ファンダメンタルズの大きさを反映するものと考えられる——が使われる．イングランド銀行の推計によれば，2008 年 4 月までの時点で，ABX 指数を用いて得られる証券化商品の実際の下落と，信用リスクが顕現したことからの損失額の推計値は，それぞれ 3800 億ドル vs. 1700 億ドルであり，08 年 10 月までをとれば 3100 億ドル vs. 1950 億ドルである．したがって，証券化商品——ただしここでは RMBS のみで CDO が考慮されていない——に引き起こされた実際の損失額は，サブプライム・ローンの予想デフォルト率から推計される損失を大きく上回るものであり，システマティック・リスクに起因すると考えられる要因から市場価値の下落が引き起こされる割合の大きいことが示されているのである．

(4) 今次危機時の信用スプレッドの要因分析

　資産価格（ここでは証券化商品）の変動を引き起こす要因が，金融危機時にあってその経済価値に直結したファンダメンタルズ以外にも求められ，しかもそれが相対的に大きな割合を占めるとすれば，そうした要因が一体いかに特定され，かついかなるメカニズムにおいて捉えられるかが次の問題となる．そこで今次危機時の実証分析（Fender and Scheicher 2008）から ABX 指数のスプレッドの変動の要因を検討しよう．それは 2006 年 1 月から 2008 年 6 月までにわたる，組成年次ごと，トランシェごとの ABX 指数（05 年後半からを対象とする「ABX 06-1 ヴィンテージ」）の推移を対象としたものである．そこにおいて次のようなファインディングが得られている．ABX 指数の種々の決定因を次の 3 つにグルーピングしたとき――他の 2 つは後で触れられる――，そのうちの「リスクに対する態度と流動性を合わせたもの（RA＋LIQ (risk appetite and market liquidity risk))」が同指数の超過収益（スプレッド）の観察された変動のかなりの部分を説明できたということである．ここで Fender and Scheicher (2008) は，これら（RA＋LIQ）要因を次の 3 つの変数で捉えている．1 つは「恐怖指数と実現した（S&P500 の）ボラティリティの比率」で，(正の) 予測誤差が発生し当該比率が低いほどリスクをとる意欲が高いことを表す．第 2 に，ABX 指数の「ビッド – アスク・スプレッド」を（信用デリバティブ CDS の指数である）CDX の投資適格トランシェの観察された当該スプレッドの平均値で代理するもので，それで市場流動性の変化を捉えるとするものである．第 3 に，米国ドルの 10 年物の「スワップ・スプレッド」で，それによって Libor レートに埋め込まれたデフォルトリスクを反映したプレミアムとともに流動性プレミアムを含むものである．

　ここで注意されるのは，(RA＋LIQ) 要因のうち「流動性 (LIQ)」要因を表すのに，通常の「流動性」指標である「ビッド – アスク・スプレッド」に加えて「流動性プレミアム」も考慮に入れられていることで，それは「流動性プレミアム」が「取引量」と関係することを勘案すれば，マクロ的共通要因をその限りで考慮に入れたと理解できることである．以上の 3 変数が一体として捉えられることで，「リスク・アペタイトと流動性関連の価格プレミアムとのダイナミクス」が ABX 指数の超過スプレッドを有意に説明することとなったと考え

ることができる．これに対し，他の2つの説明変数，つまり住宅関連及びその他ファンダメンタルズと，金利など当該証券の「デフォルト」に関係するファンダメンタル要因は，収益変動のわずかな部分（2割程度）の説明力しか有しなかったのである[12]．こうした実証結果は，社債等の信用スプレッドについて指摘されてきた「信用スプレッドのパズル」（Collin-Dufrense et al. 2001）に照応することであって，デフォルトの「構造的アプローチ」で説明変数に用いられる「信用要因（credit factor）」の有する説明力が不十分であるとの問題が提起されているのである．この点は以下で改めて触れられるであろう．

　それでは（RA＋LIQ）要因がサブプライム危機下のABX指数の暴落を実際どのように説明するものであるかを，今次危機の文脈で見てみよう．2008年7月発表の日本銀行金融市場局の『金融市場レポート』は丁度同時期の（米国の）証券化商品市場を取り上げている．興味深いのは，（RA＋LIQ）要因と類似の機能を果たすと考えられる変数の役割が言及されているのである．同レポートの指摘するところでは，07年下期の証券化商品市場の調整（サブプライム危機）では「組成販売型」金融仲介モデルに内在した「リスク評価の緩み」を修正する動きにとどまっていた．ところが2008年入り後には「サブプライム住宅ローンのみならず，企業向けローンや消費者ローン，商業用不動産ローンなど，証券化商品の様々な裏付け資産の劣化がみられるようになり，これが証券化商品の価格下落圧力を高めるようになっていった」というのである．サブプライム住宅ローンに限らず「証券化商品の様々な裏付け資産の劣化」がみられるにいたったということは，それらに共通する要因が働いたということであり，それは先のABX指数の超過収益の有意な説明変数としての（RA＋LIQ）要因の役割を示唆するものと考えられる．実際同レポートは次のように指摘する．そうした実体経済の動きの背後には「金融経済環境を巡る不確実性が高まり，これが，投資家の間で，リスク資産の保有を全般に抑制しようとする動き——リスク・アペタイトの低下——につながっていった」ということ，そして「投資家のリスク・アペタイトが低下した結果，証券化商品のみならず，金融資産

---

[12] Fender and Scheicher (2008) はこれを「信用スプレッドのパズル」と呼ばれるものであるとしている．すなわち The wide gap between spreads and expected default losses is what we call the credit spread puzzle.

の市場流動性が広く収縮するようになった」(同レポート,1頁,15頁)ということである.

同『金融市場レポート』によれば,実体経済の悪化とともに資産価格の下落が進むと金融部門の健全性（財務内容）に対する懸念が強まり,「実体経済と金融部門の間で負の相乗作用が進む」ことが指摘される.つまり先行きの不確実性が高い状況のもとで,リスク資産の保有を全般に削減しようとする動き──リスク・アペタイトの低下──が拡がり,これが更なる市場の調整圧力として作用するとする.すなわち,資産価格の下落に伴う値洗い(mark to market)が投資家のデレバレッジを誘発し,資産の投売りに追い込まれる.あるいはレバレッジをかけて投資を拡大させたヘッジファンドの場合,金融機関による追加担保の差し入れ要求（マージンコール）やレポ取引の打ち切り（資金引き揚げ）に対応すべく,ポジションの巻き戻しに追い込まれる.これが一段の価格下落と更なるマージンコールにつながる.

こうした一方向へと不安定化するダイナミックな過程は,前章では不確実性に対処すべく自己資本をベースにしたバランスシート調整（デレバレッジ）として描かれ,（担保資産として用いられた証券化商品たる）資産の市場価格の下落は資金と市場の2つの流動性をスパイラル的に低下させた.そして当該レポートも同様のことを指摘している.「SIVやABCPコンデュイットなどの投資ビークルが,運用・調達期間のミスマッチから,資金流動性の制約に直面したことも,資産の売却圧力を高めることとなった.こうして,金融市場での取引が停滞すると,市場流動性が低下し,そのことが銀行や市場参加者の資金流動性の低下を加速させることで,市場環境はスパイラル的に悪化し,金融混乱の様相が深まることになる」(同上,14頁).この帰結として同レポートが次のように指摘することが留意される.「証券化商品の中には,価格が,裏付け資産の劣化に見合ったレベルよりも下落する動きもみられるようになった」(同上,19頁).こうした先行きの不確実性の高まり（確信の低下）が役割を果たすスパイラル的な市場の縮小メカニズムは金融危機下の拡幅された信用スプレッドを説明するものといえるであろう.

以上のメカニズムは,前章において「投売りによる外部性」として論じられてきたことと重なる.前章で論じられたところでは,「外部性」は直接の金融

連関を介するのみならず,「間接的」な伝染効果としても働き,そこには金融ネットワークの複雑性に派生する不確実性——ここには証券化を重ねることによるリスクの所在の不透明さを加えることができよう——から生じる「複雑性による外部性」も加わることで伝染効果がより大きなものとなることが説明された.上掲の『金融市場レポート』は 2008 年 9 月のリーマンショックが勃発する前段階までを対象としているため,複雑なネットワークからくる不確実性が外部性をもたらす効果にまで視野は及んでいないが,リーマンショックのような「ショック」がある大きさの規模に達するとき,そうした場合に固有に引き起こされる(間接的な)「伝染」現象も容れてシステミック・リスクが顕現することが考えられるのである.

(5) 証券化商品のトランシェ別スプレッド決定要因

以上に見た ABX 指数の変動要因を論じた Fender and Scheicher (2008) は証券化商品の「トランシェごと」の信用スプレッドの変動についても要因分析を提示している.それは,異なる格付けをもつ証券化商品のそれぞれの動き,かつそれらを組み合わせる(交差させる)ことで,ABX 指数の動きがいかに対応するかを見ることによって,各トランシェのスプレッドの変動要因を推測したものである.

証券化商品(CDO)の価格ないし収益の変動の決定要因をトランシェレベルで捉えたファインディングは次のように示される.まず ABX 指数の収益率の動きに関して,トリプル A とトリプル B マイナスの交差項の係数を見ると正であり,しかも 2007 年の夏,サブプライム危機の渦中で大きくなっている(ibid. pp.73-4).信用リスクにおいて顕著に差のある AAA と BBB マイナスとの交差項の正の係数が金融危機下で顕著に大きくなるとは,それぞれのトラシェが ABX の収益を引き下げるという点で同様な効果を持ち,かつ危機下でその効果を増大させているということである.金融危機下では低格付けのトランシェはそれを構成する担保資産の信用リスクの発現によって ABX 収益を低下させると考えられる.正の相関が大きくなるとは,AAA のトランシェが ABX の収益を BBB マイナスと同様に低下させる効果を持つことを意味する.そうした効果をどのような要因がもたらしたかといえば,(担保資産の)「信用リス

ク」の増大が AAA トランシェを通じて ABX 収益引き下げの効果をもたらす可能性は小さいから，先に見た担保資産の信用リスクとは別個の要因，つまり「non-credit factor」の方が ABX 収益の引き下げ効果を発揮したと考えられる．つまり，先に見た RA＋LIQ のような非信用要因が双方のトランシェに共通に作用することによって ABX 指数にマイナス効果を与えたということである．ABX 指数に対するトランシェレベルの効果について，上の結果から示されたことは，各々のトランシェがスプレッドの決定要因から同様の動き，感応性を示すことがあるということで，そうした要因としては先に挙げられたリスクへの態度，市場流動性を含むマーケットファクターが該当すると考えられる．そうした要因に対しては，高格付けも低格付けも双方のトランシェが同様の動きを示すのである．

　しかし同時に考慮されるのは，その与える効果の方向は同じであっても，その程度は異なることがあるのである．それは，それぞれのトランシェが感応的になるリスク要因は異なりうるということで，次のファインディングはそれである．すでに ABX 指数の収益の動きについて説明力が高いとされた RA＋LIQ 要因，つまり「リスクを取ることへの意欲」と「市場流動性」については，トランシェ間でその有する効果に違いが生じる．つまり，それらが ABX 指数に対して与える効果として，AAA と AA のトランシェに対しては重要度が高いが，低格付けのトランシェに対しての重要度が低いのである（Fender and Scheicher 2008 pp.79-80）．これと対照的に，低格付けのトランシェにおいては，RA＋LIQ 要因に代わって住宅と金利の結合要因が大きな説明力を与えることが指摘される（ibid.）．

　以上，トランシェ単位で見た証券化商品のリスク指標たる ABX 指数について，その超過収益の決定因について上掲のファインディングを通して示されたのは，高格付けトランシェと低格付けトランシェについては（および中間格付けについても）その収益に及ぼす要因が異なっており，前者については全般的な金融環境への感応性を示すマーケットファクター———それは不確実性に対するリスクプレミアムに典型的に現れる———が，後者については各々のローンに個別・特有な信用リスクや金利といったファンダメンタルズが支配的な影響を及ぼすということである．そして金融危機の際には高格付けのトランシェにつ

いてもデフォルトが生じうることが示唆された．この帰結に対しては証券化商品を構成する個々の商品に固有の信用リスクが顕現したとすることでは説明できないのであり，それに代わって RA＋LIQ 要因が各担保資産に共通な要因として効果を及ぼすこととして，しかも高格付けトランシェに対してより大きな効果を及ぼすものと理解できた．かくて，「プライム」ローンに比して「サブプライム」ローンの価格あるいは超過収益の決定因について，上で取り上げた先行研究は次のように結論づける．「低下するリスク・アペタイト，および市場の非流動性に対する懸念の増大が，2007 年夏以来の ABX 指数の観察された急落（collapse）に対して寄与するところが相当に大きかった．住宅市場の活動といった，サブプライム・モーゲージ・リスクのファンダメンタルな駆動因（drivers）（の代理変数）は，下位の ABX トランシェの指数に強力な影響を及ぼし続ける，しかし他方で AA および AAA トランシェの指数は金融市場環境の全般的な悪化をよりよく読み取る傾向を持ってきた」（ibid., p.80）．

2. 資本市場中心の金融システムにおける不安定性

（1） 証券化を軸とした金融システムにおける安全措置：超過担保

不確実性の存在に対してはそれにあらかじめ対処する処理機構が——以下に見るように個々の選択行動において一種の安全措置として——組み込まれ，選択行動に係る特定の「信条」についてもその処理機構の機能を前提にしたうえで形成されると考えることができる．「通常時」には外的なショックがあってもその処理機構による対処がなされ——ただしミンスキーの不安定性仮説におけるように金融構造が「脆弱化」することをはらみつつ——，したがってショックを特定領域にとどめてシステム全体に波及・伝幡することがなく，市場の正常機能にたいする信頼が保持され，信条が保持される．しかし大きなショックによって，当該処理機構で対処しえず，システム全体にショックの効果が及び，これまでの信頼や確信が崩れ，信条が放棄されるという事態が生じるなら，それは「金融危機」の事態である．そこで問われるべきは，不確実性下の処理機構，安全措置は何かである．これはすでにミンスキーにおいて見たように，資金貸借に当たり債務不履行の事態にも対処しうるよう「流動性」のを取得を

可能にするバッファーを「安全性のマージン」として設けることであり，それは一種の要求「基準」の設定であった．そこには予期したキャッシュフローに生じた不確実性により債務を履行しえなくなったとき依拠（resort）することになる「金融市場」が市場流動性を保持することへの信頼も組み込まれている．そうした安全性のゆとり幅は慣行的に設定され，要求基準として一種のノルムと理解するなら，通常時のシステムはノルムを通して正常に機能すると考えることができる．ただし，ミンスキーの不安定性仮説においては，そうした安定的経路においても金融構造の脆弱化が進行する過程としてとらえられる．そこで次に課題とされることは，証券化がなされ，金融・資本市場での資金貸借が中心となる中で同様の機能を担うところの不確実性に対処しうる機構や安全措置が何かである．

「証券化」に際しては倒産隔離やトランシェ間の優先劣後構造といった措置が仕組まれている．これらは不確実性への対処としていかに位置付けられるであろうか．証券化商品はトランシェごとに格付けされ，デフォルトの発生が格付けに含意された所定のデフォルト率を下回るようにプライシングされている．そうであればケインズ，ミンスキーが資金貸借に際して位置づけた「安全性のマージン」がそのプライシングにおいていかに組み込まれ，対処されているかを問うことができる．証券化においては債務の支払が「優先劣後」の構造をとっており，これが証券化商品の組成に際して担保資産から生じる総損失をトランシェ間で配分する際の順序付けを通して「安全性マージン」を措置することを可能にしている．つまり，各々のトランシェが，それぞれ所期のデフォルト率を下回るべく債務が履行されるとき，利払いが優先劣後の構造をもってなされる際に，あらかじ「超過担保」を設定することによって格付け優位のトランシェには損失が及ばぬようにすることで，システムとして「安全性」に対する措置を組み込むことがなされているといえる．クレーゲルは次のように述べる．「オーバーコラテラライゼーション（overcollateralization, 超過担保）の率は，背後のモーゲージに対する不履行率の統計的確率で決まるが，ミンスキーが安全性のマージンと呼ぶところのものを表す」（Kregel 2008a, p.15）．ここに含意されることは次にある．「超過担保」を設定するということは，発行される証券残高の合計を，その裏付けとなる原資産の元本残高を下回るよう低く抑え

ることとするのであり，その超過分（超過担保）を元利の支払いにおいて最劣後におかれ，したがってローンプールに生じたデフォルトを最初に吸収するところの「エクイティ」トランシェへの支払いに当てることで，上位のトランシェへの債務履行を（金融市場の正常な機能の下に）確かなものとすることができる．エクイティ・トランシェがローンプールに生じたデフォルトを吸収するなら，原資産に生じたデフォルトや，債権からのキャッシュフローの不足や不確実性に対して備えるべき「安全性マージン」の機能が措置されたことになるのである．

　こうした優先劣後の構造をミンスキーの金融類型の概念によって理解しようとすれば，最優位な「シニア・トランシェ」は原資産のプールに不履行が生じたときにも――ローン・プールのデフォルト確率から計算された超過担保の価値はエクイティ・トランシェの発行額を下回ることはないはずだから――，リスクを最初に引き受けるトランシェとしてのエクイティ・クラスがリスクを吸収してくれることから自らは元利返済のリスクを免れるという意味で「ヘッジ・プロファイル」を有するといえる（Kregel 2008a）．これに対して，「メザニン」という「中間的証券」は信用市場の逼迫の影響を受けるものとして「投機的金融」プロファイルを示し，エクイティなど残余のトランシェに相当する証券は「ゼロの安全性マージン」をもつものと考えることができる[13]．こうして超過担保率やトランシェ間の配分比率は証券化のシステムの脆弱性あるいはリスクに対する耐性の問題にかかわっている．超過担保率を低く設定すれば，トリプルAが高いシェアを有し，対応してメザニンやエクイティのトランシェがそれだけ小さな割合に止まる．そのときデフォルト率の上昇やデフォルト相関を引き上げるようなマクロ的ショックが生じるなら，デフォルトは上位のトランシェにまで及び，証券化システムの安定性――各トランシェに付与された格付けの含意するデフォルト率の維持――が脅かされることになる．この意味で超過担保をいかに設定し，トランシェ間で総損失を分配するかはシステムの安定性に係わるのである．流動性喪失をこうむった証券化商品のプライシン

---

[13]　ただし，エクイティなど劣後するジュニア・トランシェは，デフォルトや期限前返済が，超過担保を決定するのに用いられる統計的な推定確率以内にあれば，シニア証券に支払われるそれよりはるかに高い収益率を受け取る（Kregel 2008a）．

グを「格付けモデル」はいかなる枠組みをもって，端的に言えばいかなる確率分布を想定して行ったのかという問題は，この文脈に置かれるのであり，そのモデルの存立可能性を本章の以下において検討するであろう．

今次危機に関係して実際の格付けを見ると，トリプル A の格付けを得るシニア・クラスが極めて大きなシェアを占めていた．たとえばムーディーズは，2005, 2006 の両年におけるサブプライム・モーゲージ（RMBS）に対してその約 80％ にトリプル A の格付けを与えていた（Greenlaw et al. 2008）[14]．こうした格付けからも窺われるように，多くの投資銀行が証券化ビジネスに邁進したのは，証券化商品のデフォルトを低位に抑えることができるとの想定に立ったからで，2000 年代半ばにはほとんどの金融機関が，企業への融資に比して家計への住宅融資がデータ取得上，大きな難点を抱えているにもかかわらず，住宅ローンを裏付けとする投資商品を大量に販売することを躊躇しなかったのである（Tett 2009, 第 8 章）．そうであるなら，そうした格付けを得させる各トランシェのデフォルト率が一体いかにして決定されたのかが問われる．それは証券化商品のリスク特性をいかに捉えるかにかかわり，各トランシェのデフォルト率あるいはスプレッドの決定のためには，証券化商品の「評価モデル」に基づく総損失の分布曲線が導出されねばならない．ここにおいてわれわれは投資銀行の格付けに用いられた確率分布モデルがいかなるものであったかを問うことになる．こうした問題に対しわれわれは初めに，多数のサブプライム・ローンから成るプールの総損失分布を「シミュレーション」によって捉え，次いで理論的あるいは（準）解析的にアプローチすることになる．ここではそれに先立ち，トランシェごとのデフォルト率が与えられたときに，それがいかに格付けに翻案されるかを述べておこう．

各トランシェのデフォルト率（毀損率）は VaR（Value at Risk）——将来の一定期間内に一定の確率で予想せざるを得ない損失を，特定の信頼基準で推定された最大損失額として表す——を用いて表すことができる．すなわち，個別リスクが「標準正規分布」に従うとの仮定のもとでポートフォリオの損失分布

---

14) なお 2005 年について他の格付けのシェアは，AA の格付けは 9.6％，A は 5.0％，BBB は 3.5％で，BB 以下は 1.1％に過ぎない．ただしこれは RMBS についてであって，二次（以上）の証券化商品である CDO についてのトランシェ分けの比率はまた別である．

をVaRで表せば，各々のトランシェごとにどれほどの最大損失額が何％の信頼区間で生じるかを示せる．たとえばトリプルAの格付けを有するトランシェなら——多くの格付け機関は損失の発生確率（正の損失が発生するかどうかの確率）が1％以下であればトリプルAと格付けした，といわれることから——99％信頼基準での最大損失が何％かという形で損失発生を表せる[15]．このような形で保有する証券化商品のリスクを把握，コントロールできるならば，各トランシェに含意されたデフォルト率を前提に——それらリスクをたとえば信用デリバティブによってコントロールしつつ——証券化商品を保有し，収益を上げることができるのである．

(2) 信用リスクのプライシング

以下では証券化商品のリスク特性を踏まえ，トランシェごとのリスクのプライシングを問題にするが，そのためにモンテカルロ・シミュレーションが用いられる．シミュレーションを行うために資産価格評価モデルが想定されねばならない．その手掛かりを得るべく，先に提示されてきた信用スプレッドの実証結果が利用される．それは信用リスクのある金融商品の超過収益の決定要因を実証したものであった．しかし，こうしたシミュレーションのための枠組みの提示に入る前に，先にも言及した「信用スプレッドのパズル（credit spread puzzle）」に言及しておこう．それは，社債のスプレッド（の変化）の説明に際して「構造型モデル（structural form models）」に依拠した場合，説明力（R^2による決定係数）が低い（25％ほど）ことを指摘するものである．すなわち，観察された信用スプレッドの変化を企業に特定した測度（firm-specific measures）——株式収益や企業のレバレッジ——を用いて説明することでは実証

---

[15] たとえば，藤井・竹本（2009, 223頁），藤井（2009, 第4章）の数値例を引こう．証券の満期を5年間，個別ローンのデフォルト確率を毎年3％としたときのローンプールの平均的な損失率は約7％となる．ここでデフォルトした際のローンの回収率は50％，かつ個々のデフォルト同士の相関は0.1と仮定するとして，損失分布の99％点，すなわち損失の少ないほうからみて累積の頻度で99％の位置に当たる損失率は約20％と得られる．そこで，この住宅ローンプールを裏付けとして組成されるRMBSの元本全体の80％分については，優先劣後構造を利用した信用補完によって損失が発生する確率を1％程度に抑えることができる．

的な支持が得られないということである．構造型モデルは企業の貸借対照表の変動をモデル化し，負債が資産を超過し発行体が負債を返済できないときに企業は倒産するとして信用リスクの価格付けを行う．そうした企業に特定の変数——ファンダメンタルズを表す説明変数としての金利は企業に特定の変数ではないが——を用いることが集計的測度（measures）——流動性やマクロ経済的および金融変数——による説明を無用にするはずであったのに，それとは逆にどの社債にも共通して影響する集計的要因——したがって「システマティックな」要因——の方がより説明力のあることが示されてきたのである（Collin-Dufresne et al. 2002）．

それは次のように論じられるものであった．構造型モデルに拠ったとき社債の信用スプレッド変化（variation）を25％しか説明できず，説明できなかった「残差」の部分について主成分分析を試みたとき，第1主成分が76％にも達しているというものである．主成分分析では説明変数相互間の相関が強い場合に，最初の主成分によって全体の情報量のうち説明できる情報量（寄与率）が高くなる．こうして第1主成分として「マクロ的共通要因」が考えられる．かくてCollin-Dufresne et al. (2002)は構造型モデルにおいて除去されたマクロ的共通要因である流動性やマクロ経済的および全般的金融要因を入れて回帰分析をやり直すこととなる．しかしこうして説明変数を追加した場合でも説明力は限られ，信用スプレッド変化のシステマティックな動きが依然残り，しかも残差部分が有力な（dominant）要因のままであるとの結果を得たのである．このことは，「システマティック・リスク」として何を考えるか，通常の（観察された）流動性やマクロ経済的および金融要因に加えてどのような「共通要因」を考慮に入れる必要があるかという一層の問題を提起する[16]．

以上の信用リスクのプライシングについての問題指摘（「信用スプレッドのパズル」）を受けて，われわれは信用リスクの価格付けの説明変数に「個別要因」と「マクロ共通要因」の双方を用いようとする．このことは先に第1節の第4及び第5項でABX指数のスプレッドについての要因分析からも受け入れられることである．2要因のうちの後者は「システマティック・リスク」に対

---

[16] この論点は，以下で危機下のスプレッド拡幅の要因を検討する際，「観察不能な（unobservable）変数」をも考慮するという形で改めて検討される．

する価格付けを得させるものであるが，それが資産の価格（超過収益）あるいはデフォルト率に影響を及ぼす仕方は，証券化商品のような，（多数の担保資産からなる）ポートフォリオ商品の場合，それらを構成する諸資産にマクロ的・市場的要因が共通に影響することで，証券化商品間あるいはその発行体（債務者）間の「相関」が高まることの効果を通して現れるとするものである．これが共通要因が単一（Y）の「1ファクター・モデル」を採用せしめる．それに加えて個別要因を ε_i で表すと，個々の債務者（obligors）の状況 V_i を次のように書ける．

$$V_i = \sqrt{\rho_i}Y + \sqrt{1-\rho_i}\varepsilon_i$$

これがポートフォリオ商品としての証券化商品——代表的には CDO（collateralized debt obligations）——のプライシングを表すが，ここで各参照銘柄間の資産価値あるいはデフォルトの相関を $\rho(0 \leq \rho \leq 1)$ で表せると仮定している．

この式の意味することは，当該証券の発行体たる債務者（obligors）の資産価値は，共通要因たる Y 成分と，固有のノイズ成分たる ε によって drive（御される）されるということであるが，資産価値が債務のある閾値を下回ることがデフォルト（時点）を表すと考えれば，デフォルトの説明式と考えることもできる．それらは，$\rho_i=0$ ならば独立な確率変数 ε_i のみに依存するので独立になるが，$\rho \neq 0$ ならば ε_i と Y に依存し，Y を通して他の資産の価値あるいはデフォルトとの間に相関が生じる．その依存性の強さを示すのが相関（ρ_i）である．$\rho_i = \pm 1$ ならば個別変動要因は失われる．

われわれは以下で，資産価値についての以上の枠組みを元にして，これをモンテカルロ・シミュレーションによって，証券化商品のリスク特性を明らかにしようとする．シミュレーションを用いてリスク特性を捉えた後に，以上の「1ファクター・モデル」について，これを理論的あるいは（準）解析的にアプローチする．すなわち銀行あるいは格付け機関の確率分布モデル（1ファクター・ガウシアン・コピュラあるいは JPMorgan の CreditMetrics）が一体いかなる仮定や想定——あるいは「信念」——に立脚したものであるかを論じる．その意図するところは，信用計測モデルつまり「1ファクター・ガウシアン・コピュラモデル」が特定の仮定——確率変数の分布や確率過程（ポアソン過程）に

ついて——に立脚するものであるために,「デフォルト相関」について制約的な扱いとなっており,以下のシミュレーションによって示されるような,デフォルト相関が大きい場合の資産価格の暴落（クリフ効果）あるいはデフォルトの集中を説明できないことを明らかにすることにある[17]．

(3) 証券化商品のリスク特性

以下では仮想的なポートオフォリオに対し擬似乱数を発生させてモンテカルロ・シミュレーションを行う（Belsham, Vause and Wells (2005)；小宮 (2003)；稲村・白塚 (2008)；藤井・竹本 (2009)；藤井 (2009)）ことで得られた証券化商品のリスク（損失）特性を紹介する．藤井らはサブプライム・ローンを（1000件ほど）プールしてRMBSを組成し，さらにはRMBSそれぞれのメザニン・トランシェを裏付けにした再証券化商品（CDO）を組成してシミュレーションを行った[18]．「ベース・ケース」となるシミュレーションは，以上のように組成されたRMBSとCDOに対して行われたものであるが，もう1つ別個のシミュレーションがなされる．それは，住宅ローンプールのキャッシュフローの性質を変えるようなマクロ的ショックの効果を見ようとするものである．注意されることは，それはデフォルトの発生確率を高めるばかりでなく，共通要因であることを通してデフォルト相関を上昇させるのであり，もって証券化商品のリスク指標への影響を見ようとしている．それはベースケースに対してマクロ的ショック（デフォルト率上昇とデフォルト相関上昇のそれぞれ）がもたらす効果を，RMBSおよびCDO双方について，デフォルトの発生確率や期待損失率（平均的な損失率），そして99% VaR（損失率分布における累積頻度が99%となる点での損失率）の大きさを見ることで捉えようとするものである．これらが，ポートフォリオ全体と3つのトランシェレベル（シニ

---

17)「1ファクター・ガウシアン・コピュラモデル」のようなCDOの価格評価モデルを明示的な枠組みとしてモンテカルロ・シミュレーションを行う手順については室町（2007, 79頁）に与えられている．

18) 同様のシミュレーションを用いた議論は他にも多く見られるが，藤井らのそれにおいては次のような想定がなされている．個々のローン（原資産）のデフォルト確率（毎年3%），回収率（50%），そしてデフォルト相関（0.1で毎年一定）があらかじめ与えられる．満期も5年と，所与．

ア，メザニン，エクイティ）で比較対照される．

　以上のような，仮想的な証券化商品に対するモンテカルロ・シミュレーションによって導出された結果は以下の5点に集約される．

　「ベースケース」においてまず第1に読み取れるのは，証券化による優先劣後構造から来るトランシェ間での損失発生確率には差があるということで，これはRMBSとそれらからの再証券化商品CDOの双方について同様の結果が得られる．これはトランシェレベルでは優先劣後の構造が効いてシニア・トランシェについての損失の発生確率を低くできる一方，エクイティとメザニンのトランシェのそれらは高くなっているということである．

　第2の結果は，損失の発生確率は低いのにいったん発生すると大きな損失をこうむるという意味の「テールリスク」が証券化に伴って発現するということで，損失率の分布曲線は裾が厚くなる．これについてもトランシェ分けして優先劣後構造をとらせると，RMBSメザニンでは，デフォルトや損失の発生確率は元のローンプールより低くなるのに，分布の裾におけるリスク指標（損失）は悪化することになるのである．ここで併せて留意されるのは，証券化を重ねた場合に，こうしたテールリスクの特性は強められるということで，しかもそれは，劣後したトランシェを用いて組成した場合に（つまりメザニンABS-CDOと呼ばれる証券化商品において），悪いケースが生じた場合の損失率がきわめて高くなるのである．

　以下は，ローンプールのキャッシュフローの性質を変えるような外生的条件の変化——マクロ的ショックが個々の住宅ローンの平均的なデフォルト率およびデフォルト相関を上昇させる——が起こり，ρやεといったパラメータに変化が生じた場合の効果である．第3の結果は外的ショック——住宅ローンの平均的なデフォルト確率の上昇——としてのデフォルト率上昇が，トランシェ間で異なる効果を引き起こしうるということである．ただしベースケースとの比較では，当然にショック後の損失はどのトランシェでも増大するが，再証券化（CDO）した場合，「シニア・トランシェ」における損失発生が著増するのである．ところが他方，RMBSとCDOをトランシェごとに比較すると，メザニン以下のトランシェではデフォルト発生確率が再証券化（CDO）によって「減少」することがみられるのである．これは証券化を重ねるほど，「シニア」ト

ランシェでは（個別信用リスクに対する）リスク分散効果が働きにくいということであり，これと対照的に下位のトランシェ（エクイティとメザニン）では再証券化商品ではリスク分散化効果が一層発揮されるということで，後者ではデフォルト確率を上昇させるようなショックがあっても当該トランシェの損失を増大させる効果をそれだけ軽減させることができることを示している．

　第4の結果は，「デフォルト相関」が上昇したケースである．めったに生じないがひとたび生じると大きな損失をひきおこす「テールリスク」の特性がCDOにおいて一層顕著に現れることはすでに述べたが，シニア・トランシェの場合，デフォルト相関の上昇というシステマティック・リスクがある大きさに達するような場合，損失が急激に増加する——高格付けトランシェの（収益の）スプレッドの増大に照応する——ということで，これは高格付けトランシェの「クリフ効果」と呼ばれる[19]．

　第5の結果として，以上にみた第3と第4の効果を併せ考えるもので，トランシェ間でそれぞれ異なる効果が働く背後のメカニズムにかかわるものである．シミュレーション結果[20]によれば，「デフォルト相関」の上昇は，デフォルトの発生確率についてRMBSについてもCDOについても，メザニン・トランシェを挟んでシニア・トランシェでは相対的にデフォルトの発生確率を「増大」させるのに対し，エクイティ・トランシェではその増加率を「低く」させるか，あるいは（RMBSエクイティでは）むしろ「減少」させることが生じているのである．こうした「アノマラス」に思われる結果から示唆されるのは，下位に向かうトランシェほどリスク（デフォルト確率）が大きくなるという，証券化における（超過担保を用いた優先劣後の）トランシェ構造というシステム安定化措置を支えるロジックとは異なるメカニズムが働いているのではないかと

---

19) 藤井・竹本（2009）のシミュレーションでは，CDOのシニア・トランシェの損失分布について，99% VaRは79.7％の増加である．相関が上昇する前には20.3％だったから計算上は100％の損失率となる．

20) デフォルト相関の上昇がそれら各々のトランシェに及ぼす影響を藤井・竹本のシミュレーション（ibid., 230頁，表3）から見てみると，デフォルト相関の上昇が起こると，シニア・トランシェでは，ベースケースとの対比でRMBSでは10.4％ポイント増加して10.6％となり，CDOでは12.6％ポイント増加して13.9％となっている．これに対しエクイティ・トランシェでは，RMBSで5.2％ポイントの減で94.9％になり，CDOでも2.4％ポイントの増加に止まり27％のデフォルト発生確率となっている．

いうことである．この点は今次危機勃発において働いたメカニズム理解にも直結することである．

　以上，証券化商品のリスク特性についてシミュレーション分析から得られた理解は，今次危機の分析に対し示唆するところが大きい．それは今次危機において，以下で取り上げられるように投資銀行の保有する証券化商品について，デフォルトから縁遠いと思われた高格付けの商品が大きな損失を被り，格付け機関の用いた確率分布モデルにおいて働くリスク分散化のロジック，つまりシステムの安定化措置が有効に機能しなかったということであり，この点は以下で一層検討されよう．上掲の結果が示唆するのは，再証券化を重ねると，低格付けの商品にはらまれた個別信用リスクの管理に対してはリスク分散化の効果が現れるのに，高格付けのそれには有効に機能しないということである．それに代わって，デフォルト相関の上昇が，したがってシステマティック・リスクが高格付け証券に対して固有に効果を及ぼすことが窺われる．ここで以上のシミュレーション結果，なかんずく第3から第5の特徴について理解を深めるべく，デフォルト相関が各トランシェに異なる効果を及ぼすことについていっそう検討を加えよう．

　上掲のシミュレーションで示されたように，「リスク・ファクター間の」デフォルト相関が高くなると，RMBSについてもCDOについても，シニア・トランシェはエクイティよりも相対的に損失を被り，これに対しエクイティは益を得る．こうしたことが一体いかにして生じるかを見るために，デフォルト相関が上昇することがどのようなことかを，原資産のレベルに立ち返って，したがってCDOの担保資産間の相関を問題にすることで見ていこう．そのとき，デフォルト相関あるいは資産間のリスクの相関が高率であると，「ローンプール」の損失分布において「対極的な2つの結果」（polar outcomes）が生じる確率が増える（Belsham, Vause and Wells 2005, p.107；藤井 2009, 144-5頁）との指摘がなされている．つまり（CDOの寿命にわたって）背後のcredits（担保資産）の多く（majority）がデフォルトを起こすか，あるいはごく少数（very few）しかデフォルトを起こさないか，そのどちらかになる傾向が大きくなる（二極化）ということである[21]．

　デフォルト相関の上昇が損失分布の形状を変えるというとき，その背後でど

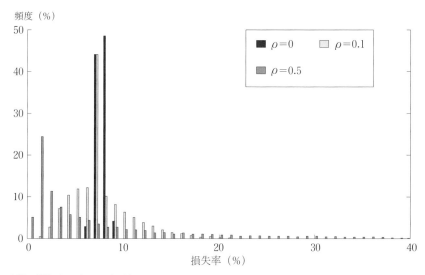

出所:藤井(2009)144頁,図4-6.

図 5-1 相関の大きさと損失分布の形状

のようなことが起こっているのであろうか.藤井(2009, 144-5 頁)はシミュレーションを用いてそれら異なるデフォルト相関の下で損失分布を描いている.図 5-1 は,相関を決める変数 (ρ) の大きさを,それぞれゼロ,0.1, 0.5 と変化させた場合の損失分布である.それによれば,「無相関」の場合には分布は平均的な損失率のあたりに集中する.それは分散化の効果が表れているのである(同上, 145 頁).相関を大きくしていくと,分布は左のほうに,すなわち無相関のときの平均的な損失率より小さい損失率のほうへ偏った形になり,その分,より大きな損失率の発生頻度が前より高くなる.つまり「相関が大きいほど,よい事象,あるいは悪い事象がまとまった形で生じる確率が高くなる」(同上)ということで,これは先に述べた損失分布曲線の 2 極化ということである.これは次のように解釈される.

---

21) これは今次危機について "all or nothing" の状態が発生している,と表現された(Tett 2009, 288 頁)ことに照応する.つまり,どの担保資産(住宅ローン債権)も安全であるか,そうでなければ全部がデフォルトするかのどちらかであるというのである.

RMBS や CDO のような証券化商品の元になる（サブプライムローンのような）原債権からなる「ローンプール」の損失分布が，デフォルト相関の高まりによって 2 極化するとき，それらから成る証券化商品を「トランシェ分け」したとき，それらトランシェ間で損失に増減が生じることが留意される．なぜなら，（原債権の）ローンプールについて，損失分布が「ほどほどの（modest）」損失率にとどまるという中間的結果（intermediate outcomes）が減って，ごく少数のデフォルトが起きるという結果が増え，それと同時にその確率は低くてもデフォルトが集中して発生するという結果も増えるからで，そのとき，優先劣後のトランシェ分けによってエクイティとシニアでは異なった得失を得る．すなわち，ごく少数のデフォルトが起きるという結果が増えることは，エクイティに投資した場合に，CDO の寿命にわたって損失を免れるものが出てくるということである（Belsham et al., op. cit. p.107）．他方シニア・トランシェに投資した場合には，デフォルト集中の機会が増えているために，資本のいくらかを失う（erode）ということが起きるためである．以上の帰結は，サブプライムローンのような原債権を（RMBS や CDO に）証券化するとき，原債権の特性——デフォルト率やそれらの間の相関——を介して，証券化商品のリスク特性がいかなるものとなるか，どのような要因に対して感応的かを決めることに関係してくる．たとえば，デフォルト相関を高めるマクロ的共通要因は（すでに優先劣後のトランシェ分けで，リスク分散化の効果を最大限享受していた）シニア・トランシェにより大きく（不利に）影響することが考えられる．そこで証券化商品のリスク特性がいかなる要因に対して感応的かという問題に再び立ち戻ることとなる．

　デフォルト相関の上昇がトランシェ間で異なる利害を生じさせ，エクイティとシニアとでは異なる得失を得ることとなったが，このことはデフォルト相関上昇の背後にある共通要因，システマティック・リスクの増加に対しそれらトランシェ間で異なる感応度をもつということで，先の ABX 指数を用いた実証結果（本章第 1 節）を確認するものである．こうして個別要因と共通要因，それにリスク・ファクター間（担保資産間，そして以下で論じるように「債務者間」）の相関を説明変数に用いた CDO の価格評価において，それらが各トランシェにそれぞれ異なる影響を及ぼすことを見た．そこで以上の議論を，各ト

ランシェがそれらのスプレッドの決定においてどのような要因にどれほど感応的かという観点からまとめておこう．

　再証券化商品 ABS-CDO は多数の RMBS のメザニン・トランシェを担保資産として組成されているから，各担保資産にはらまれた個別リスクに対しては分散化効果が働き，当該 CDO については RMBS に比して個別リスクによるショックはそれだけ抑えられている．とくにシニア・トランシェは個別リスクの影響からはほとんど隔離されていると考えられる．そうしたリスクはエクイティなどジュニアのトランシェが引き受けるものとなっているからである．そこでエクイティ・トランシェは，上に見たように確かにデフォルト相関の高まりから利益を受けることがあるが，それ以上に個別信用リスクに対し感応的であるといえよう．これに対し，シニア・トランシェは分散化効果の働かない——どの個々のローンにも大なり小なり共通に影響を及ぼすマーケットファクターから来る——システマティック・リスクに対して感応度が高いのである．

　加えて注意されるのは，デフォルト相関の高まりのもたらす効果で，マクロ的景況の一層の好転あるいは悪化は，それまでほどほどのデフォルト発生に現れていたローンプールの総損失分布曲線の形状を変化させて二極化させた．とくに経済の一層の「悪化」はデフォルト相関の高まりに現れた相互依存効果を通じて，これまでデフォルトを免れていたシニア・トランシェ——それはシステマティック・リスクに感応的である——をしてデフォルトに巻き込めるようにする．これは「テールリスク」がいかにして生じるかの理解に有用である．損失分布曲線の二極化は，正規分布曲線に比してテール分位でのデフォルト頻度の高まりを意味するが，その背後のメカニズムとして，デフォルト相関の高まりに現れる相互依存効果が役割を果たしているとの理解をわれわれは得ている．マクロ経済の好転の場合は，デフォルト相関の高まりがエクイティ・トランシェへの投資をして損失を免れさせるとき，分布のもう一方の極に導く．

　トランシェ別証券化商品のスプレッド決定の要因分析に関する以上の結果をもって危機の発生メカニズムについて次のように理解することができる．担保資産の信用リスク顕現に伴う証券化商品の損失発生が，超過担保による優先劣後のトランシェ分けで対処しうるものに収まる限り——それは高格付けのトランシェにデフォルトが及ばないということである——，エクイティ・トランシ

ェのスプレッドの増大は生じるが,「システミック・リスク」に発展せず,個別の機関あるいは領域の破綻に止まりうる.これに対して,下位トランシェのデフォルトにとどまらず,上位のトランシェにもデフォルトが及び,システムとしての安定性に損失リスクが及ぶようなものであるならば,それは金融危機の発生を意味する.こうした事態は,上位トランシェがシステマティック・リスクに感応的であることによって引き起こされ,同トランシェのスプレッドが大きくなることに現れる.実際,システマティック・リスクを横軸に取り,再証券化商品たるABS-CDO(RMBSメザニン・トランシェだけから組成されている)のシニア・トランシェの損失率との関係を描くと,ある段階まできわめて小さい損失に止まっていたのが,「経済状況の悪化,すなわちシステマティック・リスクがある一定値を超えると一気に全てが失われるような(右上がりの図)」——図5-2——をシミュレーション結果から描ける(藤井 2009, 150-2頁).CDOのシニア・トランシェについてはそうした「損失率の急上昇」の効果,「クリフ効果」[22]が一層顕著に見られるのである.

　以上の理解をもって,実際の危機の事例を取り上げてみよう.Belsham, Vause and Wells (2005)はGM,フォードの経営危機の起こった2005年5月の時期のスプレッド分析を行っている.それは,Dow Jonesの北米投資グレード(CDX NA. IG.)のインデックス——125のCDSから成るポートフォリオ——に対してシミュレーション分析を施したものである.この時期のCDXインデックスのスプレッドは確かに急上昇している.それに対応してエクイティ・トランシェのスプレッドが急上昇し,ジュニア・メザニンにも上昇が見られる.ところがシニア・トランシェのスプレッドには取り立ててこの時期上昇(拡がり)が見られないのである(ibid., p.109, Chart. 6).併せて注意されるのは,エクイティ・トランシェにおけるデフォルト相関が2005年5月に急減しているということである.ここからBelshamらはGM,フォードの経営破綻は個別の経営危機に止まっており,金融危機としての広がりを持たないと論じる.

---

22) こうした,システマティック・リスクが高い状況における高格付けの再証券化商品に引き起こされた損失の急増を,BIS(2008)は「クリフ効果」——元本が崖から落ちるように急激に毀損する——と命名した(藤井・竹本 2009).

第 5 章　アニマル・スピリット，伝染およびデフォルトの集中　239

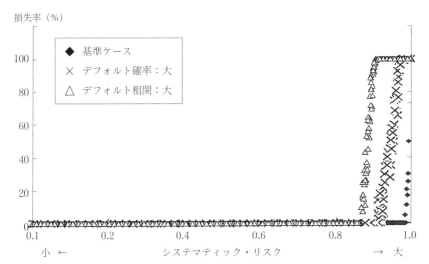

注：◆は基準ケース（デフォルト確率が 3%，デフォルト相関が 0.1）の場合であり，×はデフォルト確率を 4.5%にした場合，△はデフォルト相関を 0.5 にした場合のトランシェの損失率を表す．CDO のシニア・トランシェでも大きなシステマティック・リスクに対しては損失率の急上昇が生じることがわかる．
出所：藤井（2009）151 頁，図 4-7．

図 5-2　RMBS メザニンから組成した CDO シニアに生じるクリフ効果

　以上は以下のように理解できる．経営危機という個別信用リスクの顕現化を引き受けるべくエクイティ・トランシェのスプレッドが上昇した．それは GM，フォードの破綻という事態に対し，超過担保を用いた優先劣後の構造によってデフォルト問題が対処されたということである．しかし他方，こうした経営危機が全般的経済情勢の悪化，それに伴うリスクプレミアムの上昇を引き起こさなかったことが言えて，これは超過担保による優先劣後構造を持ったトランシェ分けによって，個別の経営危機に伴う損失発生に対処しえたからである．つまり，損失発生がシニア・トランシェに及ぶようなことはなかった．換言すれば，システマティック・リスクが高まってデフォルト相関の上昇が引き起こされるという事態が生じなかった．むしろ，この時期を含む 2004 年から 05 年という期間は，住宅バブルを受けて CDO ビジネスがもっとも盛んであった．かくて全体としては，格付けの 8 割を占めたシニア・トランシェについてはその

スプレッドが趨勢的に狭まっていく——それはブーム時に安全性のマージンが低下するという傾向に照応する——という動きとして捉えられる．こうした期間はシニアおよびシニア・メザニンに対する投資家の旺盛なCDO需要，つまり「リスク・オン」——シニアとメザニン・トランシェのスプレッドは低いまま——によって特徴付けられのである[23]．そこで以下においてわれわれは，格付けモデルが証券化商品の以上のようなリスク特性を果たして的確に捉えていたかどうか，そこにおいて採用された確率分布モデル——CreditMetricsという信用リスク計測モデルやガウシアン・コピュラモデル——の構造を通して検討していこう．

(4) デフォルト相関と格付けモデル：ガウシアン・コピュラ

先に見た証券化商品のリスク特性を捉えるべく用いられたシミュレーションでは，証券化商品の評価を個別と共通の2要因のそれぞれを標準正規分布に従う確率変数として独立な乱数 Y, $\varepsilon_j (j=1\cdots\cdots, n)$ を発生させ，V_j（資産価値）を算出するものであった．その結果は，マクロ的（共通）要因がどの資産にも共通に影響することによってデフォルト相関を高くするとき，証券化を通して個別の信用リスクを分散化することでデフォルトを免れていた高格付けトラン

---

[23] Longstaff and Rajan (2008) は同時期，つまり2005年までをカバーする時期の証券化商品の価格（CDX指数）を以下で取り上げる「デフォルト強度モデル」を用いて分析した．それはCDX指数のスプレッドを3つの成分に分割し，デフォルトの強度 intensity を推定することによってそれぞれ3つの成分の説明力を見るものである．すなわち企業に特有の idiosyncratic なデフォルト，特定セクターにおける産業レベル industrywide でのデフォルト，そしてどの産業あるいはセクターにも事実上影響する経済全体でのデフォルトの3つの相対的寄与度である．その結果は，企業に特有のデフォルトリスクがCDX指数のスプレッドの64.6%，産業と経済全体がそれぞれ27.1と8.3%——両者を併せてCDXポートフォリオにおけるデフォルトリスクの3分の1強——というものである．これは本文中で見た，2005年5月のスプレッドの動きを——経済全体あるいは特定のセクターが共通要因を介して「システミック」なリスクを顕現させるものとしてよりは——「個別」企業のリスクの顕現が主たる変動要因であるとする結果に合致するものである．しかしこうした結果は，対象とした時期，したがってどのようなリスク要因が顕現したかに依存するもので，この論文が取り上げた2005年まではGM，フォードの経営破綻がクリティカルな役割を果たしたのであり，分析対象の時期を変えて2008年までをカバーしたときには異なる結果が得られる可能性に注意せねばならない．

シェについても「システマティック・リスク」の顕現によってデフォルトしうるということであり，そこではデフォルトの集中が生じていた．このことは損失分布曲線について「ファット・テール」あるいは「下側裾の依存性」として捉えられることであるが，格付け機関の確率分布モデル——それは以下で論じるように「1ファクター・ガウシアン・コピュラモデル」を土台に構築されている——はこうしたデフォルトの集中を想定外の事態としてしかとらえなかったのである．ここに格付け機関の確率分布モデルがいかなるものとして採用されたのかが問われる．この点を検討すべく，CDOの価格評価に際して「ガウシアン・コピュラあるいは正規コピュラ」が用いられることに照準を合わせていこう．

　リスク・ファクター（担保資産あるいは証券化商品，参照銘柄）間の相互の依存関係を「コピュラ（copula）」で表すことは，多変量同時分布を個々の確率変数の周辺分布と相互の依存関係に分けて表現することを可能にする[24),25)]．しかも金融機関にあって最も多用されたのが「ガウシアン・コピュラあるいは正規コピュラ」であって，それは正規コピュラが多変量正規分布の分布関数をもとに表現されることによって，デフォルト確率の導出にあたって実務での単

---

24) 確率変数の分布関数が一様分布に従うとき，任意の同時分布がコピュラで表現されることを主張するのが「スクラー（Sklar）の定理」である．「スクラーの定理」の言うところは，n種類のリスク・ファクター（たとえばn人の債務者の債務状態，それらを確率変数$X_1, \cdots, X_n$で表して）の確率的変動を同時に捉えるところの同時分布関数$F(x_1, \cdots, x_n)$と，各々の確率変数$X_1, \cdots, X_n$であるリスク・ファクター単独の挙動を表現する周辺分布関数$F_1, \cdots, F_n$とは分解（分離）することができるということである．定式化して示すと，「スクラーの定理」とは，周辺分布関数$F_1, \cdots, F_n$と，同時分布関数$F(x_1, \cdots, x_n)$の間には，次の関係があることを述べる．
　周辺分布関数$F_1(x_1), \cdots, F_n(x_n)$を持つ連続な$n$変量同時分布関数を$F$とすると，
$$\Pr(X_1 \leq x_1, \cdots X_n \leq x_n) = F(x_1, \cdots, x_n) = C(F_1(x_1), \cdots, F_n(x_n))$$
を満たす関数Cが一意に存在する．$C(x_1, \cdots, x_n)$を$(X_1, \cdots, X_n)$のコピュラと呼ぶ．
25) 変量間の依存度合いを示す指標として「線形相関」（相関係数）が最もよく使われるが，線形相関は2つの変量の間の線形（直線的）な関係を捉える指標であって，直線的な関係にない変量間の依存関係を表現することは基本的にできない（小宮 2003）．線形相関のこうした問題を回避する，変量間の依存度合いを表す別の指標として「順位相関」があり，コピュラではこうした順位相関を表現できる．線形相関は変量間の依存構造（コピュラ）と各変量特有の構造（周辺分布）を分けて捉えることができない（同上）．

純さや取扱いの容易さ（tractability）――「解析的な計算の可能性」――を可能にしたからである．たとえば，格付け機関は格付け変化を通して表現される損失を CreditMetrics という信用リスク計測モデルで算出してきたが，複数法人の格付け推移確率のシミュレーションに際して，資産収益率のような相関を持つ変数をもとに実行してきた（Duffie and Singleton 2003, 242 頁）．そのとき「コピュラ」を使うことで，企業ごとの倒産モデル同士が補助的な相関を持つ変数によって結び付けられる．しかも資産収益率は通常は「正規分布」に従うと仮定することで，シミュレーションが容易になる．こうして「企業 j の将来（1 年後）の企業価値や収益率を示す乱数 Z_j を多変量正規分布に従って生成し，複数の閾値により分割された実数軸上のどの区間に Z_j が入るかに応じて企業 j の将来格付け（デフォルトを含む）を判定する」（室町 2007, 33-4 頁）．ここで格付けが 2 状態（生存とデフォルト）の場合，閾値は 1 つで，閾値と Z_j を比較して生存かデフォルトかが判定される．これが CreditMetricks といわれるものであり，「複数企業のデフォルト時刻の同時分布をガウシアン・コピュラで表現したモデルにおいて，ある 1 時点（1 年後）の状態をシミュレートしているものと解釈できる」（同上, 34 頁）とされる．このようにして，CDOの価格評価モデルやリスク計測モデルの多くは，1 ファクター・ガウシアン・コピュラモデルを土台として構築されている（同上, 73 頁）．ガウシアン・コピュラの形式的な提示は本章「補論」においてなされる．

　サブプライム問題が現れる前は，（1 ファクター）コピュラモデルの中でも，最も実務で用いられていたのが（基本的モデルである）ガウシアン・コピュラモデルであったとされる．ガウシアン・コピュラは以下で示される等式（1）における 2 つの確率変数 Y と ε_j を，標準正規分布に従う確率変数と考えたモデルであるが，それが採用された理由はその解析的計算可能性にあるのであり，このことはたとえば「t コピュラ」と比べることから窺われる．t コピュラは，等式(1)中の 2 つの確率変数 Y と ε_j が標準化されたスチューデントの t 分布（normalized Student's t distribution）を持つ確率変数を仮定したモデルであるが，両者の違いは次にある．「1 ファクター・ガウシアン・コピュラモデルでは，デフォルト時刻の同時分布が単純な式で表現できる．さらに $P(\tau_i < t)$ を与えることにより被積分関数が解析的に計算できる．よってデフォルト時刻の同時

分布を求めるには，変数 $Y=y$ に関する積分の数値計算を行うだけである」[26] （茨田 2011）．これに対し，1 ファクター・ダブル t コピュラモデルでは，確率変数を V_i を陽に表現できない．そのために数値シミュレーションを行う必要がある．

以下ではモデルの構造を一層見ていこう．われわれの関心は，例えば CDO のプライシングについて，そうしたポートフォリオ中に含まれる参照銘柄の各々のデフォルト確率の導出と，それらの同時デフォルト確率，すなわち状態変数 Y_i の同時分布を得ることであるが，その際ポイントは銘柄間にマクロ共通要因を介して相関構造があることである．そのときコピュラは相関構造を持つ多次元確率分布を表現するのであり，各種参照銘柄からなるポートフォリオとしての CDO の価値が危機下に大きく下がることを捉えることが期待される[27]．

CDO の各参照銘柄間の資産相関を $\rho (0\leq\rho\leq 1)$ で表すことができると仮定すると，1 ファクター・モデルは，参照銘柄数を m として，以下のように定義することができる（本パラグラフは横谷（2007）に依拠する）．

$$V_i = \sqrt{\rho_i}Y + \sqrt{1-\rho_i}\varepsilon_i, \quad i=1,\cdots,m \tag{1}$$

ここで，Y，ε_i は互いに独立な標準正規分布に従うとされる．V_i を各参照企業の資産価値を決定付ける確率変数であるとすると，（多数資産から組成されたポートフォリオとしての）資産価値は共通のファクター項（共通ファクター）Y と，独自の要因（固有ファクター）ε_i によって決まる．

ここで，各参照企業の時点 t でのデフォルト確率を $\hat{p}_j$ とする（以下の議論は任意の t について成立するため，t を省いて表記する）．(1)式で V_i は標準正規分布に従うことから，

---

[26] 実際のデフォルト時刻 $\tau_i, i=1,\cdots,n$ の同時分布の導出については茨田（2011, 11-2 頁）を参照されたい．

[27] 問題は，ガウシアン・コピュラ（正規コピュラ）の場合，変量が独立な標準正規分布に従うとすることで，変数が同時正規分布に従う，換言すれば各資産のデフォルト事象を独立と想定するものであることによって，各種銘柄のデフォルトの集中，したがって CDO の暴落をどれだけ説明できるかの問題をはらむことになるということである．

$$\hat{p}_i = \Pr[V_i < \Phi^{-1}(\hat{p}_i)]$$

が成り立つ（横谷 2007, 26頁）．ここで，(1)式の共通ファクター Y が与えられたもとでの条件付デフォルト確率を P_i とすると，

$$\begin{aligned} P_i &= \Pr[V_i < \Phi^{-1}(\hat{p}_i) \mid Y = y)] \\ &= \Phi([\Phi^{-1}(\hat{p}_i) - \sqrt{\rho_i}\,y])/\sqrt{1-\rho_i} \end{aligned} \tag{2}$$

となり，任意の $i, j (i \neq j)$ に対して P_i, P_j は独立な事象に対する確率となる．参照銘柄全体（プール）の条件付同時デフォルト確率は，この条件付デフォルト確率を用いて解くことができる．

　以上に示された，クレジット商品（CDO）の「準解析的手法」に基づくプライシングの手順について，ポイントは次にある．(1)共通ファクターの確率変数を所与として「条件付」デフォルト確率を考えることにより各参照銘柄のデフォルト事象を「独立」なものとして求める．(2)その条件付確率のもとでプール「全体」の条件付デフォルト確率を求める，の2点である．こうして共通ファクターの確率変数に対して数値積分を用いて期待値を求めるものとなっているのである．

　ここで変量間の相関の果たす役割に留意して，上掲の手順をもう一度確認しよう（以下は，室町（2007, 75-6頁）に依拠する）．デフォルト時刻 τ_j は ρ_j ——他の資産とのデフォルトの相互依存性——がゼロなら独立な確率変数 ε_j のみに依存するので独立になるが，$\rho_j \neq 0$ ならば ε_j と Y に依存するので Y を通して他の資産のデフォルトとの間に相関が生じる（その依存性の強さを示すのがファクターローディング ρ_j）．ところが，$Y=y$ が与えられる，つまり「条件付き独立性」のもとでは，時刻 t_j における資産 j の条件付きデフォルト確率（τ_j の条件付周辺分布関数）は，「ガウシアン・コピュラモデル」において，τ_j の確率的挙動は ε_j のみに起因するので，τ_j はそれぞれ独立，すなわち各資産のデフォルト事象は独立となるのである．ここでガウシアン・コピュラモデルは「補論」で示されるように，次の2式で定義されるものである．

第 5 章　アニマル・スピリット，伝染およびデフォルトの集中　　245

$$\tau_j = F_j^{-1}(\Phi(V_j)), \text{ および}$$

$$V_j = \rho_j Y + \sqrt{1-\rho_j^2}\,\varepsilon_j, \quad j = 1, \cdots\cdots, n$$

　こうして，「1 ファクター・ガウシアン・コピュラモデル」ではデフォルト事象の条件的独立性が本質である」（室町 2007, 77 頁）と言われるのであり，ここにデフォルト時刻の同時分布関数や同時生存関数が比較的簡単な式で与えられる．被積分関数は解析的に計算できるので，あとは V に関して数値積分を行うだけでよい，ということになる[28]．

　以上に見たように，1 ファクター・ガウシアン・コピュラを用いることにより取り扱いの容易さが得られたが，しかしそれに表裏して問われるのは，（変量あるいはリスク・ファクターについて）正規分布を想定することからくるデフォルトあるいは資産価値間の依存構造が制約的になること，すなわち他からのデフォルトに自らが巻き込まれるといった「伝染」，あるいは総損失分布曲線における「ファット・テール」に現れたデフォルトの集中を捉えられないことである．あるいは次のような指摘がなされる．「株価時系列の収益率分布等，現実に観測される各変量の分布（周辺分布）は，正規分布と比べ厚い裾を持つ場合が多い．また資産担保証券等の，信用リスクを有する多数の企業向け債権の信用度は互いに依存しているが，マクロ的な不況等の際には，それらの多くが一斉に悪化するような状況」（戸坂・吉羽 2005, 116 頁）が引き起こされる．これは原資産価格分布の裾における強い依存関係が生じる状況で，変量の独立的な生起を想定する（ガウシアン・コピュラ，あるいは）正規コピュラでは，そうした依存度合いを――とくに分布の場所（裾）によっては――表せないという問題が指摘されるということである．戸坂・吉羽（2005）は，「正規コピュラ」以外にいくつかのコピュラの典型例を用いて，各々における各変量間の依存関係の特徴を次のように指摘する[29]．正規コピュラと t コピュラを比較すると，正規コピュラの方がばらつきが大きいのに対し，上側（各変量とも 1 に

---

28)　以上の CDO の価格評価について，1 ファクター・ガウシアン・コピュラモデルを用いて形式的に導出した文献として，室町（73-8 頁）が参照される．

29)　「順位相関」が等しい 2 変量乱数を（5 つの）2 変量コピュラを用いて 1000 個発生させて，それらを 2 次元の散布図に描いたものに依拠しての指摘である．

近い側）と下側（各変量とも0に近い側）でtコピュラは正規コピュラに比して相対的に，一方の変量で大きな変動が起きたときに他方の変量に同方向の変動が起きやすいことを見出している．ここから，多変量正規分布[30]の分布関数を基に表現された正規コピュラは，「同時分布（joint distribution）」に正規性を仮定することによって「裾での依存性」を表せない——「上側および下側での漸近独立」——ということである．同様のことが次のように指摘される．
「Embrechts, Lindskog and McNeil (2001) は，2次元ガウシアン・コピュラは，相関係数ρがマイナス1と1の間にあるなら，漸近的に独立であるが，2次元tコピュラでは，2つの変量が上側でも下側でも漸近依存する．さらに同じ周辺分布と相関係数を持つガウシアン・コピュラとtコピュラに従う2次元乱数をそれぞれ発生させて，tコピュラの方が極端なデータの同時発生が多くなることを示し，信用リスク計測モデルにおけるtコピュラの有用性を主張できる」（室町 2007, 30 頁）というのである．

　以上から，多変量正規分布の分布関数を基に表された正規コピュラを用いることで，「同時分布」に正規性を仮定してCDOをプライシングした場合，VaR等のリスク指標を過少に表示することになる．CDOの各トランシェの期待損失率について，下側漸近「独立」の正規コピュラでは，上位のトランシェはほとんど棄損しないと評価するものであり，もって適正なプレミアムのプライシングを与えることができないのである．こうして「正規コピュラでは，リスク・ファクターの分布の裾での依存事象とみなすことが可能な現象，例えば複数のデフォルトの同時的な発生，関連会社の株価の同時的な大幅変動といった事象を十分に表現しえない．したがって，リスク・ファクター間の分布の裾での依存関係が強い場合には，正規コピュラを用いたリスク計量は必ずしも適当でないことになる」（戸坂・吉羽 2005）．こうして先に述べられたように，「分布の裾での変量間の依存関係が強い場合には，その依存関係を正規分布よりもうまく表現しうるコピュラとして「tコピュラ」が考えられ，リスク・ファクターの分布の裾での依存関係が強いときには，依存関係の表現には，上側，下側とも漸近独立となる正規コピュラよりも，tコピュラを用いる方が適当とさ

---

[30]　多変量正規分布の形式的定義は，室町（2007）の「付録」（168頁）を参照されたい．

れる．

(5) デフォルト強度モデルと条件付き独立性

以上からわれわれが関心とし，課題とすることは，信用リスクの計測とりわけデフォルトの記述に当たり，変量（資産価値あるいは資産の収益）間の相互依存関係を扱うに際して，ガウシアン・コピュラにおいて見たところの解析的計算可能性あるいは tractability の問題と危機時の高いデフォルト相関——それは資産価格の暴落あるいはスプレッドの拡幅を引き起こす——とが相克するという問題にいかに対処できるかである．この問題を取り上げるに際して，デフォルト率あるいは信用スプレッドの決定についての別のアプローチをとるモデルを取り上げよう．それはデフォルトの発生確率を「確率過程」として捉える「デフォルト強度モデル（default Intensity model）」であるが，その中でもとりわけ CID（Conditionally Independent Default,「条件付き独立性」）に照準を合わせよう．それは CID が「誘導型モデル（reduced form model）」として，デフォルト依存を記述する点で，コピュラの「変異形（variant）」と理解されるものだからである（Elizalde 2006）．以下で見るように，CID についても，存続確率や倒産時刻のモーメントの解析的計算を得るためにデフォルトの生起について制約的な条件が課されることになるのであり，そうした条件の特定化を通して，デフォルト確率を説明するモデルの構造をよりよく理解できるのである．

誘導型モデルとしてのデフォルト強度モデルに入っていくにあたり，その特徴を「構造型モデル」との対置によって見ておこう．信用リスクを計測するモデルは2つに大別される．信用リスクの評価やヘッジにおいて倒産（デフォルト）リスクは中心的な役割を果たすが，「構造型モデル」と「誘導型モデル」が識別される．構造型モデルでは，発行体が支払い不能となることによって倒産が発生するメカニズムが明示的にモデル化される．そのモデルにおいて重要な変数は「倒産までの距離で，それは資産が負債を超える部分を標準偏差単位で示したもの」で，それを決めるのは資産の平均収益率，現金支払い率，資産のボラティリティなどである．これに対して誘導型モデルでは，倒産が予測できない事象としてモデル化され，倒産確率が倒産強度過程によって決まる．強

度 λ(t) は，t 時点における情報の下での倒産の発生率である[31]．信用リスクの計測を含む資産評価に際してすでにわれわれは「個別」と「マクロ共通」の2要因を説明変数とし，さらにリスク・ファクター間の「相関」関係を組み入れる枠組みを採用してきた．この点において構造型モデルは「個別」要因（信用リスク）に照準を当て，例えば保有資産の収益率や債務比率（バランスシート比率）など貸借対照表上での支払い能力に基づいて倒産のメカニズムを説明するものと考えることができる[32]．しかしここで次の指摘が留意される．「われわれのファインディングは，デフォルトリスクの現存する理論モデルの欠陥，欠点を浮かび上がらせる（highlight）ものである．デフォルトの構造型モデルは，金利を別にして（besides）クレジットスプレッドを御する（drive）のは企業に特定の要因であることを予測する．すなわち，それらモデルは一様に，（株式収益や企業負債といった）企業に特定の測定値（measures）が持つ説明力が，市場収益（market return）などの集計的測定値による説明力を圧倒すると予測する．しかしながら実証的なファインディングからは，個別社債の信用スプレッドの変動（variation）のほとんど（most）が，どの企業社債にも共通な集計的要因によって説明されるということであった」（Collin-Dufresne et al. 2001）．構造型モデルは信用リスクに関するファンダメンタルズに依拠したモデルと言えるが，しかしこのアプローチでは危機下の実際の拡幅された（債務の）信用スプレッドあるいは倒産の集中について十分な説明をなし得ないとの指摘がなされてきた．これに対し，「誘導型モデル」は資産評価についてマクロ的要因の果たす役割に照準を合わせるものと考えることができる．マクロ的共通要因を介して変量間の（伝染を含む）相関関係が高まり，もって十分な大きさのデフォルト確率を説明しうることが期待される．しかしこのアプローチにあっても以下で論じるように，「ポアソン過程」の採用に伴うデフォルト発生の「独立性」が，先に示唆されたように「条件付き独立性」の想定につながり，もっ

---

31) 「デフォルト強度（a default intensity）」とは時点 t での企業 i の「デフォルトの条件付平均到着率（mean arrival rate of default (λ_{it})）」で，たとえば一定の年ベースでのデフォルト率が 0.01 だということは，年々のデフォルト確率がおよそ 0.01 のポアソン・デフォルト到着）（Poisson default arrival）であることを意味する．

32) 倒産確率の構造型モデルの古典的モデルは負債をブラック゠ショールズ式を使って評価した Merton（1974）に求められる．

て伝染を含むデフォルト相関の fully-fledged な描写に制約を課している．われわれは「二重確率的ポアソン過程（doubly stochastic Poisson process）」を用いたデフォルト確率の記述がどのようなものであるかを見ることで，デフォルトの集中的な発生の説明を制約するモデルの構造がいかなるものかを検討していこう．

　デフォルト強度モデルでは，複数企業のデフォルト確率がマクロ的な共通要因たる共変量 $X(t)$ を通して相関を持つようなモデル構築のさいに——そのままでは，ループ状に複雑に絡み合うモデルの複雑性が生じるので——，それら共変量を「条件として与えた」とき，企業ごとのデフォルト確率を「独立」として扱うこと（条件的独立性）によって，各々のデフォルト率を陽的に計算できるものとする（複雑性を免れさせる）のである．こうしてマクロ的共変量を所与に置くことによって，デフォルト相関のような相関関係はデフォルト強度の確率過程を「ポアソン過程」として特徴づけることを可能にする．ここでポアソン過程は「ランダムに発生する事象の発生回数」を表す確率過程（計数過程）について，すべての排反な区間における増分が「独立」であること（定常独立増分を持つ離散的なマルコフ過程）を特徴とするのであり，しかも十分短い期間をとれば事象は高々1回しか発生しないこと，つまり2つ以上の事象が同時に発生しないことを意味する（室町 2007, 175 頁）．そしてポアソン過程の「強度」を非負の確率過程に拡張した「二重確率的ポアソン過程」（コックス過程）——われわれは以下で，この確率過程の下でデフォルト確率あるいはプライシングに際しての計算可能性，そしてその実証可能性を見ようとする——についても，ポアソン過程と同様に独立増分性と「希少性」を持つ計数過程なのである」（室町 2007, 10 頁，174-5 頁，「付録 A」）．こうして「二重確率的ポアソン過程」の想定の下で解析的計算可能性を得るとき，デフォルトの生起が互いに「独立」であるようなものであることによって，われわれはポアソン過程の下で描写されるデフォルト強度によって実際のデフォルト確率をどこまで説明できるかという問題に出会う．それは先に正規コピュラの採用が同時分布におけるデフォルトの「独立的な生起」を仮定することとなり，同時分布におけるデフォルト確率の計算を実務的に容易にすると同時にデフォルトの相互依存関係の記述を制約的なものとしたと同様の問題である．デフォルト強度

モデルにおいてはそれが「条件的独立性」によって果たされているのであり，「二重確率的モデル」の描く確率過程が「ポアソン過程」——それは「正規分布」の想定に照応している——であることに付随している．

　Duffie and Singleton (2003, 第3章, 68頁) は強度過程が「ジャンプ」を起こす経路（「ジャンプ付き平均回帰強度」）を取り上げるが，それは「独立」なポアソン時刻においてジャンプが起こり，ジャンプの大きさが「独立」に特定の確率分布に従うモデルである．ジャンプが起きないときには，λ（倒産強度）は定数 γ に κ（平均回帰パラメータ）の率で確定的に回帰していく．こうしたジャンプ付き平均回帰過程における倒産強度 λ_i について，ジャンプが相関を持つ，つまり倒産時刻に（比較的強い）相関があると考えることで，比較的高い格付けを持つ複数の法人が強い相関を持つ場合を説明しようとする．しかしそこにおいてデフォルト相関は次のように特定されたものが考えられている．それは「二重確率的モデル」であり，したがってランダムな時刻にランダムな大きさの上方への（不利な方向への）ジャンプを持ち，かつ平均回帰性を持つ．そこにおいて，すべての倒産強度が同じパラメータ（κ, γ, c（ジャンプの平均到着率），J（ジャンプの大きさの平均））を持つと単純化され，強度がジャンプするというときのその大きさは（時間ごと，取引相手ごとに）「独立な」指数分布に従うと仮定される．さらに「法人の集合全体に共通する信用力の不利な方向への変動が，一定の強度 Λc を持つポアソン過程に従って発生する」と仮定されるのであり，この共通イベントによって，法人の倒産強度は同じ確率 p でジャンプすることになる．そのとき法人の集合全体は平均到達強度 $p\Lambda c$ で共通の信用ショックに出合うようになるのであり，ここに「共通のジャンプ時刻で**条件づける**と，すべての倒産強度におけるジャンプは発行体ごと，そして時間ごとに**独立である**」と論じられる．

　かくてデフォルトの標準的な二重に確率的モデルにおいては，倒産強度 λ_1, ……, λ_n に相関を持たせるべく「デフォルト相関」についてどのような扱いがなされたかといえば，n 銘柄の強度過程 λ_1, ……, λ_n で「条件づけ」たとき，それぞれの倒産時刻 τ_1, ……, τ_n は独立であるというポアソン過程の仮定——（τ_i は（確定的に変動する強度過程 λ_i を持つ）ポアソン過程の初到達時刻である）——が現れてくるのである．そこに含意されることは，企業のデフォルト

強度を決めるリスク要因の経路を所与として,つまり条件付きで決定された強度の経路で,企業のデフォルトは独立的なポアソン到着であるから,「デフォルト強度を決定する諸要因の相関によって含意されるものとしてのみ相関する」(Das, Duffie, Kapadia and Saita 2007) ということに過ぎない.このことは二重確率の枠組みでは,倒産相関の唯一の源泉が倒産強度の共分散であることを意味している (ibid. 2007 p.245).そこに含意されることは,参照変数(状態変数)が同時正規分布に従うとした場合,例えばCreditMetricsモデルの場合,**株価収益率**のボラティリティと相関から「**共分散**」の情報を得るということである.それはわれわれが関心とし,その役割を強調しようとする「**間接的**」**伝染**や,以下で触れる「**フレイルティ効果**」を容れたデフォルト相関ではないということである[33].

---

33) デフォルトの相関を引き起こす「メカニズム」に必ずしも関心を払うことなく企業のデフォルト強度を記述するという点で「誘導型モデル」の特徴を典型的に表す「デフォルト強度モデル」を紹介しておこう.それは金融危機を勃発させ,深化させる内部のメカニズムを不問にしたままではあるが,ミンスキーの強調した精緻な金融構造の下で成立する「金融契約のネットワーク」を介して,デフォルトが時間にわたり「相関したデフォルト」という形で波及,連鎖する過程を描写するものと理解される.Longstaff and Rajan (2008) は金融ポートフォリオの損失を直接捉えることによって,個別企業のデフォルトを支配する「強度 (intensity)」のプロセスを3つの異なる成分 (component) に分割して示した.つまり,個々の企業に特有の (idiosyncratic) デフォルトと,産業レベルそして経済全体のレベルでの「相関したデフォルト」とが並置されたもので,それぞれ3つの別々の「ポアソン過程」が金融ポートフォリオの損失発生(の時間過程)を示す.

L_t をCDXポートフォリオの総損失(ノーショナルな額1ドル当たりの)として,次のようにモデル化される.

$$dL_t/(1-L_t) = \gamma_1 dN_{1t} + \gamma_2 dN_{2t} + \gamma_3 dN_{3t}$$

ただしここで $\gamma_i = 1 - e^{-\gamma_i}$.$\gamma_i$ は非負の定数でジャンプサイズを定義するもの,また N_{it} は独立なポアソン過程.これを積分して,L_t の一般解を求めると,

$$L_t = 1 - e^{-\gamma_1 N_{1t}} e^{-\gamma_2 N_{2t}} e^{-\gamma_3 N_{3t}}$$

このデフォルト強度モデルでは,「デフォルト相関」が「ジャンプ相関」に置き換えられ,3つのポアソン過程ごとにデフォルト率が変化(「ジャンプ」)——そこでは様々の「市場要因」が関与している——するのであり,かつデフォルト相関が「産業・セクター」あるいは「経済全体」のレベルで波及,伝染していくような「強度」が捉えられている.

(6) 二重確率的倒産モデルによるカウンターパーティ・リスクの扱い

それでは，デフォルト相関を記述すべく，もって危機下のデフォルト集中を説明すべく，以上のような制約を持つ「二重確率的モデル」を枠組みとしたままで果たしていかなる企業間関係を扱うことができるであろうか．ここでは二重確率的モデルを枠組みとして「カウンターパーティ・リスク」を考慮する，あるいは（「直接的」）伝染現象を論じるという試み（Lando 1998; Jarrow and Yu 2001）を紹介しよう．ここでわれわれの関心は，カウンターパーティの構造における「ループ」がモデルを複雑化するとき，計算可能性の観点からいかなる工夫がなされ，そのもとで**カウンターパーティ・リスクの顕現**が，デフォルト率や信用スプレッドにどれほどの影響を及ぼすかということである．この点でまず注意されることは，ループ状の解の連鎖がデフォルト率の計算という解析的可能性（tractability）を危うくすることである．カウンターパーティ・リスクによっていくつかのデフォルト過程の相互依存が生じるとき，デフォルト過程が繰り返され，ある企業のデフォルト過程を捉えるためには，他のすべての相互依存している企業の完全なデフォルトの履歴を必要とする．カウンターパーティ・リスクを持った社債の価格の計算のためには，いくつかの（最初の）ジャンプの同時分布を必要とする，という風にも言えよう．デフォルトの最初のジャンプを捉えようとするとき，状態変数の完全な歴史を必要とするのであり，これをこれまでのような「条件つき」というもとでの「独立性」によって対処できないのである（Jarrow and Yu 2001, p.1770）．

こうした複雑さに対し Jarrow and Yu（2001，以下でJ&Y と略称）が訴えようとしたのが「2段階企業モデル」である．すなわち一次（primary）企業（群）と二次（secondary）企業（群）を識別し，前者は生産企業，後者は銀行[34]と考えれば，生産企業のデフォルト過程はマクロ変数のみに依存し，銀行はマクロ変数と生産企業の状態（デフォルトか生存か）に依存する[35]．留意される

---

34) ただし，生産企業同士で考えることも可能で，そのときA企業はBやその他企業の多くに部品等を供給していると考えれば，AのデフォルトはBの生産過程を途絶させ，収益性を低下させて，おそらくデフォルトを引き起こそう．

35) 室町（2007, 18頁）は以下のような説明を与える．「J&Y（2001）は企業n社を一次企業（primary firm）k社と二次企業（secondary firm）n-k社に分け，一次企業のハザード率はフィルトレーション（G）にのみ依存するが，二次企業のハザード率はGと一次

ことは，こうすれば二重に確率的なポアソン過程として構築できるのである．なぜなら，一次企業（群）のデフォルトがシステマティックに影響されるのは，単に経済全体の規模での状態変数によってのみであるから，デフォルトのうちシステマティックな部分を除けば，換言すればその部分を所与とすれば，後の残余のデフォルト部分は個別固有の要因による（idiosyncratic)] ということからである（J&Y 2001, p.1778)．そしてそれら固有の原因による企業のデフォルト過程は「無条件に独立（unconditional independence)」というポアソン過程の特性においてとらえられるものである．こうして二段階企業モデルは，デフォルト強度の確率過程を規定する状態変数であるところのランダムな spot rate が「ガウシアン（Gaussian）過程」に従うとされることと相まって二重確率モデルとして捉えられる．

こうした「2段階企業モデル」を援用することで，デフォルト率あるいは信用スプレッドの決定はいかに理解され，どれだけの説明力を有するものであろうか．J&Y は当該モデルを枠組みに CDS（Credit default swap）のプレミアム決定（も含む信用スプレッドの決定）を次のように扱う．CDS のプレミアムを問題にする際，取引に参加する構成員は次のようである．サブプライム・ローンという原資産の証券化商品の保険商品の売り手（B）と買い手（A)，さらにその証券化商品の原資産の債務者（ローンの借り手，R）であり，それらの間のリスク構造を「2段階」で考えるのである．つまり2段階企業のモデルでは，企業 n 社全体を一次企業と二次企業に分け，一次企業のハザード率はG——確率過程の与える情報系（たとえば状態過程 X）で，「フィルトレーション（filtration)」と呼ばれる——にのみ依存し，これに対し二次企業のハザード率は G と一次企業の状態（デフォルトか生存か）に依存するというものである．この2段階のリスク構造（あるいは情報構造）は CDS のプレミアム決定に次のように適用できる．

CDS のプレミアムは，保険の提供者たる売り手自身の個別信用リスクからくるデフォルトの可能性のみならず，（CDS の）参照資産たる債務者のデフォルトからくるカウンターパーティ・リスクも考慮に入れたものでなければなら

企業の状態（デフォルトか生存か）に依存するというモデルを構築し，社債価格に与える影響を分析した．これを「2段階企業モデル」という」．

ない．そうするとサブプライム・ローン（R）が破綻すると，保険証券の売り手（B）のデフォルト強度は「ジャンプ」する．このことは，スワップの売り手（B）と参照資産（R）との間にデフォルト相関が生じていることとして理解できる．そのとき，ローンの借り手（R）のデフォルトは（不動産バブルの崩壊といった）マクロ的共通要因を表す状態変数――フィルトレーション G ――に影響され，保険の売り手（B）は自らの個別信用リスクからそのデフォルト強度が影響を受けるだけでなく，ローンの借り手の債務不履行からも影響を受けている．

　CDS のプライシングを以上の二重確率的モデルの枠組みに置き，ここからスワップの売り手（B）のデフォルト率を計算できるかどうかを検討できる．スワップの買い手（A）は（証券化商品のデフォルトに対する）保険証券の購入に対し B にプレミアムの支払いをせねばならないが，そのプレミアムの大きさは，B が（そのデフォルト強度が確率過程におかれることにより）デフォルト強度に影響されるばかりでなく，（R との間で）カウンターパーティリスクを負うことによって，参照資産 R の状態（status）によってはデフォルト強度を「ジャンプ」させられることからも影響される．「正しい（correct）」スワップレートの価格付けのためには，B と R のカウンターパーティ関係が適切に認識されて（identified）いなければならないということであり，B と R の間の「デフォルト相関」が無視されるなら，スワップレート（プレミアム）は，そのリスクを反映して低くてよいはずであるのに，過大に設定されることになる．CDS のプライシングがこのように理解されるならば，2 段階企業モデルは，状態変数を条件として与えることで，カウンターパーティリスクをもたらす R の状態（デフォルトか否か）が定まり，あとは A，B がそれぞれ独立にポアソン過程によってデフォルトするとして扱え，ここに解析的計算可能性が得られるのである．以上のような解の構造を J&Y は次のように要約している．信用リスクの価格付けについての「誘導モデル」，とりわけ「デフォルト強度モデル」にあって，「デフォルト強度が一組の経済全体の状態変数のみならず，企業間リンケージを捉える，取引相手に特有の「ジャンプ項」の集まり（a collection of counterparty-specific jump terms capturing interfirm linkages）によっても影響を受ける」（J&Y 2001, p.1767）．以上に得られたことは，二重確率的

モデルは2段階企業モデルに訴えることによって，解析的計算可能性と同時に，カウンターパーティ・リスクによる直接的伝染効果を考慮に入れることができたということである[36]．

(7) 二重確率的モデルによる信用リスク計測の説明力の問題

以上のような二重確率的モデルによる信用リスク計測の可能性を踏まえて，次に問われることは，そのようにして計測されたデフォルト強度によって実際の危機時の高いデフォルト率をどれほど説明できるかということである．それというのも，企業間リンケージからくる「カウンターパーティ」のデフォルトの「直接的」伝染の効果は必ずしも大きなものではないことが指摘されてきたからである．すでに先にも引用されたが，たとえば次のような指摘がある．「事業の取引ネットワーク（business partner network）からくるコンテージョンは，システマティックな（マクロ経済的）諸要因に圧倒されて，二次的な効果しか持たない」(Calomiris and Mason 1997. ただし Giesecke and Weber（2004, p.3012）からの間接的引用）．この点でわれわれはすでに Caballero and Simsek（2009）において，「ナイト流」不確実性の下でどこから引き起こされてくるかもわからない損失に巻き込まれることを懸念して流動性を予防的に保蔵することが，資産の売却や銀行間市場からの流動性引き揚げを引き起こし，もってバランスシートを縮小させ（デレバレッジ），「間接的」伝染を引き起こすことに留意した．その効果は大きいものであった．以上のことをあらかじめ念頭に置いたうえで，デフォルト強度モデルを用いた信用リスクの計測の実証例を取り上げることとし，企業社債の超過収益を「条件付き独立の仮説」に立脚した二重確率的モデルによってどれだけ説明できるかを2つの実証分析を通して見ていこう．

1つは Driessen（2002）であるが，「超過収益」は「リスクプレミアム」をプライシングしたものとして，資本資産評価モデル（CAPM）に従って，次のように理解されたものである．各企業のデフォルト強度は，少数の潜在的「共

---

36) こうした結果を J&Y（2001）は次のように集約している．信用デリバティブはデフォルト相関を扱うという複雑さがあるが，2段階企業モデルに訴えることによって，そのプライシングを「マーチンゲール」のプライシング技術によって容易に扱える，と．

通」要因と企業に潜在的な「特定」要因の関数としてモデル化され，共通要因，換言すれば「システマティック・リスク」の動きに現れる市場ベース (market-wide) のリスクはその社債価格に価格付けされるが，企業に特定のリスクは価格付けされないということである．企業に特定の要因から社債の超過収益がもたらされないのは，ポートフォリオを「分散化」することで，そうしたリスク要因に対処できるからである．デフォルトという事態が起きると社債の価格に (下方への)「ジャンプ」(下落) を引き起こすが，それは「デフォルトのジャンプによるリスクプレミアム (default jump risk premium)」の発生として理解することができる．それは他から (直接的あるいは間接的であっても) デフォルトが伝染した場合として理解できよう．さて論点は以下にある．「ただしそのデフォルトジャンプが二重確率的モデルにおけるように「ポアソン・ジャンプ (Poisson jump)」としてそれぞれ独立に発生するとき——しかもその経済において社債の数が非常に多いとき——，ポートフォリオ構成の「分散化」によってそのリスクに対処することができる．このことを Driessen (2002) は次のように言う．状態変数が与えられたもとで (条件付きで) つまり「デフォルト・ジャンプが企業間で条件付独立 (conditionally independent)」として扱えるなら，そのようなデフォルトジャンプ・リスクはリスクプレミアムとして価格付けされないということである．ここに留意されることは，Driessen がデフォルトジャンプ・リスクが固有にリスクプレミアムとしてプライシングされるとするならば，それは「デフォルトが同時化，集中化する」こと ('contagious defaults' scenario) にあるとしたことである．こうした理解の下に Driessen は，実際の企業社債の超過収益のどれほどが「デフォルトジャンプ・リスクプレミアム」によって説明されるかを実証的に見ようとした．

　Driessen は 1991 年から 2000 年までの米国 104 企業の 592 社債に対する週次の社債価格のデータを用いて次の結果を得た．すなわち，10 年物の BBB 格の企業社債の予想超過収益の 68% が「デフォルト・ジャンプ・リスクプレミアム」によって説明されるということである．かくて社債収益のかなり (significant) の部分をリスクプレミアムが説明するということであり，それはデフォルト・ジャンプリスクが完全には分散化で対処できるものではなかったということである．こうした「不完全な分散化」をもたらしているのは，独立なデ

フォルト・ジャンプを完全に分散化できるだけ十分な社債が取引されていないこと，およびデフォルト・ジャンプは「条件付きで独立に生じる」というものではなく，「集中」して発生するということである．ここにデフォルトが独立に発生するのでなく，「伝染」するというシナリオによって社債スプレッドはよりよく理解されるという結果が導かれたのである．

もう 1 つの実証は Das や Duffie らによるものである．Das et al. (2007) は企業のデフォルトがいかに相関するかに照準を当てる．そしてデータで捉えられるデフォルト集中が，二重確率的モデルで適切に（reasonably）捉えられるかどうかを検討しようとした．デフォルトの標準的な二重確率的モデルでは「すべての企業のデフォルト強度を決めるリスク要因の経路を所与とすれば（条件づければ）企業のデフォルトが独立的なポアソン到着（Poisson arrivals）である」(ibid., p.94) との仮定がおかれる．そうした扱いは計算上および計量目的からは便利でも，その実証的妥当性は未解決だとして，彼らは次のような（結合）仮説を検証しようとした．「デフォト強度が正確に計測されている（well-specified）」ことと「二重に確率的であるとの特性（doubly stochastic property）」とを合わせた結合仮説である．ここで「正しくデフォルト強度を計測する」とは，二重確率仮説の検証に際して累積的な集計的デフォルト強度が連続する各期にランダムに独立に生起することとされる，すなわちデフォルト過程が「標準的な（単位強度の）ポアソン過程」に帰着させられることを意味する．そのようなものとしての当該結合仮説が，デフォルト強度を「条件づけた」もとでデフォルト（時点）が「独立に生起」しているものとして，実際に生じるデフォルの集中を説明できるかどうかを検証しようとした．

1979-2004 年の米国企業 2770 社の 495 のデフォルトについて，そのデフォルト「時点」について検証を行った結果は先の結合仮説を棄却するものであった．もともと主張したい命題（対立仮説）がデフォルトの集中にあったとすれば，二重確率仮説は「帰無仮説」にあたり，それが棄却されたということで，本来，主張しようとした仮説がある信頼水準で有意であったということである．当該二重確率的仮説では，デフォルト相関は条件付きデフォルト確率を決定する共通のリスク要因で捉えられると想定されているから，デフォルト強度を決めるリスクファクターの経路で（デフォルト相関を）「条件づけ」た後ではデ

フォルトが独立に生起すると理解されている．しかしそうした理解の下で含意（imply）されてくる以上に実際にはより多くのデフォルトが生じていた，換言すればデフォルトは集中して起こったということである．このことは，企業のデフォルト強度のプロセスで「共通要因によって条件づけ」た下でも，デフォルトが独立に生起するだけでなくそれらを相関させる要因があるということである．「ポアソン過程の独立増分特性」は棄却され，それに代えてデフォルトに正の系列相関（serial correlation）があるとなれば，二重確率仮説と整合的な（associate）水準のデフォルト相関を上回るようなデフォルト確率がもたらされているのである．

　そこで問われるのは，他企業の条件付きデフォルト確率に影響を及ぼす「デフォルト相関の隠れた源」が何かである．はじめに言及されるのは直接的「伝染」の可能性，つまり1企業のデフォルトが他企業の収入あるいは費用に，あるいはまた資金調達機会に直接に影響を及ぼすことであるが，Duffie et al. (2009) はそれとは別のアプローチをとり，**共通の「観察されない（unobservable）」要因**に「デフォルト相関の隠れた源」を見出そうとした．それは以下で取り上げる議論を先取りするなら，以上に見てきた二重確率的ポアソン過程が（マクロ的）共通要因でデフォルト相関を捉える以上にデフォルトの集中が生じている事態を「フレイルティ効果」によって捉えようとするものといえる．

　Duffie et al. (2009) は，モデルで見落とされた（omit），あるいは「観察されない（unobservable）」共変量があり，それがひとたび顕現するや借り手たちのデフォルト確率を共通に増加させる——あるいは減少させる——効果をもたらすと考える．それは，イベント予測（event forcasting）についての統計学の文献で「無視された（unobserved）共変量（covariate）」の効果を指して「フレイルティ」と呼ぶものに当たるとされ，そうした観察されないマクロ的共通要因が他企業の条件付きデフォルト確率にも影響を及ぼし，テール分位での損失推定をより大きく下方に（あるいはより小さく上方に）偏倚させるというのである．これに対し先に見てきた二重確率的モデルでは，強度をすべて「利用可能な情報」に基づかせる設定であるために，こうした「フレイルティ効果」を認知できない．

　Das et al. (2007) は，企業負債に関係して考慮さるべきリスク要因を「欠

落させた」ことが原因でデフォルトにまで至った事例を挙げている．それはエンロンとワールド・コムのデフォルトに関係した「欠陥のある会計慣行（会計操作）」である．それらの会社の倒産は「見落とされていたリスク要因」としての会計操作が他企業でもありうるということを顕現することによって他企業の条件付デフォルト確率に対して，したがってポートフォリオの（同時）損失分布に対してインパクトを及ぼしたのである．観察されないリスク要因が「共通のフレイルティ要因」として借り手たちの（条件付き）デフォルト確率を共通に増加させることになるのは「ベイズの法則（Bay's Rule）が適用されることによる．つまり，unobserved な（気づかれなかった，無視された）リスク要因の（時間的に）より後の（posterior）分布は，次のような場合にはいつでもベイズのルールの適用によって最新のものにされる．すなわち，「観察される」リスク要因に基づいて予想されるより多少とも多くのデフォルトが集中して（cluster）到着するのは，新たに出てきた情報を用いて観察されないリスク要因の分布が最新のものにされるからである．

　Duffie et al.（2009, p.2093）はフレイルティ効果が損失の同時分布に現れる（潜在的）チャンネルを次の２つに分ける．第１に，観察可能なマクロ変数とともにフレイルティ変量が企業レベルの条件付き分布を時間の経過とともにデフォルト強度を共通して上方に（増大するように）（あるいは下方に（減少するように））調整する[37]．このことが巨額のポートフォリオ損失をより引き起こしやすく（あるいは起こしにくく）するのであり，この点において（フレイルティという）追加的なデフォルト強度変数を組み込んでいないモデルとは相違が出てくる．第２に，フレイルティ共変量（covariate）は観察されないから，予測期間のはじめの時点でそのマクロ的フレイルティの現在水準は——それが低いことによって——，企業間における将来のデフォルト相関を新たに，追加的にもたらす源となっている[38]．

---

37) 以下で取り上げる Arinaminpathy, et al.（2012）のモデルにおいて，「確信の低下」がバランスシートの項目に現れ，それが伝染をもたらす種々のチャンネルとの間で相互作用を引き起こす過程は，それを引き起こす要因はフレイルティ効果とは別個のものであるが，経路のダイナミズムにおいて照応するものがあるように考えられる．
38) 観察されなかった変数の動きを表す Ornstein-Uhlenbeck（OU）過程は，「観察されなかった共通のショックが時間にわたってデフォルト強度に対する蓄積効果」を表すも

Duffie et al.（2009）は以上の推測をデータを用いて検証しようとする．1998年1月から2002年12月まで5年間にわたる1813社の企業の200以上のデフォルト総数[39]について仮説的ポートフォリオを設け，デフォルト総数の分布（ポートフォリオ損失のテールリスク）を問題にする．すなわち，条件付き独立を容れて導出された分布図を含み，利用可能な情報——フィルタリング——を異にすることで，異なる分布図を比べたのである[40]．こうしてフレイルティ効果がポートフォリオの損失分布に対し，上の「2つのチャンネル」を介して及ぼす効果を，「1988年1月における共通のフレイルティのその時々の（current）水準 Y_t に関する不確実性と，異なる企業に対する将来の共通なショック」によるものとして捉えようとした．その結果，デフォルト相関を高めるそれら2つが，**観察可能な**マクロ経済的ショックに企業がさらされ，かつ**観察可能な**企業の特定のショックが相関すること——特にレバレッジの変化の相関（correlated change in leverage）——に企業がさらされていることによるデフォルト相関を上回り，超えることを示したのである．ここに Duffie et al.（2009）は，個々の企業の倒産予測に際して，観察可能な要因の組（set）が提供する情報に比して，観察されたものではない（unobserved）それがデフォルトリスクの根源（source）になる共通要因があるという実質的（substantial）な証拠を米国の公開企業について見出したと結論付けたのである．そして観察

のとなっている．これに対し，それを抑える回帰過程も組み込まれている．エンロンのデフォルトなどのケースに即していえば，その過程は次のように説明される（Duffie etal. 2009, p.2095を参照）．借り手の測定された信用の質は，ノイズのレポート（会計操作）という共通の原因にさらされてデフォルトの確率が蓄積されていく一方，そうした会計上の不首尾（failure）は，時間にわたって企業のガバナンスの改善や会計基準によって軽減されていく．つまり平均へと回帰する過程が働く．ところが，デフォルト強度のある新しい型の共通の観察されないシフト——破産法の変化が持つ誘因効果（これを計量経済学者は考慮に入れることができなかった），あるいはまたバランスシートの流動性における相関したシフト——が生じて，再び観察されないリスク要因が加わり，デフォルト強度を高めるよう蓄積されていく．

[39] そのもととなっているデータセットは，1979年1月から2004年3月までの2793企業のデフォルト総数496である．

[40] すなわち1998年1月において利用可能な情報について「条件を付けて（conditional on）」，「事後（posterior）」分布（posterior probability「事後確率」），Bayesの法則による統計的推論法の3つのモデルを識別している．

されない要因を考慮に入れないと，大規模企業債務ポートフォリオに対するVaR推定において顕著な下方バイアスを生じさせると述べる．観察されないフレイルティを欠落させたモデルは，社債ポートフォリオに正あるいは負の極度の（extreme）影響を及ぼすイベントの確率を著しく過小推定するのであり，当該要因がデフォルト強度に及ぼす影響の規模は，年率で見ておよそ上下に40％のボラティリティ（a proportional annual volatility）を加えると推定できるものだとした．

　かくてフレイルティ効果によってデフォルト相関が高まり，デフォルト集中のかなりの部分を説明できるとすれば，そこに含意されることは金融や取引上の直接的な連関がない場合にも（フレイルティを含む）（マクロ的）共通要因を介してある企業に生じたデフォルトや信用逼迫が広く他企業に伝染していくことが考えられる．Lee and Poon (2014) はフレイルティが「伝染」現象をより広義に捉えさせることを次のように述べる．「「伝染」という用語は，しばしば事業上（business），法律上（legal）およびその他契約による取引関係（counterparty relationship）を介した信用連関に限定されてきた．しかし「フレイルティ」は観察されないシステマティックなリスクや信用逼迫に対して共通にさらされることによる信用連関（credit connection）に対して用いられる．統計学の観点からは，双方とも「共通のリスク要因を所与としての条件付独立性」の仮定が破られた場合である．われわれは条件付独立性が破られる場合を伝染の定義として用いる」(ibid., p.34). われわれは「伝染」の定義としてLee and Poon の以上のような見解を踏襲し，二重確率的モデルにおけるようなマクロ的状態変数が所与とされた場合にデフォルト生起の「条件付独立性」を想定するという扱いから離れて，伝染を発生させ，デフォルト相関を高めて危機にまで至るメカニズムを明らかにしようとしている．そのために，デフォルト時点の「条件付独立性」の仮定やポアソン過程の想定の下では扱えない「フレイルティ効果」を容れる枠組みとして，フレイルティの存在と整合的なミクロ的基礎を据えることで危機のメカニズムを提示しようとする．

　ところでDuffie et al. (2009) は，今次金融危機に関係してサブプライム・モーゲージ関連の債務ポートフォリオ（CDO）——とくに高格付けのトランシェ——の損失が格付け機関の推定した信頼水準を超えて生じたことについても，

当該ポートフォリオのデフォルト損失モデルから「フレイルティ要因」が欠落していたことに関係させて論じている．それは（サブプライム）ローンの借り手の「信用の質」が格付けモデルにおいて欠落していたからだとするものである．実際の信用の質と書類上の（documented）それとの乖離が予想以上であったのに，格付け機関は CDO のプライシングに当たり「観察可能な」格付けのみに依拠したのであり，それはサブプライム・ローンという原資産の信用リスクにまで遡って（それらを証券化したところの商品の）プライシングを行うことがなされなかったということである[41]．このことが，借り手の信用の質という実際の信用リスクが「隠れた」ままに，格付けモデルから欠落していたのである．ここにおいて次のような問題が提起される．格付けモデルにおいてなぜ証券化商品の原資産の信用リスクが「隠された変数」のままに置かれたのかという問題[42]である．

(8) 証券化商品の隠されたリスクとその顕現

そのリスクが顕現した際には甚大な損失を引き起こすことになるにもかかわらず格付けモデルから「無視され，欠落する」ことになり得た理由としては，次のような実際的な背景が考えられる．米国にあってモーゲージのデフォルト率は歴史的に低いものであり，第二次大戦以降住宅価格は多かれ少なかれ持続的に上昇してきたということである．実際，米国では過去 70 年間，全国規模の不動産市場の崩壊が起きていなかったからデフォルトの発生パターンに関する情報は皆無に等しかったし，さらにサブプライム・ローンは 21 世紀に入るまで規模において無きに等しいため，信頼に値するデフォルト情報が存在しなかった．しかもそれらモーゲージ・ローンを「証券化」することは，信用デリ

---

[41] BIS（2008）において，S&Pやムーディーズなどの格付け機関が用いていた格付けモデルにおいて，担保資産の損失の発生等の情報を原資産の信用リスクに基づかせるのでなく「格付け」に頼っていた（藤井 2009，161 頁）ことが指摘されている．

[42] 格付け機関の確率モデルについてこの問題の実際上の提起は，2013 年 2 月に，米司法省およびカリフォルニア州などの州政府が格付け機関（S&P）を提訴するという形で現れる．すなわちモーゲージ債と関連仕組み商品について「不法行為」があったという問題提起である．それは格付けモデルに「構造的」欠陥があったということ，換言すれば格付け基準の質を確保するという観点から問題を捉え，責任を問うものと言える．

バティブとも相まって信用リスクを移転させるという金融革新の効率的なリスク分散化に訴えることであった．ここにクリントン政権下での政府債務の急速な削減と外国からの安全な米国資産に対する大量需要が加わって不足した「安全な債券」を，モーゲージとその他ローンをプールし，トランシェ分けして創り出すことになった．こうして創出（engineer）されたトリプルA格のMBSは米国国債の代替物として，ヘッジファンド，年金基金，銀行などの投資家にとっても，それを創出した金融仲介機関によっても容易に「安全資産」として受け取られるものであり，双方でノンリスクであると認知されたのである．こうした背景のもと，以下で触れる不確実性下の意思決定において，「関心の対象でもないし，懸念されることでもないし，起こりそうにもない」こととして，そのような類のリスクとして単に無視されたに過ぎないものであったことが考えられる．すなわち，実際にはそうでなかったのに，投資家や金融機関は発現しそうにもない（improbable）特定のリスクに自分たちが関与したつもりはなかったと思い込み，リスクレスの新証券を買ったと思い込んだということである．以上のようなサブプライム証券化商品登場の背景を通して特定のリスクが無視されることを，不確実性下の意思決定の観点から次のように理解できるかもしれない．

　Gennaioli, Shleifer and Vishny（2012, 以下でGSVと略称）は，意思決定に際して無視され，欠落する変数が生じることを次のような「ローカル・シンキング」に訴えて理解しようとした．不確実性下の意思決定の特徴は，ある確率でそれぞれ発生しうる将来の「あらゆる状態」を表すファンダメンタルズを合理的に判断するもとでの選択行動とは次の点で対置されることにある．つまり，先に第4章でケインズの『確率論』で提示された合理的な選択行動が，ある命題を設定し，その（証拠を重ねて）確かさに基づいて判断したように，対象とする事柄についての認知（perception）を問題にする[43]．選択行動は仮説あるいは信念（belief）の形成を通してなされるが，その際には対象とする事柄をいかに認知するかが固有に問題になる．そのとき次の点が留意される．ある事

---

43) Gennaioli, Shleifer and Vishny（2012）は次のように述べている．"Our approach is consistent with KT's (Kahneman and Tversky's) insistence that judgment under uncertainty is similar to perception".

柄に関して信念を形成あるいは評価する際，観察できる現象（データ）に頼るが，その現象と事柄（仮説としてある）の関係付けに当たっては不完全な情報量しかない自身の記憶に過度に依存してしまうというのである．ここで留意されるのは，意思決定者が念頭に置く将来発生し得る状態のリストが不完全なものだということである．このことが，将来の状態に関する信念（belief）の形成において（あるいは仮説の評価に当たり）（不完全な情報量しかない自身の）記憶から情報を呼び覚ます際に，最初に思い浮かぶものを（外部世界から受け取った）データと結合することとさせる．それは短時間で直感的な判断——「推論」と識別される（大垣・田中 2014, 98頁）——に頼ることともいえる．記憶から呼び起こされる情報には限界があり，選択的なものでしかない．より起こりそうな（likely）出来事は起こりにくいそれより記憶から呼び起こされやすいのであり，「起こりそうにもない」と思われたリスクはありうる将来の状態から欠落する[44]．こうした将来の状態に関する信念（belief）形成の仕方をGSV（2012）は「ローカル・シンキング」と呼ぶ．意思決定者が念頭に置く将来発生し得る状態のリストが不完全で，実現可能性があると考える状態が包括的ではないことをもって「局所的」としているのである[45]．

　無視されたリスクが顕現せず，米国国債の良き代替物であるとの「信念」，「認知」の下でバランスシートを拡大させ，レバレッジを増大させるとき，無視されたリスクは増大し，危機をそれだけ深く，その進行を急速なものにする．それゆえGSV（2012）は，無視されたリスクが不安定性の源（source）であると指摘し，無視されたリスクがもたらす価格下落の規模とそのスピードが留意さるべきであると述べた．すなわち，無視されたリスク」について論じられるべきことは，住宅価格の下落やモーゲージのデフォルトについて投資家が理解

---

44) これらは，行動経済学における，簡便な問題解決法としての「ヒューリスティクス」によって説明することができる．行動経済学については例えば依田（2010），大垣・田中（2014）が参照される．

45) こうして隠されたリスクをはらみながら拡大する経路は，先に第2章で述べたように，次のような意味で「進化的」経路と理解されるものと言えるかもしれない．すなわち「脆弱性と不十分なmargin of safetyは常に存在してきた」が，市場参加者たちは実際に何が起こっているか必ずしも理解しておらず，それが顕在化（materialize）したのは単に危機がevolveしてきたときにすぎないという点においてである．

できなかったことにあるのではない．次の2つのことによって「驚き」をもたらすようなものであったことにある．1つは住宅価格の下落とデフォルトが増大するそのスピードである[46]．もう1つは，トリプルA格などのシニア証券，とりわけCDOの価格が住宅価格——つまり「システマティック・リスク」——に対して感応的であるということである．これらが格付け機関の用いたモデルにおいて見落とされていたのであり，それは先に見てきたように格付けモデルで採用された「ガウシアン・コピュラ」あるいは「二重確率的モデル」を通しても窺うことができる．すなわち，それらの枠組みにあっては（直接，間接の）伝染を通して急激に進行した資産価格の下落（スプレッドの増大）や流動性の喪失を組み込むことができず，そうした問題は高格付け証券がシステマティック・リスクに感応的であることによって「テールリスク」としてドラスティックに現れたのである．

したがってわれわれが今次金融危機について本章の残りにおいて問題にすべきは，本来存在していたリスクが見落とされることによって，証券化商品の価格をファンダメンタルズによって規定される以上により高く評価させ，もって供給を「過大に」させたとき，ひとたび米国国債の良き代替物であるとの信念が崩れ，見落とされていたリスク（システマティック・リスクへの感応性）が顕現する．こうして確信が低下したとき，いかなる帰結がもたらされるかである．それは当該証券の価格をそれだけ過大なものとし，そのために急速に下落させるところのメカニズムが働くようにした．この点で投資対象の安全性についての信念が崩れることで金融危機が顕現するとして論じたGSVの議論は，先にフレイルティを通して，見落とされた変数がひとたび顕現したとき，それが共通要因として他の主体や資産に伝染を引き起こしてデフォルトの集中をもたらし，信用スプレッドを大きくすると論じたDas et al. (2007) やDuffie et al. (2009)）に重なる．われわれは本章の残りでこの課題を改めて取り上げようとしており，それをシミュレーション用のモデルとして提示したArinaminpathy, Kapadia and May (2012) のモデルを通してこれをなそうとする．そのモデルは，米国国債の良き代替商品と思われたトリプルAのトランシェ（シ

---

46) これは前章のCaballero and Simsek (2010) において初めのショックが大きいとき，間接的伝染を引き起こす際の「閾値」の役割に照応していると言えよう．

ニア証券）が損失を被るという「false substitute」であったことに「驚く」ことから，それまで保持された信念の放棄，つまり「確信の低下」が金融ネットワークを通して直接，間接の伝染効果を引き起こし，しかもそれがさらにフィードバックして一層の確信の低下を引き起こすことで危機に至るメカニズムを描くのである．

3. 確信の低下と伝染のチャネルの相互作用

以下で取り上げる Arinaminpathy, Kapadia and May（2012，以降 AKM と略称）モデルは，前章に描く直接的，間接的伝染が働くメカニズムを描き，しかもシミュレーションによって，そのチャネルの働きの相対的重要性を評価しようとしたものである．留意されることは，それら伝染のチャネルが働くことで，「確信」との間で相互作用が起きると考えられていることである．このことは本論文を特徴づけるとともに，本書の主張との関連でも意義深い．なぜなら，フレイルティとか無視されたリスクがひとたび「顕示」されることでその効果を発揮するようになる時，「共通要因」として働き，他の主体や資産にも作用し，伝染を引き起こすことに関係しているからである．AKM においては「共通要因」が「確信」の形成，変化に際して働き，そのことによって「伝染」あるいは先に取り上げたグリーンスパンが言う意味での「群衆行動」を引き起こすと考えられるのである．確信の状態を規定する「観察されたデータ」——それは先に見たように「プロシクリカリティ」を担い不安定化のメカニズムをなすものであった——は「共有知（common knowledge）」として確信，あるいは仮説や信念形成に入っていくものとされる．そのようなものとしての「確信」は，以下で論じるように，「システム全体の状況が個々の銀行の選択行動に影響し，その逆（の因果）も起こる」という相互作用を担うものとなっている．かくて AKM のモデルは，「確信の低下」と「金融ネットワークに働く効果」とが相互作用を起こすことによってポジションの縮小という「危機」の深化を記述しているのである．

AKM モデルを特徴づける「確信」は次のように定義される．「確信」については「弁済性（solvency）あるいは支払い能力の有無」という観点と「流動性

(liquidity) あるいは借り入れ能力」の観点の2つから捉えられており，システム全体と個別主体のそれぞれについて次のように表される．C は「システムの確信（confidence）」であり，h_i は銀行 i の個別の健全性を表すとして

$$C = AE; h_i = c_i m_i; \text{ with } 0 \leq h_i \leq 1 \text{ and } 0 \leq E, A \leq 1 \tag{1}$$

ここで A はシステムにおけるあらゆる残存資産の総価値（時価表示）で，当初水準との割合で表示される．E は銀行間市場で引き揚げられていない貸付けの部分で，A, E ともに 0 と 1 の間にある（負のショックが与えられるケースを想定）．c_i は銀行 i の「資本」で，その初期値との割合で表され，m_i は銀行 i の流動性の状況を反映するものとして現金化できる短期流動資産（short-term liabilities）の割合で表され，これらも，0 と 1 の間にある．

システムのダイナミクスを論じようとしているが，（外生的に）負（adverse）のショックが及ぶことで始まる．それは貸出資産の棄損あるいは保有する外部資産に対するショックが考えられるが，要はそれが「確信の低下」を引き起こすようなものであることである．すぐ前の議論に則っていえば，（本来存在する）「リスク」を無視していたため米国国債の良き代替をなすと考えられていた投資商品が false substitute であったということが「驚き」をもたらすというものである[47]．

それでは，負のショックによる「確信の低下」が生じたとき，どういう事態が引き起こされるであろうか．AKM は「流動性の保蔵」行動が次のような誘因（motivating factor）から引き起こされると論じる．まず自らの健全性が脅かされることが考えられる．同様のことは取引相手について，自らの貸出が不履行を被ることへの懸念がある．さらに，システム全体の確信が低下するとい

---

[47] 「確信の低下」を引き起こす要因として，AKM（2012）が照準を当てた大手金融機関——それはシステム内の相互依存性が高い——の破綻をもってくることができるが，本書では，AKM の論文自体における関心や政策上の含意とは離れるが，上に述べたわれわれの関心に沿うようなものとして取り上げていこう．加えて触れておくべきは，ダイナミズムの源が「確信の低下」に求められ，かつその有する射程が次のようなものであるなら，それは本章でも共有しうる．「原理上はこの枠組みは，市場条件が悪化するとかボラティリティが高まることで引き起こされた確信に対する外的なショック——それは VIX や上掲の方程式中の A, E をめぐる不確実性に体化される——を組み込むように拡張することが可能である」（ibid. p.6）．

う事態である．重要なことはAKMにおいて，それらが資産価格の低下を通じ，あるいは取引相手からの「カウンターパーティリスク」を通じ，あるいはシステム全体の確信を低下させることで，それぞれに「伝染」効果を引き起こすことである．AKMにおいて固有の，特徴的な議論をなしているのは，「確信の低下」と「金融ネットワークに働く伝染効果」とが相互作用を起こしていることにある．それは次のように提示される．

AKMにおいて次のような行動方程式が想定される．

まず次のような条件下では，いつでも銀行は流動性への選好を高める．

$$h_i h_j < (1-C) \tag{2}$$

この式が意味することは，$C=1$ならなんら流動性保蔵は起こらないが，Cが下がり，動揺する（確信が低下する）と，システムのどこにおいても保蔵が潜在的には引き起こされうることである．つまり，自らとカウンターパーティの流動性保有状況と自己資本で見た健全性が低いと意識されているとき，銀行の流動性ポジション m_i を増やそうとする，あるいは長期で貸し付けていたのを短期化するということになって現れるということである．それはミクロ的には合理的選択行動が流動性の保蔵を増やすという行動となって現れるというものである．

i, j の健全性の状況が一層悪化することを表す条件式が次である．

$$h_i h_j < (1-C)^2 \tag{3}$$

この場合には，借り手が自身の債務を履行しようとしても十分な流動性がなく流動性逼迫（liquidity default）を経験しているときで，銀行間市場で自身の貸付を回収する（recall）必要があり，短期貸付さえも全額引き揚げられることが起こっている．そして貸付の引き揚げは銀行間ネットワークを通じて伝染していく（Allen的直接的伝染）．伝染は流動性逼迫に陥った主体が保有資産を売却することからも引き起こされる．こうした伝染が外部性を及ぼしうることは先（第4章）でも述べた．

留意されることは，こうした流動性保蔵が，伝染による外部効果を介してシステム全体の確信（C）を引き下げ，さらにはその低下から一層の流動性保蔵

行動を余儀なくされるということである．それは次のようにして見ることができる．保有資産の売却はポジションを縮小する（デレバレッジ）から（Cを定義する）A を低下させる．したがってシステム全体の「確信」の状態は一層低下する．デレバレッジの過程は当該資産価格を低下させるから，これを「市場流動性の低下」が起こることとして捉えることができる．また，銀行間市場での貸付資金の引き揚げは（Cを定義する）E を低下させる．それは資金調達の困難を引き起こすものであるから，資金流動性の低下を表すものである．このルートからもシステム全体の「確信」の状態は一層低下する．そうして C の低下は，先の(2),(3)式を通じて一層の流動性保蔵行動を導く．なぜなら，確信の状態の低下が緩やかなものであっても，流動性を保蔵しようという行動に導かれるからである．ここで付記しておけば，式(2)(3)が引き起こす（drive）のは，自己資本（equity）よりは負債（debt）の変化を通して作用するバランスシートの大きな変動（fluctuation）であり，このことはバランスシートの調整が，自己資本をベース——あるいは安全性のマージンをベース——になされるということでもある．そうしたバランスシート調整を引き起こす起点に，資産価格の下落があるとき，そうした調整はレバレッジ切り下げのプロシクリカリティを表すものといえる．

　かくて AKM のモデルは次のように要約される．「われわれのモデルは，銀行間の「直接の」伝達（transmission）——すなわち資産価格コンテージョンとカウンターパーティのデフォルト——を，方程式(1)〜(3)式によって表されたシステム全体に「間接的」に及ぶ効果へと連結している」(pp.10-1)．それは「確信」と金融ネットワークのもとでの伝染現象との間に働く相互作用を生み出すダイナミズムを記述するものといえる．こうしたメカニズムは，大手金融機関が破綻（collapse）するとき，その規模に比例する以上にシステムの安定性に対する重要性を高めることから，それはその相互連関性から来る以上にシステムの働きが「確信」を通して及ぼす効果の大きいことが示唆される．かくて AKM は，ネットワークと確信との相互作用が，今次危機を特徴づける銀行間市場の崩壊とグローバルな流動性枯渇に対して主要な役割を果たしたことを論じたのである．

　最後にあらためて言及しておけば，ここで引き起こされる上掲の相互作用が

(1)〜(3)式を通じたものであることから，確信の低下がスパイラル的な縮小効果を生み出すとき，そこには先にグリーンスパンが述べた意味での「群衆行動」が働いたと考えることができる．なぜなら，確信 (C) は（先に述べたように）A や E のような「観察されたデータ」によって表され，それらは「共有知」(common knowledge) であり，そのことによって各資産の価格や各主体の選択行動にとって「共通要因」として作用することによって，それだけ共振性，伝染性を生み出すといえるからである．そしてそれが負の作用を持つ伝染を伴い——前章で見た資金流動性と市場流動性のスパイラルにも現れるように——危機時の下方スパイラルを引き起こす背後には，観察されたデータ，時価を意思決定に用いることに伴う「プロシクリカリティ」が（伝染効果を容れつつ）働いているといえるであろう．

今次金融危機については，金融機関がリスクに備えて一斉に行動すること自体がかえってリスクを大きくしたり変質させて金融システムの状態を悪化させる」(翁 2014, 136 頁) とか，あるいは「銀行が自己資本比率を維持して健全性を確保しようとすること自体が，かえって景気を悪化させ，金融システムの安定性を損なうことがある」(同上) と指摘されてきた．上に提示された解釈を容れるものとしての AKM モデルは，確信を低下させた下での銀行行動が（金融ネットワーク，金融システムを通じて伝染を引き起こすことを通じて）「合成の誤謬」をもたらすメカニズムを描写するものと言えるであろう．

補論　1 ファクター・ガウシアン・コピュラモデル

室町 (2007, 74-5 頁) によって，「1 ファクター・ガウシアン・コピュラモデル (one factor Gaussian copula model)」がいかなるものかを，定式化によって示しておこう．それは以下の仮定 1 および仮定 2 が成り立つモデルである．

仮定 1：デフォルト時刻 $\tau_j, j = 1, \ldots, n$ の同時分布関数は n 次元ガウシアンコピュラで表される．

$$F(t_1, t_2, \ldots, t_n) = C^G_{n,R}(F_1(t_1), \ldots, F_n(t_n))$$
$$= \Phi_{n,R}(\Phi^{-1}(F_1(t_1)), \ldots, \Phi^{-1}(F_n(t_n)))$$

ただし $C_{n,R}^G$ は相関行列 R の n 次元ガウシアン・コピュラ，F_j は τ_j の周辺分布関数で狭義単調増加，Φ は標準正規分布の分布関数，$\Phi_{n,R}$ は相関行列 R の n 次元標準正規分布の同時分布関数である．

補題1：確率変数 τ_j, $j = 1, \cdots\cdots, n$ の分布関数 F_j が狭義単調増加であるとする．このとき $F_j(\tau_j)$ はそれぞれ一様分布 $U(0, 1)$ に従い，n 次元ベクトル $\Phi^{-1}(F_1(t_1)), \cdots\cdots, \Phi^{-1}(F_n(t_n))$ は n 変量標準正規分布に従う．

証明は室田（2007, 74 頁）を参照されたい．確率変数 X の分布関数 F が狭義単調増加であるとして，$Y = F(X)$ が一様分布 $U(0, 1)$ に従うことが導かれ，そうした一様分布に従う Y をもとに，$X = F^{-1}(Y)$ を定義すると，X の分布関数が F であることが示される．ここから，$\Phi^{-1}(F_j(\tau_j))$, $j = 1, \cdots\cdots, n$ がそれぞれ標準正規分布に従う確率変数であり，それらの任意の線形結合は正規分布に従うので，$\Phi^{-1}(F_1(t_1)), \cdots\cdots \Phi^{-1}(F_n(t_n))$ は n 変量標準正規分布に従う．

仮定2：仮定1における $\Phi^{-1}(F_j(t_j))$, $j = 1, \cdots\cdots, n$ は標準正規分布に従う独立な確率変数 V と ε_j, $j = 1, \cdots\cdots, n$，および定数 ρ_j, $j = 1, \cdots\cdots, n$, $-1 < \rho_j < 1$ を用いて

$$\Phi^{-1}(F_j(\tau_j)) = \rho_j V + \sqrt{1-\rho_j^2}\,\varepsilon_j, j = 1, \cdots\cdots, n$$

と表現される．

なお，ρ_j は資産 j のファクター・ローディングであり，ρ_j を $\sqrt{\rho_j}$ で表示することも多く，このときの ρ_j を相関という．その役割は本文中に触れた．

第6章
金融規制改革に向けて

1. 金融危機のポジティブ・エコノミクス

(1) 3つの金融パラダイム

　本章では政策問題，規制改革を扱うが，それは前章までの危機のメカニズムを論じた実証分析（ポジティブ・エコノミクス）をベースに，それに照応して展開される．それは伝染や外部性を強調するものであったから，個別金融機関の健全性をベースにシステムの安定性を論じるミクロ・プルーデンスに代わって，マクロ・プルーデンスに照準を合わせるものとなる．マクロ・プルーデンスは，ミクロ・プルーデンスに対比される金融規制・監督，あるいは政策上の概念であるが次のように理解される．白川（2008）を引けば，ミクロ・プルーデンスは「個々の金融機関が健全経営を行えばその集合体である金融システムは安定するため，規制・監督はそうしたミクロ・レベルの健全性実現に焦点を当てることで対応するという考え方」であるのに対し，マクロ・プルーデンスは，「実体経済と金融市場，金融機関行動の相互連関を意識して，金融システム全体の抱えるリスクを分析し，そうした評価に基づいて意識的な制度設計，政策対応を行っていく必要があるという考え方」である．

　本章では2008年の金融危機以降の金融規制改革（とその向かうところ）に照準を合わせるが，その際，規制の拠って立つところ，政策アジェンダの背後にある理論的枠組み（パラダイム）に留意しようとする．政策アジェンダの背後にある理論的パラダイムを特定することは，われわれがそれら政策や規制策をいかなるパースペクティブで捉え，どの制度的枠組みの下で——既存制度の下で，あるいは現行のシステムの抱える構造的問題ゆえにそれらシステム自体

を変革する場合も含めて——提案するかを問うことになるからである．

われわれは前章までの議論を通して，「外部性」と「不確実性」が金融危機発生のメカニズムにおいて固有に役割を果たすことを論じてきたが，危機のメカニズムについて3つのパラダイムを識別することを論じたDe la Torre and Ize（2009a, b）はわれわれの理解に照応したものと考えられる．それらは主流派からのアプローチがいわゆる情報の非対称性下にモラルハザードを引き起こす「エージェンシー問題」に照準を当てるのに対し，「外部性」や「不確実性下の限定合理性」に照準を合わせるパラダイムに留意するものである．De la Torre and Ize（2009b）は貸し手と借り手，あるいはバランスシートの資産と債務との間に横たわる債務の不履行——その背後には高いレバレッジと流動性への需要がある——を両者の間の乖離とか分裂（wedge）として捉え，そこに金融危機の現れを見る．そうした分裂がいかに生じるかについて3つの金融メカニズムを識別した．1つは「エージェンシー問題」であるが，残る2つを次のように提示する．1つは「経済全体で見て，あるいは集合的に現れる福祉上の失敗（collective welfare failures），とくに外部性」，そしてもう1つが「集合的に現れた認知上の失敗（collective cognition failures），とくに気分変動（mood swings）」である[1),2)]．金融規制ないし政策の観点から留意されるのは次の指摘である．エージェンシー問題は，金融市場が十全に機能すれば自己修正力を通して主として解決可能である．これに対しあとの2つ，集合的な福祉上，および集合的認知上の失敗が困難な課題をつきつけるのは，市場がその（得意な）機能を発揮できない（markets cannot on their own address）ところからきているというのである．これら2つのパラダイムと結びついた厄介な問題として，

---

1) 「集合的な失敗」とは，個別の合理性とそれら個々が相互作用のうちに引き起こすマクロ的結果との間で「合成の誤謬」が引き起こされることとしても理解できる．こうした理解の中に，本文中でふれてきた「ミレニアム・ブリッジの大揺れ」（Shin 2010b, 第1章）を含めることもできる．

2) De la Torre and Ize（2009b）は，3つ目に挙げた「認知上の失敗」パラダイムについて次のような系譜を挙げる．「気分変動が金融バブルとパニックにおいて重要な役割を果たす」という議論のルーツを，ケインズのアニマル・スピリット，そしてミンスキーの金融危機の著作に見ている．そしてその議論はKindleberger and Aiber（1966）とShiller（2006）によって広められたと述べる．なお 'mood swings' は「心的状態の揺れ」を表すものと考えられるが，精神医学で「気分変動」の用語があるのでそれを当てた．

たとえばテールリスク，ただ乗り，限定合理性，真の不確実性があり，それらは規制者にとって難題をつきつけるのであり，主流派の金融の世界にとって居心地の悪い存在である．個々の金融機関の健全性の確保を通して金融システムの安定性を維持しようとしても，外部性や一方向への動きが内生的に生み出されるのであり，ここにこれら2つのパラダイムがそれぞれ指摘する集合的な失敗はマクロ・プルーデンスに救済策を求められることになる．

　市場機能の麻痺を表す集合的に現れる2つの失敗，「外部性」と「気分変動（心的状態の揺れ）」は，金融危機理解に当たってわれわれの立脚する立場と合致するが，それらが一体いかなるものとして金融を不安定化させ，それに対処すべくマクロ・プルーデンシャル・アプローチによる金融規制・監督を固有に必要とせねばならないかを見よう．はじめに De la Torre and Ize（2009b）において3つのパラダイムがいかに識別されるかに触れておこう．第1の（エージェンシー）パラダイムと第2のそれ（外部性の存在）の相違は，「リスク」の存在を双方とも前提にしながらも，前者はリスクを介して取引相手を利用することで自身を利することができるとする．これに対し後者は，経済主体はリスクについて「私的」費用と便益は考慮するが，それが社会全体に対してもたらす帰結を考慮しないことから，集合的な福祉上の失敗が生じると見る．第3のパラダイム（collective cognition paradigm）は，システムが全体として持つダイナミクスとその内在的な働き（internal workings）を市場参加者は，それらを情報として選択行動に生かすことが困難であることに発するもので，急展開する金融革新によって絶えず進化し，かつ不確実な世界が「ムードを（一方向に，そして急に反対方向に）振れさせる」ことをいうものだとする．そこにおける選択行動は情報が不足する下での意思決定，つまり限定合理性あるいは感情を容れた（emotional）意思決定によって引き起こされるものと理解される．

　第3のパラダイム「集合的な認知上の失敗」は，De la Torre and Ize 自身がふれているようにミンスキーにもそのルーツが辿られるものであるが，われわれにおいても安定的経路の過熱化やバブル化（一方向への不安定化），そしてショックによるドラスティックな揺り戻しとして現れてきた．すなわち，不確実性下の選択行動は，ファンダメンタル情報を欠如するゆえに，それに代えて特定の命題，見通しに関する「信条」を形成し，それについての確信を強め

たり，あるいは当該信条への懐疑，放棄が起こる．不確実性下にあって「信条」が形成されて選択行動がなされるとは，（将来時点）のファンダメンタル情報が得られないとき，慣行的基礎を持つものとしての「観察可能な市場評価」を将来時点──レポ取引でいえば清算点──の価格形成に外挿することに現れる．そのようにしてポンツィ金融類型が成立し，短期資金を用いて長期資産運用がなされる．しかもそのさい，不確実性に対処すべくバランスシート上の措置や慣行が併せ利用される．たとえば「安全性のマージン」というバランスシート上の（要求）基準の設定が，あるいは時価表示のバランスシートを用いたリスク管理（VaR）が組み込まれることで安定的な経路のスムーズな運行が可能になっていた．しかしそうした慣行的判断に基づく選択行動が，不確実性下の選択行動として「合理的」なそれであるにもかかわらず，マクロ的，集計的には「失敗」につながりうることは，ミンスキーにあって金融構造の「脆弱化」が内生的に醸成され，金融システムの安定化領域が狭隘化してちょっとしたショックにも不安定化することとして現れた．これが先の「集合的に現れた認知上の失敗（collective cognition failures），とくに気分変動（mood swings）」と合致すると考えられるのである．

　以上の不安定化理解において留意されるのは，先に挙げられたもう１つのパラダイムである「集合的に現れる福祉上の失敗，とくに外部性」も，不確実性下の選択行動をベースとした「認知上の失敗」パラダイムと整合的に組み合わされ，一体化して機能するものと考えられることである．このことはファンダメンタル情報の欠如の下に「観察されるデータ」（共有知）に基づき，「会計，慣行」といった共通基準や制約のもとでの行動，あるいは危機時に「最悪の事態を恐れて」防御的な行動に出て，（資金の引き揚げにおける）「早い者勝ち」で逃避する行動が「右へ倣え」の群衆行動を引き起こすことに見ることができる．ミレニアム・ブリッジの「大揺れ」に見るのは，橋桁の揺れという「共通化」機構が歩行者の歩行を揃えて揺れを増幅することであり，「会計基準，慣行」といった共通制約が市場参加者の行動に「伝染性」，群衆行動を組み込むこととなっているのである[3]．そこで次項では２つのパラダイムが「認知上の，および外部性からくる集合的失敗」として整合的に組み合わされ，一体化して機能することでシステムのパフォーマンスに問題を生み出すと理解できると

ころの議論を取り上げていこう．そうすることで金融危機理解を外部性と不確実性（限定合理性）をベースに置く（混合）パラダイムによって捉えることができる理論的裏付けを得ることができよう．

(2) 外部性と不確実性を容れた戦略的行動の集合的失敗

Nicolo, et al. (2012) は「外部性」を引き起こすメカニズムとして次の3つのケースを挙げる．「戦略的補完（strategic complementarities）」，「投売り（fire sales）」そして大手金融機関が有する取引関係，金融連関に見られる密な「相互連関性（interconnectedness）」[4]である．われわれは先に「投売り外部性」（あるいは「資産価格コンテージョン」）に言及してきたが，ここでは「戦略的補完」から発する「外部性」がいかなるメカニズムとして理解されるか——しかもわれわれの理解するところでは「不確実性」下の選択行動と外部性（群れ行動）とが一体化されたものとしてあるケース——を見ていこう．

「戦略的補完（代替）」——金融機関がそのリスクを相関させることを選択する——は「ある特定の戦略からの利得が同一の戦略をとる他のエージェントの数とともに増加する（減少する）こと」を意味するが，戦略的補完性から発する「外部性」を次のような特徴を持つものとして理解できる．不確実性下にファンダメンタルな情報が得られないとき，観察されたデータ（市場価格表示）——いわば共有知——を用いたり，それに基づく競争者のパフォーマンスを見て行動（模倣）したりすることで，（ファンダメンタルな経路を離れて）「群れる行動」を引き起こすということである．「群衆行動（herd behavior）」を引き起こす事例として，たとえば危機時に最後の貸し手機能の事後的介入（政府による救済）があることを期待できる場合，エージェントがあらかじめ（最適に）対応するときに，資産選択を事前に相関させることが考えられる．なぜなら，ある箇所での破綻（failure）が他の破綻につながる確率が高くなるようなもの

---

3) たとえば安全性のマージンといった会計上の要求基準が市場参加者の選択行動（ポジション形成やバランスシート調整）を「共通化」することで「群衆行動」を生み，一層の経路増幅効果が生じるということである．

4) 金融市場の相互連関性の強さがシステミック・リスクをもたらすこととなった今次危機における実例は Acharya and Richardson (2009, 第13章付録) が参照される．また Paulson (2010) も参照されたい．

であれば，ともに救済に与れるからである（De Nicolo et al. 2012）．あるいはまた，銀行経営者が「名声」に関心を持つことからも，貸出行動が他行の貸出によって影響を受けるものと考えることができる．すなわち経営者が自らの能力を市場がいかに評価するかを気に掛けるとき，損失を出して貧弱なパフォーマンスを報告せねばならないとしても，他の多くの銀行が同様に損失を被っているなら，市場で寛大に評価してもらえるということである（Rajan 1994; De Nicolo et al. 2012）．これらの事例は他企業の戦略に倣うことで，金融システムがショックに対して脆弱性を増大させるということであるが，以下ではリスクを相関させ，群れ行動を（戦略的に）とることがいかにして選択されるのか，つまり「戦略的補完」による外部性を発生させるメカニズムを見ていくことにしよう．

Gorton and He（2008）は，ブーム時の銀行行動として，借り手に対する審査の強度を緩くし，貸出金利を高くして最も有利に利益を得ることが，戦略的相互作用のもと「群れ行動」をとることとして説明できると論じた．通常であれば，ブーム下に銀行間で貸出競争が激しくなれば，レントの低下が引き起こされると考えられる．しかし情報の不完全性がある場合に，銀行が借り手のリスクを審査する動機は戦略的相互関係に依存するという扱いができる．つまり，ブーム時に競争の激化でレントの低下が引き起こされる状況に任せるのでなく，潜在的借り手を審査する動機や強度を減らし，しかも利益を上げるだけの十分高い金利を設定して貸出を増加させるという戦略が「繰り返しゲーム」として成立しうるというのである．それでは，競争相手との間で借り手を審査する強度を減らし，貸出を増加させるよう結託することで最も高い利益を得られるというとき，そうした「競争的相互作用」（戦略的補完）が成立するメカニズムはいかなるものであろうか．

まず銀行は借り手の信用度を評価する（潜在的借り手について情報生産する）際，競争相手との間で互いに競争するが，ライバルの銀行がどれほどの情報を生産しているかを知らないという環境下にある．そこで利益のあがる（高）金利で，かつコストのかかるスクリーニングという情報生産（creditworthiness testing）の強度を下げ，多くの貸出をするように「結託」できれば，それが互いにとって最も利益を得られるケースである．そこで，そうしたライバル行と

の間での「共謀」が成立し，かつ他行が抜け駆け（deviate）をしないという条件がいかにして成立するか問われる．ここで留意されることは，高金利を設定し，しかも情報生産を抑えているなら，各行は金利を下げて多くの借り手を獲得しようとする動機がたえず働くということである．すなわち，審査によって優良なタイプの借り手を見出せるなら金利を切り下げ，審査の結果悪いタイプであった場合は別の無審査（untested）の借り手に対し金利を切り下げれば，そのようにして銀行は確実に借り手候補を獲得できる．こうした戦略を無審査で金利を切り下げる場合のそれとの間で利得を比べると，前者の戦略に従う方が銀行に課す料金が高いほど大きい．つまり審査コストをかけることで——その借り手が悪いタイプであれば無審査へ転換すればよいから（確実に借り手を一人増やせることで）——純利得を改善できる（Gorton and He 2008, p.1187）．以上から，銀行は，借り手への料金（課金）が高いとき，情報を生産することで，金利の切り下げを通して貸出ポートフォリオの規模を変える（manipulate）という動機を有するのである．そこで他行がそのような「抜け駆け」をしていないか，他行の行動を絶えずチェックする必要が生じる．

　ここで留意されることとして，他行の貸出基準，換言すれば「共謀」が維持されているかどうかのチェックに次のような公表データを用いた「相対的パフォーマンス」が使われるということである（ibid.）．米国では規制当局によって四半期ごとにその末日から 30 日以内に銀行の活動成果に関するデータが公表される．それらから当該期間におけるライバル行の貸出数とローンポートフォリオのデフォルト実績——PDI（Performance Difference Index）——を見て他行の「相対的パフォーマンス」についてチェックをかけることができる[5]．そうした公表情報を用いて他行の戦略について，共謀を維持できるかどうかの「信念」を形成するというのである．かくて導かれたことは，ライバル行の「相対的パフォーマンス」をチェックすることでその貸出基準について先に述べた結託が維持されているとの「信念」を保持する限り，戦略的相互作用として情報生産の強度を低下させて高金利を課すという「群衆行動」がとられるということである．

　5）　ただし規模の大きな 100 行の貸出についての「集計的」PDI も併せ用いる．

以上，戦略的補完が外部性を引き起こすケースをわれわれは，金融機関の貸出における「群れ行動」に見たのであり，そこでは他行の貸出基準について情報が不確実であるとき，「観察される」データを通して「共謀」が維持可能かどうかの「信念」の形成が役割を果たしているということであった．しかもブーム時のような特定のマクロ的環境にあっては，そのようなデータがいわば「共有知」として利用されることで信念の形成は一層容易になると言えよう．

　ここでさらに言及されるべきことは，Gorton and He（2008）が当該論文において意図したことであって，そうした戦略的補完による「群れ行動」がとられるとしたときのマクロ経済的帰結——De la Torre and Ize（2009）の表現を使えば「認知上の集合的失敗」——である．すなわち，情報生産が手薄になる一方でいっそう多くの貸出がなされれば，ブームは過熱化しバブルへと導かれる．そこではブーム下の高金利での過大な貸出という，銀行による共謀（「群れ行動」）が貸出（債権）プールの質の悪化を生じさせるのである[6]．そのとき，ひとたび景気が収縮局面に陥ったとき，信用供与の低下，銀行間貸出の競争圧力の低下が一挙に貸出基準の厳格化となって——したがってブーム時の「信念」の崩壊，放棄となって——現れる．「信用逼迫においては，すべての銀行がコストのかかる情報生産の強度を強め，貸出基準を引き上げる．それによって以前には貸出を受けていた借り手にも貸出を停止する場合が出てくる．信用の利用可能性のこうした変動は，銀行が共謀した取り決めの維持可能性（viability）について，ライバルについての公表された情報に基づくライバルの戦略についての信念を変えたことによって引き起こされている」（ibid., p.1183）．

　Gorton and He（2008）の銀行貸出モデルが，戦略的相互作用としての「外部性」（群れ行動）が内生的に景気循環あるいは周期的な「クレジット・クラ

---

[6] こうした帰結は，第4章でKregel（1997, p.545; 2008, p.9）がプロジェクト選択について行った議論に照応している．不確実性下で情報が不足していると慣行的判断が頼りにされることになり，プロジェクトの選択が慣習あるいは平均的意見に従ってなされ，もって特定領域のプロジェクトに集中した貸出がなされる．つまり，他のどの銀行もそうしているから貸すという行動となって現れ，そうした選択行動に伴うリスクは，確率頻度は低くても一旦顕現すれば損失が巨額になる「テールリスク」の性質を帯びるということである．Gorton and He（2008）論文は，クレーゲルの上のような主張を現代経済学の枠組みによって再提示したものと考えることができる．

ンチ」を引き起こすと論じるものであることは，先に見た De la Torre and Ize (2009) において認知上の集合的な失敗が「気分変動 (mood swing)」として現れると論じたことに合致するものと理解されることを述べておこう．すなわち，競争相手の情報生産や貸出基準を認知し得ず，それを公表データを通して「相対的パフォーマンス」を見ることで，次期以降のライバルの貸出についての予測を「信念の形成」によって行い（認知），ともに高い利益を与えるような戦略について「結託」が成立しうる（外部性）．そのような信念が保持されるもとでの貸出はローンの質の悪化を引き起こし，経済の脆弱化を内生的に引き起こし，信念の崩れとともに信用逼迫が顕現する．以上のように解されたメカニズムは De la Torre and Ize のパラダイムにいう「福祉上」と「認知上」双方が結合した形での「集合的失敗」に合致していると考えられるのである．

(3) 時間軸と横断面双方での金融危機の源

次いでわれわれは，上掲のパラダイムに立脚して，外部性および不確実性下の限定合理的な行動が集合的失敗を引き起こすとの理解に立ち，それを今次危機に即して見ていこう．はじめに「認知上の集合的失敗」のパラダイムがいかに適用されるかを考えよう．米国において「大いなる緩和期」に，リスクプレミアムの低下とリスクテイクの高まりがみられたが，イングランド銀行の副総裁 Bean はこのことについて次のように述べたという．「この安定が長くなればなるほど，市場の参加者はこの安定が永続し，リスクプレミアムが極めて小さくなったと確信するようになった」（翁 (2014, 47 頁) からの Bean (2009) の発言を引用）．こうした金融市場の集計的な「ボラティリティ」の低下とそれに伴うシステムの安定化に対する確信の高まり——それには証券化や信用デリバティブによるリスク分散効果が併せて寄与した——は，ファンダメンタルズに比して「過大な」リスクテークにつながったと考えられる[7]．この意味で

---

7) 「大いなる緩和期」のリスクテイク（ポジションや負債の積み上げ）を「合理的」選択行動と理解する立場もある．それはたとえば，家計の負債の積み上げを家計の「純資産・所得比率」の上昇に求めるグリーンスパン (2008) に見られる．しかしそれは，「住宅価格」の上昇という状況下でのことで，「資産価格の増価」を前提にした選択行動である．したがって住宅バブルの崩壊とともに持続不可能になるとすれば，そこには「真のリスク」が隠されており，合理的行動とは言えない．

金融ディストレスの源になりうる．Borio（2009; 2011）はシステム全体への広がりを持つ（system-wide）金融ディストレスの源を「時間軸」と「クロスセクション」の2つの次元から捉えようとしたが，確信の高まりによるリスクテイクは，時間次元でみた金融ディストレスの源を議論する文脈に置くことができる．なぜならブーム下のリスクテイクは，（レポ資金などによる）資金調達に際して（担保）資産の市場流動性（増価）が確保されるとの想定下に——それを「信念」に持つことで——，バランスシートを拡大するものであり，それは（住宅バブルが崩壊して）資産価格下落といったシステミックリスクが顕現すれば，資金調達の困難からそれまでのポジション拡大は逆回転し，金融システムの機能は麻痺するからである．

したがって「大いなる緩和期」のリスクプレミアムの低下と確信の高まりの下での「過大な」リスクテイクは「時間軸上でのリスクの源」として位置づけることが可能で，しかもそれは「認知上の問題から引き起こされる集合的失敗」のパラダイムに位置付けることができるものである．Borio が時間次元における金融ディストレスの源を言うとき，それは経済の拡張時にあっては，自らを増幅する（feeds into itself）メカニズム（「プロシクリカリティ」）が働くことを指すからである．つまり，リスク認知の低下，リスク許容度の増大，金融制約の緩和，レバレッジの増大，市場流動性の上昇，景気拡大（booming），そして支出（expenditures）との間の相互強化プロセスである．しかしそうした経路は（ファンダメンタルズからの乖離という）認知上の問題から，個々の合理的行動が集計的レベルでの失敗（合成の誤謬）に至らざるを得ない．それは，時価表示の「計測された（認知される）」リスクが小さくなる一方で，拡大する経路にはらまれた（「システマティック・リスク」が顕現することから引き起こされる）「真のリスクあるいは集合的リスク」は大きくなっており，両者の乖離が生じているのである．ここに次のように言われる．「ボラティリティの低い期間が長く続くと，統計モデルからはじき出されるリスクは低く見積もられる．結果，金融機関はプロシクリカルな（景気は良いときにリスクを増やし，悪いときに減らすように）リスクをとるようになり，金融危機が起こる確率と，起きた際の深刻さを増加させる」（Acharya and Richardoson, eds. 2009, 第13章, 370頁）．あるいは Yellen（2009）もミンスキーの投機的金融類

型が支配的となるとき，時間軸上のリスク認知の問題がはらまれることを述べる．すなわち，住宅価格や債券価格の上昇の下で，重度に危険資産に投資した投資家たちは，短期の——とくにオーバーナイトの——負債により**流動性を犠牲**にしつつレバレッジを増大させたが，それは背後の資産の価格が増価する限りで短期借入金がロールオーバーされるものであり，資産価格増価についてのそうした「信念」は，サブプライム・ローンから組成した複雑な証券化商品が低リスクであるとの幻想（illusion of low risk）に立脚するものであった．これは投資家たちが計測されたリスク（証券化商品の増価による自己資本の増大）の下で安心感を持ち，「真のリスク」は認知されていなかったということである．ヘッジ金融のカテゴリにあると思っていた多くの者たちは，実際は投機的あるいはポンツィ金融にあったことを知って（discover）ショックを受けることになったのである．イエレンは今次危機についての以上のような理解をミンスキーに帰着させて述べているのであり，ここから Borio の言う時間軸上のリスク認知の誤りが集合的失敗につながったとの見解をイエレンも支持することが窺われる[8]．

　システミック・リスクとしての金融危機を理解する際，以上の時間次元でのリスク認知の問題と併せて，Borio（2009; 2011）が挙げるもう 1 つの観点からの金融ディストレスの源に留意することが肝要である．それはクロス・セクショナルな観点からも所与の一時点で金融システム内にリスクが拡がるということである．それは以下の表 6-1 からも窺われるように，銀行システムを構成する諸機関がトリプル A 格付の資産担保証券に対して集中して投資したことである．それは，資産価格の価値下落による損失を金融システム内に集中して発生させることになった．マクロ・プルーデンシャル・アプローチでは，金融機関を個々に切り離して見るミクロ・プルーデンスとは対照的に「集合リスク（aggregate risk）」を扱うべくシステム全体のリスクを考える．そのとき個々

---

[8]　ここに言及された Yellen（2009）の講演は，Bard College の Levy Economics Institutenite においてミンスキーを記念して毎年開催される Minsky Coference の第 18 回大会（2009 年 4 月）——「金融危機の挑戦」をテーマ——でなされたものである．なおイエレンは 2002 年 7 月，J. スティグリッツとともに，Levy Economics Institute の理事会に加わっている．

表 6-1 資産担保証券のエクスポージャーの集中度 (%)

タイプ	トリプル A の ABS の買い手としてのシェア
銀行	30
導管体	12
SIVs	8
ヘッジファンド	2
MMF	26
信用ファンド	17
その他	5

出典:ファイナンシャルタイムズ,2008年7月1日.
出所:Acharya and Schnabl (2009), 129頁, 表2.2.

の機関がポートフォリオを分散させ安全であるといえても,金融システム全体から見たとき不安定性が引き起こされることがある.各金融機関のポートフォリオ構成が類似していれば,共通のリスク要因に対してデフォルト相関が高くなる (the common (correlated) exposures across financial institutions).つまり分散化できない「システマティック・リスク」に対してシステムが脆弱となる.この点において,今次危機において多くの機関が一様にトリプル A 格付けの資産担保証券をバランスシートに抱え込んだとするならば,クロスセクショナルな観点から金融ディストレスの源となると考えられる.金融システム全体としてはポートフォリオの集中が生じているからであるが,そのときそうした事態がいかにしてもたらされたのか,いかにしてリスクテイクにおける「横並び行動」がとられることになったかが関心事となる.

以上は各機関において同様の資産保有がなされることに金融困難の源を見るものであるが,今次危機においてそれが実際生じたことから見ていこう.上掲の表 6-1 は,2008 年前半時点での金融機関のタイプ別に見たトリプル A 格付けの資産担保証券——ただし,モーゲージ関連証券 (CDO) のみならず非モーゲージ関連証券 (CLO) も含む——の占有比率を見たものである.全体の 30% が銀行システム内に留まったことが分かる (Acharya and Schnabl 2009, 110頁, 112頁).しかも ABCP 導管体と SIV を実質的に銀行システムの一部ととらえるとその割合は 50% にまで達する (同上, 128頁).証券化により広くリスクが分散されることが期待されるにもかかわらず,銀行システムにリスクが偏在していることが窺われる.

表 6-2 はモーゲージ債務について各種証券化商品の保有者を見たものであるが,同様のことを推察できる.2008 年初期時点でのトリプル A 格付けの(非

第 6 章　金融規制改革に向けて

表 6-2　モーゲージ債務の保有者（2008 年）

(10 億ドル)

	ローン	ホームエクイティ融資枠	エージェンシーMBS	非エージェンシーAAA	劣後CDO	非CDOの劣後	合計（割合）
銀行および貯蓄金融機関	2,020	869	852	383	90		4,212（39%）
政府支援機関および連邦住宅貸付銀行	444		741	308			1,493（14%）
ブローカー・ディーラー			49	100	130	24	303（3%）
金融保証会社		62			100		162（2%）
保険会社			856	125	65	24	1,070（10%）
海外			689	413	45	24	1,172（11%）
その他	461	185	1,175	307	46	49	2,268（21%）
合計	2,925	1,116	4,362	1,635	476	121	10,680
（割合）	(27%)	(10%)	(41%)	(15%)	(4%)	(1%)	

出典：Lehman Brothers, Krishnamurthy (2008)
出所：Acharya and Richardson, eds, 2009, 94 頁，表 1.5

　プライムローンを裏付けに証券化されたものの）CDO 残高 1 兆 6360 億ドルのうち銀行（及び貯蓄金融機関）の保有比率は 23.4%（3830 億ドル）を占め，政府支援機関（18.8%），ブローカー・ディーラー（6.1%）の順である．これら 3 者の合計が約 48%，7910 億ドルであり，これらで組成された証券化商品はそれらの間で――つまりそれらから外へ売却されるのに対置されて――保有，売却されて「システム内でたらいまわし」される割合が多かったということである．

　表 6-2 からは，トリプル A 格付けの非プライムローン担保型 CDO のみならず，「劣後」CDO の保有の分布状況についても見ることができ，それによると「銀行及び貯蓄金融機関」は劣後債よりはるかにトリプル A 格付け債を選択したことが分かる．これに対しブローカー・ディーラーはトリプル A トランシェよりも劣後 CDO の方を多く保有している．こうしたモーゲージ債務の各トランシェについて事業体間で保有に差異が生じていることの理由付けを以下のように考えることができる．留意されることは，トリプル A 格付けは「ローリスク・ローリターン」で最優先の支払いを受ける「スーパーシニア債」とも

呼ばれるが，その保有は，その購入者にとって必ずしも魅力的な投資対象ではなかったことである（Tett 2009）．それは，CDO の組成・販売に従事する投資銀行や銀行にとって，最も格付けが高い「スーパーシニア債」を売れ残り「在庫」として保有せざるを得ないということである．スーパーシニア債は通常は AAA 格であり，元利支払いにおいて最優先され，原資産の被る損失を引き受けるに際して最劣後にあるが，それゆえに利回りが低すぎるということから売却が困難であった．トリプル A のトランシェのスプレッドは 0.6% に達していたが，2005 年までにスーパーシニア債のスプレッド（LIBOR を上回る分のリターン）は約 15 ベーシスポイント（0.15%）まで低下していたのである（ibid., 188 頁）．これだけリターンの低い資産を求める投資家はほとんどいなかったため，スーパーシニア債が銀行に売れ残り在庫として積み上がったが，それは住宅ローン債権を購入し「いずれにせよ証券化して CDO を販売すれば利益が出たため」（ibid., 186 頁）であった．CDO 発行の過程で大量のスーパーシニア・リスクが生み出されていたわけである[9]．

　スーパーシニア債の保有の経緯がそのようなものであるとき，次に問われてよいのは，そうした売れ残り在庫のトリプル A 格付け債の保有に対して金融機関は利潤創出のための何らかの対応策をとらなかったのであろうかということである．それは換言すれば，そうした「売れ残り在庫」に対しても，それを通じて「差異化」を利用し利潤を創出するということがなされなかったどうかである．この点で先に表 6-2 から，モーゲージ債務の各トランシェについて事業体間で保有に差異が生じていることを見た際，トリプル A 格付け債については，「銀行及び貯蓄金融機関」がブローカー・ディーラーに比してはるかに多く保有していたことが留意される．それはブローカー・ディーラーに比し強

---

[9] シティバンクが 2007 年 11 月 4 日，サブプライム関連資産の評価損――2007 年の第 4 四半期に 98 億ドルの純損失――を公表した時，評価損 181 億ドルのうち 143 億ドルがスーパーシニア関連であったのであり，これを受けて各紙（ニューヨーク・タイムズ，フィナンシャル・タイムズ等）は，これほど多額のスーパーシニア・トランシェの保有がいかにしてなされたかを問題にした．そして「顧客が CDO を敬遠する中で，多くのスーパーシニア・トランシェを抱え込んだ可能性」（関 2008）が言及されている．しかし関（2008）は同時に，（2007 年 11 月 8 日付）のフィナンシャル・タイムズ紙が，「モルガンスタンレーの場合，トレーディング部門で MBS の下落に賭けた際にスーパーシニア・トランシェを積極的に購入した可能性がある」と指摘したことも紹介している．

い規制下にある商業銀行は自己資本規制による所要資本を引き下げることについてそれだけ強く動機づけられたのではないかということである．この観点に立って，銀行と投資銀行との間の保有トランシェの相異を自己資本比率規制という規制の強弱が有意に働いたと理解してみよう．

　目下の売れ残り在庫としてのスーパーシニア・トランシェの CDO の保有に対して，商業銀行の場合，自己資本保有の規制下にあることが，バランスシートに課された「重い」資本準備金の積み——たとえばトリプル A に対するリスク・ウェイト 20％——を節約し，資本利用の効率化に向けた動機づけが働いたことが考えられる．この点で第 1 に触れられるべきは，「スーパーシニア債」はバーゼルの自己資本比率の計算上，リスクウェイトが小さく，所要資本に対する負担が小さかったということである．しかしさらに利潤創出を可能とする「差異化」，つまり規制の格差によって，当該エクスポージャーを簿外に移すことができるならば，そしてそれが規制金融機関であるところから所要資本の軽減効果が大きいならば，以下のような規制裁定取引への動機づけが働くと考えられる．すなわち，金融イノベーションに訴えて特別目的会社（SPC）を設立しリスク資産を簿外に移し，そこで証券化商品を保有・運用させるという動機づけである．そうすれば，傘下の導管体に対して親銀行は流動性補完，信用補完を用意することでよく，そうした補完措置によって移管した資産（CDO）に対し 20％ 以下の必要資本規制しか受けなかったのである．そこで銀行資本を規制から解放することができれば，CDO 投資に回せる資本をそれだけ多くして一層の成長が可能になる．それは「クレジットリスクの転嫁メカニズムを乱用するところの規制裁定取引」（Acharya and Schnabl 2009, 109 頁）と言われるものである．実際，シティバンクは 7 つの SIV あるいはコンデュイットを傘下にもち，2005 年から 2006 年にかけて自ら CDO 製造装置をフル稼働するとともに，生み出された証券化商品をそれらにスーパーシニア債もろとも引き受けさせ，売却させようとした．それは規制の強弱を利用して——規制の隙をついて——，それをも「裁定取引」の対象とすることで，所要資本の大きい先から小さい先に資産を移し替えることで結局所要資本を節約でき，その節約分を利鞘獲得のビジネスモデルに活用したのである．それは「バーゼル資本規制は単純にリスクウェイト調整後資産に対する総資産の比率

表6-3　導管体管理者上位10社

(10億ドル)

	導管体			管理者		
	個数	CP	資産	資本	CP/資産	CP/資本
Citibank	23	$93	$1,884	$120	4.9%	77.4%
ABN Amro	9	69	1,000	34	5.3	201.1
Bank of Americe	12	46	1,464	136	3.1	33.7
HBOS	2	44	1,160	42	3.8	105.6
JPMorgan Chase	9	42	1,352	116	3.1	36.1
HSBC	6	39	1,861	123	2.1	32.1
Societe Generale	7	39	1,260	44	3.1	87.2
Deutsche Bank	14	38	1,483	44	2.6	87.8
Barclays	3	33	1,957	54	1.7	61.5
WestLB	8	30	376	9	8.0	336.6

注：2007年1月ベース．銀行系の管理者は傘下の子会社すべてを合算したもので，必ずしもすべてが流動性補完・信用補完の提供者ではない．銀行の指標はBankscopeによる．銀行グループのうち特に巨大なものから抽出した（通常は銀行持株会社）．ノンバンクと企業は除外した．

出所：Acharya and Schnabl (2009), 123頁, 表2.1

——その意味することは以下で言及される——の高い銀行によってギャンブルの道具にされた」（同上，128頁）といわれるところのものである．

銀行が，傘下の導管体に移管する場合を含めてCDOとCLOのトリプルA格付けのトランシェへの投資を——したがって「規制裁定」行動による場合を含めて——集中させるとき，それが資本の効率的利用を可能とし，自己資本利益率を高めるものとなったはずである．それにもかかわらず，不動産バブルの崩壊といったシステマティック・リスクの顕現ととともに大きな損失を抱えることに至ったとすれば，それが一体いかにして引き起こされたかが次に問われる．以下では項を改めてこの問題を辿ろう．

(4) 規制裁定取引と真のリスク

バーゼルの自己資本規制が「ギャンブルの道具」となったといわれるのは，当規制下に所要資本を節約すべくトリプルA格付けの資産担保証券を導管体にて大量に投資することが結果的に大きな損失につながるからであった．実際いかに損失が引き起こされたかから見ていこう．

表6-3は，ノンバンクと企業を除いているが，CP残高ベース（2007年1月時点）で見た「導管体の管理者上位10社」を挙げている．トップ10の管理者のうち8社が銀行であるが，これは導管体をサポートするだけの財務的な力を持っているのが銀行であることを表す．この表で銀行にとって導管体の創設によって（CDOを取得すべく）どれだけABCPを発行できたか，換言すれば「導管体を通じてレバレッジを効かせる」（同上，123頁）程度がどれほどかを表すともいえる．銀行の株主資本に対するABCP残高の比率は同表において30％台のものから非常に高い数値のものまで区々であるが，導管体が損失を負い，ABCPがロールオーバーされなくなったとき，スポンサー銀行のバランスシートへの遡及の大きさを表すものと捉えることができる．導管体自体における自己資本の大きさはCPに比して小さいから，レバレッジが大きいことはスポンサー銀行への遡及がなされたとき，銀行にもたらされる損失を甚大なものにする．このことが実際に起こったことを以下で見ていこう．

　Acharya and Schnabl（2009）はIMF（2008）から引いた商業銀行および投資銀行双方における資産の推移（2002年から2007年（Q2）まで）を2つの異なる系列（同上，125頁，図2・3）によって見ている．その2つとは「リスク・ウェイト調整後資産」と実際に保有された資産総額とである[10]．銀行の総資産は2倍になる一方で，リスクウェイト調整後資産は「相当ゆっくりしたペース」でしか増えていない．こうした2つの資産系列の顕著な差が示すことは，監督行政上の観点から自己資本比率（「資本バッファー」）が積まれるべきとされる対象の資産は，実際の資産よりはるかに小さかったということで，それだけ積まれるべき規制資本を節約できたということである．問題はいかにしてそれが可能であったかであるが，銀行はこの期間にバーゼル銀行規制上は「比較的安全な資産」，すなわち高い格付けを得た金融商品に投資していたということである．しかもそれら高格付け資産は「SPVに移管される」ことで所要資

---

[10] なお銀行の「総資産」の計算にあたって，実際には高格付けCDOへの投資はABCP導管体にそれを付け替えることが行われているが，国際財務報告基準の下でABCP導管体におけるCDOエクスポージャーを自社のバランスシートに「連結」したことを受けて，「銀行」の総資産中に「導管体」のエクスポージャーも含まれることが複数の銀行について行われている．

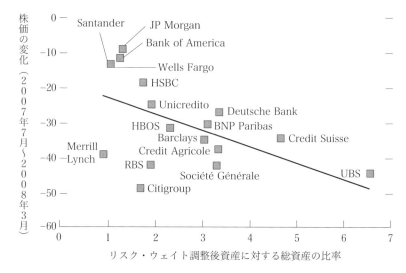

出典：IMF.
出所：Acharya and Schnabl (2009), 123頁, 表2.1.

図 6-1　銀行の株価パフォーマンスと規制下のレバレッジ水準

本を節減でき，自己資本利益率を高めることを可能にしたのである．

　ここで留意されるのは，そうした高格付け資産への投資であったにもかかわらず，次のようなパラドキシカルな結果が引き起こされたことにある．図6-1は「リスクウェイト調整後資産に対する総資産の比率」——導管体等を利用することで資本負荷の低い投資を行った度合いを表す[11]——に対する，危機の期間（2007年7月～2008年3月）の株価の動向との関係を見ている．同図が示すところは「ABCP導管体をより活発に設立し，資本負荷の低い投資をより多く行っていた銀行——2つの資産の比率が大きいところ——ほど危機後に株価がより大幅に下落している」（同上，110頁，123頁）ということである[12]．

　危機下の株価の反応が，ABCP導管体を用いて資本負荷の低い高格付けCDOに大量に投資した機関ほどマイナスであったということは，先に挙げた

---

11) Acharya and Schnabl (2009) では，同図について，こうした2つの資産系列の比率を「規制下のレバレッジ水準」として捉えるが，この点は先に表6-3に関連して触れた．

表6-3とつき合わせることで容易に理解できる．同表の右端の列は，銀行資本に対する銀行スポンサー傘下のABCPの比率を表し，ABCPへのエクスポージャーが銀行本体のバランスシートに遡及されたときの負担の程度を表す．実際この比率の小さい銀行（JPモルガン・チェース，バンク・オブ・アメリカ，HSBC）では株価の下落は小さい．ところが当該比率の高いシティグループ，HBO，バークレイズは相対的に大きな株価下落を被っている．このことを勘案すれば，図6-1で示されることは，（資本賦課の低い）**高格付け証券への投資は導管体に移管することで行われ**，その資金調達はABCPエクスポージャーに拠っていたから，ABCPのロールオーバーがなされないとき，スポンサー銀行への遡及がなされ，もって株価を下落させたということである．それは導管体での高格付投資が大きいほど，つまり資本負荷の低い投資をより多く行っていた銀行ほど大きな損失と株価下落を被ったということである[13]．

ここで，安全とみなされる資産がなぜ価値を下落させ，損失を銀行に遡及させることになったのかが問われるが，それは証券化商品のリスク特性にあり，トリプルAの（広義の）資産担保証券（CDO）のリスク特性はバブル崩壊といったシステマティック・リスクに対して感応的であるところにあった．つまり，システマティック・リスクは（ポートフォリオとしての）CDOの原資産（種々のサブプライム・モーゲージ証券，あるいはABSのメザニン・トランシェ）に共通に影響を及ぼし，もってそれら原資産間の「デフォルト相関」を高める――高格付けのCDOほどその効果が大きく表れる――ことによってCDOの価格をそれだけ大きく下げたのである．しかもここで併せて留意されるのは，こうした高格付け資産を簿外の事業体に積む過程で，**「計測されたリスク」は低下したように見えていた**ことである．すなわち，高格付け資産の取得と，新たな投資ファンドにおいて課される（流動性及び信用補完の形をとった）資本賦課の「軽減」が計測された自己資本比率をして規制値を十分に充た

---

12) 2008年3月時点はリーマンショックを経ていないという点で，「危機後」の株価に現れた危機の効果を表す指標としては十分でないが，しかしリーマンショックに先立つサブプライム危機を経た限りでの株価に現れた効果を捉えるものとして意味があるだろう．

13) SIVはABCPコンデュイットに比して銀行への影響を制限するように仕組まれていた．それでも実質的には銀行のバランスシートへの遡及機能を提供していた（Acharya and Schnabl 2009, 122頁）．

したのであり，このことが SIV 等導管体に積まれた高格付け CDO のはらむ「真のリスク」，つまりシステマティック・リスクに感応的な集合リスクを見逃すこととさせた．ここにバーゼル資本規制について次の指摘がなされるゆえんがある．「自己資本比率の負荷から逃れるために，銀行はとてつもない集合リスクを取っていた」(Acharya and Schnabl, 2009, 113 頁) ということであり，「バーゼル資本規制は単純にリスクウェイト調整後資産に対する総資産の比率の高い銀行によってギャンブルの道具にされたということである．これらの銀行は，実際には自己資本比率規制が映し出す姿よりもはるかに危険で，彼らの本来のリスク・プロファイルに沿った資本よりも少ない資本しか備えていなかった．したがって危機において最も苦しむことになった」(同上, 128 頁)．

以上，顕現したリスクを Borio の 2 つの金融ディストレスの源へと辿ることができる．1 つは利鞘獲得のビジネスモデルにおいて，高格付け資産担保証券を担保に ABCP という形の短期ホールセール・ファンディングを利用したことで，「プロシクリカリティ」が働き，これが時間軸上の金融ディストレスの源になった．すなわち，時価表示の会計制度の下で担保資産の価格上昇を通してそれだけ借入額を多くすることが可能となったのであり，観察された価格を将来のファンダメンタル情報の代理に用いることで，経路はファンダメンタルズをも越えて上方に乖離しうるのである．このことは「安全性のマージン」を貸借の慣行的基準に用いて，債務の履行実績が「確信」を強めて（市場全体についての集計的ボラティリティで表される）リスクプレミアムが小さくなることが経路増幅性をもたらすと理解することとも整合的である．

もう 1 つの金融ディストレスの源は「クロスセクショナル」なもので，先に見てきたスーパーシニア債への銀行部門における集中的投資に現れる．ここにおいて留意されることは，規制下にある各金融機関が自己資本規制下に共通して所要資本の利用効率化を動機としたことで，これはバランスシート上で「モーゲージ」を保有する場合に比べて「証券化された高格付け証券」を保有することに現れ，さらには規制裁定取引を利用して傘下の導管体にそれらを移管することで一層その効果を高めることができる．それは自己資本規制という共通の制約を介して「群れ行動」が引き起こされるということであり，宮内 (2015) はここにシステミック・リスクの蓄積を見ている．すなわち「規制，

会計，慣行，新技術」が各金融機関の選択行動を同一方向へとリスクテイクさせるとして次のように述べる．「金融危機の経験を踏まえると，金融システムや金融機関の監督・モニタリングは，規制，会計，慣行，新技術，セーフティネットなどによって，金融機関のインセンティブが同一の方向へ歪められるために生じる集団行動に留意する必要がある」[14] (361頁)．

かくて，以上を通して今次危機におけるシステミック・リスクのメカニズムを，時間軸次元とクロスセクション次元の双方において，ファンダメンタルズを超える過大なリスクテイクがなされた――もって「真のリスクあるいは集合リスク」がはらまれた――こととして捉えることが実証的にも示された．それは確信の高まりが時間次元で，ファンダメンタルズを超える経路増幅性を引き起こすという点で「認知上の集合的失敗」を引き起こすメカニズムと整合的であり，しかもそれはクロスセクショナルな次元で，金融システム内の相互リンケージを容れて外部性が引き起こされることからくる集合的失敗とも整合的に結合される．ここに「認知上と，外部性の双方が結合した形での集合的失敗」という2つのパラダイムが結合したとするところに今次危機に働くメカニズムを捉えることができることが示されたといえる[15]．

以上の文脈で1点言及さるべきは，宮内（2015）がシステミック・リスクの偏在を言うとき，今次危機に関して自己資本規制が「インセンティブの歪み」を与えるとすることに立脚していることである．その意味することは，規制がその本来の機能たる個別金融機関の健全性確保のためより，「所要資本を節約する」ことがいわば自己目的化し，そのためにオフバランス事業体に資産を移

---

14) ここで付記すれば，先にわれわれは Gorton and He（2008）を取り上げて，「戦略的補完」による『群れ行動』がとられる際の「繰り返しゲーム」を成立させる条件を見たが，自己資本規制という共通の枠付けのもとに銀行行動が置かれるとは，そうした「戦略的補完」のメカニズムが働く条件が整わない場合にも，観察されたデータで表示された会計原則，基準に従うとすることで，それがミレニアム・ブリッジの大揺れで働いた要因，つまり歩行者の歩行を「共振化」させるような橋桁の動き（「外部性」）が存在することを言うことができるのである．

15) 時間軸とクロスセクションの2つの金融ディストレスの源がそれぞれ独立に発生するのでなく，連結して現れることが多いということは翁（2014）でも次のように述べられている．前者の景気変動の増幅と，後者の瞬時横断的な金融機能の麻痺の波及という2つのメカニズムは，独立ではなく，密接につながっている場合が多い（154頁）．

管することがなされ，そこにリスク資産を積むことがなされる．ここで宮内が言わんとするのは，それを許容したのは，自己資本規制（バーゼルI——今次危機の勃発時に適用された規制）が「非リスク感応的」であったからだということである．各金融機関は，インセンティブを歪ませる「規制」という「与件に対して合理的に行動する」ことで「同一方向」にリスクテイクを生じさせることになる，つまり「集団行動」になり（宮内 2015, 361-2, 367頁），システミック・リスクが偏在することになったいうのである．留意されることは，インセンティブを歪ませる「非リスク感応的な規制」をシステミック・リスク発生の基底に据えるという理解は，われわれの言う「エージェンシー・パラダイム」に立脚するものだということである．これに対しわれわれの提示したシステミック・リスクのメカニズムは，「インセンティブの歪み」，それを引き起こす非リスク感応的といった規制の歪みを前提としない．金融業のダイナミズムは，利潤創出のためにむしろ「差異化」しようとし，相対的成長を追求して金融イノベーションを用いて「裁定取引」し得る取引環境を創り出す．そしてそこにはBorioのいう2つの次元で金融ディストレス誘因が働くことによって，認知上と，外部性からくる集合的失敗が内包されているのである．

(5) 小括

今次危機のメカニズムに位置付けられる利鞘獲得のビジネスモデルは，「規制裁定取引」が加わることで一層，ファンダメンタルズを超えて過大なリスクをとらせ，それに伴い分散化できないシステマティック・リスクの顕現により「集合リスク」にいたることとなる．そうした金融システムはBorioの時間軸とクロスセクション上の双方において金融ディストレスの源をはらむものとして理解できる．つまり，確信の高まりは時間次元で，ファンダメンタルズを超える経路増幅性を引き起こして「認知上の集合的失敗」に至らせ，加えて自己資本規制を介して各金融機関に同一方向のリスクをとらせるのであり，高格付け資産担保証券に横並びで集中投資させて「外部性による集合的失敗」へと導く．かくて「認知上と，外部性の双方が結合した形での集合的失敗」として今次危機を理解することが提示されたのである．以上をわれわれの階層化された金融システムにはめ込むなら，金融危機のメカニズムを次のように再提示でき

る．

　第1に，金融業のダイナミズムの現れとして，業態間——ミンスキーの階層的システムでいえば「周辺的」金融組織 vs.「中核的」金融組織——に規制の強弱があるときには，その規制格差を「差異性」として利用し，「規制裁定」取引によって〈自己資本〉利益率を高めようとする．それは（以下に触れるSPV（special purpose vehicle：特定目的事業体）を含め）周辺的組織を他部門に比し相対的に大きく成長させる．

　第2に，短期調達，長期運用による利鞘獲得のビジネスモデルは，良好な市場環境下で容易に大量の資金調達を可能にする短期ホールセール・ファンディングに依存した．こうしたポジション形成を市場性資金に依存させることは，銀行準備に拠らずに金融機関同士の担保資産を用いて資金調達するなど相互の貸借により選択しうるだけレバレッジを高くできる．しかしそれは，担保に用いられる資産の価格が安定的で流動性を保持する限り持続可能であり，バブル崩壊といった資産価格の下落があれば資金の引き揚げ（取付け）によって流動性逼迫に陥る．資本資産価格の「増価」に対する確信が強まることは「投機的金融」を支配的な金融類型にし，市場性資金調達がはらむ「プロシクリカリティ」を介してファンダメンタルズを超えてリスクテイキングを促す．ここにBorioの言う「時間軸上のディストレスの源」からくる「認知上の集合的失敗」が引き起こされている．

　第3に，当該ビジネスモデルは，バーゼルの銀行監督規制下にあって自己資本規制が課されることから，所要資本を効率的に利用するように動機づけされており，節約された自己資本を用いて「レバレッジ」を高め自己資本利益率を引き上げることができる．このことがバーゼル規制上，資本賦課の少ないトリプルA格付けの広義の資産担保証券——債務担保証券（CDO）——への投資を各金融機関に一様に促し，もって銀行システム内に高格付け資産を——証券化により銀行システムの外にリスクを移転するよりも——偏在させる．各金融機関のポートフォリオ構成が類似していれば，共通のリスク要因に対してデフォルト相関を高くする，つまり分散化できない「システマティック・リスク」によってシステムは再び脆弱化する契機をはらむ．これは，各機関が類似ポートフォリオ（高格付けCDO）を持つことからBorioの言う「クロスセクション

上の金融ディストレスの源」になりうる．

　第4に，金融システム内の金融機関間に規制上の格差があれば，規制の強いところから弱いところにリスク資産を移すことで，バーゼル資本規制の課す所要資本を軽減できる．強い規制を受ける機関がそうした規制裁定を実行しようとして金融革新に訴えて新たな事業体を創出することがある．すなわち，「ABCP 導管体を設立する経済的な理由は，銀行規制によって課される自己資本比率規制の負担を減らすためであり，これは規制の制約を緩めるために銀行が生み出した金融イノベーションの古典的な例である」(Acharya and Schnabl 2009, 117 頁)．かくて，「規制の歪みを利用した規制裁定取引」がなされることによって高格付け CDO への投資は一層顕著になる．こうして金融システム内の高格付け CDO への集中的投資はシステミック・リスクの偏在をもたらし，システマティック・リスクの顕現に対しシステムを脆弱化する．

　第5に，周辺的部門においてスポンサー銀行から移管されたトリプル A 格付けの資産担保証券がシステマティック・リスクの顕現で損失を負うとき，それが「中核部門」へと——証券化商品の損失発生のスポンサー銀行のバランスシートへの「遡及」を介して——波及し，システミック・リスクへの展開が起こりうる．資産担保証券の価値の毀損が，それを担保に用いることで調達した短期債務のロールオーバー拒否（取付け）に結び付くなら，資金調達困難から保有資産（CDO）の売却を迫られ，類似資産をバランスシートに持つ他機関の同様の資産売却と合わせて一層の資産価格の下落が引き起こされる（金銭的外部性）．あるいは第4章の議論を援用すれば，ある機関の流動性逼迫やデフォルトが**複雑な金融ネットワークにあって「間接的」なカウンターパーティ・リスク**を発生させるなら，どこから及んでくるかもしれない損失に巻き込まれるのを懸念してリスクテイクを避け，流動性の保蔵がなされる．それが金融市場から流動性を喪失させ，金融危機を引き起こす．危機は，資金調達を困難にし（資金流動性の低下），保有資産の売却が資産価格を一層低下させて（市場流動性の低下）流動性のスパイラルによる金融市場における流動性喪失として現れる．そこでは利鞘獲得のビジネスモデルが，その利鞘獲得の基礎を崩され，存立不能になる．このことは，それらビジネスモデルに依拠していた金融機関に巨額の損失（評価損）としても現れた．

2. 金融規制改革

(1) マクロプルーデンシャル・アプローチ

　本節では，先に提示されてきた「認知上と，外部性から来る集合的失敗」のパラダイムによる金融危機理解に照応した金融規制改革を論じよう．その際，先に挙げたもう1つのアプローチ，「エージェンシー・パラダイム」との対置を念頭に置くことで，今次危機以降の金融規制改革の特徴をより容易に理解できるであろう．そこでエージェンシー・パラダイムに立脚する金融規制がどのようなものか，はじめに触れておこう．

　エージェンシー・アプローチに立脚する規制を宮内 (2015) は「インセンティブの重視とリスク感応的な制度設計」とする．エージェンシー・パラダイムにおいては金融機関のインセンティブを重視するから，リスク管理における個々の金融機関の創意・工夫を生かすべくリスク感応的な——とはリスクのプライシングを組み込んだ——制度設計を行うことが重視される．とくに資本効率を最大化する内部統制技術——「標準的手法による内部モデル」——が発達している下ではリスク感応的な規制の設計が重要であるとして，インセンティブとの両立を重視したバーゼルIIの自己資本規制を高く評価する (宮内 2015)．これと対置される規制が，金融機関のインセンティブを重視しない，非リスク感応的なそれとされる．そして宮内は，今次危機において金融規制がバーゼルIの下にあったことが「非リスク感応的な規制をしてアービトラージを招来させる (同上, 333頁) 事態をもたらしたと主張する．リスクを反映しない規制の下でリスクテイクの適切なコントロールのないまま，健全性維持のためのリスクのコントロールという規制の趣旨からそれて，所要資本の節約 (効率化) を最大化しようとして規制逃れ (規制裁定) が生じたことが，多くの銀行をして「同一方向」に偏ったリスクテイクに動くこととさせたというのである (同上, 359頁)．リスク感応的な規制として，金融機関のインセンティブとの両立を重視したバーゼルIIが公表されたのは2004年であり，2007年から実施予定であったため，2007年夏の金融危機発生時点でバーゼルIIが発効している先進国は僅かであった．ここに宮内は「当時のルールがきちんと実行されていれ

ば，危機は十分回避できた」とのバーゼル銀行監督委員会と CPSS（BIS 支払決済システム委員会）の議長経験者の 2010 年の講演を引用している（同上，359 頁）．そこではじめに，バーゼル規制の導入状況とその内容から見ていこう．

自己資本比率規制を中心とする国際的な銀行規制はバーゼル銀行監督委員会が策定している[16]．バーゼルⅠとして 1988 年に合意を見た「自己資本比率主軸の規制体系」は，80 年代以降の規制緩和の流れに沿ったもので，リスクをとらせない——金利規制や業務範囲規制といった——規制体系から，銀行が積極的にリスクをとるとした場合の規制を定めたものであった．つまり，投融資やトレーディングなどの業務で銀行が積極的にリスクをとった場合に預金者保護や金融システム安定化といかに両立させるかに関心を置く．それは結局，銀行が倒産を免れることだとされ，そのためには銀行が保有する資産全体のリスクに対しどれだけ資本を保有すればよいかを問題にする規制であった．ここに（バーゼルⅠ，Ⅱにおける）自己資本規制は，規制対象の金融機関が健全性を維持し，いかに倒産から免れるか——そうすることで債権者（とくに小口預金者）の利益を守る——という観点に立ち，将来発生する可能性のある損失へのバッファーとして各銀行が保有すべき資本量を規制しようとするものである（Shin 2010b, 193 頁）．

1990 年代初頭に導入されたバーゼルⅠはその後，1990 年代のリスク管理革命と今次の金融危機を経る中で 2 回の大規模改訂を受けている．90 年代以降は金融技術革新が大きく進展し，銀行ではデリバティブを用いたリスク管理がなされるなど金融機関自身のリスク管理インセンティブが活用されるような規制，つまり規制される側のインセンティブと両立させるところの「インセンティブ・コンパティブル・アプローチ」が採られた[17]．2004 年末に公表された最終文書，バーゼルⅡは，こうしてバーゼル銀行監督委員会と銀行との間で

---

[16]　以下の叙述は翁（2014）および宮内（2015）に依拠している．

[17]　バーゼルⅡの検討は 1998 年に開始され，その交渉は 2004 年に大枠が決着，翌年に完成し，2007 年から各国で施行されることとなった．しかし施行が遅延した国もあった．日本では 2007 年からバーゼルⅡと呼ばれる新しい自己資本比率規制が導入され，実際の運用が始まる．欧米では 2008 年から導入，米国では 2009 年から導入予定であった．つまり 2008 年秋のリーマンショック勃発時は，バーゼルⅡが発行している先進国は僅かであった（宮内 2015, 19 頁）．

議論を重ねたもので，その結果，最低自己資本比率規制をリスクの実態に合わせて複雑ではあるが精緻なものとし，さらに金融機関内部にリスクを抑制するインセンティブ（「統合リスク管理」）を働かせようとするものであった．つまり「健全性の確保」と「収益性（資本効率）の改善」という2つの経営目標を同時に達成すべく，リスクを収益性の評価に導入して，現場にリスク抑制のインセンティブを与えようとする[18]．それは，リスクの許容量として資本を各事業部門に割り当てるが，「配賦する」資本の合計を銀行の自己資本以下にしておくことで，各事業部門で損失が生じても配賦された資本で支払える範囲にリスクテイクを抑えようというのである．ここで各部門は融資や市場業務などのリスクテイクについて，計測可能なものをVaRで算出し，共通尺度で計量化されるが，それを各事業部門のリスクの許容量とする．それに対して資本が配賦されるというものである．それはパフォーマンス指標にリスクを含むことで，事業部門のリスクに対する意識を高め，各部門が限られた資本で最大の収益を上げるリスクテイクを選択させるという「価格メカニズム」を機能させるものといえる[19]．

ところが，バーゼル銀行規制Ⅰ及びⅡはエージェンシー・パラダイムに立脚するものとして個別機関の健全性を確保すべく，その保有資産の信用リスクを自己資本が上回るようコントロールするものであるが，その有効性は今次危機において問われるものであった．Acharya and Schnabl（2009）はIMF（2008）を引いて，銀行はリスクウェイト調整後資産に対して平均して7〜9%のTier 1 キャピタルを有していたのであり，それが規制上の最低限の数値である4%の約2倍であったことを指摘している（2009, 126頁）．翁も次のように述べる．「大手の欧米金融機関では，リーマンショック前の段階で既にバーゼルⅡの基準で測れば，10%を超える自己資本比率を達成しているところばかりであった」（翁 2014, 83-4頁）．高い格付けを得た金融商品を保有して資本賦課（規制資本）を少なく済ませることができ，したがってBIS規制上，十分な自己

---

[18] 詳細は宮内（2015）を参照されたい．
[19] 宮内（2015, 69頁）．宮内は以下で取り上げるように，バーゼルⅡのこうした「インセンティブ・コンパティブル・アプローチ」に立って，それと対置されるものとしての「マクロ・プルーデンス政策」に批判を加える．

資本を積んでいると考えられていた．それにもかかわらず，現実には 2008 年 9 月のリーマンショックにより，導入されようとしていた自己資本比率規制は，結局危機の予防策としてあまり役に立たないことが明らかになったのである（同上, 83-4 頁）」．

こうした事態に対し先に挙げた「インセンティブ・コンパティブル・アプローチ」からは次のような弁明がなされることがある．危機（2007 年のサブプライム危機）はバーゼル II が欧米の金融機関に本格的に導入される前に起こっており（宮内 2015, 270 頁），問われるとすれば非リスク感応的なバーゼル I 規制であって，バーゼル II ではないというのである．例えば宮内（2015, 70 頁）は，2007 年以前は「非リスク感応的」なバーゼル I の下にあったため規制資本と経済資本の乖離は大きかった．つまり，同じリスクテイクに対して規制が要求する自己資本と，統合的リスク管理で必要とされる配賦資本との乖離が大きかった．これに対しバーゼル II は「規制の遵守」が他の 2 つの目標（経営の健全性と収益性の最大化）と齟齬をきたさないように，規制資本と経済資本との乖離を小さくすることを目指していた（同上, 70 頁）のであり，それに拠っていれば規制裁定取引が抑えられ，高格付け CDO への大量投資からくるシステミック・リスクが偏在することはなかった，という．

本書では，以上の「インセンティブ・コンパティブル・アプローチ」あるいは「エージェンシー・パラダイム」とは異なるアプローチに立って，バーゼル規制 I，II における規制の何が問題であったのかを検討していこう．それは，自己資本比率規制が本来的に関心とする金融機関の健全性の維持の観点から，倒産を免れるべく将来発生する可能性のある損失へのバッファーとして各銀行が保有すべき資本量を規制しようというアプローチ自体の限界を指摘するものである．端的な指摘として Shin（2010b, 194 頁）を引くなら，「金融規制として資本バッファーを求めるという伝統的な見方は，金融機関の行動が他の金融機関に与える外部性の重要性について考慮していない」．これはバーゼル I，II ともに該当することである．ミクロプルーデンスに立脚して個別機関の健全性を確保する自己資本規制では，不確実性下の選択行動からくる認知上の集合的失敗や外部性を容れた「テールリスク」としての金融危機の勃発に対して有効な危機防止策とはなりえないということである．こうした観点からの危機メカ

ニズムはすでに本章前段で論じた．それを繰り返す必要はないが，要点にのみ触れれば，危機のメカニズムは階層化された金融システムにあって次のような構築素材から説明された．

　周辺的金融組織の基幹的金融組織に比しての相対的な成長の拡大がもたらされるのであり，それを可能にしたのが，ミンスキーが強調した市場性債務の発行による資金調達（短期ホールセール・ファンディング）にあった．それに併せて金融イノベーションによる新組織が関与しており，それを用いることで自己資本を節約し，もってそれだけ多くポジションを形成できた．「周辺的」金融組織はこうしたバランスシートから外された事業体を含む，規制の弱い金融機関（シャドーバンク）としてより大きな成長を遂げたのである．しかし同時に指摘されることは，市場性債務による資金調達——それは金融機関間での貸借として選択しうるだけのレバレッジの引き上げを可能にした——にあたって，担保資産の増価を前提にする信条を形成，保持することがあったのであり，そこに証券化商品のシニア・トランシェのリスク特性として「システマティック・リスク」に対する脆弱性がはらまれた．このことは次のようなシステミック・リスクとなって現れることを意味した．「資産価格（主として住宅価格）が上昇を続ける限り，リスクを転嫁するための導管体における緩衝材であるエクイティは減少することなく，むしろ増加さえした．……銀行は規制から解放された資本でさらなる利益を創出し続けた．しかし住宅バブルが崩壊したときに，この事業戦略の真のリスクが顕在化した」（Acharya and Schnabl 2009, 128 頁）．

　以上に描かれたところでは，階層化されたシステムの破綻のメカニズムは，自己資本規制が照準を当てた保有資産の信用リスクの顕現にあるのではなく，レバレッジを高め——シンの言う「レバレッジ部門」では銀行間で好きなだけ互いに貸借可能であった——，実体経済に対する債務の層の積み上がりを示す「逆ピラミッド構造」あるいはミンスキー，クレーゲルの言う「債務の重層性」がもたらされ，そうした構造の中でシステミック・リスクの発現が捉えられるのである．つまり住宅バブルの崩壊といったシステマティック・リスクの顕現によって，資産価格の下落——それは担保に提供された資産に及ぶ——が債権者の債務履行に対する懸念から資金の引き揚げを誘い，流動性逼迫が起こる．

それは複雑な金融ネットワーク，支払いネットワークにおいて資産価格下落を介した伝染メカニズムが働くことであり，資金調達の困難すなわち資金流動性の低下によって流動性をスパイラル的に低下させる．しかもそうした金融ネットワークにあっては，ファンダメンタル情報に基づかないままに，群れ行動に支配された債権者によって資金や証券が引き揚げられ（取付け），信用リスク上問題のない借り手をも資金繰りの逼迫に追いやるのであり，不確実性下の選択行動が流動性の喪失を引き起こすことになっている．それは個々の金融機関のインセンティブに照準を当てたミクロ・プルーデンスが，システマティック・リスク顕現の下ではその有効性を問われるということである．ここにマクロ・プルーデンスが固有に金融規制の立脚基盤とされるゆえんがある．

(2) 反循環的資本比率規制

それでは，金融危機後の金融規制が上掲のように理解される金融危機のメカニズムにいかに対処しうるものであるかを見ていこう．金融危機を契機として自己資本比率の見直しが2009年から始まり，2011年からの実施が図られるが，そうした一連の改定がバーゼルIIIと呼ばれる．本来ミクロ・プルーデンスを体化する自己資本比率規制にマクロ・プルーデンス政策がどのように組み込まれるのかの問題から見ていこうとしているが，その前に，危機後の規制導入で資本バッファーの保有がどのように増加しているかに触れておこう．まず米国の6大銀行持株会社について，普通株式によるティアI資本比率はリスクで加重された資産に対する危機前の典型的な水準である7〜7.5%から，2015年中の12%以上に増加している．EUについても——当該比率の測定基準はやや異なるが——15の大手銀行は2009年末の9.6%から2015年の第2四半期末の約12.3%に改善している．英国では新たな資本規制の下で主要な銀行の所要資本が約7倍に増加したとされるが，それはバーゼルIIIにおける次のような規制変更に対応したものと考えられる．銀行の健全性の向上策とプロシクリカリティの抑制のために資本保全バッファーが設けられ，それらは2016年より段階的に導入され，2019年には2.5%とされる予定のもので，達成できないときは配当が抑制される．求められる資本の質も高められ，最低自己資本比率8%という水準は変わらないとして，中核的資本であるティアIとされていた普通

株式，内部留保のみを資本性が高い資本と位置付けて，その最低水準が4.5％まで引き上げられるのである[20]．それらは，それ自体はマクロ・プルーデンスを表すものではない規制資本「水準の引き上げ」にあたるものである．それに加えてマクロ・プルーデンス政策の観点から「可変的」自己資本比率が導入されたのである．

つまり，「水準引き上げ」に該当する資本を保全するための備え（バッファー）（2.5％）に併せ，「カウンターシクリカル・バッファー（countercyclical buffer）」（0～2.5％）が新設される．これによって，前者のバッファーによって好況期に内部留保が配当などで社外流出するのを制限して資本を保全する一方，信用量が大きくなる好況期に0～2.5％の範囲内で当該自己資本比率が引き上げられる——景気後退期にそれが資本不足に対して用いられる——ことで景気の振幅を抑える措置が導入された．これが「マクロ・プルーデンス」政策と言いうるのは，自己資本比率にはらまれた「プロシクリカリティ」を抑制すべく景気情勢に応じて裁量的に所要資本を可変的にするものとされているからである．自己資本比率は高利潤（high profitability）と資産価格上昇（buoyant）で増大するから，景況と自己資本との間で相互に強化しあう関係にあり「プロシクリカリティ」という属性を持つ．資本規制がプロシクリカルに動くということを「好況期には資本増強やリスクウェイトの低下により自己資本制約が緩み，貸出意欲が高まって好況を増幅し，逆に不況期には資本の減少やリスクウェイトの上昇により自己資本制約が高まり，貸出意欲が低下して不況を増幅している」（宮内 2015, 233, 262頁）と説明することもできよう．ただ併せて留意されるべきは，「プロシクリカリティ」はすでに言及されたように次のような制度的，構造的要因からも引き起こされる．つまり，バランスシートを観察

---

[20] グローバルなシステム上重要な銀行（G-SIBs）に対しては自己資本比率の実質的な要求水準は従来の8％から20％台前半に高まるという（宮内 2015, 350頁）．それは「サーチャージ（上乗せ）」が課されるほか，円滑な破たん処理の枠組みを確保するための枠組みの導入による．この結果，G-SIBsに対する自己資本比率の実質的な要求水準は従来の8％から20％台前半に高まる．これと別個に以下で触れる「可変的」自己資本バッファーが課される．宮内は，こうした規制資本水準の引き上げについて，（「可変的」自己資本バッファーについて指摘される「インセンティブの歪み」という問題は少ないとしても，「規制裁定」のインセンティブが強まり，規制の効果がそがれることを指摘する（同書, 350頁）．

されるデータによって（時価）表示するという会計上の慣行，ルールが関係している．このことを宮内（2015）は次のように述べる．「プロシクリカリティは，規制，会計，市場慣行，リスク管理などの制度，慣行によって，金融システムが実体経済と金融との相互作用を通じて，経済の変動（シクリカリティ）を増幅する性質を指している」[21]（229頁）．この論点は以下でも言及される．

　以上に見たような可変的な（time-varying）所要資本は，Barsel III アコードの一角を構成しており，その中には特定の資産——たとえば不動産貸付のような——へのエクスポージャーをコントロールするためにリスクウェイトを調整することも含まれる．所要資本のこうした時間可変的な特性は，標準的なミクロ・プルーデンシャル規制に対して新たに加わったものであるが，信用拡張期間のリスクテイキングを抑えるという形をとったものである．それはリスク管理というミクロ・プルーデンスを生かしつつ，しかし自己資本比率がはらむプロシクリカリティに対処すべく，したがってシステミック・リスク対策としてマクロ情勢から裁量的に可変的自己資本規制を導入するというものである．しかし検討さるべき論点は，そうしたマクロ・プルーデンス政策は意図した成果を生まぬという反論があり，それはエージェンシー・アプローチから提起されているのである．われわれは以下でこの論点を取り上げるが，いましばらくマクロプ・ルーデンス政策の具体的メニューを見ていこう．

　以上で見たように，集計的信用ブームや景気循環を抑制する政策メニューを「マクロ・プルーデンス」，つまり「プロシクリカリティ」対策とすれば，「可

21）「プロシクリカリティ」を会計の制度的，慣行的要因がベースにあるものとしたとき，これを金融規制上いかに扱うかは，いわゆる「公正価値会計」の問題を論じることになる．「公正価値会計（Fair value accounting）」は「償却原価会計」と対置されるが，「仮に資産を売却した場合に受け取るであろう金額，あるいは負債を返却した場合に支払うであろう金額の推計値によって資産および負債を測定・報告する」財務会計の手法である．この会計原則が批判されることになったのは，今次の信用収縮が進行する中で次のような事態によってである．市場の流動性が欠如したもとで，公正価値測定の困難あるいは損失額の過大計上，そして公正価値に基づく未実現損失の計上が市場価格のより一層の下落を招くということで，それは金融システム全体に対するシステミック・リスクを増幅させる負の相乗効果（adverse feedback effect）を引き起こす恐れがあるのである．これが公正価値会計がプロシクリカリティをはらむということであるが，同様の問題は好況期にも公正価値での評価が景気過熱を増幅することとして現れる．Acharya and Richardson（2009）第9章，宮内（2015）第5章第3節を参照．

表 6-4 マクロ・プルーデンスの政策メニュー

政策	内容
①可変的自己資本規制（CCCB：カウンターシクリカル資本バッファー）	好況期に裁量的に自己資本比率の最低基準を引き上げる．逆に危機時に引き下げる．プロシクリカルな与信行動を抑制する狙い．
②LTV/VT 規制	住宅ローン等について，貸出／担保価値，借入残高／収入について上限を定める．
③レバレッジ規制	資本／資産（額面）の最低基準を設定．好況時のレバレッジの拡大，流動性リスクを抑え，プロシクリカリティを抑制．
④可変的マージン・ヘアカット	好況時に OTC デリバティブのマージンを引き上げ，逆に危機時には引き下げる．プロシクリカリティを抑制する狙い．
⑤ダイナミック・プロビジョニング	好況時に裁量的に貸出の引当を高め，不況時に取り崩すことで，プロシクリカリティを抑止．
⑥SIFIs への追加資本	システムにとって重要な金融機関（SIFIs）に追加的に規制資本を賦課．（too-big-to-fail 対策）
⑦living will	自らが破綻した場合に金融システムに混乱を起こさずに処理するシナリオを事前に設定．（too-big-to-fail 対策）
⑧ボルカールール	銀行の自己勘定での市場取引を規制するなどの業務規制が中核．
⑨流動性規制	一定以上の流動性資産の保有，運用内容に応じた安定調達の確保．

出所：宮内（2015），291 頁，図表 6-1．

変的」自己資本比率規制以外にも類似規制を挙げることができる．LTV（loan-to-value，貸出／担保価値）あるいは DTI（debt-to-income），借入残高／収入比率規制，可変的マージン・ヘアカット規制，ダイナミック・プロビジョニングがそうである．表 6-4 においてマクロ・プルーデンス政策としてどのようなものがあるか，必ずしも網羅的ではないが挙げられている．LTV/DTI 規制は，それらの比率にキャップ（上限）を課すことで銀行資産を制約する．こうした制約は，銀行のバランスシートの資産側に直接影響を及ぼそうとするもので，ブームの期間中，貸付基準の低下を制限することが意図される．これらの規制は，銀行資産の拡張に制約を課すことを意図したものであるからマクロ・プルーデンシャルな目的を持つといえる．

マージン，ヘアカットが時価評価のバランスシートや VaR を通じて「プロシクリカリティ」を有することは先に第4章で見たが，これを OTC デリバティブのマージンについて景気情勢に応じて「可変的」なものにしようとすることは，先に見たように自己資本比率を可変的なものとすることで景気の過熱や資産インフレに対応し過熱を抑えることを意図したことと同様の効果を狙ったものである．「ダイナミック・プロビジョニング」については貸出に対する「引当」を景気情勢に応じて裁量的に変える——好況時には積み増し，不況時には取り崩す——ことを意図したものである．ブーム時の問題は，資産価格が上昇すれば自己資本が増えて，総資産を増やそうとすることにある．つまり，銀行システムの資本が多くなりすぎ，過剰能力のあることが利回りを追及させ，貸出基準を下げることにあった．そこで銀行が新たなローンを貸し出す際，事前に引当負担を課せば，それは銀行の資本水準を低下させる．もって景気の増幅を抑え，プロシクリカリティの緩和を達成できる．こうしたダイナミック・プロビジョニングの導入例としてはスペインが挙げられる[22]．

マクロ・プルーデンス政策がブームや収縮といったマクロ経済情勢に対応して発動され，そのプロシクリカリティを抑えることを目的とするものであるなら，そうしたマクロ情勢に関係して動く，金融システム（金融構造）に現れた動きに対しても金融規制をもって影響を及ぼすことが考えられる．そうすればこれまでに挙げられた金融規制を補完するような役割が期待できるかもしれない．そうした金融面の動きとしてたとえば，レバレッジの急激な拡大・収縮や

---

[22] スペインのダイナミック・プロビジョニングについては小野（2009）が参照される．2000年7月に導入されたこの動態的引当制度は，その導入により（一般貸倒）引当金が金融機関の業務純益の1割程度に達したことから当初の評判はあまり芳しくなかったが，今般の危機顕在化の下で，スペインの金融機関は他の欧米大手金融機関に比べて厚いバッファーを有し，金融危機の影響を和らげることができたと評価されるものであった．しかし，同制度で対応できるのは「債権の期待損失についてのみで，非期待損失が顕在化する備えとしては不十分なものとなる恐れがある」（同上，58頁）ことから，スペインでも結果的には不動産バブルの加速と崩壊を完全には抑制されなかったことが指摘される．次のような言及がある．「2000年から06年にスペイン中銀総裁を務めたカルアナは危機や不況への備えとして，好況時に銀行が引当金を積み増す規制を世界に先駆け導入した．だが住宅価格が2倍超に上がるのを抑えきれず，欧州危機をきっかけにバブルが崩壊し，銀行の『引当金』は底をつき，経済低迷で物価も下がり始めた」（日経2014年10月23日）．

流動性ミスマッチの拡大が考えられ，それらは短期ホールセール・ファンディング利用の多寡に関係しているであろう．われわれは以下で表6-4に挙げられているような金融諸規制が金融危機を果たして効果的に防止しうるかどうかを検討しようとする．そのとき留意されることの1つは，ミクロ・プルーデンスの意図する，個別金融機関の「リスク感応的」なリスク管理による健全性確保をベースにして，上に述べたマクロ情勢に「可変的」に対応した規制策──「可変的」自己資本比率規制等──を合わせても危機防止策として十分でない場合のあることである．それは金融危機メカニズムに外部性や不確実性が固有の役割を果たすことがあるからである．つまり「認知上の，かつ外部性からくる集合的失敗」のパラダイムにあっては，他の金融機関からの流動性の逼迫やデフォルトの伝幡効果にも対処しうるように流動性あるいは資本バッファーを備えておくことが考えられる．それは所要資本を求めるとき，保有資産のリスクの質や量を勘案した「リスクウェイト資産」をベースに資本を保全するためのバッファーや「カウンターシクリカル・バッファーを加えるのみならず，債権債務のネットワークあるいは支払いネットワークという「相互連関性（interconnectedness）」を視野に入れることが必要だということである．われわれはこうした観点──system context あるいは system approach（Morris and Shin 2008）──から，以下で「流動性規制」や「レバレッジ規制」の機能，そしてCoVaR を取り上げ，検討しようとする．しかしそれに入る前に，「可変的」自己資本規制自体について，その効果について批判的な見解のあることに留意し取り上げておこう．

(3) マクロ・プルーデンスへの反論：規制がインセンティブに与える影響

マクロ・プルーデンス政策を，景気情勢に対応して当局が裁量的に行動するものとしたうえで，マクロの問題を強権的なトップダウンの規制によって抑え込むことで金融システムを安定化できると主張するものだと捉える立場がある（例えば宮内 2015, 第5章, 第6章）．そこに含意されるのは，金融危機に関する診断がマクロ事象を表面的に見ているだけで，ミクロのインセンティブ構造の歪みや規制裁定の重要性を見落としている（同上, 295頁）というのである．あるいは「金融機関や市場参加者の反応，インセンティブの変化，期待形成へ

の影響などを無視した規制が唱えられている」とする見方である．この立場からは，規制に対する金融機関側の反応を考慮に入れることによって，そうした規制が必ずしも所期の目的を達成できるとは限らないということが指摘される．つまり「可変的資本規制のような景気情勢に対応して求める自己資本比率を変更する政策が導入された場合，金融機関をはじめとする市場参加者は将来を見据えて政策変更の経済的な意味を理解しようと努める．しかし，この結果，彼らが当局の裁量的行動を織り込んでどのように反応し，その影響がどの程度かというダイナミクスは，ほとんどわかっていない」（同上，307頁）．このことを特定の規制策，例えば「可変的」自己資本規制について言えば次のようである．銀行は可変的資本規制（CCCB）を課せられても，将来のいざというときにはCCCB部分を取り崩せるから，銀行が実際に積む自己資本水準のうちの規制資本を上回る部分である「自発的な自己資本バッファー」をそれだけ少なくするように規制に対して反応する．そうであれば，ブームの過熱化を抑えようとしても効果は限定的になる．あるいはまた，次のように論じられる．「可変的資本規制が導入されると，将来の追加的な資本賦課を予想して，金融機関は必要以上に早い段階から貸出を絞るかもしれない．逆に将来の資本賦課の削減を織り込んで，過熱局面でも貸出を続けるかもしれない．……こうした動きが経済の不安定化要因となりかねない」（同上，325頁）というわけで，可変的資本規制がプロシクリカリティを抑制するどころか却って不安定化させうると論じる．

　ダイナミック・プロビジョニングについても全く同様のロジックから次のような反論が出される．「ダイナミック・プロビジョニングの発動ないしその可能性に対する銀行の反応は，好況期に引当の積み増しを課しても，将来的に要求される引当水準が低下するとわかっていれば，銀行はそれを織り込んで好況期の自発的な自己資本バッファー（規制が要求する水準を上回って銀行が自主的に保有する自己資本）を低めに設定するだろう」（同上，254頁）．換言すれば，好況期に引当を積ませて自己資本を抑えても，金融機関はその分だけリスクテイクを抑えるという単純な反応はしない．それは将来の不況期に引当ルールが緩むことを勘案して動くからだというのである．こうして，金融機関の期待形成や反応について「動態的な」洞察をするなら，ダイナミック・プロビジョニ

ングによるプロシクリカリティ削減効果は期待できない（同上, 255-6 頁）と主張する．

　以上に見たマクロ・プルーデンス政策の効果に対する否定的な立場は，規制を回避しようとして「ループホール探し」をするという規制裁定行動に訴えることによっても主張される．たとえば可変的資本規制を課せられても，「企業内の資金移転やノンバンクを通じた迂回融資など，規制の外側にあるルートを通じて，可変的資本規制の高い国の借り手から低い国の借り手へと資金は流れる」（同上, 326 頁）からだとする．あるいはまた，LTV/DTI 比率規制について，（住宅金融など）特定のセクターにおいて導入される場合には効果が認められるにしても，当該規制を免れるべく他のセクターにおいて回避が図られることを勘案すれば，マクロ的には当該比率規制の効果は疑わしいというのである[23]．

　しかし上掲のマクロ・プルーデンス政策批判に対しては以下のような反論を提起できる．批判的な立場は，マクロ・プルーデンス政策はコマンド＆コントロール志向が強く，トップダウン規制だとして，規制対象たる主体の合理的な期待形成や選択行動が考慮に入れられていないと主張する．ミクロ的基礎を欠くという指摘である．しかしその指摘は必ずしも的確とはいえない．われわれの階層化された金融システムにおける経済主体は，不確実性下に（合理的）選択行動をとっており，ファンダメンタル情報に代えて特定命題あるいは「信条」を形成し，それに対する確信に依拠しながら選択行動をとっている．そうした「信条」は例えば，ブーム下でポジション形成に当たり短期ホールセール・ファンディングを利用した借入に際して，担保に提供する保有資産の価格が「増価する」との信念を保有しているといった形をとる．そのとき，上掲のような金融規制，例えば可変的自己資本規制が課されるならば，住宅市場の動向といったマクロ的経済環境や全般的信用状況についての「見通し」とか，それについての「確信」に対する影響——例えば信条を支える慣行的基礎が脆弱であることから，その信条が放棄される——を通して政策が効果を及ぼすことが考え

---

23)　かくて LTV/DTI 比率規制は，規制裁定行動によってその政策効果が低下しうるし，効率的な市場を有する先進諸国では導入されず，統制色が強く規制裁定を容れにくい新興国での導入が中心とされている（宮内 2015, 294 頁）．

られる．そのような形で規制が期待形成やインセンティブに影響を及ぼすことが考えられるのである．

これに対し，金融規制が無効だというとき，市場参加者の期待形成は効率的で，バイアスのない——持続的な誤りを含まない——予測（forcast）がなされるとの扱いの下にあるように考えられる．現時点での自己資本規制の引き上げが，将来時点における不況下でのその引き下げを正しく合理的期待形成によって予測して，今日の市場参加者の意思決定に組み込まれるとすることは，将来の予測可能性と時間の同質性の前提に立つものである．それは確率過程を「エルゴード性（ergodicity）」によって捉えるもの（Davidson 1982-3）で，経済システムを不可逆的な過去から不確実な将来へと歴史的時間を経て動くと理解する立場と対置されるものである．宮内は，単に現時点の自己資本比率規制の好況下での引き上げが，不況下では引き下げられるので，規制値の変化分だけの効果は得られないと主張するものであるが，そうしたアプローチは以下に言う「非エルゴード性（nonergodicity）」への理解を欠くものといえよう．すなわち，宮内において将来時点のイベント（規制値の引き下げ）が現時点での市場参加者のインセンティブに「期待形成」を介して影響するというとき，異時点間での自己資本の配分をめぐる最適決定を想定するものであるが，それは不確実性があり，歴史的時間が経過する中での選択行動において，将来は現在と同質的ではなく，予測可能（predictable）ではないという確率過程について留意される必要がある．それがなされるとき，自己資本比率の「可変性」は，不確実な将来のマクロ情勢に対する見通しについての信念や確信に影響を及ぼすことを通じて効果を発揮しうる．すなわち，ブーム下に「可変的」自己資本規制により自己資本比率の規制値の引き上げは，所要資本の増大がポジション形成に対する抑制効果をもち，需要減から資産価格の「増価」——つまりバブルの持続性——について懸念を生じさせるかもしれない．このことがこれまでの慣行的判断に変更を迫るなら，信条の放棄に伴う（自己資本をベースにした）新たなバランスシート調整がブームを抑え，プロシクリカリティに対する抑制効果を発揮するかもしれないのである[24]．他方，「規制裁定」取引がとられる場合については，金融規制の効果が減殺されることは，金融業のダイナミズムの発揮として，われわれの階層化された金融システムにおいても起こりうると

考えられる．そのとき規制裁定取引が引き起こす政策効果の低下の問題に対しいかに対処しうるかを，われわれの階層化された金融システムにおいても固有に検討しなければならないといえよう[25]．

(4) 相互連関性の下での資本規制

先に述べたように，われわれの金融危機メカニズム理解によれば，外部性や不確実性下の選択行動（「群れ行動」）は増幅（不安定化）効果に関係しているから，金融規制によっていかにそれらに対処しうるかを示すという課題が残っている．この論点を取り上げるにあたって重要なポイントは，保有資産がはらむ信用リスクの顕現に対し資本バッファーを持つというミクロ・プルーデンスでは十分に対処しえず，金融ネットワークにおける「相互連関性（interconnectedness）」を視野に置かねばならないことである．それは金融機関間の債権・債務のネットワークから流動性逼迫やデフォルトが直接，間接の伝染を引き起こして伝播してくるということであったから，個々の機関が保持すべき所要資本も，当該機関がネットワークを介してシステミック・リスクに寄与した度合に応じて課すことが考えられる．それがシステミック・リスクへの寄与度に応じて課金額を決めるということであり（Acharya and Richardson, eds. 2009, 第13章, 364頁），各金融機関に負の外部性を内部化させ，もってシステミックリスクへの寄与を抑制するインセンティブを与えようとすることである（同上, 359頁）．問題は，そうした「外部性」の大きさを個々の機関について

---

24) 宮内（2015, 293-5頁）において，政策メニューのそれぞれの効果の検討と併せ，マクロ・プルーデンス政策の実現状況についての展望が述べられている．しかし総じて否定的な論調である．

25) この論点についてわれわれは以下で，短期ホールセール・ファンディングへの依存が，短期資金の引き揚げによって流動性逼迫と資産価格の下落を介して伝染効果を引き起こすことを勘案し，外部性の「内部化」として短期資金の借入に対する「ピグー流の課税」を取り上げる．しかも短期ホールセール・ファンディングへの依存度の強い「周辺的部門」あるいはシャドーバンキング部門の資金調達自体を抑制すべく，同部門に対しても，実質上「ピグー税」を課されるのと同等の効果を持つような策が紹介される．それは，規制に強弱のある階層化されたシステムにおいて，規制の緩い部門にも実質上の規制を課すことによって「規制上の中立化（regularity neutrality）（De la Torre and Ize 2009b）を意図するものといえる．

いかに計測するかである．この問題を「システム上重要な金融機関（systemically important financial institutions)」に照準を合わせて見ていこう．ほとんどの金融機関のシステミック・リスクへの寄与は僅少で，保険料はゼロ近くになるだろうからである（同上，第13章，374頁）[26]．それでは，個々の機関がシステミック・リスクに寄与するエクスポージャーあるいは損失の大きさをどのようにとらえることができるかを見ていこう．

VaRは個別金融機関がそれ自身で負う（市場リスクや信用リスクからくる）リスクの大きさを問題にするのに対し，ここでは負の「外部性」に照準を当てようとしている．そうした外部性は金融機関間で相互に債権・債務を通じて依存しあうという「相互連関性」から伝染効果を容れてシステム全体に及ぶものと考えることができる．そこでいま，個々の金融機関の破綻や窮状が伝染を通じてシステム全体に引き起こすインパクトを捉えるべく，ある特定の機関が窮状に陥るが，「他の金融機関には変化がない」として「条件付きで（conditional)」，経済全体の集合リスクに及んだインパクトの大きさをCoVaR[27]として次のように捉え，計測することが考えられる．それは，各銀行が経済全体の損失に対して引き起こす「限界ES（Expected Shortfalls, 期待ショートフォール（信頼区間を超える損失額の期待値））」である[28]．

Adrian & Brunnermeier (2011, 以下A&Bと略称）は，機関iのCoVaRを次のように定義する．iが苦境（distress）にあるという条件下での金融システム全体の（q%）VaR（とは，q%の信頼水準の範囲での最大損失）を表す．さらにΔCoVaRという，個別機関のシステミック・リスクに対する限界的寄与を表す概念が次のようにして得られる．つまり，1機関が（問題のない状態

---

26) 「システム上重要な銀行」はFSB（金融安定理事会）によって公表され，2016年11月時点では30行であるが，そのように認定されると1～2.5%（最大2.5%）の追加的な自己資本の「上乗せ」が求められる．

27) 接頭語Coの意味することは，「条件付き（conditional)」，「伝染（contagion)」，「連動性（comovement)」を表している．

28) 標準的なリスク管理手法となっているVARや期待ショートフォール（ES）は，極端な状況において企業がこうむる損失を推計しようとするもので，ここで「極端な状況」とは，株式時価総額を用いるなら，経済全体のショックを，全ての上場企業の時価総額の下落率が，最下位5%に入るイベントを指す（Acharya and Richardson, eds 2009, 368頁）．

第6章　金融規制改革に向けて

から）苦境に陥ることで，全般的なシステミック・リスクに対して「限界的寄与」がもたらされたと考える．それは次のようにして導かれる．1機関の苦境という条件下に置かれるときの CoVaR と，その機関が「正常」状態にあるという条件下での CoVaR との差として ΔCoVaR を捉えるのである．ここで「苦境にある」というとき，不利な資産価格変動のリスクのみならず，資金流動性のリスク（資金調達上の困難）も含めてすべての型のリスクを表すものとされ，公開金融機関の市場価値での総資産の週次の変化によってとらえられるとする．しかし実際は株価を用いて「株式 VaR」として特定化し，「ある金融機関の株価が大幅に下落した時の金融部門全体における株式 VaR の変化などから CoVaR を算出している」（宮下 2015, 339 頁）．

　CoVaR を通じて表された個々の機関のシステミック・リスクへの寄与は，大手金融機関間の相互連関性を捉えるのにも使える．図 6-2 は金融機関が有する相互連関性を表したものである．つまり，i, j 間のリスクの波及を表す CoVaRj/i は機関 i が苦境に陥ったときに個別機関 j のリスクの増加を捉えるもので，それに因果関係あれば，リスクの伝染効果を捉える[29]．こうして CoVaR を用いることで，個々の機関のシステミック・リスクへの寄与と並んで，金融機関間の互いの外部効果を，つまり金融ネットワーク全体にわたって機関から機関へのリスクの波及を捉えることができる．

　ここでさらに言及されることは，A&B においては ΔCoVaR を将来のシステミック・リスクを予測するものとして用いるべく，「フォーワードルッキング」なリスクの測定値（forward ΔCoVaR）を計測することである[30]．留意されることは，「フォーワードな ΔCoVaR」が「カウンター・シクリカリティ」を示

---

[29] ただし，CoVaRj/i ≠ CoVaRi/j，つまり両者が均等である理由はない．

[30] forward ΔCoVaR を得る手続きは A&B において次のように説明される．まず，条件なしの（unconditional）ΔCoVaR が時間にわたり一定であるのに対し，ΔCoVaR の変化を次のような「状態変数」の関数としてモデル化する．イールドカーブの傾き，集計的な信用スプレッド，VIX による株式市場のインプライド・ボラティリティなどが状態変数として用いられる．次いで，時間にわたり変化する ΔCoVaR を，各金融機関の次のような特定の測定値（measures）に関係づける（「パネル回帰」）．つまり満期のミスマッチ，レバレッジ，時価・簿価比率（market-to-book），規模，マーケット・ベータである．この「パネル回帰」から予測された値（values）が "forward ΔCoVaR" と呼ばれるものである．

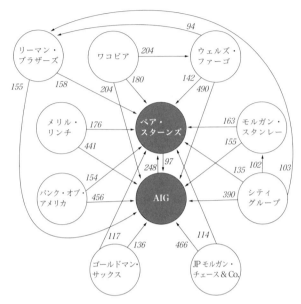

出所：IMF（2008），chaper2 p.6, Figure 2.6
注：ここで矢印の方向と数値は，他機関が困難に陥ったときに矢印の向かう機関に及ぶと推計される連鎖リスクで，CDS スプレッドの上昇でその大きさが示されている．図では連鎖リスクが 90％以上のものだけが描かれている．付注は Table 2.6「条件付き連鎖リスクの推定（Conditional Co-Risk Estimates）」の注よりとられた．

図 6-2　自社リスクの他機関への条件付波及の図的表示

すということで，現時点の（contemporaneous）ΔCoVaR と強く「負に相関」している．そのようなフォーワード ΔCoVaR の意義は，次のような「ボラティリティ・パラドックス」を説明できることにある．すなわち，低いボラティリティの環境がシステミック・リスクの積みを引き起こすということで，これは Borio が次のように述べたことに合致することであり，しかもそうしたパラドックスがいかにして引き起こされるかを説明するものといえる．「リスクがシステムにおいて集計的なリスクテイキングを反映して積み上がっているときに，市場価格を用いて測定したリスクは異常に低く出る傾向がある．それはリスクプレミアムや，測定され，インプライされたボラティリティ，そして相関が異常に低いからである．……それゆえ金融不安定性のパラドックスは，シス

テムが最も脆弱であるときにまさにもっとも強靭であるように見えることである」(Borio 2009, p.36). 実際, A&B (2011) は, 2006年末までのデータを使って推定されたフォワード ΔCoVaR は, 2008年の金融危機の期間の実現された共変量 (covariate) におけるクロスセクショナルな散らばり (dispersion) の半分を予測できたとの結果を得ている. 以上から, forward ΔCoVaR はフォワード・ルッキングな仕方でシステミックリスクの積みの監視 (monitoring) に用いることができ, それは, 現在の企業特性に基づきどの企業がシステミックな金融リスクに最も寄与すると予想できるかを示すものである. このことによってフォワード ΔCoVaR は, 外部性が存在する下でのシステミックリスクを防止するところの資本の上乗せ分を計算 (calibrate) するのに使われるものとなる.

(5) 流動性規制

金融市場における相互連関性からシステミック・リスクが引き起こされる問題は,「システム上重要な大手金融機関」の破綻の場合にとりわけ関係している. しかし, 巨大企業が存在していない場合にも金融システムが伝染に対し脆弱になりうることが前章で留意された. それは複雑な金融ネットワークにあっては「カウンターパーティ・リスク」が直接的な取引関係からだけでなく, 特定できない間接的な経路を介しても引き起こされることにあった. そのような「コンテージョン」がどのように生じるかについて, 2009年から2017年3月まで連邦準備制度理事会の理事を務めた Tarullo[31] (2013) は次のように述べる. 「破綻を許すには相互にあまりに連結しすぎているといえるような巨大企業が存在していない場合にも, 金融システムは伝染に対し脆弱になりうる. それは重要な資産クラスに対する外的ショックが, それらの背後にある価値についての不確実性を引き起こし, その帰結としてこれらの重要な資産 (証券化商品) を保有する企業に対し短期の資金提供を嫌がる」(ibid., p.4) からである. そのとき, バーゼル I, II の銀行規制のような, 個々の銀行が保有する資産全体のリスクの大きさに対し規制上求められる資本の大きさを測定するという「伝

---

31) 2008年の金融危機後の銀行規制強化に取り組み, FRB の金融監督当局者の一人として高い評価を得た.

統的な見方は，金融機関の行動が他の金融機関に与える外部性の重要性について考慮していない」(Shin 2010b, 194 頁) のであり，「各個別機関の支払い能力 (solvency) を手厚くすることがシステムの安定性を確保するという自明の理とされたことが役に立たなくなっている．それは伝幡効果 (spillover effects) を扱っていないからである」(Morris and Shin 2008, p.27)．この点でわれわれはすでに，短期ホールセール・ファンディングに照準を合わせて金融システムの危機のメカニズムを描写し，バランスシートを構成する「重要な資産クラス」のプライシングについての不確実性を介して「負の伝幡作用」が引き起こされると理解した．こうして「確信」が役割を果たす伝染のメカニズムを防止すべくいかなる有効な金融規制がありうるかが課題とされる．

外部性がどのように現れるかといえば，ノーザン・ロックの破綻に見たように，債権者が借り手の保有資産の価値低下（あるいはリスクのプライシングについての不透明さ）に巻き込まれることを恐れ，資金を引き揚げる——それは借り手にとっては「取付け」に当たり，今次危機を特徴づけるものであった——ことから資金調達の困難，流動性の逼迫に陥ることが想起される．しかも短期のホールセール・ファンディングに過度に依存するとき，資産・負債間のミスマッチを抱えた債務者が資金繰りに窮して投売りを迫られることに発して「伝染」を伴いながら資産価格の下落が引き起こされる．「有担保取引において，金融商品価格の下落と市場流動性の低下の悪循環が金融機能を瞬時に麻痺させ，機能不全を一気に拡大する」(翁 2014, 153 頁)．それは資産市場（投売りの場）とファンディング市場が相互に依存しあいながら，市場と資金の 2 つの流動性間の（スパイラル的な）相互依存の形をとって展開する．その際，借り手は保有資産がかかえる信用（および市場）リスクの顕現からデフォルトに陥るというよりは，「取付け」にあって資金繰りの困難に陥ることを特徴としている．それは貸し手が借り手の債務の履行について，あるいは現金や証券の委託先（プライム・ディーラー）に対して「確信」を失ったからであり，不確実性下に不安に駆られて「逃げる」と「避ける」を旨とした行動が「取付け」となって現れたのである．たとえば 2008 年 3 月のベア・スターンズへの取付けについて，Morris and Shin (2008) は「バランスシートの資産サイドよりは負債の側」に問題があったとする SEC の見解に留意しているが，それは同行がこ

の間,バーゼルIIの監督基準を十分に超えた資本バッファーを一貫して有していたにもかかわらず,貸し手側に「確信」の喪失が生じたからである.しかも確信を喪失したときに採られる行動は,不確実性下に不安に駆られて採られるそれであり,資金引き揚げに際して「早い者勝ち」となり,「調整の失敗」の問題として現れる.ファンダメンタルズに基づくよりは他人の行動を見てそれに倣うという「群れ行動」がとられる.かくて,市場から流動性が喪失する事態を引き起こす不確実性下の選択行動に対処しうるような金融規制をいかに提示していけるかが問題になる.金融危機発生のメカニズムについて以上の理解を持つとき,「流動性規制」の果たす役割を以下のように提示できる[32].

バーゼルIIIにおいて導入された「流動性規制」がいかに機能するかを考えてみよう.バーゼルIIIでは,銀行が短期債務に依存することから起こる投売りを制限する手段として「流動性規制」が講じられているのであり,そのことは安定した(長期)資金調達を促すものともなっている.「大銀行のバランスシート上の流動性は,所要資本を増加させることを超えて最小の流動性カバレッジを満たすべく規制される,つまり,30日というもっともな(plausibly)期限内に起こるだろう現金流出が,容易に現金化される諸手段(ready cash sources)によってカバーされることを保証すべくデザインされている」(Duffie 2016, p.6).流動性規制が自己資本比率の本来的な役割(銀行の健全性の確保)に比して有する特徴は,「サイクルの崩壊局面における外部性を制限する」ことにある(Shin 2010b, 211頁)との指摘が留意される.流動性規制は市場参加者が取引相手の債務の履行可能性に対して抱く懸念をそれだけ少なくできる.しかも少額の流動性バッファーが金融システム内に広く持たれているならば,バッファーの作用は増幅され負の波及効果が緩和されるということがいえる(Shin 2010b, 194-5頁).かくて流動性規制を,今次金融危機を特徴づけた短期ホールセール・ファンディングにはらまれた資金引き揚げの問題への対策として位置づけることができる.

それでは流動性規制がそのような「外部性」に対する効果を持ちうる根拠を見ていこう.Morris and Shin(2008; 2009)は次のように論じる.一定期間に

---

32) 以下の流動性規制についての所論はShin(2010b)に依存している.

おいて現金同等資産の保有を強制する（例えば銀行に中央銀行での準備預金を維持させる）ことで，金融仲介機関の間での債務不履行の波及リスクに影響を及ぼすことで，取付けに関する外部性を和らげることができる．それは借り手の銀行が高い水準の流動性を持つなら，貸し手銀行による資金の回収があっても，返済は少なくとも一部については，保有する流動資産で行うことができるからで，借り手銀行が他の銀行に取付けを起こす確率はそれだけ低下する（Shin 2010b, 210頁）．さらに加えて，貸し手銀行の行動にたいして次の2つの効果が生じると述べる．借り手銀行が取付けを受け難くなったことが分かると，資金や委託した証券を引き揚げる際に「われ先に」という行動による協調の失敗を引き起こす誘因をそれだけ減ずるということ，および各貸し手銀行が他の貸し手銀行の流動性水準が高いことを認識していれば，貸し手銀行間の協調の失敗問題に対して戦略的に行動することから起こるリスクをそれだけ減ずるということである．以上の議論から窺われるように，資産の構成に制約を与えようという流動性規制のベースにある考えは，金融機関のとる行動（actions）は他の金融機関の利害に影響を及ぼすという伝幡効果あるいは外部性に留意することで，それは取付けに対処しうることを視野に入れた方策として提示されている．その意味で「システム」の観点から金融規制にアプローチするものと言える．そのとき，金融規制の目的は，外部性をできうる限り軽減し，もって金融システムを全体として効率的な最終結果（outcome）へと近づけるということで，その場合には外部不経済の是正手段として適切な「ピグー税」を課すことが適用される（Morris and Shin 2008）．「ピグー税」についての具体的な内容は，そのプライシングを含め以下で改めて取り上げられるので，ここでは次のようなものとしてのみ提示しておこう．それは流動的な資産と現金を十分に持ち，併せて債務は長期債務のように十分安定的であるようなものとすることで，より有利な資金調達手段である短期債務の利用に代えて，長期債務を選択するよう仕向けるとするものである．これに対し，伝統的な自己資本比率は，「リスク資産」の規模を問題にし，それに対置して自己資本を積むというもので，債務の構成に触れるものではない．

　こうしてMorris and Shin（2008; 2009）は次のように結論する．ちょうど自身の状態の悪化と他の銀行の健全性に対する懸念が自己強化的であり得たよ

うに債権者と債務者の行動に生まれた余裕がさらなる余裕を生み出す．このようにして，取付け心理の悪循環を生む力と同じ力を，市場安定の好循環を生み出すように抑制し利用することができる，というのである．

　以上の議論は，「流動性規制」が，先に第4章で取り上げた Caballero and Simsek（2010）が論じた流動性喪失の問題に対処しうることを示唆している．すなわち，取引ネットワークにあってどこから損失が及ぶか摑めぬままに，自らも巻き込まれることに対する恐れから流動性の保蔵に走り，取引が萎縮すること（デレバレッジ）が引き起こす流動性スパイラルに対処しうるということである．あるいは前章で取り上げた Arinaminpathy, Kapadia and May（2012）の確信の低下とバランスシートの収縮との間の相互作用というメカニズムを断ち切ることについても，その効果が期待できるということで，「確信の好循環」を生み出す処方として留意されるのである．

(6)　レバレッジ規制

　次いで，外部性がある下で「レバレッジ規制」がどのように機能し，効果を発揮するかを見ていこう．レバレッジ規制は「自己資本（Tier 1 資本）を分子，会計上の資産（額面）を分母とした「レバレッジ比率」──レバレッジ（総資産／自己資本）の逆数──の最低基準（下限）を設定するものであるが，各資産のはらむリスクの相違が考慮されていないため，「リスク非感応的」な規制である．この点でリスクで重みづけられた資産に対する資本バッファーの程度を表す（リスクウェイト）自己資本規制と対比される．バーゼルⅢではレバレッジ比率が 3% 以上になるように求められ，モニタリングがなされることとなっている．好況期には「レバレッジ」が上昇するが，それは自己資本をベースにしたバランスシート調整のメカニズムが働くからである．このことはレバレッジがプロシクリカルな動きをすることとして捉えられるが，これを「レバレッジ比率」規制によって見れば，当該比率が好況下で低下するということであり，この比率に制約（下限）を課すとはブームの過熱，集計的信用ブームを抑制するということである．それをいかにして達成するかについて，短期ホールセールファンディングによって調達した資金による資産の取得を抑制することが考えられる．このことを，先の第3章で取り上げたシンの会計的恒等式を用

いて見ていこう．

　シンが金融仲介部門全体の集計されたバランスシートを用いて示したことは，信用の供給に関して，究極的には最終的借り手への信用の供給は，銀行システムの資本か，あるいは「銀行部門」以外（「非レバレッジ部門」）が提供する資金によらなければならないということであった．それは $\sum y_i = \sum e_i z_i (\lambda_i - 1) + \sum e_i$ と定式化された（y_i は銀行 i による最終的借り手へのローンの市場価値，e_i は資本の名目額，z_i は外部（非レバレッジ部門）の請求権者が保有する銀行 i の負債の比率，λ_i は銀行 i のレバレッジ）．ここでレバレッジ（比率）規制によってレバレッジ比率に下限を課す——レバレッジ（λ_i）（$= a_i/e_i$）に上限を課す——ことで，ブーム時のレバレッジ $\{\lambda_i\}$ の上昇を抑えることとなる．そうすることで，ブームに続く金融サイクルの崩壊局面の被害を小さくすることができるのであり，これがレバレッジ規制の意図するところである．それは集計されたバランス等式に即していえば，次のように理解できる．「$\{\lambda_i\}$ の変動を和らげることは，時価評価の資本価値 $\{e_i\}$ と外部（非レバレッジ部門）からの銀行部門の資金調達比率 $\{z_i\}$ も節度ある範囲に収まることを意味し，「銀行間」の貸出の急速な蓄積——それは後に他の銀行への「取付け」として無秩序に巻き戻されることになる——を阻むことができる」(Shin 2010b, 210 頁，「　」は引用者）ということである．このことは換言すれば次のことを意味する．レバレッジ比率に規制（下限）が課されない場合，実体経済の動向に基づいて動く非レバレッジ部門からの借入額を増やそうとしても制約があって急激に増やすことができないとき，金融機関としては，（自己資本）利益率を高めるべく金融機関同士で互いに貸借し合うことによってレバレッジを高めることが可能である．資産担保証券を担保に用いて貸借を行うことが可能だからである．そのようにして各機関は自己が望む水準までレバレッジを高めることができる．しかしこうして好況下にレバレッジを高めることを規制する，つまりレバレッジ比率に下限を課すことこそ，レバレッジ規制の意図するところである．それは互いが貸借しあう（もってレバレッジを高めて「自己資本利益率を高める」）ことを規制しようとすることを意味する．そのとき留意されるのは，そのような規制策は金融構造の脆弱性を表す——実体経済に比して信用の膨張を表す——「逆ピラミッド構造」の構築を抑え，もって伝染が金融システムに作動す

ることで金融危機に展開することを抑えようとするものなのである．

　当該レバレッジ規制の意味することを確認すれば，実体経済に比して金融取引あるいは債務が積み重なって過大となった「逆ピラミッド」構造が，次のような意味で（システマティック・リスクの顕現による）ショックに対し脆弱である．担保付き借入れは担保資産の増価が維持される――それについての信念が維持される――限りで持続可能である．資産価格が下落してヘアカットが上昇すれば借入可能な資金は減少する．つまり，資金の借り手が達成できる最大の（許容可能な）レバレッジ水準は低下するしかない．レバレッジの縮小に迫られれば，借り手は資産の売却もしくは新規資本の調達を必要とするが，市場環境が悪化する状況下ではそれらはともに難しく，投売りを含めた保有資産の売却によって，つまり（資本量は変えないまま）資産を減らしてバランスシートを調整することとなる（Shin 2010b, 186-8頁）．これは危機下で見られるメカニズムを構成する．

　ここで併せて検討されるべきは，今次危機の勃発に先立って積み上がったレバレッジに対し，リスクで加重された，したがって「リスク感応的な」自己資本比率がなぜブームを抑制する効果を発揮できなかったのかという問いである．高レバレッジは短期ホールセール・ファンディング，例えばレポの利用によって達成されるが，レポは資金の供給サイドから見ると，担保でカバーされているため「低リスク」資産として扱われることとなり，したがってリスクウェイトの自己資本比率の表すバッファーは，リスクに対処すべき「経済資本」を十分超えているとみなされる．他方，レポを取り入れてポジション形成する借入側にとって，レバレッジ規制が導入されていない下ではやはりバーゼル資本規制によって好況期のレバレッジの積み上がりを抑止できないということになる．こうしてレポ資金を用いるような短期ホールセール・ファンディングを通じたレバレッジはブーム時に顕著に高まる傾向をはらみ，その帰結は「テールリスク」の勃発つまり大惨事（calamity）の可能性につながる．これに対しレバレッジ規制は，「レバレッジ比率」に下限を設けることによって大惨事を招き得る高レバレッジの招来を防止することができるのである．ここにレバレッジ規制は次のように理解される．「レバレッジ比率は米国の銀行システムが一層悲惨な惨事から免れることに役立った．これはレバレッジ比率がより慎重な行動

をとるよう促すからではなく，軽率な行動からの損失を吸収すべく最小のバッファーを保証するからである」[33]（Hildebrand 2008）．その意味することは以下の叙述から示唆されよう．

　レバレッジ規制が固有に危機防止策として有効であることは，レバレッジ比率が危機を感知するのに有効であることにあり，それは（リスクウェイトを用いた）自己資本比率に比すことから窺える．Haldane（2012）は，デフォルト発生（銀行破綻）と危機前のレバレッジ比率との間に有意な関係があることを，2006年末に総資産1000億ドル以上の約100に上る世界の主要銀行について——そのうち37行が今次危機で破綻した——，破綻を「単純な」，つまり資産をリスクで加重していない「レバレッジ比率」で有意（1％水準）に説明できるとの結果を回帰分析から見出している．これに対しリスクベースの自己資本比率は破綻銀行との間に有意な相関がみられないのである．このことは，破綻銀行の危機前の「レバレッジ比率」が生存銀行のそれに比して平均して1.2％ポイントだけ有意に低いという結果とも照応する．ここからHaldane（2012）は世界のもっとも複雑な銀行群に対して，リスクで加重された資産を用いた精緻化された比率より単純な比率の方が危機の予測力が大きいと述べたのである[34]．

　以上の実証結果は，先に触れたように今次危機が主要銀行で規制値に比して高い自己資本比率を達成していたにもかかわらず破綻が生じたことに合致している．ここに再び導かれるのは，金融危機は個々の銀行の保有資産の「質」から見た健全性に問題があったのではなく，「逆ピラミッド構造」の脆弱性下に流動性逼迫を介した伝染という外部性——さらに加えて限定合理性からくる「群れ行動」のような認知上の集計的失敗——に起因していたことに因っていたということである．かくてレバレッジ規制の意義について次のように言える．「単純なレバレッジに制約を課しつつ流動性の保持を求めることは，ある銀行が他の銀行に影響を及ぼすことで発生するシステム全体の外部性を低減させる役割を持つ可能性がある．つまり，外部性を発生させている主体は，それをで

33）　ここから，レバレッジ比率規制は先に見た流動性規制とセットになってよりよく機能することが窺われる．
34）　宮内（2015, 第6章6節）もHaldane（2012）の講演を取り上げてコメントしている．

きるだけ自らのものとして負担させる」(Shin 2010b, 196頁) という金融規制への含意も導かれる．これは CoVaR による外部性に基づく所要資本額の設定によって達成されるものである．

3. 規制導入が市場流動性に及ぼすインパクト

　バーゼルⅢにおけるマクロ・プルーデンスを枠組みにした金融規制の導入が，そしてまたドッド・フランク法のもとでのボルカー・ルールの実施が，金融仲介機関の活動を阻害し，金融仲介機能において意図しなかった悪影響が出ているとの指摘がなされている．とりわけマーケットメイクの機能が落ちて市場流動性に悪影響が出ているとの指摘であり，それは規制の副作用であり，意図せざる結果（unintended consequences）であるというのである．本節ではこうした議論を取り上げることで，先に提示されてきた金融規制をいかに評価するかの検討につなげよう．なお，大手金融機関への自己資本のサーチャージやレバレッジ規制によって市場流動性が低下したことについては，すでに第1章で，また関連する図（図1-1，図1-2）も併せて言及された．宮内（2015）が，イングランド銀行の Rule（2014）に言及しながら次のような金融規制評価を提示[35]しており，それを本節の導入に充てよう．

　「レバレッジ規制が制約にならない段階でも，将来的に制約になる可能性を織り込んで，すでに様々な影響が生じている．……Rule 理事はレバレッジ規制を逃れるために，balance sheet renting[36] などのレギュラトリー・アービトラージが始まっていることを指摘している．またもともと投資銀行だった銀行では，レバレッジ規制が制約要因になる可能性を懸念して証券の在庫の削減を進めている．この結果，証券市場の流動性が低下して，金利の変動幅が拡大しているとの市場関係者の指摘もある．／BIS 傘下のグローバル金融システム

---

[35]　規制資本水準の引き上げがもたらす「負の側面」への留意点として宮内（2015）自身の指摘としては 350-1 頁を参照．
[36]　宮内（2015, 170頁, 332頁）がここで 'balance sheet renting' で何を意味しているか定かではないが，依拠すると考えられる Rule（2014）の該当部分は以下のようになっている．'there has been talking about dealere's 'renting' balance sheet from other market participants or establishing off-balance sheet financing vehcles.'

委員会と市場員会は合同で2015年に報告書を公表し，レバレッジ規制の影響でレポを用いた裁定取引が不活発になっていることが，金利の変動幅を拡大しているほか，政策金利と市場金利の関係性を低下させて金融政策の波及効果を阻害する惧れがあると指摘している．レバレッジを押さえ込もうとする規制は市場機能の低下という思わぬ副作用を招いている」（宮内 2015, 332-3頁）．

レバレッジ比率規制は先に見たように景気循環や信用ブームの過熱を抑制することを意図するものであるが，マクロ・プルーデンスの面で効果が期待される一方，他の側面で「意図せざる」負の影響を引き起こすことになっていると指摘されてきた．これらの議論を取り上げることで，レバレッジ規制がいかに機能するかについてより一層の理解を持つことができるであろう．Duffie (2016) は「レバレッジ比率」規制に焦点を当て，それがポジション拡大に対して追加資本を課す場合に，バランスシート拡大の際にそれが追加的なコストを発生させ，もって資金仲介や裁定取引に際して市場の取引規模を縮小させ，市場流動性を低下させる，あるいは裁定取引抑えるというメカニズムについて検討を加えている．本節では Duffie (2016) に依拠して，レバレッジ規制が市場機能にいかなる影響を及ぼすか，そのメカニズムを明らかにしていこう．

米国では大手の銀行持ち株会社に対するレバレッジ・ルールについて，「追加的な（supplementary）レバレッジ比率（SLR）」を定めたが，それはそれら金融機関に対して，資産のリスク構成にかかわらず，総資産に対する資本の最小比率を5%にすることを求めるものであった（欧州では3%）．SLRが特に不利な影響を及ぼしたのが政府証券レポ仲介の市場であって，この市場において非銀行系のディーラーが獲得した現金調達額（cash financing）は2013年から2015年末までに約80%も低下したという[37]．これは，米国のGCFレポマーケット[38]では，銀行系（bank-affiliated）のディーラーがノンバンクのディーラーにレポ取引を提供したがらないことを表しており，これはSLRの

---

37) 2016年に至る最近の2年間に，米国政府証券の有効なビッド‐アスク・スプレッドの代理的な尺度は4以下のベーシスポイントから約17ベーシスポイントへと増加した．

38) 「GCF」は general collateral finance のことで，レポ取引対象となる債券が特定の銘柄でなくてもよいことに加え，対象債権の差し替えも容易になるよう設計されたレポのことである．なお取引対象債権としては米国国債が3分の2，次いで政府機関債，モーゲージ担保証券であり，社債は全体の5%である．

下で（銀行行動を介して）市場に歪み（distortions）をもたらすものといえる．市場の歪みは裁定メカニズムの機能を低下させることにもなるのであり，2015年の最後の四半期には，非銀行のディーラーにより支払われる3カ月物財務省証券を担保にしたレポレートが高くなり，それは銀行により支払われた同期間の「無担保」借入利率（LIBOR）を上回るものであった．

　こうした事態が引き起こされるメカニズムはいかに理解できるであろうか，Duffie（2016）はこれを「デット・オーバーハング（debt-overhang）」の概念を援用して説明する．それは不良債権問題の文脈で過剰債務がある場合，優先弁債権のある既存債務の支払いにキャッシュフロー（イン）が充てられてしまい，新規融資者への弁済額が少なくなってしまうために，企業価値を増加させるようなプロジェクトが存在していても新規の融資が行われなくなってしまう問題のことである．Duffie はこうした「デット・オーバーハング」を，株主あるいは企業の利益と債権者との利害対立の問題に置き換え，政府証券レポ市場の縮小を次のように説明する．すなわちレバレッジ規制によって投資に際して追加的資本を積むことを求めることはバランスシートの健全性を増すこととさせるが，このことが株主から債権者への価値の移転を引き起こすことで次のような影響をもたらす．こうした価値の移転が正の純現在価値を与えるような新規投資を控えさせる動機を企業に与えるということである[39]．目下のケースでは，銀行の資産ポジションのリスクが低いものであっても（したがってバーゼル自己資本規制の下では制約要因にならなかったが）SLR が銀行にとって規制上の制約（binding）を課すものとなる．高い規制資本要求に応えるべく新規の株式を発行することになるのであり，それはバランスシートをより健全にする．このことは，銀行債権者にとって銀行債務に対する請求権（debt claims）の安全性を増加させるから，株主から債権者への富の移転が生じ，後者は利益を得る．こうした富の移転によって銀行（銀行系列のディーラー）のレポ仲介取引が経済的に成り立つ（viable）条件が失われるなら，レポ取引は金融規制のために阻害され，金融機能が低下させられたことになる．それではレポ取引が新たなレバレッジ規制の下でも行われるための「条件」をいかに特

---

[39]　以下で企業と株主の利害が一致したものとして述べていこう．

定できるであろうか．

　レポ取引による時価表示の利潤が債権者への富移転を下回るなら，自己資本増によるコストを償えずレポ取引が阻害される，つまりデット・オーバーハングが生じたことになる．このようにして，追加的レバレッジ比率（SLR）規制の下で，デット・オーバーハングが金融仲介の動機を歪める源となるかもしれない．このことを Duffie（2016）は次のように言う．「レポ市場は，証券金融や裁定取引（rate trading），ヘッジング，そして金融政策の伝達の中心軸としてクルーシャルだ．よって，政府証券レポ市場に摩擦が加えられることは市場の効率性や政策の伝達に有害である．金融安定性もレポ市場に歪みがあれば改善されない．実際，レバレッジ比率規制の導入による，証券を用いて金融する市場（securities financing markets）の仲介の縮小に関係する流動性喪失はマーケット・ストレス時には悪化させられるであろう」(pp.10-1)．

　そこで Duffie は SLR 規制の下でレポ取引という金融仲介にいかに影響が及ぶかを，先に言及した「条件」を特定することで，そしてそれに実際のデータを当てはめることでデット・オーバーハングが生じるかどうかを検討しようとする．それは次のように提示される．SLR が銀行にとって制約を課すこととなる場合，測定された資産の追加的な各単位に対して——資産のリスクいかんにかかわらず——追加的な資本をすくなくとも C だけ持たなければならない．それが結局，レポ仲介に当たり，どれほどビッドの価格を引き下げ，アスクの価格を引き上げるかでスプレッドを増大させ，もってレポ仲介を抑制する．Duffie の議論において，追加的資本のための新株発行額は C で，その発行代金をもって同額だけ社債が償還されるとする．それによって自己資本は増え，引き上げられたレバレッジ規制値（SLR）を充たす．債権者への富移転というとき，C だけの社債が償還されているから，移転される富を請求できるのは残余の債権者だけになる．ここでポイントを成すのは，社債の価値をいかに評価するかである．というのは，当該銀行の「無担保」社債は，銀行倒産のリスクをはらんでいるから，デフォルト・フリーな debt claim との比較でそれだけ信用スプレッドが発生し，それが社債のプライシングを形成するからである．そこで問題はその信用スプレッドをいかに評価，計算するかであり，ここで Duffie は次のように想定する．銀行が倒産するとその「処分価値」しか当該社

債の価値はない．そうであれば，新株発行額 C——それはレバレッジ比率の規制値に対応している——がそのまま残余債権者に渡されるわけではなく，その処分価値（信用スプレッド——C 1 単位当たりの価値が S）でしかないから，移転した価値は CS——つまり，レバレッジ比率の規制最小値と大手金融機関の無担保社債の信用スプレッドの積——にすぎないというのである．ここから，銀行（株主）にとってはレポ取引をすることで，「レポ資金の調達コストをレポレートが超えた分（G）」から残余債権者へのネットの富の移転分（CS）を差し引くことで，株主にとってのネットの利得が得られるとする．そうすると，レポ取引を遂行しようというときの，所要資本の増加が与えるインパクトは（それまでは G であったのが，G−CS になったのだから）CS だけネットの利得減である．レポ取引遂行に際して銀行のインセンティブに資本の必要が追加的に与えるインパクトは CS で表される．

以上から，レポ取引のビッド‐アスク間のスプレッドは増大する．ビッドに際しては CS だけ引き下げ，アスクに際しては CS だけ引き上げるからである．ここで実際の値を当てはめると，レバレッジ比率の規制最低値（SLR）は，EU の大手の銀行にとって 3％ であり，典型的な年あたりの銀行信用スプレッドは 100bp である．ここから SLR の下でレポ仲介のためには，CS＝3bp（100bp×3％）だけビッド価格，アスク価格をそれぞれ引き下げ，そして引き上げ，スプレッドは 6bp まで開く．ところが，短期の流動的なレポ市場では典型的な bid-offer スプレッドは 5bp 以下，おそらくわずか 1–2bp だろうから，SLR がレポ仲介のインセンティブに及ぼすインパクトは，SLR 導入前の bid-offer スプレッドよりはるかに大きいとの結果が得られるのである．しかしここで留意されるのは，これが Duffie の最終的結論ではないということである．

こうしてレバレッジ規制がもたらすデット・オーバーハングのためにレポ市場の縮小，市場の歪みがもたらされることが示されたが，Duffie はここで，その影響が米国と欧州で同様ではないことに併せて注意する．すなわち先に述べたように，米国においては大手の銀行系列のブローカー・ディーラーに対する 5％ の SLR を課して以来，政府証券レポ市場における取引量（volume）の劇的な縮小と bid-offer スプレッドの非常に大きな増加が生じた．これに対し欧州における（EU の銀行であれ，non-EU のそれであれ）レポの取引量（quantity）

の実際の大きさについては，国際資本市場連合によるEUレポ市場の最近のサーベイ（2016）では，2015年12月までの4年間にわたりレポ取引の総量（total volume）は安定してきたのであり，僅か（little）な変化しか示さなかった．かくて欧州のレポ市場活動に対するレバレッジ比率規制の負（adverse）のインパクトは深刻（severe）なものとみなすことはできないと述べられる．これに関連してDuffieは次のように指摘する．レバレッジ比率規制により引き起こされる欧州のレポ市場の歪みは，ひとたび欧州の大手金融仲介機関が十分「資本強化される」（much better capitalized）なら減じられるということである．

したがって，たしかにレバレッジ比率規制の意図せざる負の帰結は便益よりも大きいが，しかしより大きい資本強化（capitalizaion）を達成する代替的な規制（例えば可変的な反循環的自己資本バッファー）が導入されるなら，それは安全資産の仲介（レポ取引）においてより少ない歪みで済ませられることが期待できる．以上に併せてもう1点示唆されることとして，マクロの安定性の観点からのレバレッジ比率規制は，個々の金融機関の健全性を測る（リスクウェイト資産に対する）バーゼル自己資本規制と次の意味で「補完的な関係」に置くことができるかもしれない．すなわち，「レバレッジ比率」規制について指摘される金融機関のリスクテイク行動ないしインセンティブに及ぼす影響として，よりリスクの高い資産を選択することが促される可能性（小野 2009, 49頁；宮内 2015, 332頁）があるということで[40]，これに対し，リスクウェイトの自己資本はリスク感応的であるところからリスク管理の役割を果たすことが期待されるのである．レバレッジ比率が，こうした他の自己資本比率規制との整合的な関係に置かれるとき，銀行がバランスシート上でいかに何を配分するか（レポ取引を行うかどうか）の選択に負の影響を及ぼすという問題は軽減されるという可能性が示唆されるのである[41]．

---

[40] その説明としては，株主から自己資本利益率を高くするよう求められる金融機関は，レバレッジ比率に規制を課されるとき，規制の隙を探してハイリスク・ハイリターンの業務に傾斜するのではないかとの懸念が挙げられる（小野 2009, 注13）．
[41] この論点は，複数の資本制約――リスクで加重された活動とレバレッジ比率，そして「ストレステスト・ベース」――がある場合に銀行が資本をどの個別事業に配分し，そのときどの資本制約に服するかの問題に関係し，もってよりリスクウェイトの高い活動

4. 結語

(1) ピグー税と規制の包括化

　2008年の金融危機以降の金融規制の進展を辿るに際して，われわれは「認知上と，外部性からくる集合的失敗」に対処しうる方策としてマクロ・プルーデンスに依拠してきた．しかもわれわれは資本主義的金融のダイナミズムを容れた「階層化された金融システム」を枠組みに採用し，流動性供給において2つのタイプを識別し，「真の流動性」を供給する「銀行準備」と流動性を喪失しうることのある「虚構の流動性」に流動性供給を求めることを対置した．後者への依存をミンスキーはポジション形成を負債，とりわけ市場調達資金に依存することとして金融不安定性仮説の基盤に据えたのであり，それは階層化された金融システムにおいて，相対的成長を大きくすると同時に金融構造を脆弱化させると理解されるものであった．しかも市場性資金に依存してポジション形成する場合には，たとえば担保資産を用いることで，銀行準備に制約されずに相互に貸借することにより，しかも資産価格が上昇しているようなとき，資本市場の動向に応じて弾力的な資金調達が可能であることから「負債の重層化」がもたらされ，自らが望むだけ「レバレッジ」を高めることを可能にする．ここに実体経済に比して信用の膨張，いわゆる「逆ピラミッド構造」がもたらされ，システミック・リスク発現の苗床が準備される．かくて金融危機は，個別金融機関の保有資産の信用リスクの顕現に求められるよりも，「金融機関間でのレバレッジの「連鎖」（債務の重層性）があると，市場流動性が枯渇したときに金融機関がポジションを一斉に解消（uwind）することで金融システムが不安定化する」（小野2009, 62頁，（　）内は引用者）との理解に導かれた．

　以上の危機理解は銀行中心の金融システムから資本市場中心のそれにシフトしたことに照応する．証券化されたモーゲージやデリバティブが急速に増加し，市場性証券（marketable securities）が金融市場を支配するようになった経済において「marketability は資産が期待された価格で売れることを意味しない」

を選択するか，あるいは逆によりリスクウェイトの低いそれを選択するかの問題を提起する．これらの論点についての言及は Rule（2014, p.4），宮内（2015, 332頁）を参照．

のである．そのとき資産価格の下落が高レバレッジを生み出してきた「流動性」を「虚構」のそれに転じさせる．今次危機に即して言えば，短期ホールセール・ファンディングへの依存は短期調達，長期運用による満期の不一致からくる流動性リスクをはらみ，短期資金の（必ずしもファンダメンタルズに因らない）引き揚げが流動性逼迫を引き起こす．「公正価値会計の広範な適用が——トレーディング活動との関係で——増大する市場ベースのグローバルシステムの内生的なプロシクリカリティを強めている」（D'Arista & Griffith-Jones 2011）．こうした複雑化した金融ネットワークにおいて，資産価格の下落を介した「伝染」がシステミックリスクを引き起こしうるのである．

　われわれは以上のような金融危機理解を「不確実性下の認知上の，および外部性からくる集合的失敗」のパラダイムによって描き，マクロ・プルーデンスに立脚した金融規制に照準を合わせてきた．可変的自己資本規制や CoVaR のほか，とりわけ「流動性規制」と「レバレッジ規制」の役割に留意した．しかし以上の政策メニューの下では，階層化されたシステムにおける内生的不安定化傾向の根源にある「虚構の流動性」によるポジション形成の問題自体はそのままに置かれている．本項ではこの問題にいかに対処するかに触れる．第 1 に挙げられる論点は，レバレッジ規制によって，とくに短期の市場調達資金に依存したポジション形成を抑制することが考えられるが，その実効性をどれだけ確保できるかの問題がある．規制下にある金融機関が規制を免れんと「規制裁定取引」に走ることで，「規制を設けることによって金融取引が規制の枠外にシフトし，レバレッジが逆に見えにくくなるリスクがある」（小野 2009, 49 頁）．その例として小野は，Das（2009）を引いて「デリバティブ取引や現金担保レポ取引などを活用することで，実態的にはレバレッジが増大しているにも関わらず，規制上のレバレッジ比率を上昇させない金融手法がありうる」（同上）ことに触れている．しかし問題はそれにとどまらない．

　階層化された金融システムにあって，非規制の，あるいは規制の弱い金融機関が存在し——規制金融機関からの非規制部門へ（オフバランス組織としての SIV を創設することで）資産を移管する場合を含め——，規制が及ばない部門をいかに俎上に載せ，実質的に規制の効果が及ぶようにするにはいかなる方策があるかという問題である．論点を次のような形で提示できる．1951 年には

米国の銀行は金融部門の資産と負債の65%を保有していた．しかし2007年には米国の金融資産の単に25%が商業銀行に属するにすぎない．信用市場資産を銀行が保有する比率は50年前と比べて半分以下なのである．そして1951年に銀行が連邦準備銀行の勘定に持つ準備残高は銀行預金の11.3%であったが，それは銀行貸付中心の金融システムにとって顕著に心地よいクッションとなっていた．それが50年後の2001年には0.2%に過ぎないのである（以上，D'Arista and Griffith-Jones 2011）．このことは，所要資本（capital requirement）の形でグローバル・ベースでなされる規制が，金融システムの限られた部分をカバーしているに過ぎないという問題にかかわる．このことはまた，商業銀行に比して投資銀行に対する規制は緩く，ヘッジファンドやプライベイト・エクイティ，そしてオフショアを含めた他の市場参加者に対する規制は全くなされていないという事態とも関係づけられる．

こうした問題を，異なる階層，部門に対する規制をいかに「共通化，包括化あるいは中立化」するかという観点からアプローチすることが考えられる[42]．「金融市場の内在的欠陥に対処するため，そして規制裁定を避けるためには，規制は**包括的**かつ反循環的でなければならない」（D'Arista and Griffith-Jones 2011 p.144. 太字は引用者）という理解があり，そのためには「すべての金融機関と組織体（activities）の資産に対して，ソルベンシーと流動性の双方について**等価な規制**を定義することが不可欠だ」（ibid. 太字は引用者）という考えである．この観点に立つとき，その流動性が「虚構」になりうるところの市場調達資金に依存してポジションを拡大させる「周辺的」金融組織，あるいはシャドーバンキングに対しいかにして規制と等価な効果を有する方策があるかが課題となる．

本章第2節においてマクロ・プルーデンスに依拠した諸規制のうら，とりわけ短期ホールセール・ファンディングに依存した資金調達に対する規制として

---

[42] 国際金融規制を「包括性（comprehensiveness）」の観点から論じた論考としてD'Arista and Griffith-Jones（2011）を参照されたい．Rajan（2009）も，経済の循環変動に対して耐性のある（cycle-proof）規制の要件に「包括性」を挙げている．ここで「包括的」であるとは，規制の厳格化によって資金が規制の緩やかなところへシフトすることがないよう，抜け道のない規制でなければならないことを指す．

「流動性規制」と「レバレッジ比率規制」が取り上げられてきた．ここでさらに短期資金調達に照準を当てピンポイントに規制対象を定めるとき，短期債務による借入に対し「ピグー税（Pigouvian tax）」を課すことによる対処が考えられる（Brunnermeier, et al. 2009; Shin 2010b）．それは負の外部性を引き起こす経済活動を抑制するため，課税によって外部性の発生を抑えるべく「内部化」しようとするものである．短期資金調達は，その資金が引き揚げられることで借り手に予期しない流動性の逼迫を起こし，ために保有資産を売却（投売り）させ，それが同類の資産を担保として保有する場合を含め，バランスシートに抱える機関に対し資産価格下落を介した伝染効果を引き起こす，つまり「外部性」をもたらす[43]．ここに低い「私的な」流動性取得コストと，高い「社会的な」流動性取得コストとを均等化すべく，前者に「ピグー税」を次のような大きさにおいて課すことが提案される．短期債務は期限到来により資金を引き揚げるという「オプション」を有している．そうした「便益」を「価格付け」し，税として課すということである（De la Torre and Ize 2009）．すなわち，「短期で貸し付け，かつ取付けを起こせる」オプション——それは預金保険と最後の貸し手がimplicitに提供しているものである——の価値を価格付けするのである．その税は，短期債務と長期債務それぞれによる資金調達コストの差に当たるものともいえる．この課税効果は短期債務を抑え，長期資金による安定的な調達を促進することを期待させる．

　さて，以上の「ピグー税」を規制金融機関に課すとして，非規制金融機関（unregulated intermediaries）に対しても短期債務を抑制すべく誘導しうるためには——ただし規制に強弱のある規制体系には触れないとして——いかなる方策が考えられるであろうか．De la Torre and Ize（2009）は次のように提案する．非規制の，しかし免許を受けた（licensed）あらゆる金融機関は，規制された機関からのみ借り入れるとすることである．そうすれば，非規制金融機

43）「短期貸出」が「外部性から来る集合的失敗」のパラダイムにおいて以上のような位置づけを受けるのに対し，対照的に「エージェンシー・パラダイム」にあっては，短期貸出は「規律付け」に役立つものと位置づけられる．われわれのパラダイムにあってピグー税は「銀行内」でのエージェンシー間のコンフリクトを解決するために課されるのではなく，「銀行間」で生じる外部性の是正に用いられている．

関から借り入れられた最終的借り手の借りたどの1ドルも，規制された金融機関を介して貸し付けられたドルに対して課税されるのと同様にピグー税を支払うものとなる．かくて当該ピグー税は「システミックな流動性税」と呼ばれるべきものとある．それは，規制金融機関からの短期貸付に対すると同様，非規制のホールセール投資家からの，非規制金融機関に対する短期貸付について「罰則」を課そうというものである[44]．このことによって，ピグー税は，規制であれ，非規制であれ，各々の金融機関がシステムに対し引き起こすすべての外部性を内部化するところのものとなる[45]．システミック・リスクは，金融仲介のありうるすべての——規制機関からの借入であれ，非規制機関からの借入であれ——経路を通して一様に内部化されることになる（De la Torre & Ize 2009 p.6）．このような形で，預金を受け入れるか，あるいは市場での借入によるか，いずれであれすべての金融仲介機関に対し信用秩序規制についての単一の組み合わせを持つこととなる（ibid.）のであり，「包括性」が得られているのである．

　ここで注意されることは，以上のような一律の規制——つまり一様にシステミックな流動性税が適用される（a uniformly applied systemic liquidity tax）——下でも，規制金融機関と非規制金融機関の双方が存在していることであり，後者は規制対象機関となるための参入要件（entry requirement）を充たす必要はない，したがってこのシステムは革新と競争を志向する（favor）もの（*ibid.*）で，われわれの階層化システムの特徴であるダイナミズムを容れる．付記すれば，非規制金融機関の活動は，それに貸し付ける規制金融機関との契約関係を通して監視されるから，こうした規制体系は監督（oversight）コストをそれだけ節約するものと言える．

---

44) 第3章でふれたMMFなど「非レバレッジ部門」は「ロング・オンリー」で借入をしないから，当該「システミックな流動性税」の適用対象とはならないであろう．なおMMFに対する規制として，2016年に1口＝1ドルで元本保証に近かったNAV（Net Asset Value：基準価格）の算出方法を，運用資産の日々の時価を反映させて変動させる変動NAVの導入があり，もってプライムMMFの減少とガバメントMMFの増加がもたらされた．これはシステムの安定化につながることといえよう．

45) ピグー税は，「資本の上乗せ」の形をとることもできる，預金保険に対しリスクで調整されたプレミアム，あるいは最後の貸し手機能にリンクして新たに創設された「システミック流動性保険」に対するリスクで調整されたプレミアムである．

(2) ポスト・グラス＝スティーガル金融規制

前項で取り上げた「規制の包括化」，つまり「虚構」に転じ得る（短期の）市場調達資金に依存したポジション形成によって（規制部門に比した）相対的成長を追及することを抑制し，「非規制」金融機関にも銀行準備をベースとした流動性供給の制約に服させるというアプローチは，集計的成長や循環をコントロールする点でマクロ・プルーデンスに位置づけることができる．このような規制の「包括化」による金融規制を，本項では金融システムや構造の改革という観点からアプローチすることで一層追及することを試みよう．しかもそれは，金融システムの本来の目的を達成することを意図してなされるものである．こうしたアプローチは，ミンスキーが一連の論文（1995a, b, c）で，金融システムの「近代化」に向けた米国財務省の提案について検討するなかで，「ポスト・グラス＝スティーガル」規制改革として提示されることとなった議論が元になっている[46]．われわれは本項で，ミンスキーの後継者たち——以下で取り上げる *Beyond Minsky Moment*（Levy Economics Institute of Bard Colledge 2012）の著者たち，クレーゲルやパパディミトリウら——の議論にも留意しながら，本書を締めくくる議論を提示していこう．

Minsky は金融システムの本来的目的を2つ挙げる．1つは「安全で確実な（secure）な支払いシステムの提供」であり，もう1つは，「経済の資本発展を支える金融」である．前者の決済システムが100％準備を義務付けるなりして安全・確実な支払い手段の提供を可能にしたとしても，後者の発展のための金融は「リスクをとる」ことを含むから，それが支払い諸手段（payment facilities）の安全性と確実性，つまり決済システムに悪影響を及ぼすことは依然起こる．そこで決済システムを，発展のための金融に伴う損失からいかに切り離

---

[46] グラス＝スティーガル法（GS 法）は80年代以降なし崩しに侵食されてきたが，GS 法の事実上の廃止を公的にしたのが，1999年の「金融サービス近代化法」（グラム・リーチ・ブライリー法，GLB 法）であった．GLB 法は競争促進を意図することで，金融サービスの全領域を扱う金融持ち株会社の創設を許し，規模を巨大にするだけでなく複雑にして，規制監督を困難にした．その後，リーマンショックを経て2010年成立の米金融規制改革法（ドッド＝フランク法）は大規模金融機関の政府救済に限界を画そうとするものであったが，「大きい金融機関ほど新たな預金を吸収し，破綻の likelihood を引き下げる」との前提に立つことで，これがより少数のより規模の大きな金融機関を作り上げることにつながった（Levy Economics Institute 2012, chap. 6）．

すかが固有に問題になる．この点で1933年制定の「グラス＝スティーガル法（GS法）」は商業銀行業務と投資銀行業務を切り離すことによって決済システムの安定性を確保したものとして規制改革論の参照点となる．しかしミンスキーがGS法の再評価に当たって留意したのは，業務に応じて金融機関を分離することが，その業務内容（operations）を——検査官や監督者が——「容易に理解できる」ということにあった．このことが，1999年のグラム・リーチ・ブライリー法により，競争促進のためとして金融サービスの全領域をカバーすべく金融持ち株会社の形態での金融コングロマリットを出現させたことに対置されるものとして，金融システムの機能を子会社ごとに互いに分離するという提案につながったのである（Minsky 1995c, p.8）．子会社ごとに資産と負債を把握できれば，「単純さと透明性」を確保できるということである[47]．

　それでは，大規模で複雑な機関を個々バラバラにすれば金融システムの監督が簡単化できるかといえば，必ずしもそういうものではない．分割しただけでは，多数の小規模の金融持ち株会社が依然複雑で相互連関した（interconnected）金融活動を扱っていれば，監督に際しての規制を単純化できないからである．しかも，今次危機を生み出したと同タイプの金融商品（instruments）を含む同様の活動範囲がそれぞれの金融子会社に許されるならば，かつ有効なアンチトラスト法がないならば，大規模金融機関の分割はM&Aによって単に別個の集中プロセスを引き起こすと考えられる（Levy Economics Institute 2012 p.56）．かくて「大きすぎてつぶせない」大手金融機関を単に小規模銀行に分割するだけでは，システムに安定性をもたらすのに十分ではない．ここにミンスキーが「ポスト・グラス＝スティーガル」規制改革として提案しようとしたのは，「銀行持ち株会社」システムのもとで，分離された子会社（subsidiaries）を次のような構造を持つ，換言すれば「規制下に置く」ものとすることであった．

　「このアプローチでは，単一の子会社が預金取扱取引サービス（deposit-taking transaction services）の供給（provision）に専念する．他の子会社は投資および商業銀行サービスを提供する．もしすべての子会社が十分にかつ個別に資本

---

[47] 加えて，子会社に分離することで，「大きすぎてつぶせない」——それは「モラルハザード」を生み出す——銀行を排除する，という現実的な試みでもある．

化（capitalized）されているならば，支払いシステムを救済するというので投機的活動を救済対象にする（bail out）するという問題は起こらないだろうし，自己勘定での取引や投機のために顧客の預金を使用するという可能性もないであろう．そしてまた，取引子会社（transactions subsidiaries）への適切なバランスシート規制をもってすれば，預金保険により作り出されるモラルハザードも除去されよう」（Minsky 1995c, p.12）ということであった．

以上から，ミンスキーの金融安定性を確かなものにしようとする試みは，金融機関を機能によって分離し，おのおのが「唯一の業務に仕えさせよう」とするものであるが，各々の子会社がどのような特定の業務をいかに果たすものとするかを一層見ていこう．それは規制改革が，先に挙げた金融システムの本来の機能を果たし，もって金融システムの安定化を果たすものとなることを期待させるところのものである．子会社方式によってそれぞれのタイプの子会社がそれぞれの機能を担うことがいかにしてなされるかを，Levy Economics Institute のモノグラフ（2012, pp.56-58）によって概観しておこう．

支払いサービスを提供する銀行は政府通貨と硬貨あるいはその他リスクフリーの政府債務による 100％ の準備によって完全に安全かつ確実なものとされる．こうした 100％ 準備の持ち株会社方式は，30 年代にはサイモン（H.C. Simons）とフィッシャー（I. Fisher）から，そして 80 年代にはトービン（J. Tobin）とライタン（R. Litan）から提案されたものだという．そうした支払い子会社（payment subsidiaries）は，貨幣的債務（monetary liabilities）を持つことが考えられるが，中央銀行と財務省からの保護（protection）を受けることによって，その債務が額面価値から割り引かれたものにならないよう保証される．その保護と引き換えに所有できる資産は国債と，連銀での利子稼得勘定（interest earning accounts）に限定され，企業や家計の負債は含まれない．他方，資本発展の金融のためには，企業の内部留保あるいは特定の民間のビジネス活動の金融にコミットしようという投資家の出資によって「投資信託」として組織され，監督される．しかもそうした子会社は「資本」対「資産」の比率が 1 対 1 になるよう規制される．

以上のように，完全に分離された二層のシステムでは，預金による信用乗数も存在しないし，レバレッジを効かせることもない．（以下で論じるような）

流動性の創造もない．こうして子会社の1つのタイプはは安全で確かな支払い手段を提供し，もう1つは実物資本の発展を金融するのに仲介役を果たし，しかも民間貯蓄の大きさだけの投資がなされる．こうしたアプローチの下では，「実物」経済の均衡に対するなんら「貨幣側」からする攪乱はない，それは貯蓄が貸付可能な資金を決定しているからである．しかしここで次のことが指摘されることに注意せねばならない．「そうした体系は実体経済の安定性を確保できないし，資本主義的金融機関の安定性を確保することもできない．それは選択された実物資本は予期された収益率を依然生み出すことができないからであり，「投資信託」の投資アドバイザーに「群れ行動」——プロシクリカルな金融行動を生み出す——があるなら，部門間の過剰投資や金融バブルが依然ありうるからである．金融破綻からの救済を政府に訴える投資家たちのリスクが常にある」(Levy Economics Institute 2012, pp.58-9) ものだからである．しかしそうであるからこそ，以下で論じられるように，銀行準備に裏付けられた銀行信用を供与することに固有の意義が認められる．

　以上に示された二層のシステムは，ナローバンキング・システムとして捉えることがなされるかもしれない．ナローバンキングにおいても金融持ち株会社が導入され，その傘下に銀行子会社と貸付子会社の設立が提案される．銀行子会社は，ナローバンクとして決済システムを担い，要求払預金を受け入れ，それを高度に流動的かつ安全な資産（米国財務省証券や連邦政府機関債）で運用する．他方，貸付子会社は金融債，CP，株式などの市場性資金を原資に融資業務を行うとされる．しかしこうしたシステムについて，すでに上で指摘されたことは，いくら決済面で安定性が確保されても，実体面から起こる不安定化要因，資本主義的金融から起こる不安定化に対処できないということである．ここにミンスキー的ポスト・グラス＝スティーガル規制をもって提案しようとしたのは，資本発展の金融をも規制の対象とすることであり，投資信託組織とし，そうした子会社について「資本」対「資産」の比率が1対1になるよう規制するということである．ここで留意されることはレバレッジを効かせることをできなくすることで，資産価格が上昇し，それを担保にして貸出を増やし，「流動性」を増加させるという経路が働かないようにしていることである．このことは今次危機において，短期ホールセール・ファンディングを用いて担保

資産価格の上昇に乗じてノンバンク同士で資金貸借を増やし，レバレッジを増大させて金融構造を脆弱化させることによる不安定化メカニズムを封じることとなっているのである．

　かくてミンスキーがナローバンキング・システムを特徴づけると考えるのは，ナローバンクは単に政府発行の硬貨や通貨の単なる安全保管庫（safe house）を位置づけるものにすぎないということである．換言すれば，銀行の与信活動が「流動性を創造」するものであることを金融システムに組み入れていないことである．ミンスキーの，ポスト・グラス＝スティーガル規制改革案がナローバンキング・システムと識別されるのはまさにこの点においてであって，ケインズの「貨幣的生産経済」における金融セクターの役割とは，ビジネスセクターの発行する「負債の流動性（要素）」を増加させることであり，それが金融システムに組み入れられることで，実物資本資産の取得とそのコントロールを金融することを確かなものとすることができることにある（Levy Economics Institute 2012, p.59）．それはミンスキーの金融持ち株会社の中に「預金取扱銀行」に当たる子会社を位置づけることで可能になっている．すなわちKregel（2008b）が描写するように，「取引サービス，価値の保蔵，金融（住宅，消費者，あるいはCPといった短期の企業金融）を提供する持株会社」であって，これは預金取扱銀行であり，規制を受け，預金保険の対象銀行であることによって，「真の流動性創出」に密接に関係する活動に限定される．

　かくてミンスキーの規制改革論は，支払いシステムを安定化しつつ，かつ銀行信用を積極的に用いて，資本発展の金融を機能させるものである．ミンスキーでは預金創造を銀行の基本的活動と考えるが，その活動を「引き受け機能」と定義する．つまり「相手がcreditworthyであることを保証すること」である．それゆえに銀行貸付がなされるとは，受容された生産企業の債務（note）を買い取ることで，これが銀行自身の負債を生み出すこととなる．ところが，銀行債務は政府発行のコインや通貨と完全に代替可能であるから，銀行が企業債務を受け入れるとは，その債務を発行する借り手をして実物財に対するコントロールを獲得するのを確実にするのである．つまり，銀行がacceptすることで借り手が取得した銀行信用は——借り手の債務よりも「流動性要素」が大きいゆえに——，「信用引き上げ機能」が発揮され，支払い手段の流動性が増加し，

かつシステム全体の流動性の増加が起こっているのである（Levy Economics Institute 2012, p.68）．「流動性を創造」する能力[48]は，預金創造を行う銀行活動，つまり信用供与を表す「引き受け機能」に従事する金融機関のみに付与されており，「規制された銀行」の提供する（預金保険で）保証された預金のみがこれをなしうる．ここに「規制が金融システムにおける流動性の供給を支配する」（ibid.）事態が生じている．

　以上がミンスキーのいう金融システムの本来的機能たる「安全，確実な支払い手段の提供」がいかなるものとして可能になるかの説明である．こうした銀行準備に裏づけられた「真の流動性供給」に対置されるのが，今次危機において支配的であった（短期の）市場調達資金への依存である．ノンバンクの金融機関は，支払いサービスを提供することができないので，その基本的な活動は「互いに貸し借り」することにあり，その発行された負債の「流動性」は金融機関がその証券を第一次市場及び第二次市場で「マーケットメーカーとして売買」することで確保されるものである．それは換言すれば，創り出された流動性（支払い手段）が，資産価格の特定の動き，及びそれら資産を売却する能力に依存しているということである．そこで（担保）資産の価格が上昇するとき，マージンやヘアカットを「引き下げる」ことでより多くの資金を調達できる．したがって「流動性の増加」を可能にするが，しかしそれはあくまで価格変化（キャピタルゲイン）が生じたことに拠っているのであり，不利な価格変化が起これば，そうして創出された流動性はたちどころに消失しうる．この点で，それは，上に見た，商業銀行あるいは金融子会社が借り手の債務を受け入れるという「引き受け機能」を通じた「流動性の創出」による「安全，確実な支払い手段」の提供とは識別される．安全，確実でない「虚構の流動性」によって資金貸借がなされた場合，特に短期ホールセール・ファンディングによった場合，システマティック・リスクの顕現があって貸し手が資金を引き揚げれば，借り手は流動性逼迫に陥ってしまう．かくて，ミンスキーの規制改革にあっては，虚構の流動性に依存するのでなく，銀行準備に裏づけられた銀行の信用供

---

[48] それはシャドーバンキングで市場性債務を用いた場合に（担保）資産価格の上昇がマージンやヘアカットを引き下げて，より多くの流動性（調達資金）を調達せしめるのと対置されるところのものである．

与——そこに金融の目利き機能（引き受け機能）が生かされ，信用を引き上げる機能が発揮されている——を通して初めて「安全確実な支払い手段」に立脚した金融システムの安定化が可能になる．それに加えて，資本発展の金融に資する金融子会社の役割がある．すなわち，先の「預金取扱」子会社とは別個の持株会社が，生産的投資を金融するために引き受けと金融市場サービスを提供する．こうしてミンスキーの金融子会社を通じた規制改革は，「各々の型の持株会社が，そのコアの機能に十分連結した諸活動の範囲に（a range of activities）限定されるということであり，各々の会社は有効に管理され，監督されるよう十分に小規模であることを確保することである」(Levy Economics Institute 2012).

以上のミンスキーのポスト・グラス＝スティーガル規制改革から，2010 年 7 月オバマ政権下で制定を見た米国における金融監督規制の抜本的改革としての「ドッド‐フランク法」を見るならば，次の 2 つの難点が指摘されてきた．それは「虚構の流動性の創出にほとんど限界を画していないということであり，そして体系の資本発展を金融するという方向へ流動性を転換することがほとんどなされていないことである」(Levy Economics Institute 2012, p.68)．それはドッド‐フランク法が，金融コングロマリットとして巨大化したが大規模金融機関に対する政府救済に限界を画そう——巨大な救済コストを抑えるべく——とする際，それを所要自己資本水準を高く保持することを当該機関に求めることにとどまっていることに照応している．つまり，そうした規制に拠ったのでは，自己資本比率の持つプロシクリカリティから，資産価格の増価が担保付貸借を通じて資金貸借額を左右し，流動性を増加させるが，それは短期資金の引き揚げによって「虚構」に終わりうる資金調達方式がそのまま温存されている．ここに，先に見てきた銀行持株会社の機能別子会社による金融システムへと一層の改革に向けて切り替えられることが提案される．それは，「虚構の」流動性への依存に代えて，そして資産価格の特定パターン（キャピタルゲイン）に依存してレバレッジを高め，金融構造を脆弱させることから免れることが可能な堅固な金融システムを意図したものである．加えて預金取扱金融子会社の「引き受け機能」の発揮を通して発展のための金融が可能になる．そしてそれは，「銀行準備」に基づく貸出の増加を通じるものであるから，前項で指摘された，

金融規制の効果を下げる——ここから「規制の包括化」が固有に求められた——ことにつながった「流動性準備」の中央銀行勘定に占める比率の低下をストップさせることになり，さらには増大させていくことになることで規制の効果をより大きなものにすることにつながりうるのである．

参考文献

青木達彦 (1993),「ポストケインジアンにおけるケインズの継承と発展」伊東光晴他著『ケインズ』所収, 講談社学術文庫.
依田高典 (2010),『行動経済学――感情に揺れる経済心理』中公新書.
市岡繁男 (2014),「実体経済と乖離した過熱相場――自社株買いが米株高の正体」『エコノミスト』8月5日号.
稲村保成・白塚重典 (2008),「証券化商品のリスク特性の分析――再証券化によるレバレッジ上昇のインパクト」『日銀レビュー』2008-J-6, 9月.
岩井克人 (1985),『ヴェニスの商人の資本論』筑摩書房.
岩井克人 (2000),『二十一世紀の資本主義論』筑摩書房.
岩井浩一 (2011),「我が国における一般事業法人の CDS スプレッドの決定要因」金融庁金融研究センター, FSA Institute Discussion Paper Series, DP 2010-6, 3月.
岩井浩一 (2013),「金融システムのリスクに関する新しい見方」『野村資本市場クォータリー』Spring.
茨田佳明 (2011),「誘導型モデルによるデフォルト相互依存を考慮したクレジット・デリバティブの評価」法政大学大学院工学研究科システム工学科 2011 年修士論文.
岩佐代市 (2011),「新たな銀行規制の動向と課題――主に Basel III 資本規制に関わる論点の整理」『関西大学商学論集』第 56 巻第 2 号, 9月.
大垣昌夫・田中沙織 (2014),『行動経済学――伝統的経済学との統合による新しい経済学を目指して』有斐閣.
大橋和彦・服部正純 (2012),「金融危機, 金融市場, 金融仲介機能に関する研究の潮流:危機がもたらした視点・力点の変化の整理」『金融研究』第 31 巻第 4 号.
翁百合 (2014),『不安定化する国際金融システム (世界のなかの日本経済――不確実性を超えて 9)』エヌティティ出版.
小野有人 (2009),「金融規制とプロシクリカリティ～ G20 における金融規制改革論の現状と今後の課題～」『みずほ総研論集』IV号.
廉了 (2016),「リーマンショック以降, 金融政策が後押しした米企業の資金調達」『週刊金融財政事情』7月18日号.
菅野浩之・加藤毅 (2001),「現先取引の整備・拡充に向けた動きについて～グローバル・スタンダードに沿った新しいレポ取引の導入～」日本銀行『マーケット・レビュー』9月.
北原徹 (2012),「シャドーバンキングと満期変換」『立教経済学研究』第 65 巻第 3 号.
倉都康行 (2015),「ドイツ金利急騰で肝を冷やす 突如の乱高下が増えた債券市場」『エコノミスト』6月30日号.

グリーンスパン, A. (2008), 山岡洋一訳『波乱の時代 特別版『サブプライム問題を語る』（ペーパーバック版へのエピローグ）』日本経済新聞社.
クレーゲル, J. (2013),『金融危機の理論と現実──ミンスキー・クライシスの解明』（横川信治編・監訳, 鍋島・石倉・横川訳）日本経済評論社.
小立敬 (2013),「シャドーバンキングの発展とそのリスクの蓄積, 日本のシャドーバンキング・セクター」金融庁金融研究センター, DP 2013-6.
小宮清隆 (2003),「CDO のプライシング・モデルとそれを用いた CDO の特性等の考察：CDO の商品性, 国内市場の概説とともに」日本銀行『金融研究』11 月.
シュライファー, A.・L. H. サマーズ (1990),「制限された裁定取引──金融における需要と供給に戻って」『フィナンシャル・レビュー』12 月.
白川方明 (2008),『現代の金融政策──理論と実際』日本経済新聞出版社.
鈴木利光 (2011),「「シャドーバンキングシステム」に対する規制の議論」『大和総研調査季報』秋季号 Vol. 4.
関雄太 (2005),「CDS・CDO 市場の急拡大と信用リスク取引をめぐる議論」『資本市場クォーターリー』, Autumn.
関雄太 (2008),「シティグループの格下げと「スーパーシニア問題」」『資本市場クォーターリー』, Winter.
滝田洋一 (2014),「バブルはいつも別の顔──緩和の出口の迷い道」『日本経済新聞』7 月 21 日.
津賀田真紀子 (2016),「ハイイールド債に大きなリスク　連鎖的な資金流出発生も」『エコノミスト』3 月 8 日号.
土屋貴裕・渡辺和樹 (2014),「投資マネーで加熱するアメリカのクレジット市場」『週刊金融財政事情』10 月 6 日号.
戸坂凡展・吉羽要直 (2005),「コピュラの金融実務での具体的な活用方法の解説」日本銀行『金融研究』12 月.
内閣府 (2007),『世界経済の潮流 2007 年秋』12 月.
中空麻奈 (2015),「米国利上げリスク　クレジットバブルのチキンレース　「ファンド」経由の投資が要注意」『エコノミスト』9 月 22 日号.
二上季代司 (2009),「金融業務の変質とリスク管理」滋賀大学経済学部附属リスク研究センター, Working Paper No. J-9.
西村清彦 (2012),「ユーロ圏危機から何を学ぶべきか？──規制改革の視点を踏まえて」日本銀行（ホームページ）, 3 月 5 日.
日本銀行金融機構局 (2008),「近年のレバレッジの動向とヘッジファンドの関わり──リスク管理上の視点を踏まえて」大手金融グループ担当（川名洋平・河西慎・菱川功）『日銀レビュー』2008-J-2, 5 月.
日本銀行金融市場局 (2008),『金融市場レポート』7 月 31 日.
日本銀行金融市場局 (2013),「リスク資産間のクロス・アセット相関の高まり」『日銀レビュー』2013-J-3, 4 月.
長谷川克之 (2014),「債券バブルの到来か──世界で広がる「利回り狩り」」『週刊金融財政事情』10 月 6 日号.

服部茂幸（2012），『危機・不安定性・資本主義――ハイマン・ミンスキーの経済学』ミネルバヴァ書房．

藤井眞理子（2009），『金融革新と市場危機』日本経済新聞出版社．

藤井眞理子（2013），『グローバル金融危機と日本の金融システム――安定的・効率的なメカニズム構築に向けて――』日本経済新聞社．

藤井眞理子・竹本遼太（2009），「証券化と金融危機――ABS CDO のリスク特性とその評価」『FSA リサーチ・レビュー』第 5 号．

藤戸則弘（2015），「緩和マネーの逆流　株安の圧力が強まる」『エコノミスト』7 月 7 日号．

藤原裕之（2016），「サブプライム層のローン急増　支払い能力低下が懸念」『エコノミスト』3 月 8 日号．

堀井正孝（2017），「新興国の債務不履行増　米国の不動産価格は割高領域」『エコノミスト』1 月 10 日号．

ホワイト，W. R.（2010），「マクロ経済理論の新たな展望と政策的含意」日本銀行『金融研究』10 月．

マグヌソン，ジョエル（2010），「ウォールストリートとワシントンの破滅的ジョイントベンチャー」『世界』10 月号．

丸茂幸平・家田明（2001），「信用リスクのある金融商品のコックス過程を用いたプライシング方法」日本銀行『金融研究』4 月．

水野裕二・河合裕子（2002），『信用リスク商品――クレジット・デリバティブと証券化の実務』IS コム．

みずほ総合研究所（2014），『ポスト金融危機の銀行経営』金融財政事情研究会．

宮内惇至（2015），『金融危機とバーゼル規制の経済学』勁草書房．

室町幸雄（2007），『信用リスク計測と CDO の価格付け』朝倉書店．

横谷進弥（2007），「CDO プライシングの離散高速アプローチ（1）1 ファクターモデルへの適用」日銀『金融研究』11 月．

Acharya, V.V. (2009), "A theory of systemic risk and design of prudential bank regulation", *Journal of Financial Stability* 5.

Acharya, V.V. and M. Richardson, eds (2009), *Restoring Financial Stability: How to Repair a Failed System*, John Wiley & Sons.（大村敬一監訳，池田・増原・山崎・安藤訳『金融規制のグランド・デザイン――次の「危機」の前に学ぶべきこと』中央経済社，2009 年）

Acharya, V.V. and P. Schnable (2009), "How Banks played the Leverage Game," Chaper 2 of Acharya, V. V. and M. Richardson, eds, (2009)（「銀行はいかにレバレッジゲームに興じたのか」）

Acharya, V.V., S. Schaefer and Y. Zhang (2008), "Liquidity Risk and Correlation Risk: A Clinical Study of the General Motors and Ford Downgrade of May 2005," mimeo, August.

Adrian, T. and A.B. Ashcraft (2012), "Shadow Banking Regulation," *Federal Reserve Bank of New York Staff Report*, no. 559, April.

Adrian, T. and M. Brunnermeier (2011), "CoVaR," mimeo, Sept. (*FRB New York Staff Reports*, 348)

Adrian, T. and H.S. Shin (2008), "Liquidity and financial contagion," Banque de France *Financial Stability Review - Special issue on liquidity*, No. 11 February.

Adrian. T. and H.S. Shin (2010a), "The Changing Nature of Financial Intermediation and the Financial Crisis of 2007-09," *Federal Reserve Bank of New York Staff Reports*, no. 439, March, *Revised April 2010*.

Adrian, T. and H.S. Shin (2010b), "Liquidity and Leverage", *Journal of Financial Intermediation* 19 (3).

Adrian, T., M. Fleming, O. Shachar, and E. Vogt (2017), "Market Liquidity after the Financial Crisis," *Federal Reserve Bank of New York Staff Reports* No. 796, Jan.

Akerlof, G.A. and R.J. Shiller (2009), *Animal Spirits: How Human Psychology Drives the Economy, and Why It Matters for Global Capitalism*, Princeton Univ. Press. (山形浩生訳『アニマルスピリット』東洋経済新報社, 2009 年)

Allen, F. and D. Gale (2000), "Financial Contagion," *Journal of Political Economy*, 108 (1).

Allen, F. and A. Babus, (2009), "Networks in Finance" in *Network Challenge: Strategy, Profit and Risk in an Interlinked World*, ed, by P. R. Kleindorfer and, Y. Wind, June

Allen, F. and E. Carletti. (2013), "Systemic risk from real estate and macro-prudential regulation", *Int. J. Banking, Accounting and Finance*, Vol. 5, Nos. 1/2.

Amato, J.D. and E.M. Remolona (2003), "The Credit Spread Puzzle," *BIS Quarterly Review*, December.

Amato, J.D. and J. Gyntelberg (2005), "CDS index tranches and the pricing of credit risk correlations 1" *BIS Quarterly Review*, March.

Andersen, L. and J. Sidenius (2005), "CDO pricing with factor models: survey and comments," *Journal of Credit Risk*, 1 (3), Summer.

Arinaminpathy, N., S. Kapadia, and R. May (2012), "Size and Complexity in Model Financial Systems," *Bank of England, Working Paper* No. 465, Oct.

Ashcraft, A.B. and T. Schuermann (2008), "Understanding the Securitization of Subprime Mortgage Credit," Federal Reserve Bank of New York Staff Reports, no. 318, March.

Baba, N., R. McCauley, and S. Ramaswamy (2009), "US Doller Money Market Funds and Non-US Banks," *BIS Qurterly Review*, March.

Bank for International Settlements (2008), Basel Committee on Banking Supervision, *the Joint Forum, Credit Risk Transfer: Developments from 2005 to 2007*, July.

Bank for International Settlements (2011), *81st Annual Report* (1 April 2010-31 March 2011), Basel, June.

Bank for International Settlements (2014), *84th Annual Report* (1 April 2013-31 March 2014), Basel, June.

Bank of England (2008a), *Financial Stability Report*, Issue No. 23, April

Bank of England (2008b), *Financial Stability Report*, Issue No. 24, October
Belsham, T., N. Vause and S. Wells (2005), "Credit Correlation: interpretation and risks," *Financial Stability Review*, December.
Borio, C. (2004), "Market distress and vanishing liquidity: anatomy and policy options," *BIS Working Papers* No. 158, July.
Borio, C. (2006), "Monetary and prudential policies at a crossroads? New challenges in the new century" *BIS Working Papers* No. 216, Sept.
Borio C. (2009), "Implementing the macroprudential approach to financial regulation and supervision," *Financial Stability Review*, No. 13, Sept.
Borio C. (2011), "Rediscovering the macroeconomic roots of financial stability policy: Journey, challenges and a way forward," *BIS Working Papers*, No. 354, Sept.
Borio C. and P. Lowe (2002), "Asset prices, financial and monetary stability: exploring the Nexus," *BIS Working Papers* No. 114, July.
Borio C. and W. White (2004), "Whither monetary and financial stability? The implications of evolving policy regimes", *BIS Working Papers*, No. 147 February.
Brigo, D., A. Pallavicini and R. Torresetti (2010), "Credit models and the crisis: default cluster dynamics and the generalized Poisson loss model," *The Journal of Credit Risk* (39-81) Volume 6/Number 4, Winter 2010/11.
Brunnermeier, M.K. (2009), "Deciphering the 2007-08 Liquidity and Credit Crunch," *Journal of Economic Perspectives*), 23 (1).
Brunnermeier, M.K. and L.H. Pedersen (2005), "Predatory Trading". *The Journal of Finance* 60 (4), August.
Brunnermeier, M.K. and L.H. Pedersen (2009), "Market Liquidity and Funding Liquidity," *Review of Financial Studies*, Vol. 22 (6).
Brunnermeier, M.K. and A. Crocket, C. Goodhart, A. Persaud, and H.S. Shin (2009), "The Fundamental Princples of Financial Regulation," (preliminary conference Report) *Geneva Reports on the World Economy*, 11, January.
Caballero, R.J. and A. Krishnamurthy (2008), "Musical chairs: a comment on the credit crisis," Banque de France, *Financial Stability Review – Special issue on liquidity*, No. 11 February.
Caballero, R.J. and A. Simsek (2009), "Complexity and Financial Panics," *NBER Working Paper*, 14997, May.
Caballero, R.J. and A. Simsek (2010), "Fire Sales in a Model of complexity," mimeo July (*Journal of Finance*, 2013, December).
Calomiris, C. and J. Mason, (1997), "Contagion and bank failures during the great depression: The June 1932 Chicago banking panic." *American Economic Review* 87.
Case, K.E. and R.J. Shiller (2003), "Is there a Bubble in the Housing Market," *Brookings Papers on Economic Activity*, 2.
CGFS and Market Committee (2015), "Regulatory Change and Monetary Policy," Report submitted by a working Group established by the Committee on the Global

Financial System (CGFS) & the Market Committee.

Chordia, T., R. Roll, and A. Subrahmanyam (2000), "Commonality in liquidity," *Journal of Financial Economics*, 56.

Collin-Dufresne, P., R. Goldstein, and J. S. Martin (2001), "The Determinants of Credit Spread Changes," *Journal of Finance*, 56 (6), Dec.

Collin-Dufresne, P., R. Goldstein, and J. Helwege (2002), "Are Jumps in Corporate Bond Yields Priced Modeling Contagion via the Updating of Beliefs," mimeo. Sept.

Collin-Dufresne, P., R. Goldstein, and J. Helwege (2003), "Is Credit Event risk priced? Modelling Contagion via the Updating of Beliefs," *Working paper*, Haas School, University of California, Berkeley.

Covitz, D., N. Liang and G. Suarez (2013), "The Evolution of a Financial Crisis: Collapse of the Asset-Backed Commercial Paper Market," *Journal of Finance*, 68 (3), June.

Crockett, A. (2000), "Marrying the Micro-and Macro-Prudential Dimensions of Financial Stability," *Bank for International Settlements Basel*, Switzerland, 21 September.

Crockett, A. (2008), "Market liquidity and financial stability" Banque de France, *Financial Stability Review – Special issue on liquidity*, No. 11, February.

Danielsson, J. and H. S. Shin (2012), "Procyclical Leverage and Endogenous Risk," mimeo. October.

D'Arista, J. and S. Griffith-Jones (2011), "Reforming financial Regulation: Wtat needs to be done", in J. K. Sundarum (ed), *Reforming the international financial Regulation for Development*, New York; Colunbia Univ. Press.

Das, S. R. (2009), "Tales of leverage," *Risk*, July.

Das, S. R., D. Duffie, N. Kapadia, and L. Saita (2007), "Common Failings: How Corporate Defaults are correlated," *Journal of Finance* 62 (1), Feb.

Davidson, P. (1982–83), "Rational expectations: a fallacious foundation for studying crucial decision-making processes," *Journal of Post Keynesian Economics.*, 5 (2), Winter I.

Davis, M. and V. Lo (1999), "Infectious Defaults," mimeo. July.

Davis, M. and V. Lo (2001), "Modelling Default Correlation in Bond Portfolio," mimeo.

De la Torre, A., and A. Ize (2009a), "Regulatory Reform: Integrating Paradigms," The World Bank, *Policy Research Working Paper* 4842, Feb.

De la Torre, A., and A. Ize (2009b), "Financial Paradigms – What do they suggest about Regulatory Reform?," World Bank Other Operational Studies, 10226, Nov.

De Long, J. B., A. Shleifer, L. H. Summers and R. J. Waldmann (1990), "Noise Trader Risk in Financial Markets," *Journal of Political Economy*, 98 (4).

De Nicolo, G., G. Favara, and L. Ratnovski (2012), "Externalities and Macroprudential Policy," IMF Staff Discussion Note, SDN/12/05, June 7.

DeYoung, R. and G. Torna (2013), "Nontraditional banking activities and bank failures during the financial crisis," *Journal of Financial Intermediation*, 22.

Diamond, D. W. and P. H. Dibvig (1983), "Bank Runs, Deposit Insurance, and Liquidity," *Journal of Political Economy*, 91 (3), June.

Driessen, J. (2002), "Is Default Event Risk Priced in Corporate Bonds?" mimeo. March.

Driessen, J. (2003), "Is Default Event Risk Priced in Corporate Bonds?" mimeo, Sept.

Dudley, W. (2013), "Fixing Wholesale Funding to build a more Stable Financial System," *Remarks at the New York Bankers Association's 2013 Annual Meeting and Economic Forum*, New York City, February.

Duffie, D. (2007), "Innovations in Credit Risk Transfer: Implications for Financial Stability1," mimeo. July.

Duffie, D., A. Eckner, G. Horel, and L. Saita (2009), "Frailty Correlated Default," *Journal of Finance*, 64 (5), October.

Duffie, D. (2010), *How Big Bnks Fail and What to do about it*, Princeton U. P.（本田俊樹訳『巨大銀行は何故破綻したのか』NTT出版、2011年）

Duffie, D. (2016), "Financial Regulatory Reform after the Crisis: an Assessment," *ECB Forum on Central Banking*, June.

Duffie, D. and N. Garleanu (2001), "Risk and Valuation of Collateralized Debt Obligations," *Financial Analysts Journal*, Jan. /Feb.

Duffie, D. and K. Singleton (2003), *Credit Risk: Pricing, Measurement, and Management*, Princeton U. P.（木村俊毅・上村昌司訳『クレジットリスク──評価・計測・管理』共立出版、2009年）

Dymski, Gary A. (1997), "Deciphering Minsky's Wall Street Paradigm," Journal of Economic Issues, 31 (2), June.

El-Erian, M. (2008), *When Markets Collide: Investment Strategies for the Age of Global Economic Change*, McGraw-Hill Education.（牧野洋『市場の変相』プレジデント社、2009年）

Elizalde, A. (2006), "Credit Risk Models I: Default Correlation in Intensity Models," *CEMFI Working Paper* 0605, April.

Embrechts, P., F. Lindskog and A. McNeil (2001), "Modelling dependence with copulas and applications to risk management," mimeo. Sept.

Fender, I. and M. Scheicher (2008), "The ABX: how do the markets price subprime mortgage risk?", *BIS Querterly Review*, September.

Fender, I. and M. Scheicher (2009), "The pricing of subprime mortgage risk in good times and bad: evidence from the ABX. HE indices," *BIS Working Papers*, No. 279, March.

Fleming, J., C. Kirby and B. Ostdiek (1998), "Information and volatility linkages in the stock, bond, and money markets," *Journal of Financial Economics* 49.

Frey, R. and J. Backhaus (2003), "Interacting Defaults and Counterparty Risk: a Markovian Approach," mimeo. July.

Gai, P. and S. Kapadia (2010), "Contagion in Financial Networks," *Bank of England Working Paper*, No. 383., March.

Galbraith, J. K. (1955), *The Great Crash* 1929, Houghton Mifflin.（小原敬士訳『大恐慌』徳間書店，1971 年／村井章子訳『大暴落 1929』日経 BP クラシックス，2008 年）

Galbraith, J. K. (1987), "1929 Parallel," *The Atlantic,* January.

Galbraith, J. K. (1994), *A Short History of financial Euphoria.*（鈴木哲太郎訳『バブルの物語』ダイヤモンド社，2008 年）

Gapper, J. (2017), "Flannery's General Electric may not hold together long," *Financial Times*, November 15.

Gennaioli, N., A. Shleifer and R. Vishny (2012), "Neglected Risks, Financial Innovation, and financial fragility", *Journal of Financial Economics*, 104, June.

Giesecke, K. (2002), "Intensity based? Credit Risk Modelling," mimeo. May.

Giesecke, K. (2004), "Correlated Default with incomplete Information," *Journal of Banking & Finance* 28.

Giesecke, K. and S. Weber (2004), "Cyclical correlations, credit contagion, and portfolio losses," *Journal of Banking & Finance* 28.

Gorton, G. (2011), "The Big Short Shrift", *Journal of Economic Literature*, June.

Gorton, G. B. and Ping He (2008), "Bank Credit Cycles," *Review of Economic Studies*, 75.

Gorton, G. and A. Metrick (2012), "Securitized banking and the Run on Repo", *Journal of Financial Economics*, 104, June.

Greenlaw, D., J. Hatzius, A. K Kashyap and H. S. Shin (2008), "Leveraged Losses: Lessons from the Mortgage Market Meltdown", *Report of the US Monetary Policy Forum*, February 29.

Greenspan, A. (2007), *The Age of Turbulance: Adventures in a New World,* Penguin Books）（山岡洋一・高遠裕子訳『波乱の時代（上）（下）』日本経済新聞社，2007 年）

Greenspan, A. (2013), *The Map and the Terrinton 2.0: Risk, Human Nature, and the Future of Forecasting*, The Penguin Press.（斎藤聖美訳『リスク，人間の本性，経済予測の未来』日本経済新聞出版社，2015 年）

Haldane, A. G. (2009), "Rethinking the Financial Network," Speech delivered at the Financial Student Association, Amsterdam, April.

Haldane, A. G. and R. M. May (2011), "The Birds and Bees, and the big Banks," *Financial Times*

Haldane, A. G. (2012), "The dog and the frisbee," Speech at the Federal Reserve Bank of Kansas City's 366th economic policy symposium, "The changing policy landscape", Jackson Hole, Wyoming, 31 August.

Hameed, A., W. Kang and S. Viswanathan (2008), "Stock Market Declines and Liquidity," mimeo.

Hildebrand, P. M. (2008), "Is Basel II enough? The Benefit of Leverage Ratio," Speech

given at the Financial Markets Group Lecture, London School of Economics, December.
International Monetary Fund (2008), *Global Fiancial Stability Report*, April.
Iwai, K (2011), "Determinants of the CDS Spreads of Japanese Firms Before and After the Global Financial Crisis," Financial Research Center (FSA Institute) Financial Services Agency, FSA Institute Discussion Paper Series, DP 2011-2, August.
Jarrow, R. A. and F. Yu (2001), "Counterparty Risk and the Pricing of Defaultable Securities," *Journal of Finance*, 56 (5), Oct.
Jarrow, R. A, D. Lando and F. Yu (2005), "Default Risk and Diversification: Theory and EmpiricalImplications," *Mathematical Finance*, 15 (1), Jan.
Jorion, P. and G. Zhang (2009), "Credit Contagion from Couneterparty Risk," *Journal of Finance*, 64 (5), Oct.
Kaminsky, G. L. and C. M. Reinhart (2000), "On crises, contagion, and confusion," *Journal of International Economics* 51.
Keynes, J. M. (1921), *Treatise on Probability*, MacMillan.（佐藤隆三訳『確率論』東洋経済新報社，ケインズ全集第8巻，2010年）
Keynes, J. M. (1936), *The General Theory of Employment, Interest and Money*, MacMillan.（塩野谷祐一訳『雇用・利子および貨幣の一般理論』東洋経済新報社，1983年）
Keynes, J. M. (1973), *The General Theory and After* Part 2, Defence and Development*, Collected Writings of John Maynard Keynes XIV, MacMillan（清水経啓典・柿原和夫・細谷圭訳『一般理論とその後』東洋経済新報社，ケインズ全集第14巻，2016年）
Kindleberger, C. (1978), *Manias, Panics, and Crashes: A History of financial Crises*, New York, Basic Books.（高遠裕子訳『熱狂，恐慌，崩壊──金融危機の歴史』日経新書，2014年）
King, M. (2008), "Ave the Brokers Broken?," Technical Report, Citi, European Qunatitative Credit strategy and Aualysis, September 5.
King, M. A. and S. Wadhwani, (1990), "Transmission of Volatility between Stock Markets," *Review of Financial Studies*, 3 (1).
Kiyotaki, N. and J. Moore (1997), "Credit Cycles," *Journal of Political Economy*, 105 (2), April
Kiyotaki, N. and J. Moore (2002), "Balance-Sheet Contagion," *American Economic Review*, 92 (2), May.
Knight, F. H. (1921), *Risk, Uncertainty, and Profit*, Boston, Houghton Miffilin（奥隅栄喜訳『危険・不確実性および利潤』文雅堂銀行研究社，1959年）
Kodres, L. R. and M. Pritsker (2002), "A Rational Expectations Model of Financial Contagion," *Journal of Finance*, 57 (2), April.
Kregel, J. (1976), "Economic Methodology in the face of Uncertainty: the Modelling Methods of Keynes and the Post-Keynesians," *Economic Journal* 86 (342), June.
Kregel, J. (1997), "Margins of Safety and Weight of the Argument in Generating Fi-

nancial Fragility," *Journal of Economic Issues*, 31 (2), June.

Kregel, J. (2008a), "Minsky's Cushons of Safety", *Public Policy Brief* no. 93, Levy Economics Institute of Bard College.

Kregel, J. (2008b), "Will the Paulson Bailout Produce the Basis for Another Minsky Moment?," *Policy Note* 2008/5, Levy Economics Institute of Bard College. October.

Kregel, J. (2009), "It's That "Vision" Thing: Why the Bailouts Aren't Working, and Why a New Financial System Is Needed," *Public Policy Brief,* no. 100, Levy Economics Institute of Bard College. April.

Krishnamurthy, A. (2008), "The Financial Meltdown: Data and Diagnoses," mimeo, Nov.

Krishnamurthy, A. (2009), "Amplification Mechanisms in Liquidity Crisis," *American Economic Journal*, Sept.

Lando, D. (1998), "On Cox Processes and Credit Risky Securities," *Review of Derivatives Research*, 2."

Lee, Y., and S-H. Poon (2014), "Modeling the Credit Contagion Channel aind its Consequences," *Journal of Credit Risk* 10 (1).

Levy Economics Institute (2012), *Beyond the Minsky Moment: Where We've Been, Why We Can't Go Back, and the Road Ahead for Financial Reform*, Levy Economics Institute of Bard College, April.

Li, D. X., (2000), "On Default Correlation: A Copula Function Approach," The RiskMetrics Group, Working Paper Number 99–07. April (First draft: September 1999).

Longstaff, F. A. and A. Rajan (2008), "An Empirical Analysis of the Pricing of Collateralized Debt Obligations," *Journal of Finance*, 63 (2), April.

Lewis, M. (2010), *The Big Short: Inside the Doomsday Machine*, W. W. Norton & Company.(東江一紀訳『世紀の空売り』文藝春秋, 2010 年)

Merton, R. C. (1974), "On the Pricing of corporate debt: the risk structure of interest rates," *Journal of Finance*, 29.

Minsky, H. P. (1964), "Financial Crisis, Financial System, and the Performance of the Economy," in *Commission on Money and Credit*, ed. Private Capital Markets, Prentice-Hall.

Minsky, H. P. (1982), *Can "It" Happen Again: Essays on Instability and Finance*, M. E. Sharpe.(岩佐代市訳『投資と金融——資本主義経済の金融不安定性』日本経済評論社, 1988 年)

Minsky, H. P. (1986), *Stabilizing an Unstable Economy*, M. E. Sharpe 吉野・浅田・内田訳『金融不安定性の経済学』多賀出版, 1989 年)

Minsky H. P. (1987), "securitization," Paper 15, Minsky Archive (Levy Economics Institute of Bard College).

Minsky H. P. (1992), "The Capital Development of the Economy and the Structure of Financial Institutions," Working Paper, No. 72, Levy Economics Institute of Bard College, January.

Minsky H. P. (1995a), "Reforming Banking in 1995: Repeal of the Glass Steagall Act, Some Basic Issues," Paper 59, Minsky Archive (Levy Economics Institute of Bard College).

Minsky H. P. (1995b), "Would Repeal of the Glass Steagall Act benefit the US Economy," Paper60, Minsky Archive (Levy Economics Institute of Bard College).

Minsky H. P. (1995c), "Would Universal Banking Benefit the U. S. Economy?," Paper51, Minsky Archive (Levy Economics Institute of Bard College).

Morris, S. and H. S. Shin (2008), "Financial Regulation in a System Contex," *Brookings Papers on Economic Activity*, Fall.

Morris, S. and H. S. Shin (2009), "Illiquidity Component of Credit Risk," mimeo. May.

Nadauld, T. D., and M. Sherlund (2009), "The Role of the Securitization Process in the Expansion of Subprime Credit," *Fisher College of Business Working Paper Senies*, 2009-03-009, May.

Paulson, H. (2010), *On the Brink: Inside the Race to stop the Collapse of the Global Financial System,* New York Business Plus.(有賀裕子訳『ポールソン回顧録』日本経済新聞出版社，2010年)

Perotti E. C. and J. Suarez (2011), "A Pigovian Approach to Liquidity Regulation," 12TH JACQUES POLAK ANNUAL RESEARCH CONFERENCE, November 10-11.

Rajan, R. G. (1994), "Why Bank Credit Policies fluctuate: A Theory and some Evidence," *Quarterly Journal of Economics*, May.

Reinhart, C. and K. Rogoff (2009), *This Time is Different; Eight Centuries of Financial Folly*, Princeton U. P.(村井章子訳『国家は破綻する──金融危機の800年』日経BP社，2011年)

Rogge, E. and P. L. Schonbucher (2003), "Modelling Dynamic Portfolio Credit Risk," mimeo, Feb.

Rosch, D. and B. Winterfeldt (2008), "Estimating Credit Contagion in a Standard Factor Model" mimeo., July.

Roubini, N. and S. Mihm (2010), *Crisis Economics: A Crash Course in the Future of Finance*, Penguin Books.(山岡洋一・北川和子訳『大いなる不安定──金融危機は偶然ではない，必然である』ダイヤモンド社，2010年)

Rule, D. (2014), "Regulatory Reform, Its Possible Market Consequences and the Case of Securities Financing," Speech at the FRB Chicago Seventh Annual International Banking Conference, Nov.

Schonbucher, P. J. and D. Schubert (2001), "Copula-Dependent Default Risk in Intensity Models," Working paper, Department of Statistics, Bonn University, Dec.

Shin, H. S. (2008), "Risk and Liquidity in a system Context," *Journal of Financial Intermediation* 17.

Shin, H. S. (2009a), "Reflections on Northern Rock: The Bank Run that Heralded the Global Financial Crisis," *Journal of Economic Perspectives*, 23.

Shin, H. S. (2009b), "Securitisation and Financial Stability," *The Economic Journal,*

March.

Shin, H. S. (2009c), "Is Basel II enough? The Benefit of Leverage Ratio," Speech given at the Financial Markets Group Lecture, London School of Economics, December.

Shin, H. S. (2010a), "Financial Intermediation and the Post-crisis financial system," *BIS Working Papers,* No. 303, March.

Shin, H. S. (2010b), *Risk and Liquidity,* Oxford U. P. (大橋和彦・服部正純訳『リスクと流動性』東洋経済出版社, 2015 年).

Shleifer, A. and R. W. Visyny (1997), "The Limits of Arbitrage," *Journal of Finance,* 52 (1), May.

Singh, M. and J. Aitken (2009), "Deleveraging after Lehman – Evidence from Reduced Rehypothecation," *IMF Working Paper,* March.

Steinbacher, M., M. Steinbacher and M. Steinbacher (2013), "Credit Contagion in Financial Markets: A Network-Based Approach," *MPRA (Munich Personal RePEc Archive) Paper,* No. 49616, Sept.

Stiglitz, J. E. (2010), *Freefall: America, Free Markets, and the Shinking of the World Economy,* W. W. Norton & Company. (楡井浩一・峯村和哉訳『フリーフォール──グローバル経済はどこまで落ちるのか』徳間書店, 2010 年)

Tarullo, D. K. (2013), "Evaluating Progress in Regulatory Reforms to Promote Financial Stability," Speech delivered at the Peterson Institute for International Economics, Washinton, D. C.

Tett, J. (2009), *Fool's Gold: How understrained Greed Corrupted a Dream, Shatterd Global Markets and Unleashed a Catastrophe,* London, Avacus (土方奈美訳『愚者の黄金──大暴走を生んだ金融技術』日本経済新聞出版社, 2009 年)

Tirole, J. (2011), "Illiquidity and All Its Friends," *Journal of Economic Literature,* 49 (2).

Torresetti, R, and A. Pallavicini (2009), "Stressing rating criteria allowing for default clustering: the CPDO case," *MPRA* (Munich Personal RePEc Archive) *Paper,* No. 17104, Sept.

Upper, C. (2010), "Simulation methods to assess the danger of contagion in interbank markets," *Journal of Financial Stability,* 30.

Vasicek, O (1987), "Probability of loss on loan portoforio," Working paper KMV Corporation.

Whalen, C. J. (2008a), "Undestanding the Credit Crunch as a Minsky Moment", *the Challenge,* 51 (1), Jan-Feb.

Whalen, C. J. (2008b), "The Credit Crunch: A Minsky Moment," *Studi e Note di Economia,* 13 (1).

Yellen, J. L. (2009), "A Minsky Meltdown: Lessons for Central Bankers," Presentation to the 18th Annual Hyman P. Minsky Conference on the State of the U. S. and World Economies – "Meeting the Challenges of the Financial Crisis," Organized by the Levy Economics Institute of Bard College New York City.

Yellen, J. (2011), "Assessing Potential Financial Imbalances in an Era of Accommodative Monetary Policy," Speech delivered at the 2011 International Conference: Real and Financial Linkage and Monetary Policy, Bank of Japan, Tokyo, June 1.

Yellen, J. L. (2013), "Interconnectedness and Systemic Risk: Lessons from the Financial Crisis and Policy Implications," Remarks delivered at the American Economic Association/American Finance Association Joint Luncheon, San Diego, California, January.

Zuckerman, G. (2009), *The Greatest Trader Ever*, Crown Business（山田美明訳『史上最大のボロ儲け』阪急コミュニケーションズ，2010年）

あとがき

　ミンスキーは異端派（economic heresies）の経済学徒であり，ポストケインジアンにあって圧倒的な影響力を持ちながら，伝統的な正統派経済学にあっては marginal な存在にとどまってきた．金融恐慌史を著わすにあたり，ほとんど1章を「ミンスキー・モデル」の解説に当てた Kindleberger（1978）を例外とすれば，学術誌の引用文献中にその名を見出すこともごく限られていたと言えよう．そうした中で BIS など中央銀行関係者やウォール街のエコノミストにミンスキーの理解者を見出すことは容易である．「ミンスキー・モーメント（the Minsky moment）」の呼称が広く流布することとなったのも，世界最大の債券ファンドの管理者 Paul McCully が 1998 年のロシアの債務危機の際に（顧客への email exchange において）用いた造語が，2007 年夏にサブプライム危機が展開する中で，*Wall Street Journal* 紙の一面に掲げられたことによる[1]（Lehart 2007）．加えて触れるなら，大規模マクロモデルを専門とした Laurence Meyer も著者の留学先，St Louis の Washington University においてミンスキーの研究グループに加わりながら，実際の世界に転じて初めてミンスキーの真価を知るようになったという（Lehart, op. cit.）．1970 年から 27 年間籍を置いた Washington University を去り，1996 年に連銀理事に転じ政策の現場にあって激動の時代を経ることが Meyer をしてミンスキーの経済学に目を開かせたのである．「アカデミックな世界にいたときはミンスキー氏の仕事にたいして興味をひかなかったが，連銀にあって金融危機の展開を注視する中で彼の仕事を一層評価するようになった」と．

　本書における金融危機理解の枠組みを成すミンスキーの金融不安定性仮説をウォール街のエコノミストが「ミンスキー・モーメント（ミンスキーの瞬間）」として捉えるとき，そこに何を見たかを確認することは，本書を理解し，本書

　1）「ミンスキー・モーメント」が流布する経緯については Whalen（2008）を参照されたい．

におけるミンスキーの位置づけを見るうえでも有用であろう．George Magnus はスイスに本拠を置く世界有数の金融持ち株式会社 UBS の Senior Economic Adviser であるが，2007 年のサブプライム危機勃発に先立って論稿（Magnus 2007）を発表している．それはこれまでの数年間にわたって米国経済が多額の負債と複雑な債務構造をもたらしてきたことに留意するものであるが，過大な債務を負う（overindebted）ことがいかにして可能になったかを問うことで，ミンスキーの内生的不安定性仮説「安定的拡大は不安定化要因を醸成する（Stability is unstabilizing）」のエッセンスを捉えている．それは安定的拡大期には金融イノベーションをも駆使して市場性債務を創出し，信用を拡大し，もって銀行準備の制約を超えて流動性（excess liquidity）を生みだすことに留意する．それは，伝統的な中銀のハイパワードマネーは主要な貨幣及び信用集計値の限られた部分（fraction）しか説明しないということで，商業銀行に対する非銀行（non-bank）金融セクターの重要性に留意し，もって現代の金融革新及び信用構造が持つ流動性創出効果を強調する．このことが，国内金融機関の負債（liabilities）が GDP に対する比率を，1980 年代初めの 20% から，25 年間で 2006 年末までに 103% に引き上げたのである．これは本書でわれわれが「逆ピラミッド構造」として捉えたことであり，不安定性仮説の中心軸を，ポジション形成が負債管理とりわけ（短期の）市場調達資金に依存することに求めたことに合致している．

　Magnus は，（短期）市場性債務への依存が，借り手の支払い能力が懸念されるや貸し手が容易に資金を引き揚げるリスクをはらむことに留意する．市場調達資金が保有資産を担保に調達されるような場合には，担保資産の価値が下落する．しかもそれが証券化商品でリスクのプライシングが複雑，不透明であるとき，その価値の不確実性が問題になることで当該証券化商品を含み広い範囲で資産価格の低下が引き起こされることにもなる．そのとき，貸付金の返済のため，あるいは証拠金請求に応えるため保有資産を売却（投売り）せざるを得なくなり，これが（金融市場で）資産価値の急激な低下と銀行間市場での流動性の逼迫を引き起こす．こうした事態のもたらされる「瞬間」がミンスキー・モーメントなのである．付記すれば，危機の顕現化がこうした市場性債務の引き受け手，供給サイド（貸し手）──バランスシートの「負債側」──

から生起することに留意するのは，「借り手」の信用リスクの顕現によって金融危機をとらえる標準的な理解（エージェンシー・アプローチ）と対置されるものである．

　Magnus の論稿についてもう 1 点留意されることは次である．先に触れたように，（2007 年春に至る）ここ数年間，米国経済が絶えずより大きな額の負債と，より複雑な負債構造を創出してきたが，同時により大きな経済安定性を生み出していることである．その理由として Magnus は，ノンバンク金融機関の増殖（proliferation），伝統的銀行仲介から直接金融化（disintermediation），および証券化のような新たな取引と構造を挙げるが，しかし「こうした複雑な構造は，まさにポンティ金融の変異形（variants）ではないか」（ibid., p.8）と捉えようとする．こうした複雑な金融構造に立脚し，市場調達資金に依存して成立する（利鞘獲得の）ビジネスモデルは（担保）資産の価格安定性，市場流動性を前提にして初めて首尾よく機能するものだからである．こうした理解に立って Magnus は次のように述べた．「ここ数年間の安定性をもたらした行為そのものが，現時点そして将来の不安定性の種を内包していないとは確信できない（can't be sure）」（ibid., p.9）．これは 2007 年春時点で，やがてその夏に勃発する信用逼迫を予期すること，つまりミンスキー・モーメントの到来を示唆するものであり，ミンスキー不安定性仮説に基づいてそれを成したのである．

　「ミンスキー・モーメント」が危機勃発の臨界点に関係することを述べたが，それではグローバル危機を経て現下の堅調な米国経済——その景気拡大は 2009 年 7 月からすでに 9 年目に入っている——，そして新興諸国を含めた世界経済の回復が進捗する下で，それにもかかわらず起こり得る危機勃発の可能性についてはいかに理解できるであろうか．本書第 1 章において量的緩和による過剰なマネーが「利回り狩り」を通してバブル化を引き起こすとの枠組みを提示したが，2017 年時点において確かに米国株式市場は最高圏にあり，住宅価格も住宅バブル期の水準に迫っており，そうした資産価格の上昇におけるリスクのプライシングの適切さが問われている．さらにわれわれは第 1 章で，住宅投資においても投資マネーがその回復を主導し，特に自動車ローンが自動車販売を支え，その証券化も進行していることに触れたが，しかし「システミック・リスク」の顕現という観点からは，先のグローバル危機に果たした資産担

保証券市場に対する「取付け」が，今後起こりうる危機の再発においてどれだけの重要さを持つかは，他の要因との間でその相対的寄与度が問われねばならない．というのは，2000年代半ばに重要なリスク要因をなした証券化は先のグローバル危機からの回復過程でその役割を低下させてきているからである．実際FRBの資金循環勘定において，資産担保証券発行者（ABS issures）がその発行のために信用市場において負う負債額（残高）は，2007年のピーク（4兆5345億ドル）から一貫して低下し，2017年第2四半期末で1兆1749億ドルにまで落ちている[2]．証券化商品はもはや世界中の主要金融機関の投資対象では必ずしもないということであるが，同時に次のことが留意される．かつて証券化商品の成長は「高格付け担保の創出」をもたらした（Fisher 2015）のであり，これは短期ホールセール・ファンディングへの依存を支えたといえよう．証券化商品残高が減少していけば高格付け担保の減少から短期の市場性債務の利用が低下し，したがってレバレッジを抑制することになると考えられる．米国のFinancial Accountから「公開市場手形」は危機前のピーク（1兆9580億ドル，2006年）から，危機の勃発後，低下していき，2011年からは1兆ドルを割り，それ以降2017年まで9000億ドル台を保つ程度である．また「レポのグロスでの額はピーク時の2008年初めのほとんど5兆ドルから2009年初めの3兆ドルに低下し」（Fisher 2015）ている．ただし，このレポ縮小は危機後にブローカー・ディーラーとその顧客の間でのリスクからの退却として理解される．こうした短期の市場調達資金の（今次危機前に比しての）相対的縮小は，今次危機を貸し手の資金引き揚げによって，つまり「ミンスキー・モーメント」として捉えることを，（今後にありうる）危機勃発に対しても適用できるとする理解に疑問が呈されるかもしれない．しかしそれにもかかわらず，自動車ローンの証券化商品が直接，あるいは間接の伝染経路を経ることでシステミック・リスクにまでつながる可能性は，本書で論じてきた危機メカニズムからしても残されていると考えられる．

以上の短期市場調達資金の（相対的）縮小，したがってレバレッジの低下を

---

[2] ABS発行者が負う負債額がそのままABS発行額を表すわけではない．CP発行額も負債を構成するからであるが，FRBのFinancial Accountから，負債額の内訳を辿れる．そうした場合にもABS発行残高の趨勢が本文で述べたと同様の動きであるといえる．

引き起こす要因としては，むしろ今次危機以降に採られたレバレッジ規制——大手金融機関に対する上乗せ規制も含めて——等による規制強化によってよりよく説明できるものであるかもしれない．実際，(2017年10月までFRBの副議長を務めた) Fisher (2015) はレバレッジと満期変換の引き下げを「ベター・レギュレーション」に関係するものとして，それによって金融システムが強靭 (resilient) にされたと解する．すなわち，大手のブローカー・ディーラーが今や銀行持株会社の一部になって，FRBの統合した監督下に置かれ，ストレス・テストを受けるとか，より厳しい所要資本および流動性を求められている．加えて「銀行が（オフバランスの）SIVに支援を提供する能力は次のようにして実質上削がれてきた．従前のオフバランスのエクスポージャーの会計処理に対する制限と，追加的レバレッジ比率を含むより厳密な所要資本——それはオンバランスとオフバランスの双方に適用される——の双方を通じてである」(ibid., p.3)．このように解すれば，（規制強化の対象となる）銀行部門は，高リスクな活動範囲を縮小し，無謀な行動をとれなくさせられ，銀行部門内部からはそれだけシステミック・リスクの震源になることを免れる（エラリアン 2017）ことが期待できると言えるかもしれない．

　FRBの資金循環勘定から，負債の動向を部門（sector）ごとに残高ベースで見よう．国内金融部門は上掲の要因を受けて，今次のグローバル危機直前の約18兆ドル (2008年) から低下して15兆ドル台にとどまっている．家計部門も危機前のピークを2015年以降わずかに上回る程度（14兆ドル台）の負債を維持するに過ぎない．家計部門については，危機以降，住宅ローンについて貸付基準の厳格化と相まって「プライム」層の借り手が主導するものとなることから緩やかなペースにとどまることが理解できる．これに対し自動車ローン，学生ローン，クレジットローンの3つが急速に増大しているが，絶対的な規模が相対的に小さく，米国家計のローン残高については危機以前の水準を上回る程度に拡大しているにすぎない．こうして家計部門の負債の増大は顕著ではないが，それにもかかわらず無視できないリスク要因が指摘される．それは急速に増大する3ローンについて，低所得者層（サブプライム）向けの比率が高くなっていることである[3]．こうした条件下に起こりうるリスクの顕現は，新車購

入におけるローンの割合が高いことから，金利上昇により，あるいは賃金上昇のペースが遅くなり，ローンの負担が消費者マインドを冷やす，あるいはローン会社の破綻が引き起こされるときであろう（青木大樹2017）．

以上に対し企業部門の負債（残高）は危機以降，大きな落ち込みもなくその増加率が顕著である．非金融法人企業部門（corporate）の負債動向を見ると，2008年に6兆5801億ドルに達し，09年，10年と低下し6兆503億ドルまで落ち込むが，それ以降着実に増加し，2017年第Ⅱ四半期末には8兆7178億ドルに達している．これをもたらした要因として信用力の劣る企業が発行する高利回りの社債であるハイイールド債（低格付け債）の発行額の急増があり，借入（レバレッジド・ローン）の拡大がある（長谷川2017）．後者の借入は，非投資適格企業向けの高金利貸出で2017年には9月期までで前年同期比で50％以上増加し，年間組成額として過去最高を更新する勢いだとされる．長谷川（2017）は，こうした非金融法人企業の負債動向を，ハイイールド債の（米国債との）利回り格差が低下基調にあることに留意し，信用力に見合った価格設定がなされているのかどうか，市場のリスク規律のゆるみがあるのではないかと指摘する．これは第1章で見てきた，量的緩和による過剰マネーがもたらすバブル化の症状として理解できるであろう．

長谷川（2017）はさらに，少しでも高い利回りを求める「利回り狩り」が新興国の債券市場にも向かっていることに留意している．09年以降の新興国市場への資本流入額は4兆ドル以上に及んでおり，それによって代表的な新興国社債のクレジット・スプレッドがやはり歴史的な低水準になっていると指摘される[4]．こうした利回り狩りにはらまれたリスクは，投資先の意図せざる景気低迷，米金利の上昇やドル高の進行によって債務負担の増加，借り換えの困難とともに顕現化しうる．新興国市場への資本流入がもたらすのは，グローバル

---

3) 学生29.8％，自動車16.1％，クレジットカード12.3％と高いが，プライム層主導の住宅ローンについては6.8％に止まっており，危機以前には低所得者向け住宅ローンは全体の13％程であった．したがって総じていえば，現下での低所得層向けの比率は高いといえる（青木大樹2017）．

4) こうした事態を典型的に表す例は，2017年6月にアルゼンチン政府が発行した100年債——非投資適格の債権である——で，この100年間に6回も債務不履行を起こした同国債券に募集額の3倍近い投資マネーが殺到したという（長谷川，同上）．

な金融市場における諸国の市場間の相互連関性（interconnectedness）を高めるということであり，ここからシステミック・リスクが引き起こされる可能性を無視できない．この文脈で付記されるべきは，ユーロ圏からの米国の高利回り債への投資が，（欧州におけるインフレ予想の高まりで）金利上昇でユーロ圏にマネーが逆流していく可能性であり，ユーロ圏の投資家が保有する米社債の残高は増加を続け，17年前半だけで3928億ドルに及ぶ債券投資が流入し，それは米国の経常赤字の約8割以上の規模に達しているのである（吉川2017）．

エラリアン（2017）は，金融システムが直面するリスクは，形を変え，「銀行システムの外に移動した」と述べたが，これには次の2点が関係している．1つは，「より慎重な規制の対象となる銀行が一定の活動から撤退する中で，同様の監督・規制基準が適用されないノンバンクが活動するようになっている」ことであり，もう1点は，すでに上で触れたように，「ノンバンクの一部は現在，新興国の社債のような一部の商品について，顧客に過剰な約束をするというリスクをおかしている」こととされるが，このことは中国の「影の銀行を構成する「理財商品」についても言えることで，今後規制強化で理財商品の償還の確実性が失われることは，デフォルトの発現がインターバンク市場を通じて金融機関間に拡散する可能性を否定できない．

エラリアンの指摘する論点は，本書第3章の「階層化された金融システム」における，システムに組み込まれた金融業のダイナミズムのもとで，規制の緩い「周辺的」金融組織において過度なリスクが積まれ，それを震源として階層間のつながりを通じてシステミック・リスクがはらまれるという問題の延長上に位置付けられることである．Fisher（2015）は先に見たように，銀行システムにおける負債の成長についてまだ顕著な加速は見られないとしたが，金融ディストレスがシャドーバンキングと銀行，および広範な金融システムの相互作用を通じて引き起こされうると述べ，それを経済学的にモデル化することが重要な発展領域になると指摘する．ここで重要なことは，金融機関間の直接的な連関（connections）に派生する懸念が，次のようにして増幅されることである．すなわち，それら各々の金融機関が置かれた状況（positions），他の機関の状況，そして（資産の強制的清算の下で起こりうる）投売りダイナミクスについての不確実性が直接的連関を増幅するということで，そのとき共通のエクスポー

ャーと伝染が相互連関性と脆弱性の重要な源になることが留意される．これは本書において不確実性と複雑性の下での伝染メカニズムに照準を合わせたことに合致する危機理解であるといえよう．

　相互連関性を視野に置こうとするとき，Fisher (2015) は次のような問題を指摘する．最大手の銀行持ち株会社については監督権限からその市場連関についてある程度の洞察を得られても，資産管理者（asset managers）のようなノンバンクの市場参加者については機関間の，その活動と相互連関性が不透明なままに残っているということである．こうして先に触れたように相互連関性についての経済学的モデル化が望まれるが，連関性の扱い方については例えば，Financial Stability Board がそのレポート（Financial Stability Board (2015a)で 20 カ国とユーロ圏を対象に，銀行システムとノンバンク金融システムとの相互連関性に照準を当て，リスクの所在を明らかにしようとしたものがある．それは銀行セクターとして預金取扱金融機関や政府金融機関等を考え，全金融機関からそれらを除いた「その他金融機関（OFIs）」――とりわけマネーマーケット・ファンドやヘッジファンド，その他投資ファンド――との間で対置するもので，それらの間の債権・債務関係を捉えようとする．OFI 資産は 2014 年に GDP の128％ に達したが，それは 2013 年から 6％ ポイントの増，2011 年から見ると15％ ポイントの増で，金融危機前のピーク，130％ に近づいているとする．こうして同レポートは，銀行システムに対する OFI の「信用供与」および「資金調達」それぞれに伴うエクスポージャーについて，その集中の程度と背後のリスクの程度について評価を下そうとしている．ここにおいても先に触れたように「証券化ベースの信用仲介」の水準はここ数年低下してきたことが指摘されている．しかし他方で，「Collective investment vehicles（CIVs）」と呼ばれる，投資事業体（investment vehicles），ファンド，そして顧客に資産を共同管理（pool）するために設立された勘定（accounts）は，満期変換と流動性変換を担って信用仲介する，あるいはレバレッジを高めることにかかわることで取付けに遭いやすいという問題をはらんでいるのであり，ここに直接，間接の伝染を容れた相互連関性による金融脆弱性が再び重要な問題として現れるのである．

　著者のハイマン・P.ミンスキー教授との「出会い」は古い．1975 年に信州

大学に赴任後，70年代後半から中央大学にて川口弘先生を中心に進められた研究会が外部の研究者の参加を得て1980年にポストケインズ派研究会として成立する．その主要メンバーであった緒方俊雄氏（中央大学）が70年代の後半にRutgersのP. Davidson教授のもとに留学していた折，著者にミンスキー氏の論文を何編か送付してくれた．その中に金融不安定性論のもっとも初期の論考である*Nebraska Journal of Economics*に掲載の論文（1977）が含まれていた．それに大きな関心と共感を覚えたのが最初である．それに啓発され1975年に刊行された教授の*John Maynard Keynes*をさっそく購入し，その難解で緻密な議論を理解しようと格闘する中でミンスキー経済学と「出会う」ことができた．その後，岩佐代市氏の翻訳になるミンスキー教授の論文集（1982年）に掲載のQJE（1957年）論文をはじめとして，教授の資本主義経済の仕組みと働きについての洞察力，金融市場の働きの持つ躍動感には常に魅了され，その枠組みを通して実際の金融のダイナミズムを捉えようと努めてきた．その過程でP. DavidsonとJ. Kregelの著作を通したケインズと金融市場についての理解が助けとなった．とりわけKregel氏からはポストケインジアンにあって最も多くを学んだといえよう．しかし，1980年代のブラックマンデー，そして90年代のアジア危機を経ることで，精緻化，グローバル化を強めた金融システムを対象に分析すべく，いかに一国資本主義論のミンスキー教授の不安定性論を拡張，深化させるかについて，長い迂回の過程を経ることが必要であった．

この間，1984年夏より2年間にわたり米国セントルイスのワシントン大学経済学部において教授の下での在外研究の機会が与えられた．その折には教授にはいうにおよばず，S. Fazzari教授より大きな啓発と温かい励ましを受け，また幾人かのファカルティ・メンバーからも教示と交流の機会を得た．その中には当時院生であったRandall Wrayも含まれる．留学機会を，ミンスキー教授の経済学を祖述することで済ませたくなかったため，研究テーマを市場機構を掘り下げて理解するものにしようとした．伝統的経済学に対置されるものとしてのケインズの有効需要論を資本市場でのメカニズム理解にいかなる形で適用できるかを考えようとした．効率市場論よりするM&A分析をいかに代置するかをテーマに，会社支配をめぐる外部市場論であれ，プリンシパル・エージェンシー理論であれ，効率性上昇をその動機とするアプローチに対し，経営者

の動機，判断あるいは意図するところ（perceptions）を記述することで，M&Aプロセスをより適切に分析しようとしたのである．それはレールの敷かれたテーマではなかったから，一人で四苦八苦し，なかなかトンネルを抜け出せない苦闘が伴われるものであり，ミンスキー教授の下での研究機会を有効に生かすことにもならなかった．しかし，本書の執筆には少し役立ったかもしれない．標準的経済学との対置法が本書においても採られているからである．

　（2007-09年の）今次危機の分析にミンスキーの不安定性論の枠組みを適用するにあたり，著者はミンスキーの不安定性論を構築する3つの構築素材を，不確実性下の選択行動をベースにすることによって統一的に整合化して再構成しようとした．その3つとは，1.主観性あるいは慣行的判断で，アニマルスピリットの位置づけ．2.金融ダイナミズムを描き，金融イノベーションを用いた新たな資金調達手段や組織の役割．3.複雑で精緻な金融ネットワークを扱い，本書で「逆ピラミッド構造」として捉えられた制度的枠組が固有にシステムの作動に影響することである．こうして不確実性下の選択行動をベースとすることでそれら3つの構築素材が整合的に組み合わされたものとしてのミンスキー不安定性仮説は本書において，「エージェンシー・パラダイム」に対置されるところの「認知上と，外部性による集合的失敗」のパラダイムとして再提示された．それがシステミック・リスクとしての今次危機を適切に分析すると同時に，金融規制改革の展開を方向付けるものとなっているのである．

　ミンスキー教授の娘，Diana氏（Bard CollegeのArt Hitoryのprofessor）はミンスキーにとって経済学は「integral」なものであったと述べたという（Lehal, op. cit.）．その意味することは，歴史的時間の中で生きる人間や組織が不確実性や限定合理性の中で意思決定するところに生み出される経済過程の記述や分析，そして規制をミンスキー氏は問題にしたということであるように思われる．それはAkerlof and Shiller（2009）の『アニマル・スピリット』によって言えば，非経済的動機や不合理な行動をとることを容れるマクロ経済の振る舞いを描くということである．

　この1冊の書物を上梓するまでに筆者は研究会を通じ，学会そして個別の交流を通じて多くの方々に，そして長きにわたる学恩を負ってきた．ポストケイ

ンジアンあるいはケインズ・ファンダメンタリストとしての筆者の立脚点は，学部，大学院を通じて，そしてその後も長くご指導を受けてきた故宮崎義一先生，故都留重人先生，伊東光晴先生によって方向づけられ，定められてきた．都留先生を囲む多くの諸先生や先輩の方々からも多大な教示と励ましを受けてきた．その中でも倉林義正，故玉井龍象，笹原昭五，山田克己，故高須賀義博の諸先生のお名前を挙げておきたい．都留・高須賀ゼミでの先輩，同輩からの指導，教示にも感謝し，とくに大塚勇一郎，永井進，北原徹の諸氏を挙げたい．一橋大学大学院では今井賢一，故宮沢健一両先生の大学院ゼミナールにも参加し，また内地留学の際には故藤野正三郎先生の研究室にも参加させていただいた．このことが，ポストケインジアンとしては（標準的経済学に目配りできるという点で）少しく幅を持つこととさせたことを感謝したい．

科学研究費「総合研究A」を契機に始まった故早坂忠先生，故長谷田彰彦先生を中心に故吉田暁先生を加えたケインズ研究会は金融を中心に多くの先生方，研究者との出会い，交流の機会を提供してくれた．小生のホームグラウンドであるポストケインジアン研究会は多くの同輩，後輩の研究者と切磋琢磨する場を提供してくれた．その他，日本経済学会，金融学会，進化経済学会を通して貴重な研究交流のできたことを感謝したい．その中でも以下の方々のお名前を記したい（順不同）．瀬地山敏，八木紀一郎，服部茂幸，古川顕，原正彦，渡辺良夫，横川信治，岩佐代市，塩沢由典，金子勝，秋葉弘哉，浅田統一郎，渡辺和則，笠松学，黒木龍三，吉田雅明，鍋島直樹，高籔学の諸氏である．

最後に，私事にわたるが本書執筆に際して銘記したことを記すことを許されたい．1983年秋のことであったろうか，故宇沢弘文先生——Minsky教授とはCalifornia大学バークレー校で籍を同じくされたことがあった——から，岩波書店が翻訳権をとったミンスキーの *John Maynard Kenyes* (1975)——それは小生が格闘しながら読解し，ミンスキーと「出会った」本である——を「君が適任だと思うから翻訳するように」とのお話をいただいた．しかし，生来の怠惰に加えて翌年夏からミンスキー教授のもとに留学する準備もあってこの仕事を果たすことができなかった．東大の経済学部長室に先生をお訪ねしてお断りを願い出た．先生からは大目玉を食らった．そのとき以来，先生がわずかでもかけてくださったご期待にお応えしたいと思い，長くそれを果たせずに来た．

いまとなっては遅すぎるが，先生に対する責務を少しでも果たさんと本書に取り組んできた．この思いが少しでも果たされることを願っている．

本書出版にあたっては日本経済評論社に大変お世話になった．栗原哲也前社長（現会長）には本書の企画・刊行にご理解をいただいた．編集を担当くださった清達二氏はその expertise をいかんなく発揮してくださった．本書を少しでもわかりやすくできたとすれば，それは同氏のお陰である．当初よりご理解と温かい励ましを惜しまなかった元編集部鴇田祐一氏には心より感謝したい．氏のご退職に間に合わせることができなかったことが唯一の心残りとなっている．

本書には5年の歳月を要した．その間変わらず支え続けてくれた妻道子に本書をささげたい．

2017年晩秋，冠雪の北アルプスを眺めながら，信州大学附属図書館にて

青木達彦

引用文献

青木大樹（2017），「「自動車」「学生」「クレジット」にリスク：デフォルト拡大がバブル崩壊の引き金にも」『エコノミスト』2017年11月7日号．

エラリアン, M.（2017），"金融リスクは銀行の外に（グローバルオピニオン）"日本経済新聞7月28日付．

長谷川克之「5つのバブル：「HIEER（ヒア）の恐怖」，『エコノミスト』2017年11月7日号．

吉川雅幸「欧州勢の米社債投資：ユーロ圏金利上昇で逆流も」，『エコノミスト』2017年11月7日号．

Financial Stability Board (2015), "Global Shadow Banking Monitoring Report 2015", 12 November.

Fisher, S. (2015), "Financial Stability and Shadow Banks: What We Don't Know Could Hurt Us," 2015 Financial Stability Conference, December.

Lehart, J. (2007), "In Time of Tumult, Obscure Economist Gains Currency; Mr Minsky Long Argued Markets Were Crisis Prone; His 'Moment' Has Arrived", *The Wall Street Journal*, August 18, (p.1).

Magnus, G. (2007), "The Credit Cycle and Liquidity: Have we arrived at a Minsky Moment?", *UBS Investment Research*, March.

Whalen, C. J. (2008) C. J.," The Credit Crunch: A. Minsky Moment", *Studi e Note di Economia, Anno,* 13 (1).

索引

[欧文]

ABCP　21, 26, 96, 103-6, 117, 169-70, 289
　　──コンデュイット（ABCPプログラム）　98, 103, 107, 132-3, 284, 287, 290
ABS（資産担保証券）　37-8, 39, 58, 60n, 103
ABS-CDO　29, 201, 232, 237, 238
ABX指数　61, 111, 202-4, 217-8, 219-20, 222-3, 229
　　──のスプレッド　219-20
BIS（国際決済銀行）　17-8, 35, 42, 43-45, 57, 62, 262n
BNPパリバ　105
　　──・ショック　19, 52, 55
CCCB（可変的資本規制）　308
CD（譲渡可能預金証書）（市場）　81, 100, 112, 128
CDO（市場）　39n, 58-62, 67, 75, 94, 103, 105, 106, 107, 133, 201, 212, 222, 239, 265, 284, 285-6, 287, 288, 290-2
　　──の評価モデル　28, 230, 231
　　──ブーム　19, 60-62
　　キャッシュ──　60-62, 67
　　合成（synthetic）──　19, 60-62, 67
CDS　19, 59-61, 67-8, 70, 74, 195, 253-4
　　──指数　68-9, 70-71, 76, 238
CDX　238, 240n, 242
CID（条件付き独立性）　29, 247, 251
CLO（ローン担保証券）　37, 133, 284, 288
CMBS（商業用不動産ローン担保証券）　37, 106
CoVaR（ΔCoVaR）（条件付き連鎖リスク）　14, 307, 312-5
　　フォワードルッキングな──　313-4
CP（市場）　23, 81, 84, 99, 112, 128

CP　3, 23, 81, 112, 127n
CreditMetrics　240
CSEプログラム　135-6
DTI（debt-to-income）規制　305, 309
ECB（欧州中央銀行）　49-50, 72
ETF（上場投資信託）　51
FOMC（連邦公開市場委員会）　34, 48
FRB（連邦準備制度理事会）　34, 36, 37, 49, 51
FSR（Financial Stability Report）　216-8
GCF（政府証券）レポ市場　324-5, 327
GE　71n
GM　203, 238
GSE債　⇨エージェンシー債
IMF　48, 289, 299
LIB　202-5
LTV（loan-to-value）規制　305, 309
MBS（住宅ローン担保証券）　1, 36-7, 106
MMF（マネーマーケット・ミューチャル）ファンド）　3, 22, 94, 96-7, 99-100, 103, 108-13, 333n
MTN（Medium Term Note）　103
OIS　202-5
OTCデリバティブ　76, 76
PER（株価収益率）　48
REIT（不動産投資信託）　4, 6, 41, 47, 83-4, 118-9, 127n, 128
RMBS　201, 218, 227, 231
S&P（格付け会社）　37, 262n, 263
S&P500指数　28, 48, 213
SEC（米国証券取引委員会）　135, 136n, 316
SIV（structural investment Vehicle）　98, 103, 105, 132-3, 139, 284, 287, 292
SLR（追加のレバレッジ比率）　324-7
SPV（SPC）（特別目的事業体）　103, 113, 137

索引　369

（図3-1), 287, 289
Swedish approach　12, 46, 155
TSR（トータル・リターン・スワップ）　73-5
VaR（Value at Risk）によるリスク管理）　11, 25, 26, 45, 170, 175, 178, 180, 183, 227-8, 276, 299
VIX（恐怖指数，予想変動率）　47, 50, 62, 73, 78, 204, 219

[あ行]

アニマル・スピリット　20, 28, 208-14
安全性のゆとり幅（安全性マージン）　11-2, 25-6, 45, 152-8, 164, 167, 181, 184, 225-6, 240, 276, 292
安全性への逃避　106, 111
安全措置　45, 224-5
　不確実性に対処しうる――　225
安全で確かな支払い手段の提供　335-6, 340
イエレン議長　49-50
インセンティブ構造の歪み　308
インフレーション・ターゲティング　20, 64, 150
ウェルズ・ファーゴ　39
売り持ち（のポジション）　176
エージェンシー（問題）　10, 274
　――パラダイム　14, 275, 294, 297
エージェンシー債　102, 109, 137（図）
エルゴード性　310
　非――　310
大いなる金融緩和　8, 63, 150, 281
オプション　76-8

[か行]

会計原則（会計慣行）　184, 211, 304
会計的恒等式　24, 140, 144-7
会社型投資信託　121
解析的計算可能性　29, 209, 242-5, 247, 249, 252-5
階層化された金融システム（階層的な金融形態）　5, 14, 115, 118, 123, 140-3, 301, 330
　――の脆弱性　140
階層的な銀行間の結びつき　3, 6-7, 118, 123

-4, 127, 133-4, 140-1
買い持ち（のポジション）　176
外部性　188, 192, 274, 300, 317, 322
　金銭的――　15, 94, 123, 141, 196
　投売りによる――　10, 196-8, 221, 277
　複雑性からくる――　10, 27, 196-8, 222
　負の――の内部化　332-3
ガウシアン・コピュラ（正規コピュラ）モデル　29, 209, 241-2, 244-6, 265
　（1ファクター・）ガウシアン・――　209, 230, 241-3, 245, 270-1
　1ファクター・ダブルtコピュラモデル　243
　tコピュラ　242-3, 245-6
カウンターシクリカル・バッファー　303
カウンターパーティ・リスク　10, 14, 27, 76, 105, 111, 112n, 144, 192-5, 202, 204-6, 252-5, 268, 315
　間接的な――　193, 195, 200, 296
確信　25, 30-1, 164, 309-10, 316
　――の好循環　319
　――の高まり　18, 45-6, 153, 156-8, 282, 293
　――の低下　31, 207, 210, 216-7, 221, 265-70, 316-7
学生ローン　204
格付け　262n
　――機関　213, 262
　――に用いられた確率分布モデル　29, 209, 227, 230, 234
　観察可能な――　262
貸付子会社　337
過剰流動性　17, 36, 46, 68-70
カバード・ボンド　169
株価指数先物　77
貨幣の流通速度　3, 90
慣行　160-1
　――の維持　160
　――に基づく意思決定　160
慣行的基礎　160, 165
慣行的評価（基準）　11, 25-6, 151, 160
慣行的判断　25, 155, 157, 162, 165-6, 276
観察されない（unobservable, unobserved）

要因（共変量） 30
観察される情報（測定されたリスク） 44-5, 104, 175-6, 279-80, 282-3, 291-2, 315
緩和マネー 43, 49
機関投資家 20, 40-2, 61, 96, 108-12, 169-70
気質効果 67
規制裁定 5, 14, 23, 116, 120, 131-4, 287, 292, 294, 297, 309
規制資本（所要資本） 287-8, 289-90, 292, 294, 298, 300, 302, 303, 331
規制上の中立化 311n
逆選択 57-8
逆ピラミッド構造 8-9, 22, 14, 148n, 301, 320, 322, 329
キャップレート 47
キャペックス・レシオ 210-1
協調の失敗 317-8
 貸し手銀行間の―― 318
共通化基準（機構） 183-4, 276
共通の観察されない要因 258
恐怖指数（VIX） 50, 78
共有知（common knowledge） 12, 266, 270, 276-7, 279-80
銀行間市場 112-3, 124, 166, 202-5
銀行業務 80, 98
銀行準備をベースとした流動性供給 3, 15-6, 24, 100, 116, 142, 339-40
銀行持ち株会社
 ――システムの下で機能分離した取引子会社 336
 100％準備の―― 336
金融イノベーション（金融革新） 20, 62, 67, 73, 80, 88, 113, 120, 133, 200, 275, 287, 296
金融会社 4, 118, 128-30
金融機関（金融組織）
 規制―― 15, 23-4, 120, 131-4, 141, 332-3
 ――の重層構造 130-1
 システム上重要な―― 312
 周辺的―― 4, 6, 23, 118, 119n, 121-2, 127-8, 130, 132, 136-7, 142, 152, 301, 331
 中核的―― 4, 23, 118, 121, 127, 132, 137, 142

非規制―― 15, 120, 131-6, 141, 330, 332-3
非預金取扱――（ノンバンク） 22-4, 126, 138, 141
預金取扱―― 24, 139
預金取扱――の引き受け機能（acceptance function） 16, 124-5, 338-9
金融規制（改革） 297-323, 325
 ――へのマクロプルーデンシャル・アプローチ 302-323
 システムの観点からの―― 307, 317-8
金融業者（financier）
 情報を有する（informed）―― 177-80
 情報を持たない（uninformed）―― 177-80
金融業のダイナミズム （2, 4, 5, 14, 16, 19, 23,) 67, 73, 120,131, 274
金融形態（金融類型） 82, 226
 ヘッジ金融 12, 18, 21, 42, 82, 84-7, 226, 283
 投機的金融 12, 18, 21, 42, 46, 83, 87, 98, 158, 161, 226, 283
 ポンツィ金融 12, 18, 83, 87, 98, 164, 276, 283
 ――間の内生的シフト 86-7
金融構造
 頑健な―― 21, 79, 86-7
 ――の脆弱性 20, 56
 脆弱な―― 21, 79, 86-7
金融システムの安定領域 56, 79, 166
金融（信用）循環 17, 57, 57, 62, 71
 ――と景気循環の乖離 57, 61-2, 71
金融証書の広範なスペクトラム 85
金融脆弱性 14, 159, 164, 161, 166
金融仲介
 銀行中心の―― 138, 329
 資本市場中心の―― 138, 329
金融ディストレスの源
 クロスセクショナルな―― 12, 26-7, 283-5, 292-3
 時間軸（縦軸）上の―― 12, 18, 26, 171, 282-3, 292
金融的不釣り合い（financial disequilibri-

um) 19-20, 64-5
金融（取引契約の精巧な）ネットワーク　10, 27, 31, 85, 191-8, 268, 296, 302, 330
　──における伝染現象　207, 269
　──の複雑性　9, 27, 28, 152, 172, 192-201
金利スワップ　76
グラス＝スティーガル規制　124, 335, 337
グラム・リーチ・ブライリー法　15, 335
クリアリングバンク　97
クリフ効果　231, 233, 238-9
クレジットリンク債　70
群衆行動（群れ行動）　10, 13, 20, 28, 184, 186, 208, 212, 214, 266, 270, 276-8, 292, 302
決済システム（の安全性）　16
ケース＝シラー住宅価格指数　35
健全性　298, 307
　ミクロレベルの──14, 273, 300
現在価値の逆転　46
限定合理性　26
コア負債（リテール預金）　1, 82, 95, 112, 145, 147, 169
　非──（市場性債務）　2, 82, 95
公正価値会計　304n, 330
合成の誤謬　27, 171, 183, 270, 282
構造型モデル　10, 28, 95, 208, 228, 247-8
行動経済学　66, 105, 199, 264n
　──的意思決定　168
行動ファイナンス　66-67
合理的信念　161, 165
合理的選択行動（意志決定）　25, 27, 56-8, 152, 159, 171, 212, 263, 268, 276, 281n, 294, 309
国債
　ドイツ──　73, 143
　南欧──　41 47, 49-50

[さ行]

最後の貸し手（LLR）機能　(4,) 100, 116-7, 121, 127
　階層的な──　122
　──の代役　116, 119, 127
　二層化された──　120, 122
最終貸し手　140, 142-5

最終的借り手　140, 144
再証券化　231-4
再証券化商品（ABS-CDO）　231
差異性（差異化）　5, 23, 113, 121, 142, 286-7, 294
再担保（リハイポセケーション）　96, 194, 205-6
裁定取引（裁定メカニズム）　19, 56, 77, 168, 185, 186
　ダイナミックな──　81
　──の限界　58
債務危機
　ユーロ圏の──　48
債務（負債）の重層化（金融重層化）　2, 4, 86, 113, 115, 117, 120, 126, 134, 141, 171, 301, 329
サーチャージ　303n, 315, 323
サードアベニュー　51-3
サブプライム
　──危機　1, 66, 106, 169
　──層　38-9
　──ローン（モーゲージ）（市場）　9, 20, 30, 38-9, 58-61, 105, 106, 203-4, 212, 224, 231, 262
　──ローン関連証券　30, 52, 59, 61, 217-8
　　自動車版──ローン　17, 38
　　非──関連証券　204-5, 218
シェール（関連）企業　52-3
資金の引き揚げ　4, 8, 9, 19, 20, 46, 87, 100, 102, 105, 107, 221, 295, 302, 316
資金流動性　17, 44, 82, 127n, 134, 137, 168, 171-81, 196, 200, 221, 269, 316
仕組み商品　201
自己資本（比率）　101, 270, 289
　可変的──比率規制　304-5, 308, 310
　──（比率）規制　14, 54, 101, 103, 130, 133, 135, 287, 292
自己実現的な予言（取付け）　111, 155, 217
資産・負債のミスマッチ　103-4, 316
資産査定（健全性の検査，監査）　193-6, 201
自社株買い　71
市場性債務（marketable instruments），（信用証券（credit-market instruments, cred-

it instruments), 市場性証券（marketable securities）) 3, 8, 23, 82, 121, 122-3, 126, 141, 329
市場調達資金（市場性資金） 4, 82, 96, 169-70
市場流動性 31-2, 53, 72-73, 82, 102, 134, 137, 168, 171-81, 196, 200, 212, 219, 221, 269, 282, 316, 323-4
事前‐事後
　　——の需給調整　157
システマティック・リスク　8, 21, 31, 189, 218, 229-30, 233, 236-8, 256, 265, 284, 291, 294, 302
システミック・リスク　10, 14, 23, 29, 31, 36, 113, 115, 117, 127, 134, 140-1, 168, 190, 192, 238, 292-3, 311-5
　　個々の機関の——への寄与（CoVaR）　312-3
シティバンク　287-8
自動車ローン　38-9, 204
支払いネットワーク　167, 171, 302
資本資産評価モデル（CAPM）63, 255-6
資本主義的金融　62, 67, 113, 115, 117, 329
資本主義的な資金調達様式　156
資本バッファー　303
シャドーバンキング（・システム）　4, 96-7, 100, 110, 113, 120, 130, 135, 139, 331
ジャンクボンド　52
集合的失敗（のパラダイム）　274n
　　認知上，および外部性からくる——（のパラダイム）　11, 13, 31, 276- 81, 293-4, 307, 330
　　認知上（限定合理性）の——（気分変動）（のパラダイム）　274-6, 280, 281-3, 293
　　福祉上の——（外部性）（のパラダイム）274-6, 293
集合リスク　133, 283
受容可能な負債額（負債構造）　153-4, 165
償還請求（凍結）　51-2
証券化　3, 90, 93, 117
　　——商品　17, 20
条件付き独立性（CID）　247, 261
条件付き独立の仮定　30, 209, 252, 255, 256

証券ブローカー・ディーラー　138
上場投資信託　⇨ETF
情報の非対称性　104, 189, 274, 278
進化
　　貨幣市場の——（的発展）　80
進化的現象　166
進化的プロセス　167
新興国債券　51
信念（belief）
　　——（の形成）　263-4, 266, 275, 279-81, 309-10
　　——の崩れ（放棄）　265-6, 276, 280-1
信認のパラドックス　19, 63-67
信念の合理的度合い　159
信用スプレッド（上乗せ金利幅）（の拡幅）　4, 27-8, 46-7, 49, 52-3, 56, 63, 68-9, 111, 208-9，213, 221-2, 228-9, 286
　　——のパズル　28, 208-9, 220, 228-9
　　拡幅された——　248
信用コンテージョン　9, 28
信用市場の機能不全　68
信用収縮　⇨デレバレッジ
信用スコア　39
信用スプレッド　47, 49, 53, 63, 237-40, 248, 265, 326
——のパズル　228-9
信用デリバティブ（CDS）　59-62
信用引き上げ機能（受け容れ機能）　125-6, 338, 340
信用バブル　50, 54, 56, 60, 62
信用膨張（信用ブーム）　45-6
信用補完（流動性補完）　124, 133, 287, 291
信用リスク　14, 61, 68, 169, 218, 222-4, 237, 247, 262
　　——の計測　247, 255-62
　　——に対する不感症　68-9, 72
　　個別——の顕現　152
　　非——（non‐credit factor）208-9, 223
信用履歴　18, 25
信用連関（credit connection）　261
信頼
　　市場の正常な機能に対する——　151-2, 225
　　長期的な将来に対する——　211

推論の重み付け　25, 159, 162-3
数独パズル　195
スクラーの定理　241n
スーパーシニア債　106, 167, 285-7, 292
スワップション　75-6
正規分布　213-4, 228, 237, 242
　　多変量——　242, 246
　　標準——　240, 242-3
セキュリティ・レンダー　96
セキュリティ・レンディング　96
狭い敷地に摩天楼　7-8, 24, 113-4, 144
ゼロ金利政策　34, 36
先行者優位（早い者勝ち）　22, 105, 111
戦略的補完（相互作用）　165n, 277-80
相互連関性（interconnectedness）　10, 107, 167, 186, 188, 189, 237, 245, 252, 269, 277, 307, 311-3
（総）損失の分布曲線　228, 234-6, 245
　　——の二極化　234-7
　　期待損失率　231
　　期待ショートフォール　312
　　99% VaR　231
　　デフォルトの発生確率　231-3
組成販売モデル（OTD モデル）　220

[た行]

大恐慌（the Great Depression）　33
大収縮（the Great Contraction）　33
　　第二次——　33
ダイナミック・プロビジョニング　305-6, 308-9
ダイナミック・ヘッジング　185n
確からしさの程度　159
秩序ある市場　125, 213
超過担保（率）　225-6, 237
長期停滞期（depression）　63
デット・オーバーハング　325-6
テーパリング（量的緩和の縮小）　34
デフォルト
　　——の集中　231, 236, 241, 245, 249, 252, 256-8, 265
　　——の相互依存関係　245-6, 249
　　——の（条件付）独立的生起　248, 256-7

デフォルト確率　157, 243-4, 247, 249, 254
　　（条件付き）同時——　243-4
デフォルト時刻の同時分布　243
デフォルト強度モデル　29-30, 247-51, 253
デフォルト相関　29-30, 209, 230-7, 240, 250, 252, 254, 257, 284, 291
　　——の隠れた源　258
テールリスク（テール現象）　29, 66-7, 75, 165, 232-3, 237, 265, 321
デレバレッジ（バランスシート調整）　28, 46, 55, 101, 106, 150, 172, 269
伝染（伝播）　31, 46, 93-5, 113, 152, 166, 171-2, 184, 186, 245, 257, 261, 265-6, 268, 270, 302, 330
　　間接的——　20, 26, 28, 94, 113, 141, 170, 172, 188, 190-2, 198, 205-6, 269
　　直接的——　28, 94, 113, 141, 190, 255, 269
　　——効果　94, 108-10, 255, 316
　　二次的な——　190-1
　　負の——作用　94, 113, 166, 192, 316
統合的リスク管理　299-300
倒産隔離　225
投資家心理　51
　　——の委縮　50
投資信託（組織）　16, 41, 49, 53, 69, 336-7
投資マネー　48, 50, 55
トータル・リターン・スワップ（TRS）　74-6
ドッド・フランク法　32, 323, 340
トービンの Q　48
ドミノ倒し　6, 190, 192
ドミノ効果　118, 127-8, 190, 192
トライパーティ・レポ　96-8, 112n, 176-7n
トランシェ構造　225-8, 234
　　シニア——　226, 232-40
　　メザニン——　226, 231-3, 238, 240
　　エクイティ——　226, 232-40
取付け　6-7, 22, 27, 79, 120, 123-4, 149, 169, 296, 316-7
　　MMF への——　109-10, 112
　　自己実現的——　111
　　市場型——　108, 167-9
　　——心理の悪循環　319

トレーダー
　情報——（合理的な裁定取引者）　57
　ノイズ——　57

[な行]

内部モデル　135-6, 297
投売り　171, 185, 196-8, 201, 277
雪崩現象　196-8
ナロー・バンク（ナローバンキング・システム）　16, 337-8
日経225先物　77
二重確率的モデル　29-30, 250-8, 265
二層構成の貨幣システム（二層化された金融システム）　4-5, 16, 23-4, 113, 122
二段階企業モデル　252-5
ニューヨーク株式市場（証券取引所）　48, 71
ネット・キャピタル（正味資本）・ルール　101, 132, 134-6
ネットワーク効果　9, 144, 148n, 194n
年金基金　36, 40-1, 48, 50, 53, 63, 103, 263
ノーザンロック　26, 149, 168-71

[は行]

ハイイールド債（低格付け社債）　17-9, 39-44, 46-9, 51-3, 55-6, 62-3, 69
バーゼル（規制）　287, 289, 292, 298
　——I　14, 132, 297-300, 316
　——II　14, 135-6, 297-300, 316-7
　——III　32, 302, 304, 317
バーゼル銀行監督委員会　54
破綻に賭ける　59
バブル（化）　1, 8, 17-8, 34-5, 43, 46, 57-8, 67-8, 215-6
　住宅——　216
　信用——　48
反循環的自己資本規制　32, 302
ピグー税　15, 318-9, 332-3
評価モデル
　証券化商品（CDO）の——　227-8, 243, 246, 262
ファット・テール（下側裾の依存性）　213-4, 241, 245
ファンド

クレジットファンド　52
　プライム——　109-10
　リザーブ・プライマリー・——　51, 100, 110
フィードバック・ループ（効果）　31, 157, 184, 196, 198, 201
フォードの経営危機　238
不確実性　211, 274
　counterparty uncertainty　193
　ナイト流の（根本的）——　9, 27, 113, 192, 195
　——下の意思決定　263
　——下の限定合理性　13, 26, 274
　——下の選択行動（横並び，早い者勝ち，予防的行動）　10-1, 18, 25, 102, 152, 155, 275
負債 - 所得比率　35
プットオプション　77
プライマリーディーラー（プライム・ブローカー）　53-4, 96, 201, 206, 316, 327
フレイルティ（効果）　30-1, 258-62, 265-6
プロシクリカリティ（景気循環増幅効果経路 増幅性）（対策）　11-2, 18, 45, 151, 153, 175, 178, 186, 270, 282, 302-5, 311
ヘアカット（担保掛け目）　170, 174-5, 204-6, 321
　可変的マージン・ヘアカット規制　305-6
ベア・スターンズ　6, 136n, 149, 203, 217, 316
平均回帰　66
ヘッジファンド　36-7, 37n, 41, 50, 58-9, 61, 77, 201, 263
ポアソン過程　209, 230, 248-50, 251n, 253-4, 257
　二重確率的——　249-50, 253
包括性（規制の包括化）　15, 331-4, 341
ポジション形成（手段）（2-3, 8, 20, 23）
　——の資産面での操作（優遇資産の売買）　80-1, 118
　——の負債面での操作（民間負債の所有）　80, 82, 118
ポジティブ・フィードバック（のメカニズム）　13, 208, 217

ポスト・グラス=スティーガル規制　15, 334-41
ポートフォリオの再調整　186-9
　市場間にわたる——（cross market rebalancing）187-8
ボラティリティの低下　281
　集計的な——　47, 62, 182
ボラティリティ・パラドックス　314-5
ボルカー・ルール　36, 53, 323
ホールセール・ファンディング
　短期——　14-5, 20, 96n, 97, 102, 104,107, 121, 130, 150, 317, 319, 321, 330, 337

[ま行]

マクロ的共通リスク（要因）　106-7, 186-9, 218, 228, 236, 240, 248-9, 254
マクロ・プルーデンス（政策）　13, 32, 95, 273, 275, 283, 302-5, 330
マーケット・メイク（メーキング機能）（値付け業務）　19, 32, 53-4, 62, 67, 125, 302, 323
マージンコール　98, 172, 175, 221
マージン・スパイラル　173
マージン（証拠金）設定　26, 174-80
マージンデット　71
マネーの巻き戻し　51
ミクロ・プルーデンス（政策）　13, 149, 182, 273, 284, 300
右上がりの需要反応　44n, 157, 178n
右下がりの供給反応　157, 178n
ミュージカル・チェアーズ　57
ミューチャル・ファンド　51, 108
ミレニアム・ブリッジ（の大揺れ）　13, 176, 183
ミンスキー・モーメント　9
ムーディーズ・インベスターズ・サービス　39, 227
目詰まり　144
モルガン・ルール　18, 25-6, 161-4
モンテカルロ・シミュレーション　28, 228, 230-2

[や行]

優先劣後構造　225, 232, 237
誘導型モデル　29, 209, 247-8
預金取扱金融機関　5, 116
　非——（ノンバンク）　22-4, 116-7, 126, 138,141
　——の受け容れ機能（acceptance function）　16, 338-9
預金取扱取引サービス　336

[ら行]

リザーブ・プライマリー・ファンド　51, 110
利鞘獲得（の事業戦略）モデル　9, 20-1, 42, 46, 66, 88-9, 98, 113, 130, 137, 146, 150, 287, 292, 294
リスク
　隠された（無視された）——　262, 264-5, 266, 267
　真の——（集合——）　282, 283, 284, 292-3, 294, 301
　非——感応的（規制）　294, 297
　——アペタイト　219-21, 224
　——ウェイト（資産）　287-90, 303-4, 307
　——ウェイトの自己資本比率（vs. 単純な自己資本比率）　321-2
　——ウェイトの調整　304
　——感覚の麻痺　64, 68, 72
　——認知　282-3
　——の価格付け　21
　——の分解と再編　201
　——のヘッジング　189
リスク特性
　証券化商品の——　228, 230-4, 240-1, 291
リスクプレミアム　18, 62-3, 223, 256, 281, 292
リスク分散化（効果）　63, 234-5, 237, 256, 263, 281
リハイポセケーション（再担保）　96, 101n
リーマン・ブラザーズ　6, 109, 149, 203
利回り狩り　18, 36, 40-1, 43-6, 68, 70
利回り曲線　150
リテール投資家　110

略奪的取引　184-5
流動資産の階層構造　85-6
流動（性）資産のピラミッド的構成　2, 85, 91-5, 113, 115, 117, 134
流動性（水準）　2, 21, 90-2, 266-8, 283
　過剰──　44, 56, 68-9, 71
　虚構の──　3, 5, 9, 22, 100-1, 120-1, 126, 330-1, 340
　公的（official）──　127n
　債務の──要素　3, 8, 18, 21, 88-9, 100, 102, 130, 142, 150, 338-9
　システミックな──税　333
　真の──　3, 9, 89, 100-1, 116, 120, 126, 281n, 338
　非──　173, 218, 224
　民間の（private）──　127n
　──カバレッジ　317
　──供給における2つのタイプ　3, 100, 124, 142
　──供給　24, 113, 116-7, 142
　──指標（ビッド─アスク・スプレッド）　219
　──制約　190, 197-8
　──という音楽（がかかる）　19, 56, 62
　──の希薄化　3-4, 7, 8, 22, 90-2, 101, 113, 141
　──の喪失　27, 168, 171, 174, 192, 212, 269, 296, 317
　──の保蔵（退蔵）　27-8, 168, 172, 199-200, 268-9
　──逼迫　92-3, 113, 171, 268, 301-2, 322
　──変換機能　108
　──リスク　4, 20, 53-5, 97-8, 107, 113, 307
　──を示す取引高　212
流動性規制　15, 307, 317-9
流動性スパイラル　168, 176, 178, 180, 196, 221, 296, 302, 316
流動性プレミアム　18, 21, 88-9, 219
　──に対する主観的評価　152
量的緩和政策　17, 34, 40, 42, 54, 63-4, 70-3, 78
　──の副作用　72
レバレッジ（総資産・自己資本比率）　23, 42, 88-9, 98, 101, 120, 129, 133-4, 136, 144-9, 158, 170-1, 181-2, 211, 282-3, 289, 301, 321, 337-8
　個別──　144-50
　集計的──　7, 148-50
レバレッジ（比率）規制　14, 32, 36, 98, 134, 319-22, 325-9
　追加的──比率（SLR）規制　324-7
レバレッジド・ローン　40, 49, 106, 137
レバレッジ比率（負債・正味資産比率）　92
　──（自己資本・総資産（額面）比率　319
レバレッジ部門　7-8, 24, 140-144
　非──　7-8, 24, 140-145
レポ（取引）　32, 81, 96-8, 117, 174, 321, 326-8
　──スプレッド　204-6, 328
連鎖的倒産　2, 14
連邦準備制度
　──非加盟銀行　131
ローカル・シンキング　166, 263-4
ロス・スパイラル　173
論理的確率　25, 159, 162-3
論理的関係　25, 159, 164

著者紹介

青木　達彦（あおき　たつひこ）

1945年中国・上海生まれ．1975年一橋大学大学院経済学研究科博士課程修了．信州大学経済学部講師，助教授を経て1989年教授．この間1984-86年Fulbright Junior Scholar, Washington University（St. Louis）．2011年信州大学を定年退職．
主著：『経済動態と市場理論的基礎』（共編著）日本経済評論社，1992年．『ケインズ』（共著）講談社学術文庫，1993年．『金融脆弱性と不安定性』（編著）日本経済評論社，1995年．「ケインズの経済学とポストケインジアンの経済学」『現代経済学の再検討』日本評論社，1992年所収．「信金・信組に見る地域金融機関の破綻特性の分析」（共著）『信州大学経済学論集』第49号，2003年．ほか

金融危機は避けられないのか
不安定性仮説の現代的展開

2018年2月10日　第1刷発行

定価（本体4500円＋税）

著　者　青　木　達　彦
発行者　柿　﨑　　　均
発行所　株式会社　日本経済評論社

〒101-0062　東京都千代田区神田駿河台1-7-7
電話 03-5577-7286　FAX 03-5577-2803
E-mail：info8188@nikkeihyo.co.jp
振替 00130-3-157198

装丁・渡辺美知子　　印刷・文昇堂／製本・高地製本所

落丁本・乱丁本はお取り換え致します　　Printed in Japan
Ⓒ Aoki Tatsuhiko 2018
ISBN978-4-8188-2486-7

・本書の複製権・翻訳権・上映権・譲渡権・公衆送信権（送信可能化権を含む）は，㈱日本経済評論社が保有します．
・JCOPY〈㈳出版者著作権管理機構　委託出版物〉
・本書の無断複写は著作権法上での例外を除き禁じられています．複写される場合は，そのつど事前に，㈳出版者著作権管理機構（電話03-3513-6969，FAX03-3513-6979，e-mail:info jcopy.or.jp）の許諾を得てください．

複合危機―ゆれるグローバル経済―		
	牧野裕・紺井博則・上川孝夫編著	本体 4800 円
国際通過体制の動向	奥田宏司	本体 6400 円
国際金融史―国際金本位制から世界金融危機まで―	上川孝夫	本体 5200 円
IMF と新国際金融体制	大田英明	本体 4900 円
再建金本位と国際金融体制	平岡賢司	本体 7000 円
グローバル資金管理と直接投資	小西宏美	本体 4200 円
米国の金融規制変革	若園智明	本体 4800 円
EU 経済・通貨統合とユーロ危機	星野郁	本体 5600 円
IMF 8 条国移行―貿易・為替自由化の政治経済―	浅井良夫	本体 7500 円
IMF と世界銀行の誕生―英米の通貨協力とブレトンウッズ会議―	牧野裕	本体 6400 円
イングランド銀行―1950 年代から1979 年まで―	F. キャピー著／イギリス金融史研究会訳	本体 18000 円
ケインズとケンブリッジのケインジアン―未完の「経済学革命」―	L. L. パシネッティ著／渡会勝義監訳	本体 5500 円

日本経済評論社